Martina Navratilova

Martina Navratilova

*

So bin ich

COPRESS

Für meine Mutter, meinen Vater, meine Schwester
und meine Großmutter, die mehr gelitten haben,
als sie mir gegenüber je zugeben werden,
und die ich mehr liebe, als sie je erfahren werden…

Titelfoto: Werek
Schutzumschlag-Rückseite: Allsport
(Die Abbildung zeigt Martina Navratilova nach ihrem sensationellen neunten Einzelsieg in Wimbledon.)

Aus dem Amerikanischen von Gaby Krause

Umschlaggestaltung: Uwe Richter
Layout: Tillmann Roeder

Lektorat: Robert Fischer

CIP-Titelaufnahme der Deutschen Bibliothek

Navratilova, Martina:
So bin ich / Martina Navratilova. [Aus dem Amerikan. von Gaby Krause. Mit einem Nachw. von Doris Henkel]. – München : Copress-Verl., 1991
(Sport personality)
ISBN 3-7679-0352-0

Gesamtherstellung: Bruckmann München
Printed in Germany
ISBN 3-7679-0352-0

Prolog

Als ich zwölf Jahre alt war, ging mein Vater einmal mit mir in ein Schuhgeschäft.
Ich war es gewohnt, für einen Jungen gehalten zu werden.
Von den Mädchen in meiner Klasse bekam ich als letzte meine Tage, und von Figur konnte überhaupt keine Rede sein.
Eine alte Frau redete mich einmal mit »Junge« an.
»Junge, könntest du mir über die Straße helfen?«
Im Geschäft betrachtete ich mich in voller Größe im Spiegel und fing an zu weinen.
Kräftige Waden. Große Ohren. Große Füße.
»Ich werde immer wie ein Junge aussehen«, weinte ich.
Mein Vater ging schnell mit mir aus dem Geschäft.
»Mach dir keine Sorgen«, beruhigte er mich, »du bist eine Spätentwicklerin. Du wirst bestimmt hübsch sein, wenn du erst einmal erwachsen bist.«
Mein Vater sprach mit mir auch über Tennis.
Er sagte, ich solle offensiv spielen.
Wie ein Junge.
Das tat ich bereits.
»Geh ans Netz. Passier den Gegner. Riskier was. Laß dir neue Schläge einfallen.«
Er sagte, daß ich eines Tages in Wimbledon gewinnen würde.
Das zumindest glaubte ich ihm.

Apfelbäume

Als ich drei war, ließen meine Eltern sich scheiden. Wir zogen von unserer Skihütte im Riesengebirge ins Elternhaus meiner Mutter, in das Zimmer, von dem aus man den Tennisplatz sehen konnte.

Der Tennisplatz war das einzige Überbleibsel des Familienbesitzes, auf dem meine Mutter unter der Obhut eines Kindermädchens aufgewachsen war. Der Familie hatten früher einmal zwölf Hektar Land gehört, von den herrlichen Obstgärten am Hang bis hinunter zu den fruchtbaren Feldern an der Beraun. Als die Kommunisten 1948 die Macht übernahmen, hatte die Familie meiner Mutter fast alles bis auf den Tennisplatz und das Haus verloren, in dem jetzt auch noch andere Leute wohnten.

Von unserem Zimmer aus konnte ich zusehen, wie der Tennisplatz immer mehr verwahrloste. Später spielten wir dort hauptsächlich Fußball. Vom selben Fenster aus sah man außerdem einen Obstgarten, der früher einmal der Familie gehört hatte.

Ich habe es noch nie jemandem erzählt, aber als Kind schlich ich mich oft über die Straße, um dort Äpfel zu klauen. Ich aß nach Herzenslust und verschenkte die übrigen Äpfel an meine Freunde. Für mich waren die Äpfel ein Teil des mir zustehenden Erbes. Nach der Machtübernahme der Kommunisten fanden fast alle Tschechen und Slowaken, daß sie jetzt schlechter dran waren als früher. Die Familie meiner Mutter hatte sogar noch mehr verloren als die meisten anderen. Da war es doch nur recht und billig, daß ich mir zumindest ein paar von den Äpfeln zurückholte.

Als Kind habe ich oft bemerkt, wie meine Mutter mit traurigem Blick ins Leere schaute. Ich glaubte damals, daß sie in solchen Momenten an ihre eigene Kindheit vor dem Krieg dachte. Meine Mutter und meine Großmutter haben den erlittenen Verlust nie verwunden, der Vergangenheit ihr Leben lang nachgetrauert. Diese Schwermut – im Tschechischen haben wir dafür das Wort *litost* – hat sich, glaube ich, auf mich übertragen.

In meiner Kindheit und Jugend spürte ich immer, daß die Welt irgendwie nicht in Ordnung war. Zum Beispiel wenn ich aus dem Fenster schaute und daran dachte, daß der Obstgarten unserer Familie nun einen neuen Besitzer hatte. Das verletzte meinen Sinn für Gerechtigkeit.

Außerdem hatte ich immer das Gefühl, daß einiges nicht so war, wie es sein sollte, und daß ich anderswo hingehörte.

Mein zweiter Vater – ich habe ihn nie Stiefvater genannt – versicherte mir immer, daß meine Zeit schon noch kommen würde. Aber

manchmal fühlte ich mich trotzdem als Außenseiterin, besonders nachdem ich mit dem Tennisspielen angefangen hatte.
Mit zehn nahm mich das Tennis bereits so in Anspruch – ich spielte jeden Tag –, daß ich ganz anders war als alle meine Altersgenossen. Ich hatte auch vorher schon immer mit den Jungen Fußball oder Eishockey gespielt. Ich hielt mich für genauso gut wie sie. Warum also nicht?
Ich fühlte mich nirgendwo richtig zu Hause, bis ich mit sechzehn zum erstenmal nach Amerika kam. Ich bin eigentlich kein besonders schicksalsgläubiger Mensch, sondern eher pragmatisch veranlagt, aber ich glaube fest daran, daß es mir »vorherbestimmt« war, Amerikanerin zu werden. Richtig wohlgefühlt habe ich mich bei allem Respekt für mein Heimatland erst, als ich 1973 in Florida, wo ich mein erstes Turnier hatte, aus dem Flugzeug stieg. Zum erstenmal in meinem Leben konnte ich Amerika unbeeinflußt von kommunistischer Erziehung und kommunistischer Propaganda betrachten, und mir gefiel, was ich sah.
Ich meine damit nicht nur meine »große Liebe« von damals: die Fast-Food-Restaurants der Neuen Welt. Während meines ersten Monats in den Staaten nahm ich neun Kilo zu. Es hieß, ich sei extra mit dem Auftrag hierher geschickt worden, so viele Big Macs wie möglich zu vertilgen. Das erinnert mich an einen Witz, demzufolge Christoph Kolumbus sich ja auch nur auf die Suche nach der Neuen Welt gemacht hat, um die Musik von Ray Charles zu hören...
Dieses Land war genau richtig für mich. Ich fand dort alles, was ich brauchte – die Freunde, die Bewegungsfreiheit, die Tennisplätze, die Tennisschuhe, die Kraftmaschinen und das Essen –, um Tennis-Champion zu werden und das beste Tennis zu spielen, das je eine Frau gespielt hat, was mir, glaube ich, in den letzten Jahren gelungen ist.
Das mag vielleicht nach Angeberei klingen, es ist aber typisch amerikanisch, offen zu sagen, was man denkt. In diesem großen Land kann ich so grell wie New York, so hedonistisch wie Los Angeles, so sinnlich wie San Francisco, so intellektuell wie Boston, so proper wie Philadelphia, so dynamisch wie Chicago, so warm wie Palm Springs, so freundlich wie meine Wahlheimat Fort Worth (bei Dallas) und so friedlich wie das Flüßchen in Virginia Beach sein, an dem ich früher gewohnt habe.
Viele halten mich für eine sehr gute Tennisspielerin und eine Kämpfernatur, während andere immer noch glauben, daß mir die Nerven ab und zu einen Streich spielen, weil ich vor einigen Jahren aus verschiedenen Gründen ein paar wichtige Spiele verloren habe. Manche

sagen, ich sei eine faire Sportlerin, andere nennen mich eine Querulantin. Einige halten mich für eiskalt. Wer mich besser kennt, weiß jedoch, daß ich schon beim blödesten Werbespot fast zu heulen anfange, sobald ein paar niedliche Tierchen gezeigt werden. In Wahrheit bin ich ein Softie.

Ich spreche Englisch mit leichtem Akzent. Ich komme von jenseits des Eisernen Vorhangs. Es gibt Amerikaner, die den Kommunismus ablehnen, aber trotzdem meinen, ich hätte in meiner Heimat bleiben sollen, in einem Land, dessen politisches System sie verabscheuen. Ich bin in ein Land gekommen, das ich liebe. Manche nennen mich eine Überläuferin. Ich habe in meinem Leben sowohl Männer als auch Frauen geliebt und wurde deshalb von der Presse auch als »bisexuelle Überläuferin« tituliert. Soll ich Ihnen noch etwas verraten? Ich bin sogar Beidhänderin. Ich lasse mich aber nicht gern abstempeln. Nennen Sie mich doch einfach Martina. Das Schöne an Amerika ist, daß ich dort all das sein kann – und auch ich selbst. Amerika ist ein freies Land. So hieß es auch in der Broschüre, die ich für meine Einbürgerungsprüfung studieren mußte. Als ich hierher kam, war es, als kehrte ich heim in eine Welt, die mir irgend jemand genommen hatte. Ich fand die alte Freiheit unserer Familie wieder.

Von Amerika aus konnte ich meinen Eltern Geld für ein neues Haus in unserem Heimatort Revnice schicken. Sie haben mir erzählt, daß sie jetzt über vierzig Apfelbäume haben und im Herbst jede Menge frischen, süßen Most machen. Lange Zeit glaubte ich, den Most nie probieren zu können, da ich von den tschechischen Behörden keine Einreiseerlaubnis erhielt. Eins steht immerhin fest: Meine Familie besitzt wieder Apfelbäume.

Mein richtiger Vater

Ich bin nicht die erste Tennisspielerin in unserer Familie. Meine Großmutter mütterlicherseits, Agnes Semanska, hat einmal Vera Sukovas Mutter bei den nationalen tschechischen Meisterschaften besiegt. Das war ein Ereignis, auf das unsere ganze Familie immer sehr stolz war, vor allem nachdem Vera 1962 ins Finale von Wimbledon gekommen war. Das war der größte Erfolg, den eine Tschechin je erreicht hatte. Wir waren glücklich, daß etwas von diesem Ruhm auch unsere Großmutter abbekam. Sie hatte ihr Elternhaus verloren und mußte noch mit vierzig Fabrikarbeiterin werden, da sie sonst, wie man ihr zu verstehen gab, keinen Anspruch auf Rente gehabt hätte. Sie hat bis siebzig gearbeitet.

Meine Mutter Jana wurde nie eine so gute Tennisspielerin wie meine Großmutter. Sie nahm es ihrem Vater sehr übel, daß er sie mit Gewalt zum Tennis treiben wollte. Sie ist eine große, kräftige, sehr bewegliche Frau. Wenn man sie im Tennisdreß oder Badeanzug sieht, weiß man sofort, warum ich so sportlich bin: alles Vererbung.
Meine Mutter litt darunter, daß ihr Vater, Jan Semansky, sie ständig tyrannisierte. Ich habe ihn als bösartigen kleinen alten Mann in Erinnerung. Angeblich wurde er in seinen letzten Lebensjahren etwas umgänglicher, aber das kann ich mir eigentlich nicht vorstellen. Ich erinnere mich jedenfalls noch, daß wir uns einmal fast geprügelt hätten, als ich ungefähr zehn war. Ich wußte damals noch nicht, daß er und meine Großmutter sich einige Jahre zuvor hatten scheiden lassen. Sie wohnten aber trotzdem weiter zusammen, vielleicht weil man damals in der Tschechoslowakei nur sehr schwer an eine Wohnung kam. Später habe ich dann mehr über ihn erfahren – daß seine Eltern früh gestorben waren, daß er von seinem Onkel aufgezogen worden war, bei dem er es anscheinend nicht gerade leicht gehabt hatte. Inzwischen weiß man ja, daß Leute, die ihre Kinder mißhandeln, meistens selbst als Kind mißhandelt wurden.
Mein Großvater hatte aus meiner Mutter partout eine hervorragende Tennisspielerin machen wollen. Oft quälte er sie regelrecht: Er ließ sie nichts trinken, wenn sie schlecht gespielt hatte, oder bespritzte sie morgens mit kaltem Wasser, um sie zu wecken. Er hat sie so drangsaliert, daß sie schließlich alles hinwarf. Sie war partout nicht mehr zum Spielen zu bewegen.
Ihr Bruder Josef, der einzige andere Linkshänder in der Familie, spielte öfter, war aber nicht so klug wie meine Mutter, und man muß wirklich Köpfchen haben, um gut Tennis spielen zu können.
Mein Großvater nahm meiner Mutter jede Chance, eine gute Tennisspielerin zu werden. Er schlug sie, schüttelte sie und stieß sie mit dem Kopf gegen die Wand. Das ist wohl auch mit ein Grund dafür, warum sie heute oft unter Migräne leidet. Obwohl es ihr wirklich gutgeht, seit sie meinen zweiten Vater kennenlernte, ist sie immer noch nervös. Sie regt sich stets fürchterlich auf, wenn sie mir nur beim Training zuschaut. Ich glaube, daß die Schwermut meiner Mutter und Großmutter genausoviel mit dem despotischen Verhalten meines Großvaters wie mit dem Verlust des Familienbesitzes zu tun hat.
Der Lieblingssport meiner Mutter war das Skilaufen, vermutlich wegen der Freiheit, die sie dabei hatte. Auf den Hängen konnte ihr der Alte nämlich nicht folgen und sie schlagen, wenn sie sich dumm anstellte. In der Tschechoslowakei gibt es mehrere Gebirge, wo das halbe Jahr über Schnee liegt, und man hat es nicht weit zum Skilaufen –

anders als in den Staaten, wo das ja immer eine ziemlich teure Angelegenheit ist. Meine Mutter lief als junge Frau im Riesengebirge an der Nordgrenze der Tschechoslowakei Ski. Sie arbeitete als Skilehrerin, als sie meinen Vater, meinen *richtigen* Vater Miroslav (Kamil) Subert (ausgesprochen Schubert), kennenlernte.
Nachdem er und meine Mutter geheiratet hatten, wohnten sie in der Nähe des Dorfes Spindleruv Mlyn in einer Skihütte mit dem Namen Martinovka, was soviel heißt wie »Bei Martin«. Zweieinhalb Jahre lebten sie dort in 1200 Meter Höhe im Riesengebirge, ohne Skilifte oder irgendwelche Verkehrsmittel. Die Hütte, wo mein Vater arbeitete – er war Leiter des Pistenrettungsdienstes –, lag noch ein Stück weiter oben.
Im Spätsommer 1956 fuhr meine Mutter nach Prag, wo ich am 18. Oktober geboren wurde, zur gleichen Zeit, als die Russen in Ungarn einmarschierten und nur zwölf Jahre bevor ihre Panzer auch über die tschechische Grenze rollten – ein Ereignis, das nicht nur mein Leben, sondern auch das aller übrigen Tschechen und Slowaken prägte, ja tiefe Narben hinterließ.
Meine Eltern gaben mir den Namen *Martina*, die weibliche Form des Namens der Skihütte, in der ich gezeugt wurde. Ich hatte zwar einen Cousin namens Martin, aber das war damals in der Tschechoslowakei kein besonders verbreiteter Männername, und auch Martina galt als ziemlich ausgefallen.
Im Tschechischen wird bei den Nachnamen der Mädchen an den Familiennamen ihres Vaters und später den ihres Mannes die weibliche Endung »ova« angehängt. So hieß ich also in meinen ersten zehn Lebensjahren Martina Subertova.
Fünf Wochen nach meiner Geburt kehrte meine Mutter mit mir nach Martinovka zurück. Die Skisaison stand vor der Tür, und sie wurde als Skilehrerin gebraucht. Zwei Jahre später brachte sie mir das Skilaufen bei. Kann man sich wirklich an etwas erinnern, was man mit zwei Jahren erlebt hat? Ich glaube noch zu wissen, wie ich zum erstenmal einen Hang hinabsauste. Ich erinnere mich an den festen Schnee unter meinen Skiern, an die strahlende Sonne und an das glückliche Lächeln auf meinem Gesicht. Vielleicht habe ich mir aber auch bloß meine Kinderfotos so oft angesehen, daß ich mir einbilde, mich daran zu erinnern. Ich war glücklich, wie ich so die weiten Hänge des Riesengebirges hinunterfuhr.
Kurz nachdem ich Skilaufen gelernt hatte, trennten sich meine Eltern, und meine Mutter zog mit mir in ihren Heimatort bei Prag. Viele Leute denken, ich sei in Prag aufgewachsen. In Wirklichkeit bin ich jedoch »ein Mädchen vom Lande«. Nachdem wir aus dem Rie-

sengebirge fortgezogen waren, begann für mich ein neuer Lebensabschnitt. Ich erinnere mich noch, wie ich im Wald oberhalb meines Heimatortes Revnice Pilze und Blaubeeren sammelte. Das »R« von Revnice wird als stimmhaftes »sch« (wie in Garage) gesprochen.
Ich komme also nicht aus Prag, auch wenn ich dort geboren wurde, sondern aus *Schew-nie-tze*.
Mein Vater, der nach der Trennung von meiner Mutter in Prag lebte, kam mich alle paar Monate besuchen. Er konnte nicht besonders gut mit Kindern umgehen.
Ich kann mich nicht sehr gut an ihn erinnern. Manche behaupten, ich hätte einiges von ihm: meine extremen Stimmungsschwankungen, die Tränen nach einer Niederlage oder die unbändige Freude über eine Glückssträhne in den ersten Jahren meiner Tenniskarriere. Ich erinnere mich kaum an ihn, und meine Mutter hat auch keine Fotos. Sie spricht nicht gern von ihm. Nachdem ich die Tschechoslowakei verlassen hatte, schrieb ich einmal seiner Schwester, weil ich gerne mehr über ihn erfahren wollte. Dabei kam allerdings nicht viel heraus.
An etwas erinnere ich mich aber noch sehr gut: an die eine Woche mit ihm auf einer Skihütte. Ich war vier. Er trug mich in einem Poncho herum, der uns beide einhüllte. Wenn wir abends vor dem Kamin saßen, erzählte er mir Geschichten von Rübezahl, dem sagenhaften Berggeist, der dort oben leben sollte. Ich weiß nicht, wie es heute ist, aber als ich klein war, kannten alle tschechischen Kinder den sechs Meter großen Rübezahl mit seinem langen Bart und seinem grünen Hut. Mein Vater erzählte mir, daß Rübezahl mich holen würde, wenn ich nicht artig sei, und ich glaubte ihm. Es gehörte nicht viel dazu, solche Geschichten zu glauben, wenn man dort oben in den Bergen war, wo alles die Phantasie beflügelt. Man kann sich gut vorstellen, daß in diesen dunklen Wäldern mit ihren knorrigen Bäumen Riesen leben.
Ich erinnere mich auch noch an die zehn Collies auf der Skihütte, wo mein Vater arbeitete. Vermutlich kommt meine Tierliebe daher. Zur Zeit habe ich drei Hunde, die ich fast überallhin mitnehme.
Diese Woche auf der Hütte war die längste Zeit, die ich jemals gemeinsam mit meinem Vater verbrachte. Nachdem meine Mutter wieder geheiratet hatte, holte er mich ein paarmal im Jahr ab, um mit mir in den Prager Zoo oder anderswohin zu fahren. Meiner Erinnerung nach war er nicht der Gesündeste. Vielleicht hat man mir das aber auch nur erzählt, um die Wahrheit vor mir geheimzuhalten.
Seit ich acht war, kam mein Vater überhaupt nicht mehr. Ich machte mir damals keine Gedanken, da ich ja einen »neuen Vater« hatte, der bei uns lebte, Ausflüge mit mir machte, mir das Tennisspielen bei-

brachte und mich mit so viel Liebe und Strenge erzog, wie es sich für einen guten Vater gehört.

Erst später erfuhr ich, was geschehen war. Wenn in der Tschechoslowakei jemand stirbt, ist es üblich, eine schwarzgeränderte Trauerkarte, ein sogenanntes *parte*, mit dem Zeitpunkt der Beerdigung zu verschicken. Als ich zehn oder elf Jahre alt war, brachte der Briefträger eines Tages eine solche Karte: Mein Großvater Subert war gestorben. Ich hatte ihn nicht so gut gekannt, und deshalb stellte ich meiner Mutter einige Fragen über ihn. Dabei kamen wir auch auf meinen Vater zu sprechen.

»Dein Vater ist vor ein paar Jahren gestorben«, sagte meine Mutter, »nach einer Magenoperation.«

Ich weiß nicht mehr, ob ich geweint habe, als ich von seinem Tod erfuhr. Jetzt wußte ich immerhin, warum er mich nicht mehr besucht hatte. Ich fand es aber seltsam, daß meine Mutter mir bis dahin nichts davon gesagt hatte.

Die volle Wahrheit erfuhr ich erst mit dreiundzwanzig, als meine Eltern für einige Monate in die Staaten kamen. Sie waren so schokkiert über meine Beziehung zu Rita Mae Brown, daß sie mir erzählten, wie mein richtiger Vater wirklich gestorben war. Sie meinten, daß ich einen schweren Charakterfehler hätte und es einmal ein böses Ende mit mir nehmen würde.

Wir saßen in meinem neuen Haus in Charlottesville, Virginia, und führten eines dieser typischen Gespräche, wie sie wohl in den meisten Familien vorkommen.

»Du bist krank«, sagte mein Vater zu mir.

»Du bist zu emotional, du wirst genauso enden wie dein Vater«, sagte meine Mutter.

»Was soll das heißen?« fragte ich.

Sie schauten sich kurz an, dann brach es aus ihnen heraus. Sie erzählten mir, daß mein richtiger Vater ein unsteter, sprunghafter Mensch gewesen sei, der auf andere Leute zuging und schon nach fünf Minuten gut Freund mit ihnen war, ihnen vertraute und ihnen jeden Gefallen tat. Doch sobald etwas schiefging, sei er tief gekränkt gewesen. Er habe unter extremen Stimmungsschwankungen gelitten, genau wie ich, und schließlich Selbstmord begangen.

Bis zu diesem Zeitpunkt war mein Vater war für mich stets eine eher schattenhafte Gestalt gewesen, jemand, der im Nebel verschwand wie die Märchenwesen im verschneiten Riesengebirge. Jetzt, mit dreiundzwanzig, mitten in einem hitzigen Familienstreit, erfuhr ich, was geschehen war: Er hatte ein zweites Mal geheiratet und sich erneut scheiden lassen, und als er sich einer Magenoperation unterziehen mußte, kam die Frau, die er liebte, zu ihm ins Krankenhaus, um ihm mitzuteilen, daß sie ihn wegen eines anderen verlassen würde. Daraufhin nahm er sich noch im Krankenhaus das Leben, und meine Eltern waren fest davon überzeugt, daß ich einmal ebenso enden würde.

»Das hab' ich eigentlich nicht vor«, sagte ich. Ich glaube, daß ich bis zu einem gewissen Grad die Vertrauensseligkeit meines Vaters geerbt habe. Ich werde zwar mit der Zeit härter, möchte mich aber auch nicht zur Zynikerin entwickeln. Auch mir hat man schon weh getan, aber ich habe die meisten meiner Freundinnen und Freunde behalten und werde wegen der paar Tiefpunkte in meinem Leben ganz bestimmt nicht Selbstmord begehen.

Ich bin fest entschlossen, sehr alt zu werden. Bis dahin möchte ich ein College-Studium abgeschlossen, weitere Meisterschaften gewonnen, vielleicht ein Kind großgezogen und nach meiner Tenniskarriere auch noch etwas anderes auf die Beine gestellt haben. Mein Vater hatte recht: Ich bin eine Spätentwicklerin.

Meine Eltern

Kurz nachdem meine Mutter mit mir in ihr Elternhaus nach Revnice gezogen war, trat sie dem örtlichen Tennisclub bei. Die Plätze lagen auf einer Anhöhe und waren wie fast überall in Europa Sandplätze. Dort frönten die Einheimischen in ihrer Freizeit dem ruhigen, gemütlichen, fast feierlichen europäischen Tennis: immer schön hin und her.

Wenn im Frühjahr der letzte Schnee am Hang geschmolzen war, mußten alle bei der Instandsetzung der Plätze mithelfen. Neue Mitglieder konnten so die Aufnahmegebühren abarbeiten. Damals kamen die meisten mit ihrem Geld gerade so aus. Geld war in der Tschechoslowakei schon immer knapp. Für ein Päckchen amerikanischer Zigaretten mußte man zwei, für ein Huhn drei Stunden arbeiten.

Ich war ständig auf dem Tennisplatz, folgte meiner Mutter auf Schritt und Tritt, rannte Bällen nach und ging allen auf die Nerven. Eines schönen Frühjahrstages – ich war dreieinhalb – lief ich mehreren Männern hinterher, die frischen Sand zu den Anlagen fuhren. Einer von ihnen, der immer sehr viel arbeitete, machte oft Späßchen mit mir. Wenn er den Sand abgeladen hatte, setzte ich mich in die leere Schubkarre und sagte: »Los, fahr mich ein bißchen herum.« Einfach so. Ich war ein richtiger kleiner Frechdachs.

Ihm schien das nichts auszumachen. Er kam aus der näheren Umgebung und war als kontaktfreudiger Junggeselle bekannt. Er hatte den gleichen Vornamen wie mein leiblicher Vater, Miroslav, und wurde Mirek genannt. Mit Nachnamen hieß er Navratil – ein sehr häufiger Name in der Tschechoslowakei.

Als er das nächste Mal zu den Tennisplätzen kam, schenkte er mir ein Stück Schokolade. Ich freute mich jedesmal auf das Wochenende, weil er mir dann wieder Schokolade mitbringen würde, und als er es einmal vergaß, war ich so enttäuscht, daß er hinterher selbst furchtbar unglücklich war.

Es kam mir nie in den Sinn, Mirek Navratil mit meiner Mutter zusammenzubringen. Aber eines Tages, als ich zu den Tennisplätzen hinüberlief, sah ich, wie die beiden auf einer Bank miteinander redeten. Er hatte uns beide unabhängig voneinander kennengelernt, freute sich aber, als er erfuhr, daß ich ihre Tochter war.

Bald darauf besuchte er meine Mutter. Nach dem ersten Besuch kam er öfters. Er machte sich überall im Haus nützlich. Ich weiß noch, wie eine Scheibe unserer Zimmertür kaputtging und meine Mutter nicht genug Geld hatte, um eine neue einsetzen zu lassen. Deshalb spannte sie einen Kartoffelsack darüber, und eines Samstags setzte Mirek eine neue Scheibe ein. Manchmal brachte er etwas zu essen mit, und nach einiger Zeit steuerte er auch etwas Haushaltsgeld bei.

Mirek Navratil gab meiner Mutter die Lebensfreude wieder, vertrieb einen Teil der Schwermut, die ich früher bei ihr gespürt hatte. Damals war meine Mutter immer noch mit meinem richtigen Vater verheiratet. Er und Mirek Navratil kannten sich zu diesem Zeitpunkt schon lange. Seit Mirek mit meiner Mutter befreundet war, begegneten sich die beiden Miroslavs öfters – eine für beide Seiten peinliche Situation, so daß meine Mutter sich schließlich scheiden ließ.

Sie und Mirek heirateten am 1. Juli 1961 auf dem Standesamt von Marienbad. Ich freute mich für beide – auch für mich selbst, weil Mirek ja schon länger mein Freund war. Als sie aus den Flitterwochen zurück waren, zog er bei uns ein. Ich nannte ihn Mirek, wie immer. Nach einiger Zeit sagte ich dann aber Tato oder Tatinku (Papa) zu ihm. Meine Mutter habe ich immer Mami genannt.

Der ältere Bruder meines neuen Vaters, der in Prag als Anwalt und Lehrer arbeitete, denkt gern daran zurück, wie ich immer wieder dasselbe Lied gesungen habe, als wir die Navratils zum erstenmal besuchten. Alles wurde anders. Ich bekam sogar einen neuen Cousin. Er hieß Martin und war ein paar Jahre älter als ich.

Nach der Hochzeit bewohnten meine Eltern und ich ein Zimmer in einem der oberen Stockwerke des Hauses meiner Großeltern – im

gleichen Stockwerk wie sie. Am 20. Juni 1963 kam meine Schwester Jana zur Welt. Wir wohnten dann noch ein oder zwei Jahre zu viert in diesem Zimmer. Ich sehe den Raum heute noch vor mir: an der Südostecke, auf der Sonnenseite, war es morgens sehr hell. Dort blieben wir, bis ich neun war.
Meine Mutter mußte immer mitten in der Nacht aufstehen, weil das Baby schrie, aber als Jana schließlich durchschlief, war sie ein goldiges Ding und noch so klein, daß es mir Spaß machte, mich um sie zu kümmern. Eifersucht gab es zwischen uns nicht. Später, als die Wohnung unter uns frei wurde, zogen meine Großeltern ins untere Stockwerk, so daß meine Eltern ihr eigenes Zimmer bekamen und ich ein Zimmer mit Jana teilte. Wir hatten sogar ein Klavier und ein paar grüne Resopal-Möbel, die mein Vater getischlert hatte. Meine Mutter hatte die Küche für sich. Meistens war ich dort zu finden.
Ich glaube, mein Vater freute sich, schon eine etwas größere Tochter zu haben, mit der er auch etwas unternehmen konnte. Er nahm mich öfters zum Pilze- oder Beerensammeln, im Winter auch zum Skiwandern mit. Er besaß ein Motorrad, und wenn Schnee lag, zog er mich auf Skiern quer durch den Ort. Nach den ersten ergiebigen Schneefällen fuhren wir zum Skilaufen ins Riesengebirge. Im Sommer badeten wir in den Flüssen und Seen der Umgebung, und kurz vor Weihnachten gingen wir in den Wald, um einen Tannenbaum zu schlagen. Jana sagte immer, daß es »nicht erlaubt« sei, einen Tannenbaum zu kaufen, aber es gehörte einfach dazu, daß mein Vater ihn selbst fällte.
Mein Vater mußte immer etwas zu tun haben. Einmal konnte er nach einer Fußoperation längere Zeit nicht arbeiten, aber zum Ausbessern unseres Tennisplatzes reichte es. Er richtete ihn wieder toll her, so daß wir dort den Sommer über sehr oft spielten.
Ich weiß noch, wie Jana vom Schiedsrichterstuhl fiel, als sie drei war. Sie plumpste einfach hinunter, landete auf den Rücken und zog sich eine leichte Gehirnerschütterung zu.
Wenn wir Pilze gesammelt hatten, aßen wir einen Teil immer frisch. Der Rest wurde auf dem Dachboden getrocknet. Was für ein herrlicher Geruch! Ich stand oft vor der Dachbodentür und sog den Duft der trocknenden Pilze ein. Ich traute mich aber nie hinein, da auf dem Dachboden nur eine winzige Glühbirne brannte, und ich glaubte damals fest daran, daß es dort Monster gab. Am Tage hatte ich vor nichts Angst, nicht einmal vor der »Mittagshexe Polednice«, von der es hieß, sie erscheine immer mittags, um die unartigen Kinder zu bestrafen. Das machte mir keine Angst, aber mit dem, was bei uns auf dem Dachboden hauste – was auch immer es sein mochte –, wollte ich nichts zu tun haben. Wenn ich etwas von dort brauchte, ging ich

nie mehr als einen Schritt weit hinein, weil ich mich so fürchtete. Ich stellte mir immer vor, wie ich gegen die Monster kämpfen müßte.
Meine Eltern verloren nie den Lebensmut, hatten Spaß am Kochen und Gärtnern und machten sich überhaupt ein schönes Leben – selbst als es mit der tschechischen Wirtschaft weiter bergab ging, nachdem uns unsere Freunde aus Moskau »zu Hilfe« gekommen waren. Irgend etwas war immer knapp. Mein Vater arbeitete als Ökonom in einer Fabrik, und auch meine Mutter war berufstätig. Beide weigerten sich, in die Kommunistische Partei einzutreten, und brachten sich damit um die einzige Möglichkeit, es etwas besser zu haben. Deshalb kamen sie selbst als Doppelverdiener nur so gerade eben über die Runden. In meiner Kindheit und Jugend hatten wir nie ein Auto. Bis ich rund zwölf war, hatten wir nicht einmal fließend warm Wasser, sondern mußten es zum Baden auf dem Herd heiß machen. Trotzdem ging es uns verglichen mit den meisten anderen verhältnismäßig gut: Wir hatten ein eigenes Haus, mein Vater eine gute Stellung, und er brauchte nicht körperlich zu arbeiten; wir machten jedes Jahr Urlaub und fuhren im Winter zum Skilaufen.
Mama war sowohl mir als auch Jana stets eine gute Mutter: liebevoll, fürsorglich und zärtlich. Sollte ich in ein paar Jahren ein Kind haben wollen – und das werde ich wohl –, möchte ich es mit der gleichen Liebe und Fürsorge großziehen, mit der meine Mutter mich umgeben hat. Sie sang mir oft etwas vor und fuhr mich, als ich drei oder vier war, in einem zweirädrigen Handwagen umher. Ich sehe sie immer noch vor mir, wie sie in der Küche steht, wo sie sich am liebsten aufhielt. Ich erinnere mich noch daran, wie wir uns zur Abendbrotzeit, wenn draußen die Sonne unterging, alle in der warmen Küche einfanden. Im Herd brannte ein Feuer, jeder war jedem im Weg, aber alle waren glücklich.
Die gleiche Stimmung stellt sich auch heute noch ab und zu ein, wenn mich meine Mutter und meine Schwester in den Staaten besuchen. Ich habe es gern, wenn Mama in der Küche wirtschaftet, extra für mich ein kohlenhydratreiches Essen kocht, wie ich es in der Trainingsphase brauche, während sie selbst, Jana und alle, die zufällig hereinschneien, etwas anderes bekommen.
Das einzige, worüber meine Eltern sich stritten, war das Haushaltsgeld. Mein Vater bekam sein Gehalt monatlich. Das Geld gab er meiner Mutter, die damit aber nicht immer auskam und ihn früher oder später um mehr bat. Irgendwie schaffte er es auch stets, etwas zu beschaffen, wie und woher weiß ich allerdings nicht.
Einmal verlor meine Mutter ihre Geldbörse mit 300 Kronen. Das war damals viel Geld, vielleicht 40 bis 50 Dollar. Sie war so niedergeschla-

gen, daß mein Vater ihr schließlich zum Trost ein Geschenk machte. Mein Vater war sehr streng. Wenn ich etwas angestellt hatte, sagte er jedesmal: »So was tut man nicht.« Einmal hat er mir das Fahrradfahren verboten, weil ich etwas Unerlaubtes getan hatte. Ich beschäftigte mich also damit, einen Fußball immer wieder an die Garagenmauer zu schießen. Dabei ging ein Fenster zu Bruch. Mir blieb vor Schreck das Herz stehen, aber als ich es ihm beichtete, sagte er: »Bevor du noch mehr Fenster kaputtmachst, fahr lieber wieder Rad.«

Wenn ich es verdient hatte, wurde ich aber auch richtig bestraft. Meine Mutter war meistens einer Meinung mit ihm, aber manchmal, wenn er gerade nicht da war, sagte sie: »Na gut, aber sag deinem Vater nichts.« Immer wenn meine Mutter allein zu Hause war, wußte ich, daß ich ruhig etwas später heimkommen konnte. Sie sagte dann nur: »Du hättest eigentlich um soundsoviel Uhr hier sein sollen.« War mein Vater jedoch daheim, gab es schon auch mal einen Klaps auf den Hintern.

Einmal sollte ich um fünf vom Kindergarten zurück sein, aber ein Mädchen, dessen Mutter später meine Russischlehrerin wurde, nahm mich mit zu sich nach Hause. Natürlich hatten damals längst nicht so viele Leute Telefon wie heute. Deshalb konnte ich meine Eltern nicht anrufen. Ich blieb also bis sechs oder sieben bei meiner Freundin. Draußen war es schon dunkel, und meine Eltern machten sich große Sorgen. Sie kamen überhaupt nicht auf die Idee, mich bei meiner Freundin zu suchen, weil sie über eineinhalb Kilometer entfernt am anderen Ende des Orts wohnte. Als ich schließlich nach Hause kam, verpaßte mein Vater mir eine gehörige Tracht Prügel.

Ein andermal – ich weiß immer noch nicht, was in mich gefahren war – habe ich die unter uns wohnende Frau eine »dumme Kuh« genannt. Das ist im Tschechischen ein sehr schlimmes Schimpfwort, noch schlimmer als im Deutschen. Das waren die beiden einzigen Male, bei denen es wirklich Prügel setzte. Manchmal versohlte mich auch meine Mutter, aber hinterher tat ihr die Hand meist mehr weh als mir der Hintern.

Sie war froh, einen Mann zu haben, der sich bemühte, ein guter Vater zu sein. Er hatte außerdem einen sehr ausgeprägten Familiensinn. Er tat alles für mich und meine Schwester. Für ihn war ich nie die Tochter eines anderen, und er gab mir auch nie das Gefühl, daß er sich mit meiner Existenz nur abfand, weil ich die Tochter seiner Frau war. Wir standen uns sehr nahe.

Meine Eltern haben sich gesucht und gefunden. Sie treiben beide gern Sport, lieben klassische Musik und das Theater. Meine Mutter liest allerdings mehr als mein Vater. Noch bevor ich mit dem Tennisspie-

len begann, las sie bereits Krimis von Agatha Christie auf englisch, nur um eine andere Sprache zu lernen. Außerdem las sie Bücher über den amerikanischen Bürgerkrieg. Sie war stolz darauf, Tschechin zu sein und ist es auch heute noch. Aber sie ist ebenso bestrebt, etwas über andere Länder zu erfahren. Von ihr habe ich sowohl meine Sprachbegabung als auch mein sportliches Talent.
Meine Mutter arbeitete eine Zeitlang in Mokropsy, das ist drei Eisenbahnstationen Richtung Prag von Revnice entfernt. Sie machte jeden Morgen Frühstück und weckte mich, kurz bevor sie aus dem Haus ging. Ich weckte dann Jana auf und brachte sie noch vor der Schule zum Kindergarten. Meine Mutter kam mit dem Nachmittagszug zurück und war um halb vier wieder zu Hause. Als ich ungefähr zwölf war, nahm sie eine Arbeit in Revnice an. Das war für uns alle angenehmer, weil sie nicht mehr so früh aus dem Haus mußte. Ich wundere mich immer wieder, wenn ich heute lese, wieviel Wirbel um die »Schlüsselkinder« in den Staaten gemacht wird. In der Tschechoslowakei, wo jeder arbeitet, sind alle Kinder »Schlüsselkinder«...
Das einzig Unangenehme daran, daß meine Mutter, mein Vater und meine Großmutter arbeiteten, war, daß ich in ihrer Abwesenheit mit meinem Großvater allein zu Hause war. Er war immer noch nicht über den Verlust der zwölf Hektar Land hinweg. Seit meine Mutter in Revnice arbeitete, bestand er darauf, daß stets alles verschlossen sein mußte. Er schloß sein eigenes Zimmer ab und verlangte das gleiche von uns; dabei bestand überhaupt kein Grund zur Furcht. Schließlich besaßen wir ja keine Erdgeschoßwohnung in Manhattan, die sie einem in Null Komma nichts leerräumen können – wir lebten in Revnice, in der Tschechoslowakei.
Manchmal lief ich in den Garten, und wenn ich nach ein paar Minuten wieder hinein wollte, hatte Großvater die Tür schon abgeschlossen. Jana war für ihn eine »verzogene Göre«. Ein paarmal hätte ich mich fast mit ihm geprügelt, aber er lenkte dann doch immer ein. Er war nämlich ziemlich klein und wußte ganz genau, daß ich ihm körperlich überlegen gewesen wäre.
Es gab Zeiten, da sprachen Jana und ich monatelang nicht mit ihm. Das brachte meine Großmutter in eine unangenehme Lage, weil sie »zwischen den Fronten« stand. Sie war damals schon von ihm geschieden, lebte aber noch mit ihm zusammen.
Manchmal konnte er richtig nett sein – er brachte mir unter anderem Schach bei –, doch dann war er wieder unausstehlich.
Seit mein neuer Vater im Haus war, konnte ich mich gegen ihn besser behaupten. Ich fühlte meiner Mutter nach, daß sie als Kind die Lust am Tennis verloren hatte. Wer hätte sich auch gegen diesen Tyrannen

durchsetzen können? Wenn ich auf Turnieren junge Tennisspielerinnen mit ihren despotischen Vätern sehe, kann ich mir sehr gut vorstellen, wie mein Großvater ihr gegenüber gewesen sein muß. Kein Wunder, daß einige dieser Mädchen solche Probleme haben.
Meine Mutter war trotzdem glücklich. Sie begeisterte sich für so viele andere Sportarten und war in einem Verein, wo sie mit Freundinnenn Volleyball spielte oder turnte. Sie war immer eine Vollzeitsportlerin, eine Vollzeitarbeiterin und eine Vollzeitmutter, und sie konnte alles miteinander verbinden. Sie meinte, junge Frauen sollten Sport treiben, gegeneinander antreten, laufen, schwitzen, sich nicht davor scheuen, dreckig zu werden, sich müde, gesund und erfrischt fühlen. Diese Ansicht machte ich mir schon sehr früh zu eigen. Bei uns sagte niemand sportlichen Frauen nach, sie seien zu jungenhaft – dafür haben wir im Tschechischen gar kein Wort. Die Frauen trieben eben Sport, kümmerten sich um ihre Familie und gingen zur Arbeit. So einfach war das. Meine Mutter war immer mein Vorbild.
Ich bin ihr ziemlich ähnlich, glaube ich. Wie sie verfolge ich das weltpolitische Geschehen so gut es geht, selbst auf Turnieren, wo man kaum Gelegenheit dazu hat.
Meine Mutter traute sich manchmal nicht, die Wahrheit zu sagen. Als ich klein war, behielt sie schlechte Nachrichten immer für sich. Sie ist nämlich eher feige und steht Problemen, besonders zwischenmenschlichen, meist völlig hilflos gegenüber. Ich bin genauso. Es ist einfach schrecklich. Ich versuche jedem Konflikt aus dem Weg zu gehen, koste es was es wolle. Ich warte immer, bis sich ziemlich viel angestaut hat und alles nur noch schlimmer geworden ist.
Ende der siebziger Jahre ging es mit meiner Karriere unter anderem deshalb bergab, weil ich andere Leute Entscheidungen für mich treffen ließ und nie nein sagen konnte. Ich wollte es immer allen recht machen, aber das Ende vom Lied war, daß ich als einzige von Chris Evert 6:0 und 6:0 geschlagen wurde. Nancy Lieberman, die ich später kennenlernte, sagte mir: »Mach doch einfach, was du für richtig hältst, Tini!« Heute bin ich nicht mehr so konfliktscheu.
Meine Mutter hatte Hemmungen, mich aufzuklären. Als ich vierzehn war, mußte ärztlich festgestellt werden, daß ich reif genug war, auch gegen Ältere zu spielen. Ich wußte damals nicht, was ein Frauenarzt ist, merkte es dann aber ziemlich bald. Ich stand Todesängste aus.
Nicht allein, daß ich bei der Untersuchung vor Scham am liebsten im Erdboden versunken wäre, obendrein bekam ich ein paar Tage später auch noch zum erstenmal meine Regel. Ich glaubte damals tatsächlich, der Arzt sei daran schuld. So ahnungslos war ich! Ich wußte zwar, wie Kinder gezeugt werden, aber das war auch schon alles.

Mein Vater nahm es meiner Mutter übel, daß sie mich nicht aufgeklärt hatte. Als ich sie fragte, wo die Kinder herkommen, schickte sie mich zu ihm, und er erklärte es mir. Er redete immer unbefangen über Sex, meine Mutter war dagegen reichlich verklemmt.
Ich erfuhr erst mit dreiundzwanzig, daß ich einen Halbbruder hatte. Ich wohnte damals in Dallas und ging zu einem Hellseher. Er sagte zu mir: »Sie haben eine Schwester. Sie standen Ihrer Großmutter sehr nahe, und Sie haben auch einen Bruder, oder?« »Nein«, antwortete ich, aber er blieb dabei, bis ich schließlich sagte: »Na ja, meine Mutter hatte eine Fehlgeburt. Vielleicht meinen Sie das.«
Ich verlor meinen Glauben an diesen Hellseher, weil er weiter behauptete, ich hätte einen Bruder. Als meine Familie mich dann 1979 besuchte, sagte ich: »Mami, du wirst nicht für möglich halten, was mir ein Hellseher gesagt hat. Ich soll einen Bruder haben.«
Meine Mutter fühlte sich offensichtlich etwas unbehaglich: »Willst du damit sagen, daß du es nicht weißt?«
»Was nicht weiß?«
»Daß dein Vater schon vor unserer Heirat einen Sohn hatte.«
Dann erzählte meine Mutter mir, daß mein leiblicher Vater die Mutter seines Sohnes nie geheiratet hatte und man daher nicht wisse, ob mein Bruder den Namen seines Vaters oder den seiner Mutter trägt. Ich weiß nur, daß er ein paar Jahre älter sein muß als ich. Wer weiß, vielleicht bin ich ihm schon begegnet, ohne es zu wissen: Er könnte einer dieser blassen jungen Männer in Soldatenuniform gewesen sein, die sich früher in die Prager Straßenbahnen drängten, oder einer der Studenten, die in großen Scharen aus der Karls-Universität strömten, oder aber auch ein junger Bauer, der dem Zug, in dem ich saß, nachgeblickt hatte. Ich denke ab und zu an ihn, glaube aber nicht, daß ich ihn jemals kennenlernen werde. Bisher hat sich mir noch niemand als mein Bruder vorgestellt, und sollte es einmal einer versuchen, muß er handfeste Beweise haben, denn ich werde sehr mißtrauisch sein.
Es ist schwer, jemanden zu vermissen, den man nie gekannt hat. Außerdem gab es ja seit meinem siebten Lebensjahr Jana. Ich fand es aufregend, eine Schwester zu haben. Auf vielen Fotos grinse ich von einem Ohr zum anderen, drücke Jana an mich und schneide Grimassen. Sie sagt heute, ich hätte sie früher immer nur dann mitgenommen, wenn sie vorher für mich abgewaschen hatte. Ich kann mir allerdings nicht vorstellen, daß ich so etwas tatsächlich getan habe.
Ich schenkte ihr mein altes Dreirad, als sie alt genug dafür war. Wir fuhren oft auf der Straße vor unserem Haus. Manchmal setzte ich sie auch auf mein Fahrrad und fuhr mit ihr in der Stadt umher. Sie behauptet, ich sei immer »gerast«, was gut möglich ist.

Mein Vater machte gern lustige Späßchen und gab uns alle möglichen Spitznamen. Jana nannte er »Hasenfuß«, weil sie Angst vor dem Skilaufen hatte und sich auch fürchtete, wenn ich mit ihr auf dem Fahrrad umherfuhr. Dieser Spitzname mag vielleicht nicht gerade liebevoll klingen, aber dafür hängte mein Vater an das tschechische Wort eine russische Verkleinerungsform: Posera, Poserowitsch, Poserowitschenko, was für tschechische Ohren wie ein Kosename klingt.

Ich nannte sie Janka, Jani oder Janitschko und sie mich Martinka. Meine Mutter sagte Marti oder Martino zu mir. Mein Vater nannte mich Pluto, wie die Walt-Disney-Figur. Ich bin der Meinung, daß dieser Name von »Prut« (Zweig) kommt. So wurde ich nämlich genannt, weil ich so dürr war. Meine Eltern behaupten aber, sie hätten mich so genannt, weil ich ständig Bällen hinterherlief. Mein Vater sagte manchmal auch »Racker« zu mir – aus naheliegenden Gründen.

Abgesehen von meinen Ausflügen zu den Apfelbäumen auf der anderen Seite der Straße schlich ich mich mit Jana auch in fremde Gärten, wo wir Nüsse oder Kirschen klauten. Einmal – ich war zwölf, Jana fünf – ertappte uns eine Frau auf frischer Tat, und wir mußten alle Nüsse zurückgeben.

Einer der großen tschechischen Feiertage ist der sechste Dezember, der Nikolaustag. An diesem Tag kommen der Nikolaus, der Krampus und der Engel zu den Kindern ins Haus und fragen, ob man auch immer schön brav gewesen ist.

»Ich habe gehört, daß du dieses Jahr unartig gewesen bist«, sagt der Krampus mit heiserer Stimme.

»Nein, sie war immer brav«, sagt dann der Engel. Und der Nikolaus hört zu und überlegt sich, ob das Kind ein Geschenk verdient hat.

Meistens gewinnt der Engel, und man bekommt vom Nikolaus ein Körbchen mit Orangen, Trauben und Bananen, was für uns damals etwas ganz Besonderes war.

Jana verschlang ihre Früchte meist auf einen Sitz, während ich meine lieber in aller Ruhe genoß. Ich aß nur wenig und hatte daher immer noch welche übrig, wenn Jana mit ihren schon fertig war. Sie schaute mich dann so lange mit treuherzigem Hundeblick an, bis ich ihr schließlich etwas abgab.

Wir gingen häufig in der Beraun schwimmen, die nahe an unserem Haus vorbeifloß, und an windigen Tagen ließen wir auf den Feldern einen Drachen steigen, den mein Vater für uns gebastelt hatte. Ab und zu riß uns der Wind die Schnur aus der Hand, und der Drachen flog weg, aber mein Vater machte uns immer wieder einen neuen.

Ich war sehr froh, ihn als Vater zu haben, und er tat mir oft leid, wenn einige, die mich als Martina Subertova kannten, ihn als Herr

Subert ansprachen. Seit meinem elften Lebensjahr heiße ich Navratilova mit Nachnamen.
Bei meinem Nachnamen sollten eigentlich zwei »A« lang gesprochen und die erste Silbe betont werden: *Nav*-raa-ti-lo-vaa, im Westen wird er jedoch immer anders ausgesprochen. Am Anfang sagten die Leute immer *Nav*-ra-ti-*lo*-va, als sei ich eine italienische Gräfin, aber daran läßt sich jetzt nichts mehr ändern. Mir ist die italienische Aussprache immer noch lieber als das, was sie in Wimbledon tun. Dort wird normalerweise jede Spielerin bei ihrem Nachnamen genannt, nur ich war »Äh... Martina«, zumindest so lange, bis ich ein paarmal gewonnen hatte, aber auch heute sprechen sie meinen Namen ab und zu noch falsch aus. Ich bin stolz, daß Mirek Navratils Familienname in die Trophäen eingraviert ist, die ich in Wimbledon und bei anderen Turnieren gewonnen habe. Er war für mich in jeder Hinsicht wie ein *richtiger* Vater. Dank seiner Energie und seiner Begeisterung hatte ich überhaupt eine Chance im Tennis.

Beidhändige Rückhand

Sobald im Frühjahr das Wetter besser wurde, verbrachten meine Eltern fast jeden schönen Tag im Tennisclub von Revnice, wo sie entweder ruhige, gemütliche Doppel spielten oder sich auf den Bänken beziehungsweise im Clubhaus mit den anderen unterhielten.
Meine Großmutter vermachte mir einen ihrer altmodischen Holzschläger. Der Schlägerkopf war etwas verbogen und der Griff nicht umwickelt. Der Griff war außerdem weder abgesägt noch sonst irgendwie gekürzt. Daher hielt ich den Schläger mit beiden Händen, wenn ich gegen die Wand spielte: die viereinhalbjährige Martina Subertova – Königin der beidhändigen Rückhand.
Während meine Eltern mit Clubkameraden spielten, übte ich stundenlang an der Wand. Manchmal schleiften sie mich mit Gewalt weg, damit ich mich auch mal mit etwas anderem beschäftigte, aber sobald sie mich aus den Augen ließen, rannte ich zurück zur Wand und fing von neuem an. Mit der Zeit empfand ich eine Art Haßliebe für die Wand, weil sie nicht zu schlagen war. Von der Wand kommt jeder Ball nur noch härter zurück. Ich weiß noch, wie ich zum erstenmal auf einem richtigen Tennisplatz spielte. Ich hatte bis dahin immer nur an der Wand neben dem hintersten Platz des Clubs gespielt. Eines Tages ging mein Vater mit mir auf einen richtigen Platz und zeigte mir, wie man einen Vorhandball schlägt. Er stand am Netz und ich zwischen Aufschlag- und Grundlinie.

Als ich den Platz betrat, den Sand unter meinen Tennisschuhen knirschen hörte und mich über jeden Ball freute, der über das Netz ging, wußte ich, daß ich dort hingehörte. Ich war damals ungefähr sechs, erinnere mich aber noch daran, als sei es gestern gewesen. Ich hätte den ganzen Tag mit meinem Vater spielen können. An Energie und Ausdauer mangelte es mir wirklich nicht.
Ich war klein und hatte kein Gramm Fett auf den Rippen, alles nur Knochen und Muskeln – reine Kraft. In der Schule habe ich immer darunter gelitten, so klein zu sein, aber auf dem Tennisplatz spielte die Größe keine so große Rolle, solange man den Ball erwischte und nicht danebenschlug. Meine Reflexe waren besser als die der meisten anderen Kinder. Es war mir ein Rätsel, warum ich die Bälle noch erwischte und sie nicht. Ich sagte mir: »Sie brauchen es doch nur zu versuchen.« Aber vermutlich haben sie es versucht. Bei mir war es eben eine angeborene Begabung, ein Talent.
Sobald der Schnee geschmolzen war, begann ich mit dem Tennisspielen und hörte erst wieder auf, wenn im Herbst der erste Schnee fiel. Einmal vergaß ich meinen Schläger auf dem Tennisplatz. Nachts schneite es, und wir fanden ihn erst im Frühjahr wieder. Er liegt immer noch irgendwo bei uns in der Garage herum.
In der Schule zeichnete ich mich besonders im Sport aus. Wann immer unsere Lehrerin jemanden brauchte, der schnell irgendwohin laufen konnte, schickte sie mich. Ich lief für mein Leben gern. Oft rannte ich in unserem Garten im Kreis herum und tat so, als sei ich auf einer Aschenbahn. Im Sommer trafen wir Kinder uns immer auf dem Schulhof, einer großen Wiese, wo wir Leichtathletikwettkämpfe abhielten. Ein Junge konnte genauso schnell laufen wie ich – später spielte er in einer bekannten Fußballmannschaft –, aber die Mädchen konnten mir nicht annähernd das Wasser reichen. Meine Mitschülerinnen bekamen in der sechsten und siebten Klasse allmählich weibliche Rundungen, aber ich trug erst mit vierzehn einen Büstenhalter – und auch dann hätte ich eigentlich noch keinen gebraucht. Ich machte mir große Sorgen, weil sich bei mir so lange nichts tat, aber beim Fußball, Eishockey und Skifahren war es eher ein Vorteil.
Seit meiner Einschulung war Tennis mein Lieblingssport. Von der ersten bis zur fünften Klasse besuchte ich die Schule am Dorfplatz, ein paar Häuserblocks von unserem Haus entfernt. Von der sechsten bis zur neunten Klasse ging ich dann auf eine größere Schule, die etwas oberhalb des Orts lag. Man brauchte nur über die Straße zu gehen und war schon auf den Tennisplätzen.
Von unserem Klassenfenster aus sah ich die Tennisplätze und stellte mir vor, ich wäre dort. Ich konnte es gar nicht erwarten, daß der

Kochunterricht endlich aus war und ich hinüberlaufen durfte. Meine Mitschüler wußten, daß ich viel Tennis spielte und fragten mich immer: »Martina, was hast du bloß von dem vielen Tennisspielen?« Ich dachte mir: »Das werdet ihr schon noch sehen.«
Ich wußte schon damals, daß ich Tennisspielerin werden würde. Das war mir seit dem Abend klar, an dem mein Vater mich mit zum Stadion des Sportvereins Sparta Prag mitnahm, wo Hockey- oder Tennisspiele ausgetragen wurden und Zehntausende von Zuschauern Platz hatten. Die große Attraktion des Abends war Rod Laver, der rothaarige Linkshänder aus Australien, genannt »die Rakete«. Was für eine Kraft, was für ein Tempo und was für ein Drive! Ich sah, wie er über den Platz fegte, und dachte: Genau so und nicht anders. So wirst du später. Die Frauen spielten anders als er, und das tun sie auch heute noch. Doch wenn ich mir je einen Tennisspieler zum Vorbild genommen habe, dann war es Laver.
Jahre später, als ich in der Tennis-Städteliga für die Boston Lobsters antrat, ging unser Trainer Emmo, Roy Emerson, jedesmal mit Laver ein Bier trinken, wenn wir gegen seine Mannschaft aus San Diego spielten. Ich war wohl ein halbes dutzendmal mit dabei – wir waren einfach gute Kumpel und hatten viel Spaß zusammen –, aber ich habe mich nie getraut, Laver zu sagen, daß er mein größtes Idol im Sport war.
Nachdem ich Laver spielen gesehen hatte, wußte ich, was ein Weltklassespieler ist. Ich träumte davon, auf dem Centre Court von Wimbledon zu gewinnen oder den Federation Cup für die Tschechoslowakei zu holen. Das waren die beiden größten Erfolge, die eine Tennispielerin erzielen konnte. Wimbledon galt als Mekka jedes europäischen Tennisfans. Alle anderen Turniere waren unbedeutend. Und obwohl England zum Westen gehörte, hatten selbst die tschechischen Sportfunktionäre großen Respekt vor Wimbledon und seiner langen Tradition. Dort spielen zu wollen gehörte zu den Träumen, die erlaubt waren.
Mein Vater war nicht unschuldig an diesem Traum, denn er war überzeugt, daß ich eines Tages zu den Großen gehören könnte. Er spielte oft stundenlang mit mir und behauptete, daß ich das Zeug zum Champion hätte. Wenn er mit meiner Mutter darüber sprach, stimmte sie ihm stets zu. Sie ermunterte mich zwar immer, mein Bestes zu geben, betrachtete aber ihrerseits den Wettkampfsport mit etwas gemischten Gefühlen.
Sie spielte oft mit mir Tennis, beherrschte die Technik aber nicht so gut wie mein Vater. Während er mit mir trainierte, saß sie am Platzrand, rauchte Zigaretten, und wenn ich mal nicht an einen Ball heran-

kam, rief sie: »Wieso hast du denn den nicht gekriegt?« Ich antwortete: »Du spielst doch selbst und hast solche Bälle auch schon nicht erwischt.« Dann kam meist auch schon mein Vater und sagte mir, was ich falsch gemacht hatte.
Er war ein ziemlich strenger Lehrer, aber überhaupt nicht mit den Vätern zu vergleichen, die ich heute bei Turnieren sehe, und zwar nicht nur Amerikaner, sondern auch Europäer. Sie scheinen ihren ganzen Ehrgeiz auf ihre Töchter zu übertragen. Manchmal fragt man sich, ob einige dieser Typen ihre Tochter nicht auch noch bestrafen, wenn sie schlecht gespielt hat.
Wenn ich einige der Nachwuchstalente von heute betrachte, dann stelle ich immer wieder fest, daß sie ausschließlich für das Tennis leben. Manche sind wirklich trübe Tassen und kriegen kein einziges Wort heraus. Sie sind einfach noch zu jung. Sie kommen als Teenager direkt von der Schulbank in die Welt des Profitennis. Deshalb bewundere ich Tracy Austin, Andrea Jaeger und Pam Shriver so. Sie haben nämlich die High School abgeschlossen, obwohl sie schon Profispielerinnen waren. Und sie hätten es sich wirklich leisten können, die Schule einfach abzubrechen.
Nachdem ich die Tschechoslowakei mit achtzehn verlassen hatte, bin ich in Amerika nicht mehr zur Schule gegangen, aber vorher hatte ich wie alle anderen eine ganz normale Schule in Prag besucht. Zu diesem Zeitpunkt nahm das Tennis nicht mehr Zeit in Anspruch als der Klavierunterricht oder die Deutschstunden. Jeden Montag- und Donnerstagnachmittag ging ich zum Turnen in unsere Turnhalle. Später nahm ich auch noch Deutschstunden, wechselte dann aber zu Französisch. In der Schule wurde keine Ausnahme für mich gemacht, und daher habe ich wie alle anderen eine umfassende Ausbildung bekommen. Ich war sehr wißbegierig und wußte, daß ich nicht mein ganzes Leben lang würde Tennis spielen können. Wenn ich mir ein Bein brechen würde – was wäre dann?
Als eine Bekannte von mir einmal eines dieser Sportinternate besuchte, wo die Kinder das ganze Jahr über bleiben, hörte sie immer wieder, wie Eltern sagten: »Unsere Tochter wird vom Staat gefördert. Eines Tages wird sie die Nummer eins sein.« Als ob es nichts Wichtigeres gäbe. Wurde ein Kind nicht die Nummer eins, war es in den Augen seiner Eltern ein Versager. Ihnen war gar nicht klar, daß außer ihnen noch zwanzig andere Elternpaare den gleichen Traum hatten. Meine Bekannte fand es erschreckend mitanzusehen, wie diese Eltern ihren ganzen Ehrgeiz auf ihre Kinder übertrugen.
Für die Jungen ist es noch schlimmer als für die Mädchen. Unter den Frauen gibt es immerhin noch so etwas wie ein Gemeinschaftsgefühl

– es ist zwar nicht mehr so wie früher, aber wir spielen immer noch zusammen Karten, unterhalten uns oder gehen ab und zu gemeinsam essen. Die meisten Männer sind wie kleine Jungen: Sie sind noch sehr kindlich, kapseln sich von den anderen ab, machen überhaupt keine Anstalten, erwachsen zu werden und denken auch nicht darüber nach, ob es außer den Filzbällen noch etwas anderes im Leben gibt. Sie verdienen ja auch schon in so jungen Jahren so viel Geld.

Mein Vater verlangte sehr viel von mir, aber nur in bezug auf meine sportlichen Leistungen, als mein Trainer. Als ich ernsthaft mit dem Tennisspielen anfing, wußten wir nicht, daß man damit Geld verdienen kann. Er hat immer an mich geglaubt, denn er wußte, daß ich Spaß am Tennis hatte. Er sagte häufig: »Stell dir vor, du wärst in Wimbledon.« Das war für einen Tennisspieler der größte Erfolg – auf dem Centre Court zu stehen und die Trophäe hochzuhalten. Das hat mir mein Vater in den Kopf gesetzt, und seine Worte fielen auf fruchtbaren Boden. Ich spann den Gedanken dann allein weiter: Ich sah mich schon als Wimbledon-Siegerin im Fernsehen. Billie Jean King, Margaret Court und Nancy Richey waren damals ganz oben, aber *wie* gut sie waren, war mir noch nicht klar – ich glaubte, ich könne auch dort oben sein.

Als ich schon ganz gut spielte, trafen wir eines Tages meinen leiblichen Vater auf dem Tennisplatz, und mein »zweiter« Vater erzählte ihm, daß ich eines Tages Tennis-Champion sein würde. Mein Vater hat das sicher nicht geglaubt – ich war ja erst sieben –, aber Mirek war wirklich davon überzeugt, was er sagte.

Er war sich so sicher, daß aus mir einmal eine große Tennisspielerin werden würde, daß er etwas sehr Gewagtes tat. Er fuhr mit mir nach Prag, um für mich den besten Tennislehrer der Stadt zu bekommen. George Parma war damals einer der besten tschechischen Tennisspieler. Er hatte früher zur Davis-Cup-Mannschaft gehört und an mehreren europäischen Turnieren teilgenommen.

George wurde durch ein Rückenleiden und durch die tschechischen Tennisfunktionäre gezwungen, sich aus dem Turniergeschehen zurückziehen. Er war damals 29 Jahre alt und gab Tennisstunden in Klamovka, einem Park am westlichen Stadtrand von Prag. Dort stand die einzige Tennishalle, die es in diesem Teil der Tschechoslowakei gab. Angesichts des hiesigen Wetters konnte man es im Tennis nur zu etwas bringen, wenn man von George Parma in Klamovka trainiert wurde. Nur eine einzige Person entschied, ob man in die Halle durfte oder nicht, und das war *er*.

Nachdem ich im Herbst 1965 neun geworden war, fuhr mein Vater mit mir mit dem Zug nach Prag. Dort stiegen wir in eine rote Stra-

ßenbahn um, die am Fuße eines Hügels hielt. Ich erzähle immer so begeistert von Klamovka, aber in Wirklichkeit war es nur ein kleiner Schuppen, der eher an eine Tankstelle der dreißiger Jahre erinnerte als an die modernen Tennishallen, die man heute kennt. Es gab nur drei, im rechten Winkel zueinander liegende Hallen. Die beste war geheizt. In den anderen war es dagegen manchmal so kalt, daß man mit Mütze und Handschuhen spielen mußte und trotzdem noch fror. Es gab auch einen Duschraum und Schrankfächer, die von Madame Kozelska vergeben wurden. Sie wohnte in einer winzigen Wohnung über dem Büro, hatte aber auch ein Haus in Revnice und war uns schon ein paarmal behilflich gewesen, einen der Plätze in Klamovka zu bekommen. Sie hatte George Parma wohl von mir erzählt, aber er schien zunächst etwas skeptisch zu sein.
»Wie alt ist er denn?« fragte er.
Wegen meines Kurzhaarschnitts und meiner kantigen Gestalt hielt er mich für einen Jungen. Ich gewöhnte mich zwar allmählich daran, hörte es aber trotzdem nicht besonders gern.
George sagte meinem Vater, daß er schon ziemlich ausgebucht sei, nur noch wenige Stunden für neue Schüler zur Verfügung habe und nichts versprechen könne. Er würde eine Weile mit mir spielen, und wenn ich nicht gut genug sei, würde er es uns ehrlich sagen.
»Keine Angst, sie *ist* gut genug«, sagte mein Vater.
Ich bin mir sicher, daß er sich damals fragte, wie dieser Mann schon nach wenigen Minuten erkennen wollte, ob ich Talent hätte, aber das ist eigentlich ganz leicht. Ich erkenne Begabung heute auch sofort. Ein Mädchen mag zwar eine noch etwas unausgereifte Schlagtechnik haben, aber eine gute Sportlerin erkenne ich sofort an der Beinarbeit. Ich glaube, George Parma war sich sicher, daß er nur einen Augenblick mit mir zu spielen bräuchte, um uns dann nahezulegen, doch lieber wieder nach Revnice zurückzufahren.
Ich trug einen weinroten Trainingsanzug und hatte den alten Holzschläger dabei, den mein Vater mir geschenkt hatte. Dieser große, gutaussehende Mann ging also mit mir auf den Platz, und wir spielten eine Weile: ich meine beidhändige Rückhand und er immer wieder auf die Seitenlinie, um zu sehen, an welche Bälle ich noch herankam und an welche nicht. Ich erwischte immerhin ein paar. Ich wußte, daß dies kein harmloses Geplänkel war. Rückblickend glaube ich, daß dieses Testspiel mit George Parma wahrscheinlich wichtiger war als sämtliche Prüfungen, die ich später noch in der Schule zu bestehen hatte. Damals war es für mich wohl nur die Gelegenheit zu einem Ballwechsel, bei dem ich ein wenig angeben konnte. Mir machte es Spaß – ich war entspannt und selbstsicher.

Der Test dauerte eine halbe Stunde, länger, als wir erwartet hatten. George Parma beendete das Spiel und ging zu meinem Vater hinüber. Ich kam auch angerannt, weil ich neugierig war, was er sagen würde. »Ich glaube, wir können was aus ihr machen«, meinte er lapidar.

Die Pendlerin

Ich kam mir ungeheuer wichtig vor, als George Parma sich bereit erklärte, mir Stunden zu geben. Einmal wöchentlich rannte ich von der Schule zum Bahnhof, um den Vorortzug nach Prag zu erwischen. Ich hastete meist mit abstehendem Schläger, schief hängender Sporttasche und bis zu den Knöcheln baumelnder Schultasche über den Bahnsteig. Meine Kraft und mein Tempo kommen wahrscheinlich daher, daß ich mit neun oder zehn regelmäßig rennen mußte, um den Zug nicht zu verpassen.
Ich war mächtig stolz und kam mir ganz toll vor, wie ich als kleines Mädchen mit meiner ganzen Ausrüstung nach Prag zum Tennisspielen fuhr. Ich stellte mir vor, daß sich die Leute fragten: »Wer mag das wohl sein?« Und ich dachte: »Eines Tages werdet ihr es wissen.«
Ich kann mich noch erinnern, wie der Zug langsam durch das Berauntal durch verschlafene kleine Dörfer fuhr: Dobrichovice, Vsenory, Mokropsy, wo meine Mutter in einer Fabrik arbeitete, Cernosice, wo meine Urgroßmutter mütterlicherseits einen Bauernhof besessen hatte, Radotin, wo Josef, der Bruder meiner Mutter, in der Nähe des Bahnhofs wohnte – manchmal konnte ich ihn vom Zug aus im Garten arbeiten sehen –, und Chuchle, wo mein Großvater lebte.
Nach ungefähr einer halben Stunde fuhr der Zug in Smichov ein, einem düsteren Vorortbahnhof an der Moldau, schräg gegenüber der Prager Altstadt. In Smichov stieg ich in die rote Straßenbahn um, fuhr bis Klamovka und ging zu Fuß den Hügel hinauf zu den Tennisplätzen und zu George Parma. Schon nach ein paar Übungsstunden wäre ich für diesen großen, gutaussehenden, blondgelockten Mann durchs Feuer gegangen. Er war für mich eine Art Gott – so lässig, intelligent und so gebildet. Er war schon oft im Ausland gewesen, sprach fünf Sprachen und sah immer tadellos aus, als wolle er im nächsten Augenblick auf den Platz gehen und ein Davis-Cup-Match bestreiten.
Er war der geduldigste Trainer, den man sich vorstellen kann. Er hat mich nie angeschrien oder in irgendeiner Weise heruntergemacht. Er brauchte bloß zu sagen »Na los, Martina«, und schon bin ich jedem Ball nachgelaufen. Ich befolgte jede seiner Anweisungen, und wenn

ich das Gefühl hatte, daß er mir etwas sagen wollte, rannte ich ans Netz und blickte gebannt in seine hellblauen Augen.
Ich war bis über beide Ohren in ihn verknallt. Ich wünschte mir immer, ich wäre etwas älter, weil ich ihn dann hätte heiraten können. Es war mir völlig egal, daß er schon verheiratet war und daß er eine hübsche und sehr nette Frau namens Jarmila hatte.
Ab und zu kam George nach Revnice, um auf einem Freiluftplatz mit mir zu trainieren. Sein Besuch war jedesmal ein so großes Ereignis, daß ich beim Training ein weißes Röckchen trug. Ein ehemaliges Mitglied der tschechischen Davis-Cup-Mannschaft kam nach Revnice und gab mir im Fred-Perry-Dreß Stunden auf unserem Tennisplatz. Für mich war es so aufregend, mit ihm arbeiten zu dürfen, daß ich jedem Ball nachrannte, bis ich völlig außer Atem war.
Als erstes nahm sich George meine Rückhand vor. Mein Vater hatte mich als fünf- und sechsjähriges Mädchen eine beidhändige Rückhand spielen lassen, weil ich sonst nicht genügend Kraft in meine Schläge hätte legen können. George erkannte jedoch, daß ich eigentlich nichts anderes wollte als ans Netz gehen und Volley spielen. Dafür brauchte ich eine möglichst große Reichweite. Er sorgte dafür, daß ich die rechte Hand vom Schläger nahm und so deutlich mehr Reichweite hatte. Hätte er das nicht getan, würden Chris und ich uns heute vielleicht gegenseitig unsere beidhändige Rückhand um die Ohren hauen.
Wenn ich heute Kindern das Tennisspielen beibringen müßte, würde ich sie einen beidhändigen Rückhand-Drive, einen Slice, einen Angriffsball und einen Volley lernen lassen, damit sie variieren können. Ich würde auch gern ein paar kraftvolle beidhändige Schläge zu meinem Repertoire zählen, aber jetzt ändere ich meinen Stil nicht mehr. Abgesehen davon gehöre ich zu den glücklichen Spielerinnen, die auch in einem Arm genügend Kraft haben. Einerseits können Kinder beidhändige Schläge besser kontrollieren, andererseits ist beidhändiges Spiel beim Angriff riskanter. Das Erlernen beider Varianten mag fast so sein, als würde man sich zwei völlig verschiedene Schläge aneignen, aber das ist mit Sicherheit die wirkungsvollste Art des Tennisspielens. Am besten beherrscht Mats Wilander die beiden Rückhand-Varianten.
George Parma wußte damals sehr wohl, was er tat. Seine Aufgabe war es, gute Tennisspieler heranzuziehen. Tschechische Frauen sind ziemlich kräftig gebaut und verrichten oft schwere körperliche Arbeit in Fabriken und Geschäften. Er hatte keine Hemmungen, mich hart ranzunehmen, aber deswegen kam ich ja schließlich auch zu ihm. George wollte meinen Stil verbessern. Ich sollte lernen, an der

Grundlinie – aber trotzdem offensiv – zu spielen. Er sagte, daß ich wie eine Katze, wie ein Tiger sei, daß aber selbst Tiger ab und zu bedächtig sein müßten.

Ich hielt damals wie heute nicht viel von bedächtigem Spiel. Einige meiner schlechtesten Leistungen lassen sich dadurch erklären, daß ich zu vorsichtig gewesen bin und nur auf Fehler meiner Gegnerinnen gewartet habe – zum Beispiel bei den French Open 1983, als ich mich hatte überreden lassen, gegen Kathy Horvath defensiv zu spielen, und deswegen ausschied. In jüngeren Jahren neigte ich dagegen eher dazu, alles *zu* perfekt machen zu wollen und schon beim ersten Ballwechsel einen Superschlag zu landen. Immer wenn ich versuchte, einen besonders raffinierten Drop zu spielen, zog George die Augenbrauen hoch oder sagte: »Schlag ihn doch einfach nur zurück, Martina.« Ich hielt mich daran und spielte eine Weile brav Vorhand. Doch sobald ich eine Möglichkeit zum Angriff sah, ging ich ans Netz, und er mußte mich daran erinnern, daß dies meine Tennisstunde und nicht die nationalen tschechischen Meisterschaften waren.

»Einen guten Spieler erkennt man an seinen Grundschlägen«, sagte er immer.

George gab mir Tips, wie ich mich im Spiel zu verhalten hatte, was zu tun war, wenn sich jemand Punkte erschummelte, und wie ich meine Schläge variieren konnte. Er merkte offensichtlich bald, daß ich besser wurde, schilderte mir seine eigenen Erfahrungen im internationalen Tennis-Zirkus und meinte, daß es im Zweiten Weltkrieg und unmittelbar danach unmöglich gewesen sei, einen guten Trainer zu finden. Er glaubte, daß ich es leichter haben würde. Als ich jung war, lag dem Staat nämlich weitaus mehr daran, gute Tennisspieler zu fördern und an internationalen Turnieren teilnehmen zu lassen.

Mitte der sechziger Jahre erkannten die Kommunisten, wie gut sich der Sport eignete, um den Nationalstolz zu wecken und die Bevölkerung von den weniger erfreulichen Seiten des Lebens abzulenken. Sie gingen den Sport genauso an wie die Wirtschaft – mit einem Plan.

Die Kommunisten konzentrierten sich in jedem Land auf eine andere Sportart: In der Sowjetunion war es Gewichtheben, in Ostdeutschland Leichtathletik, in Rumänien Turnen und in der Tschechoslowakei Tennis. In meiner Heimat gehören Sportveranstaltungen zu den wenigen Gelegenheiten, bei denen man gefahrlos seinen Nationalstolz zeigen kann. Man darf eine tschechische Hockey- oder Fußballmannschaft anfeuern, selbst wenn sie gegen die Sowjetunion spielt. Seit dem neunzehnten Jahrhundert, als die ersten Sportvereine wie zum Beispiel Sokol gegründet wurden, beteiligte sich unser Land an Turnwettkämpfen. Nur so konnte man den Habsburgern zeigen:

»Seht her, wir sind immer noch Tschechen, auch wenn wir inzwischen zu Österreich-Ungarn gehören.«
Unmittelbar nach dem Zweiten Weltkrieg verlor die sowjetische Fußball-Nationalelf in der Tschechoslowakei gegen die Tschechen dreimal in Folge – zum vierten Spiel traten die Russen dann erst gar nicht mehr an.
George war Staatsbediensteter und seine Arbeitszeit daher genau festgelegt. An manchen Nachmittagen arbeitete er im Auftrag des Staats, sei es, daß er Einzelstunden gab oder daß er eine Jugendmannschaft trainierte; darüber hinaus durfte er auch privat Stunden geben – mit Einverständnis des Staats.
Bis 1948 war die Tschechoslowakei ein kapitalistisches Land gewesen. Die Leute waren es gewöhnt, hart zu arbeiten, um sich zusätzlich etwas Geld zu verdienen. Einige hatten noch genug Geld, um sich Trainerstunden zu leisten oder ihren Kindern öfter mal einen Platz zu mieten. Aber George Parma hat nie Geld für meine Stunden verlangt, und mein Vater hat ihm auch nie welches gegeben. George erkannte mein Talent und machte etwas daraus.
Außerdem hatte ich Madame Kozelska auf meiner Seite. Diese kleine alte Dame war überall zu finden. Sie reinigte die Schrankfächer, zog die Plätze ab und beobachtete von ihrer kleinen Wohnung aus alles und jeden. Sie hatte ihre Nase überall und wußte ganz genau, welche Kinder artig und welche unartig waren. Mich hatte sie ins Herz geschlossen und versuchte ständig, bei George mehr Zeit für mich herauszuschinden.
Nach ein paar Monaten durfte ich zusätzlich eine Stunde zusammen mit der nächsthöheren Altersklasse trainieren, weil ich in meiner schon an der oberen Grenze angelangt war. Künftig kam ich also zweimal wöchentlich zu ihm.
»Du mußt hart an dir arbeiten, Martina«, sagte George. »Nimm an möglichst vielen Turnieren teil. Schau dir die Welt an. Sport ist die einzige Möglichkeit, rauszukommen.«
George hat sich nie über das System beklagt, man spürte bei ihm aber immer einen Anflug von Trauer, wie bei meiner Mutter oder anderen Leuten derselben Generation. Sie hatten alle Eltern, die nach dem Ersten Weltkrieg der Zukunft zuversichtlich entgegengesehen hatten, doch dann machten erst die Deutschen und später die Russen diese Hoffnungen zunichte. Auch mit George hatten die Kommunisten ihr übliches Spielchen getrieben: Sie hatten entweder seinen Paß zurückgehalten oder ihn aus unerklärlichen Gründen nicht zu einem Davis-Cup-Spiel fahren lassen, obwohl seine Leistungen dafür sprachen. Er machte nie politische Äußerungen, aber jedesmal, wenn er vom Rei-

sen sprach, vom Tennis als einer Möglichkeit die Welt zu sehen, merkte man, daß Tennis für ihn mehr als nur ein Sport war.
Er riet mir, alles daranzusetzen, mir unter den europäischen Spielerinnen einen Namen zu machen und vielleicht sogar unter die zehn Weltbesten zu kommen. Mein Vater erzählte unterdessen schon allen, daß ich eines Tages Wimbledon gewinnen würde, und ich sah keinen Grund, ihm zu widersprechen.
Als dürres kleines Mädchen mit Schläger unter dem Arm träumte ich davon, eines Tages mit der Straßenbahn nach Klamovka zu fahren und von den Leuten als Wimbledon-Siegerin erkannt zu werden.
Die Tschechen bekommen allerdings über die meisten meiner Turniere nur wenig zu lesen, und meine Spiele werden auch nie im tschechischen Fernsehen übertragen. Im Westen der Tschechoslowakei, in Städten wie Pilsen, wo man deutsche Sender empfangen kann, ist es verboten, deutsche Sendungen anzuschauen. Es heißt, das Parteiorgan *Rude Pravo* sei etwas liberaler geworden und veröffentliche inzwischen sogar die Ergebnisse, wenn ich in Wimbledon oder bei den US Open gewonnen habe. Lange Zeit scheine ich aber für die tschechischen Sportjournalisten überhaupt nicht existiert zu haben.
In den Souvenirläden der Tschechoslowakei kann man zwar Poster der neuesten Nachwuchsstars kaufen, aber kein einziges von Ivan Lendl oder Hana Mandlikova, die immerhin noch tschechische Staatsbürger sind, allerdings die meiste Zeit im Westen leben. Souvenirs von mir würde man auf gar keinen Fall verkaufen, selbst dann nicht, wenn damit Geld zu verdienen wäre.
Im Tennisclub von Revnice, wo mir mein Vater und meine Mutter jahrelang das Tennisspielen beibrachten, klebten nur vier Poster an der Wand: Jimmy Connors, Adriano Panatta, Björn Borg und Christine Marie Evert – der Liebling der Tschechen. Weit und breit nichts vom dem dürren kleinen Mädchen mit seinem herumbaumelnden Tennisschläger.

Meine Großmutter

Wenn ich mit der Straßenbahn nach Klamovka fuhr und aus dem Fenster schaute, sah ich immer viele schwarz- oder graugekleidete alte Frauen. Ich hielt Ausschau nach meiner Großmutter Andela Subertova. Manchmal wartete sie mit einer Schüssel Karottensalat an der Haltestelle auf mich. »Iß, Kind, das ist gut für die Augen«, sagte sie. Sie war wie die amerikanischen Großmütter, die einem immer Hühnersuppe mit Nudeln aufdrängen wollen.

Während mich meine Eltern und mein Lehrer dazu ermunterten, beim Tennis mein Bestes zu geben, kümmerte sich die Mutter meines richtigen Vaters auf eine ganz andere Art um mich, wie es bisher sonst niemand getan hat.
Ich liebte Großmutter Subertova so sehr, daß ich sie hier eigentlich nicht erwähnen wollte. Immer wenn ich von ihr sprach, kamen mir die Tränen, und ich fühlte mich ganz leer, wie ausgebrannt.
Ich träume heute noch ab und zu von Großmutter. Ich träume, daß sie in die Prager Metro steigt und ich ihr hinterherrufe, aber ich bin nicht schnell genug, um sie einzuholen, und sie kann nicht zurück. Manchmal träume ich auch, daß sie auf der anderen Straßenseite steht und ich ihr etwas zurufe, aber sie kann mir nicht zuwinken. Sie taucht häufiger als jeder andere in meinen Träumen auf. Nicht zuletzt deshalb glaube ich an ein Leben nach dem Tod, oder anders ausgedrückt, nicht zuletzt deshalb hoffe ich auf ein Leben nach dem Tod.
Großmutter war die gutmütigste Frau, die ich je gekannt habe. Hätte jemand mit Steinen nach ihr geworfen, hätte sie ihm dafür auch noch einen Laib Brot geschenkt. Als Kind wollte ich so werden wie sie. In einem Interview sagte ich einmal: »Wenn ich als Kind zu Mittag eine Orange mit in die Schule nahm – und Orangen gab es damals nur sehr selten –, habe ich die größere Hälfte immer einer Freundin geschenkt.« Das habe ich von meiner Großmutter.
Vielleicht kommt diese Eigenschaft heute nicht so richtig heraus, wenn ich nach einem Sieg einen Ball in die Zuschauermenge schlage und dann mein Geld kassiere, aber ich habe tatsächlich eine gutmütige Ader, die mich schon öfters in unangenehme Situationen gebracht hat. Ich bin nicht mehr so offen wie früher, da einige Reporter und auch andere Leute, die ich für meine Freunde gehalten hatte, ausgeplaudert haben, was ich ihnen unter dem Siegel der Verschwiegenheit anvertraut hatte. Ich habe aber immer gern Geschenke gemacht, Freunden Geld geliehen und alle möglichen Streuner freundlich aufgenommen, sowohl zwei- als auch vierbeinige.
Jeder sollte so eine Großmutter Subertova haben. Sie war es, deren gütige Stimme ich immer hörte, die mich liebte, egal ob ich gut oder schlecht gespielt hatte, die meine Hausaufgaben zu Ende machte und mein Zimmer aufräumte.
Es heißt, in den Vereinigten Staaten sei jeder bestrebt, möglichst jung zu wirken, seine Zeit in Feriendörfern zu verbringen, in Discos zu gehen und Tennis oder irgend etwas anderes zu spielen. Ich hatte damals das einzig Wahre: eine gütige, liebevolle tschechische Großmutter, die in meiner Erinnerung weiterlebt und mir auch heute noch Kraft gibt.

Sie war meist schwarz und grau gekleidet. Sie machte oft Witze darüber, daß sie immer kleiner würde und immer mehr in die Breite ginge. Sie sagte, sie wüchse allmählich in den Boden. Sie hatte eine große Nase, genau wie ich, und ihr ehemals dunkles Haar ergraute zusehends.

Ich glaube nicht, daß sie jemals Fabrikarbeiterin gewesen ist, aber in jungen Jahren hatte sie auf einem Bauernhof gearbeitet. Nach dem Tod meines Großvaters Subert zog sie in eine kleine Wohnung in Klamovka, nur einige Häuserblocks von den Tennisplätzen entfernt.

Manchmal ging Großmutter mit mir den Hügel hinauf und sah mir beim Training zu, sagte aber kein einziges Wort. Sie war nicht so überkandidelt, wie man es in Amerika in vielen piekfeinen Tennisclubs von Zuschauern aus dem Verwandtenkreis gewöhnt ist: Eltern, Großeltern, Onkel und Tanten stehen dort am Spielfeldrand und feuern die Kinder an. Tennis war für meine Großmutter nichts Besonderes, aber sie war stolz darauf, daß ich von einem so berühmten Lehrer wie George Parma unterrichtet wurde. Übrigens hatte auch Großmutter einen Narren an ihm gefressen.

Unter der Woche begleitete sie mich immer zur Straßenbahnhaltestelle und wartete, bis ich eingestiegen war. Wenn ich dagegen freitags Training hatte, übernachtete ich immer bei ihr, damit ich am nächsten Morgen nicht schon wieder die lange Strecke fahren mußte.

Sie hatte eine kleine Wohnung – ein Schlafzimmer und eine Wohnküche, wo sie mir das Sofa als Schlafgelegenheit herrichtete. Zum Abendbrot gab es entweder Wurst oder Huhn und den obligaten Karottensalat mit Apfelsirup. Der Apfelsirup gehörte zu den wenigen Dingen, die reichlich vorhanden waren. Wir tranken ihn mit Wasser verdünnt. Dann machten wir es uns für den Rest des Abends gemütlich und plauderten. Ich nannte sie Babička und sie mich Martinka oder Martinečka. Manchmal sagte sie auch Zlatá Holčička, »Goldschatz«, zu mir.

Da meine Großmutter noch unter den Habsburgern geboren worden war und im Krieg die Besetzung durch die Nazis miterlebt hatte, sprach sie fließend Deutsch. Ich lernte Deutsch in der Schule und versuchte jedesmal, sie mit meinen neuesten Kenntnissen zu beeindrucken.

Manchmal erzählte mir Großmutter von *dem* großen Abenteuer ihres Lebens, einer Reise nach Holland, die sie ein paar Jahre zuvor unternommen hatte. Am besten erinnerte sie sich noch an die Stewardessen der KLM – wie nett sie gewesen waren, daß sie ihr Holländisch gut verstanden hatte, weil sie ja Deutsch konnte. Sie war stolz darauf, daß sie noch als *Babička* in ein fremdes Land reiste und sogar die Sprache beherrschte. Großmutter hätte Sprachwissenschaftlerin oder vielleicht Lehrerin werden können, aber da sie um die Jahrhundertwende auf einem Bauernhof aufgewachsen war, hatte sie keine Möglichkeit gehabt, nach der Grundschule noch weiter zur Schule zu gehen.

Sie liebte Eiskunstlauf, eine der traditionellen Sportarten meiner Heimat. Sie kannte die Namen sämtlicher tschechischer Eiskunstlaufmeister und -meisterinnen wie zum Beispiel Aja Zanova, die später in New York eine gute Freundin von mir wurde, und sie hatte sogar ein Sammelalbum mit Bildern von Eiskunstläuferinnen wie Sonja Henie.

Großmutter hatte keinen Fernseher, dafür hörten wir uns Musik und Nachrichten im Radio an oder lösten Kreuzworträtsel. Sie war ziemlich gut. Nur ganz selten gab es etwas, was sie nicht wußte – Sportfragen, Städtenamen oder etwas aus der Geographie. Das ließ sie dann für mich offen, und wir machten das Rätsel gemeinsam zu Ende. Ich habe erst Jahre später gemerkt, daß Großmutter diese Fragen wahrscheinlich deshalb offenließ, weil sie sich sicher war, daß ich die Antwort wußte und mir dadurch ungeheuer gescheit vorkommen würde. Mir kommen heute noch die Tränen, wenn ich daran denke, wie sie mir immer das Gefühl gab, etwas Besonderes zu sein.

Manchmal holte mich Großmutter nicht von der Straßenbahnhaltestelle oder von den Tennisplätzen ab, sondern wartete in ihrer Wohnung am Fenster auf mich. Ich winkte ihr immer zu, bevor ich die Treppen hinaufrannte, um vor ihr an der Tür zu sein. Manchmal war ich schneller dort, als sie erwartet hatte, und sie staunte: »Wie schnell du bist.« Wenn wir zusammen nach oben gingen, mußte sie auf jedem Treppenabsatz Pause machen, selbst wenn ich sie stützte.

Abends machten wir es uns oft gemütlich und erzählten Witze, meistens über die Russen, so wie es auch in anderen Ländern üblich ist, Witze über andere Völker zu reißen.

Großmutter hat mich nie gefragt, wie es ist, Profispielerin zu sein. Dazu wußte sie viel zu wenig darüber. Als ich zu meinen ersten Turnieren fuhr und in der Welt umherreiste, war sie stolz auf mich, aber ich hatte nie Zeit, ihr in Ruhe zu erzählen, wie es ist, in den Vereinigten Staaten zu leben.

Als ich 1975 die Tschechoslowakei verließ, hatte ich nicht den Mut, mich von Großmutter oder sonst jemandem zu verabschieden. Ich packte einfach meine Sachen, fuhr zu den Turnieren und kam nicht mehr zurück. Ich glaubte damals, ich würde sie nie wiedersehen, aber 1979 bekam sie die Erlaubnis, mich in den Staaten zu besuchen. Außer ihr hatte noch niemand aus meiner Familie ausreisen dürfen. Alte Leute ließen sie dagegen gern gehen, weil die ja vielleicht für immer

im Ausland blieben und der Staat ihnen dann keine Rente mehr zu zahlen brauchte.
Mit 83 oder 84 flog Großmutter mit ein paar Zwischenlandungen die lange Strecke von Prag nach Dallas. Ich werde nie vergessen, wie rüstig sie nach fast 24 Stunden aus dem Flugzeug stieg. Sie konnte gleich weiterfahren. Ich war so glücklich, sie wiederzusehen, daß ich vor Freude weinte. Großmutter war von Texas überwältigt. Dort war alles größer als in der Tschechoslowakei. Ich hatte ein Haus in Dallas gekauft, nichts Besonderes, aber mein erstes eigenes Haus – 325 Quadratmeter. Es hat sie einfach umgehauen. Teppiche, Möbel, drei Fernseher mit Fernbedienung – sie konnte es einfach nicht fassen. Und dann die Mikrowelle! Einfach etwas hineinstellen, und nach zwei Minuten ist es heiß. Ich verstehe zwar selbst nicht, wie das funktioniert, aber ich kann zumindest damit umgehen. Sie betrachtete die Mikrowelle nur kopfschüttelnd.
Sie hatte keine Ahnung, wieviel Geld man mit Tennis oder irgendeiner anderen Beschäftigung in den Staaten verdienen konnte, aber sie war realistisch genug, um aus dem Staunen über die vielen technischen Geräte gar nicht mehr herauszukommen. Manchmal blickte sie sich um und fragte: »Und das hast du alles selber bezahlt?«
Ich wohnte damals mit der Golferin Sandra Haynie zusammen, einer guten Freundin, die mich damals managte. Sie und Großmutter freundeten sich sehr schnell an. Haynie trug im Haus oft ihren grellen pinkfarbenen Trainingsanzug. An ihrem letzten Tag in Dallas sagte Großmutter mir, wie sehr ihr dieser Anzug gefiel, und als ich es Haynie erzählte, ging sie sofort auf ihr Zimmer, zog ihn aus und schenkte ihn Großmutter.
Wir fuhren mit Großmutter ein paarmal in Dallas umher und zeigten ihr die Stadt, die wie eine völlig andere Welt auf sie gewirkt haben muß. Sie war glücklich, einfach nur bei uns sein zu dürfen. Sie schaute mir auch bei einem Turnier in Dallas zu und bei den Avon-Meisterschaften im Madison Square Garden in New York. Als ich damals im Finale Tracy Austin schlug, sah Großmutter endlich den Lohn für all die Jahre harten Trainings in Klamovka.
Mich als Turniersiegerin zu sehen war zwar sehr schön, aber noch mehr war Großmutter eigentlich von all den Prominenten beeindruckt, die sie in New York kennenlernte. Ich lud sie ins *Czech Pavilion* ein, das Restaurant, das von Aja Zanova und ihrem Mann Paul Steindler geführt wurde. Nachdem Aja die Tschechoslowakei verlassen hatte, war sie jahrelang Star der Ice Follies gewesen, und Großmutter war ganz aufgeregt, einer ehemaligen tschechischen Eiskunstlaufweltmeisterin zu begegnen.

Ein weiteres großes Ereignis war für Großmutter die Begegnung mit Lee Majors, dem »6-Millionen-Dollar-Mann«. Sie hatte seine Show früher nie gesehen, schaute aber in Dallas immer fern und fand die Show gut. Ich sah ihn in der Halle unseres New Yorker Hotels und stellte ihn meiner Großmutter vor. Sie konnte es gar nicht fassen, jemandem zu begegnen, den sie im Fernsehen gesehen hatte.
Das Größte war für sie jedoch die Begegnung mit ihrer Lieblingstennisspielerin. Sie redete die ganze Zeit davon, wie gut sie spielte. Bei einem Turnier in Dallas brachte ich Großmutter deshalb mit in den Umkleideraum.
»Sie sind *die* Chris Evert?« fragte Großmutter auf Tschechisch.
Chris war unglaublich nett zu ihr. Jedesmal, wenn sie Großmutter in Dallas oder New York traf, umarmte sie sie herzlich und gab ihr einen Kuß. Chris war für Großmutter eine Berühmtheit und eine perfekte Tennisspielerin.
Ich war dagegen immer noch Zlatá Holčička, ihr kleiner Goldschatz, und mehr wollte ich auch gar nicht sein.
Bevor Großmutter wieder zurückflog, schenkte sie mir ein Kleid, das sie selbst jahrelang getragen hatte. Ich habe es immer noch, und machmal mache ich den Kleiderschrank auf, drücke mein Gesicht in den Stoff und fühle mich Großmutter ganz nah.
Als ich Großmutter ins Flugzeug setzte, lächelte sie, wahrscheinlich weil sie sich so freute, ihren kleinen Goldschatz wiedergesehen zu haben, woran sie schon gar nicht mehr geglaubt hatte. Ich weinte, weil ich wußte, daß ich sie vielleicht zum letztenmal sah.
Rund ein Jahr später, als ich in Charlottesville wohnte, fand ich in der Post einen Brief von meiner Tante in Revnice. Es war eine dieser schwarzgeränderten Trauerkarten, ein *parte*. Ich sah zunächst nur ein Kreuz in der Mitte der Seite, aber dann las ich Großmutters Namen.
Schluchzend rief ich in Prag an und erfuhr, daß man kurz nach ihrer Rückkehr aus den Staaten Krebs bei ihr festgestellt hatte und ihr Tod schon ein paar Wochen zurücklag. Ich fragte meine Mutter, warum sie mir nichts von Großmutters Krankheit gesagt hatte, aber darauf konnte sie mir keine Antwort geben.
Im gleichen Jahr kamen meine Eltern für eine Weile nach Dallas, und ich fragte sie noch einmal: »Warum habt ihr mir nichts gesagt?« Sie konnten es mir immer noch nicht sagen. Wahrscheinlich war es auch ganz gut so, denn was hätte ich schon tun können? Da ich damals noch keine amerikanische Staatsbürgerin war, hätte ich nie im Leben in die Tschechoslowakei reisen dürfen.
Fast beiläufig erfuhr ich damals auch vom Selbstmord meines richtigen Vaters. Aber nun war es zu spät, um Großmutter auf ihren Sohn

anzusprechen und mehr darüber zu erfahren oder sie zu fragen, wie sie selbst es verkraftet hatte.
Großmutter hat mir immer das Gefühl gegeben, daß ich zu den Menschen zählte, an denen ihr am meisten lag. Sie ließ sich nie Trauer über die tragischen Ereignisse in ihrem Leben anmerken. Sie hatte mich einfach gern und redete mir zu, das Leben zu genießen. Sie kam nach Dallas, sah, daß ich ein schönes Haus, ein paar gute Freunde und Erfolg im Tennis hatte und flog lächelnd zurück. Mich hat nie wieder jemand so von ganzem Herzen, so vorbehaltlos geliebt wie Großmutter. Ich kann nur hoffen, daß es eines Tages jemand tun wird.

Schulzeit

Lernen war für mich wie Tennisspielen. Es fiel mir ziemlich leicht, und ich wurde schnell ungeduldig, wenn jemand etwas nicht gleich verstand.
Mit vier kam ich in den Kindergarten, und mit sechs wurde ich eingeschult. Ich erinnere mich noch recht gut an meinen ersten Schultag. Meine Mutter zog mir einen Rock, Lackschuhe und weiße Söckchen an, so daß ich wie ein richtiges Mädchen aussah. Am ersten Tag saß ich auf dem Schulhof auf einer Schaukel. Ein Junge in meiner Klasse schlug alle Kinder mit einem Holzspielzeug auf den Kopf. Da ich ohnehin schon schlechte Laune hatte – und das bereits am ersten Schultag –, habe ich mich natürlich mit ihm geprügelt und meine Sachen dabei ganz schmutzig gemacht.
Es hatte wirklich keinen Sinn, die guten Sachen in der Schule zu tragen, zumal sie nicht pflegeleicht waren und unsere Mütter damals weder Waschmaschinen noch Wäschetrockner hatten. Bei einer kleinen Prügelei auf dem Schulhof konnte man sich die ganzen Sachen ruinieren.
Unsere Grundschule war ein altes Gebäude direkt am Dorfplatz. Sie hatte Holzfußböden und alte hölzerne Schulbänke mit Vertiefungen für die Tintenfässer. Die Pulte hatten schräge Platten und darunter ein Fach für die Bücher. Auf den Schulbänken hatten zwei bis drei Schüler Platz, und man konnte mit dem Hintern vor und zurück rutschen, wenn der Lehrer gerade nicht herschaute.
Wir mußten immer gerade sitzen. Die Lehrer wollten, daß wir die Hände auf den Rücken legten, weil das angeblich unsere Haltung verbesserte und wir außerdem keinen Unfug treiben könnten, so daß wir zwangsläufig aufpassen würden. Das glaubten sie zumindest.

Sie achteten streng darauf, daß wir richtig saßen und uns ordentlich benahmen. Wenn wir etwas sagen wollten, mußten wir uns melden. Dabei durften nur der Zeige- und Mittelfinger hochgehalten werden. Ich hielt mich aber nicht daran und fuchtelte wild in der Luft herum. Die besten Schüler saßen in der letzten Reihe. Ich lehnte mich oft mit erhobener Hand an die Wand, weil ich fast immer die Antwort wußte. Natürlich nahmen mich die Lehrer nicht immer dran. Daher ließ ich die Hand der Einfachheit halber oben. Wer weiß, vielleicht habe ich deshalb so einen harten Aufschlag.
Die Lehrer sahen es gar nicht gern, daß ich Linkshänderin war, und meine Mutter auch nicht. In der ersten Klasse schrieb ich immer mit der linken Hand, so daß die Tinte ständig verschmierte. Nach einiger Zeit sagte mir die Lehrerin, ich solle mit der rechten Hand schreiben, und das tat ich dann auch, einfach so. Ich wußte nicht, daß ich es konnte, bis ich es erst versucht hatte.
In der ersten Klasse stellte ich mich im Turnen manchmal sehr dumm an. Wir hatten eine dicke, unsympathische Turnlehrerin, bei der wir Purzelbäume machen mußten. Da ich den Kopf nicht richtig hielt, rollte ich immer zur Seite, und Rückwärts-Purzelbäume konnte ich überhaupt nicht.
Die Lehrerin schrieb meinen Eltern: »Martina kann keine Purzelbäume.«
Mein Vater schrieb zurück: »Dann zeigen Sie ihr doch, wie es geht.« Er wußte, daß sie dafür viel zu dick war, meinte aber, daß jede Lehrerin in der Lage sein müsse, ihren Schülern vorzumachen, wie es geht, und nicht nur die Theorie beherrschen dürfe.
Eine Lehrerin schlug uns immer auf die Hände, wenn wir frech waren, aber bei mir hatte sie nicht allzuoft Anlaß dazu. Als ich in der dritten Klasse war, zog meine Mutter mir eines Tages einen Rock und eine nagelneue weiße Strumpfhose an. Ich weiß nicht mehr, was ich angestellt habe, jedenfalls ließ mich die Lehrerin zur Strafe auf dem schmutzigen Holzboden knien. Dabei machte ich die Strumpfhose kaputt, und das, wo doch Strumpfhosen in der Tschechoslowakei so schwer zu bekommen waren. Meine Eltern meinten, man könne Kinder auch bestrafen, ohne ihre Kleidung zu ruinieren.
Manchmal ließen uns die Lehrer hundertmal den gleichen Satz schreiben, zum Beispiel »Ich darf im Unterricht nicht reden«, und einmal bekam ich Ärger, weil ich im Klassenraum umhergekrochen bin. Ich wollte einer Mitschülerin eine Nachricht schicken, aber meine Banknachbarin weigerte sich, den Zettel weiterzugeben. Deshalb bin ich selbst zwischen den Bänken hindurchgekrochen. Ich war schon durchs halbe Klassenzimmer, als mich die Lehrerin erwischte.

Ich war nie wie die anderen. Wahrscheinlich hätte ich sogar in den Staaten als vorlaut gegolten, aber in der Tschechoslowakei war ich wirklich eine Außenseiterin, weil ich als einzige Fragen stellte oder meine Meinung sagte. Ich bin deswegen auch oft angeeckt, im Unterricht, auf dem Tennisplatz und anderswo. Man durfte nichts sagen, die Lehrer nicht hinter ihrem Rücken nachmachen und keine Fragen stellen. Meine Streiche waren meist ziemlich harmlos, nichts wirklich Schlimmes, aber wenn ich andere damit zum Lachen bringen konnte, war ich nicht zu bremsen.
Ich mußte mich immer zusammenreißen, um nicht zu sagen, was ich dachte. Damals konnte sich ein Erwachsener keine Unüberlegtheiten leisten, wenn er nicht im Gefängnis landen wollte. Als Amerikanerin muß ich mich heute aus anderen Gründen zurückhalten. Die Leute sollen mich nicht falsch verstehen, wenn sie meine Kommentare in der Zeitung lesen, und sich fragen: »Meine Güte, wie konnte sie das nur sagen.« Es kann sein, daß ich es ganz anders gemeint hatte, aber die Amerikaner sind kritische Bemerkungen nicht gewöhnt, erst recht nicht von Sportlerinnen mit ausländischem Akzent.
In der Schule mußten wir den Mund halten, wenn wir keinen Ärger bekommen wollten. Ein paarmal wurde ich erwischt, als ich Mitschülern half, die Schwierigkeiten mit den vielen kleinen Häkchen im Tschechischen hatten, durch die sich die Aussprache eines Wortes völlig verändert. Damals war mir schon klar, daß nicht alle Schüler gleich gut waren, und weil ich das ungerecht fand, sagte ich meinen Freunden vor und wurde dafür gerügt.
Meine Schulzeit unterschied sich anfangs wohl kaum von der anderer Kinder, die in anderen europäischen Ländern oder in den Staaten aufwachsen. Tschechische Kinder sind wie alle anderen Kinder. Wenn man sie auf der Straße oder in der Straßenbahn beobachtet, kichern sie, ärgern sich gegenseitig, und die Jungen stoßen und schubsen einander.
Ich war glücklich, als ich in die sechste Klasse kam und auf die moderne Schule in der Nähe der Tennisplätze gehen durfte. Sie hatte lange Gänge mit Marmorfußböden, richtige Stühle und schönere Tafeln. Mein Lieblingsraum war der Chemiesaal, weil dort all die interessanten Apparaturen für chemische Versuche herumstanden. Der Chemielehrer, einer der wenigen männlichen Angehörigen des Lehrkörpers, mochte die Jungen lieber und meinte, Mädchen hätten im Chemieunterricht nichts zu suchen. Wenn er etwas erklärte und merkte, daß wir redeten oder nicht aufpaßten, warf er mit Kreide nach uns. Das war seine Art, uns zum Zuhören zu bringen, und es klappte.

In der sechsten Klasse hatten wir eine Geschichts- und Erdkundelehrerin namens Kovalova. Wir nannten sie »die Nonne«, weil sie so streng und bieder aussah und eine Brille trug, aber sie war wirklich nett. Sie brachte mir die alten Römer näher – diese Zeit fesselte mich am meisten – und erzählte uns von Kaiser Caligula, seinen Pferden und seinen Streitwagen. Die Gladiatorenkämpfe in den Arenen übten auf mich eine ungeheure Faszination aus. Ich denke heute noch ab und zu daran, kurz bevor ich bei den US Open das Stadion oder den ehrwürdigen Rasen von Wimbledon betrete. Es ist ganz ähnlich: die zwei Kontrahenten, der Kampf »um Leben und Tod« und die Zuschauermenge, die ihren Favoriten anfeuert.
Frau Kovalova machte mit uns Ausflüge, weil sie die Natur so liebte, und wenn die Schüler echtes Interesse zeigten, ging die Begeisterung mit ihr durch, und sie erzählte immer mehr. Im Wald hatte sie dann gar nichts mehr von einer Nonne. Sie sprang über Bäche, auch wenn sie sich dabei schmutzig machen konnte. Wir fanden, daß sie eigentlich fast schon zu alt war, um mit uns durch die Wälder zu streunen. Sie muß damals Ende Dreißig oder Anfang Vierzig gewesen sein.
Meine Lehrer hatten entweder viel oder gar nichts für mich übrig, und mir ging es mit ihnen genauso. Gerechtigkeit war für mich immer am wichtigsten. Streng, aber gerecht, wie Frau Kovalova. Auch in Literatur hatten wir eine nette Lehrerin. Sie warf mich allerdings einmal aus der Klasse, weil ich mir die Nase zu laut geputzt hatte. Später, auf der Oberschule in Prag, hatte ich eine Lehrerin, die schon über sechzig war und Zemanova hieß. Sie konnte sich so für die tschechische Literatur begeistern, daß sie mitten im Unterricht zu weinen anfing. Ich war bei ihr nicht besonders gut, aber sie wußte, daß ich nicht dumm war und eigentlich besser hätte sein können, wenn ich nicht so oft unterwegs gewesen wäre. Deshalb half sie mir, den Stoff nachzuholen. Das fand ich sehr fair.
Meine Grammatiklehrerin, Frau Smrzova, war auch nett. Dafür haßte mich meine Turnlehrerin, weil ich so vorlaut war und ihr immer widersprach. Sie hatte etwas gegen mich, aber das beruhte auf Gegenseitigkeit. Ich glaube, sie war eifersüchtig, weil ich so sportlich war und gut Tennis spielen konnte. Außerdem langweilten mich die Gymnastikübungen, die wir bei ihr machen mußten. Ich wollte schon immer einfach hinausgehen und spielen – ohne lange Aufwärmübungen. Meine Hauswirtschaftslehrerin mochte mich auch nicht. Ich hatte bis vor einigen Jahren eigentlich immer dieselben Vorstellungen von gesunder Sportlerkost, bis man mich eines Besseren belehrte. Vielleicht hatte ich schon damals gute Ernährungstips bekommen, die ich nur nicht befolgt habe.

Auf der Oberschule war ich wohl ungefähr die dritt- oder viertbeste. Ich bekam gute Noten in Tschechisch, in Literatur und Mathematik. Die Notenskala reichte von eins bis fünf, ich hatte fast überall eine Eins und nur in ein paar Fächern eine Zwei, zum Beispiel in Zeichnen und Hauswirtschaft.

Algebra ging ich genauso an wie Tennis: Serve und Volley. Entweder schlage ich dich oder du mich, und zwar jetzt gleich. Ich löste Gleichungen in Null Komma nichts, bis nur noch 35 = 7x dastand, und kritzelte sofort die Lösung hin, als versuchte ich, einen unerreichbaren Rückhand-Crossball zu plazieren. Ich machte nicht einmal die Probe, sondern schrieb einfach nur die 5 hin. Ich war immer sehr schnell im Addieren, Dividieren und Lösen von Denkaufgaben, aber nie besonders gut im Überprüfen der Ergebnisse. Erdkunde mochte ich auch nicht, weil man all die lateinischen Namen für Gesteine und Blumen lernen mußte, die man nach der Prüfung ohnehin sofort wieder vergaß.

Was mir an der Schule außerdem schlaflose Nächte bereitete, war der Schulzahnarzt. Meine Zähne sahen schön weiß aus, waren aber in Wirklichkeit ziemlich weich und hatten immer Löcher. Der Zahnarzt kam in die Schule und rief jeden zu sich, Klasse für Klasse. Da ich in den ersten zehn Jahren noch Subertova mit Nachnamen hieß, war ich immer am Ende des Alphabets und schlotterte am ganzen Körper, als ich schließlich an die Reihe kam. Damals gab es weder Schmerzmittel noch Röntgengeräte. Der Zahnarzt untersuchte die Zähne mit einer spitzen Metallsonde, und wenn er meinte, etwas gefunden zu haben, was nicht in Ordnung war, notierte er sich den Namen, und ein paar Wochen später wurde man dann zum Bohren zu ihm zitiert. Einmal biß ich ihm beim Bohren in die Hand. Er warf mich hinaus, aber ein paar Tage später kam er in die Schule und rief mich wieder auf.

Ein andermal mußte ich mich einer Wurzelbehandlung unterziehen, bei der der Nerv mit Gift abgetötet wird. Ich schwor mir damals, nie wieder zu diesem Zahnarzt zu gehen, hielt mich dann aber doch nicht daran. Später waren wir bei einer Zahnärztin in Pilsen, einer Bekannten meiner Eltern, die Novocain verwendete. Was für ein Segen. Von Jana, die Zahnmedizin studiert, weiß ich, daß es in der Tschechoslowakei immer noch Zahnärzte gibt, die kein Schmerzmittel geben und auch keine Röntgengeräte haben.

Auch dem Kunstunterricht konnte ich nichts abgewinnen, wahrscheinlich weil ich nicht besonders gut zeichnete oder es mir zumindest einbildete. Ab und zu mußten wir den Schulhof umgraben, säubern und die Büsche beschneiden, was ich haßte wie die Pest. Was sollte ich mit dem Spaten? Für mich gab es nur den Tennisschläger.

Kochen lernte ich zu Hause so gut wie gar nicht. Meine Mutter war eine gute Köchin und verwöhnt mich auch heute noch gern mit allerlei Suppen oder tschechischen Spezialitäten, aber sie hatte nie Zeit, mir das Kochen beizubringen. Möglicherweise hat sie es aber auch versucht, und ich wollte nur nicht. Jedenfalls mußten alle Mädchen in der achten Klasse Hauswirtschaft belegen. Zu allem Überfluß fand der Unterricht auch noch in einem Raum statt, von dem aus man die Tennisplätze sehen konnte. Da stand ich nun und kochte mit einer unbändigen Wut im Bauch, weil ich viel lieber draußen sein und Tennis spielen wollte.

Wie es der Teufel will, mußte ich als erstes Gericht ausgerechnet Linsensuppe kochen, und das, wo mir Linsen doch so zuwider waren. Aber auch wenn einem das, was die Lehrerin sagte, nicht paßte, behielt man es besser für sich, wenn man es sich mit ihr nicht verderben wollte. Ich kochte also meine Linsensuppe und mußte sie natürlich auch probieren. Am Ende mochte ich sie sogar! Heute gehört Linsensuppe zu meinen unentbehrlichen Kohlehydratlieferanten, die mir beim Tennis die nötige Kraft geben.

Meine erste Schulfreundin war Eva Pekařková, die uns gegenüber wohnte. In den höheren Klassen war Květa Vlášková meine beste Freundin. Sie wohnte über dem Metzgerladen direkt neben dem kleinen Kino. Wir spielten nicht allzuoft mit Puppen. Ich kann mich aber erinnern, mindestens eine Puppe und ein paar Plüschtiere gehabt zu haben. Am liebsten spielte ich am Fußboden mit kleinen Spielzeug-Sportwagen. Ich hatte auch kleine Lastwagen und eine Eisenbahn, aber die Sportwagen waren mir am liebsten. Wahrscheinlich geht meine Begeisterung für Autos – in den Staaten hatte ich anfangs für jeden Wochentag ein anderes Auto – auf diese Zeit zurück.

In all den Jahren, in denen ich mit den Jungen zusammen Eishockey oder Fußball spielte, war ich nur zweimal ernstlich verletzt. Einmal rutschte ich im Turnunterricht aus, als ich Anlauf nahm, um von einem Trampolin aus über einen Tisch zu springen. Ich stieß mit dem Kopf gegen den Metallrahmen des Trampolins. Ein andermal rannte ich einen Hügel hinunter und lief mit dem Gesicht in einen Stacheldraht, der um eine Lampe am Rande des Hockeyspielfelds am Fuße des Hügels gewickelt war. Der Draht ging genau ins rechte Auge. Ich spürte einen stechenden Schmerz und hielt mir die Hand vors Gesicht. Meine Mutter kam angerannt und dachte schon, ich hätte mir das Auge ausgestochen, aber glücklicherweise war nur das Lid verletzt. Die Narbe ist heute noch zu sehen.

Wir spielten oft Himmel und Hölle, aber unser Lieblingsspiel war das Münzen-Werfen. Jeder mußte versuchen, seine Münze in ein aufgezeichnetes Rechteck zu werfen. Wer am nächsten dran war, durfte seine Münze aufheben, sie hochwerfen, sich für Kopf oder Zahl entscheiden und alle Münzen behalten, die mit der entsprechenden Seite nach oben lagen. Dann war der Zweitbeste an der Reihe und so weiter und so fort, bis alle Münzen einen neuen Besitzer hatten.

Außerdem spielten wir gern Cowboy und Indianer, genauso wie die Kinder in den Staaten – zumindest bevor die Videospiele auf den Markt kamen. Natürlich gab es in der Tschechoslowakei Cowboys und Indianer zu sehen. Irgendwie kam unser kleines Kino an eine ganze Reihe von Winnetou-Filmen mit Pierre Brice in der Rolle des Apatschen-Häuptlings. Old Shatterhand wurde von Lex Barker gespielt. Anscheinend hatte Winnetou dem Weißen das Leben gerettet, woraufhin die beiden Blutsbrüderschaft schlossen.

Die Filme müssen synchronisiert gewesen sein. Ich kann mich nämlich nicht erinnern, so früh schon Englisch gehört zu haben. Ich weiß aber noch, daß ich immer Old Shatterhand sein wollte, wenn wir Cowboy und Indianer spielten. Wir hatten Holzgewehre und Pfeil und Bogen, aber alles ziemlich primitiv – die Pfeile flogen höchstens zehn Meter weit.

Manchmal kletterte ich auf die Fichten neben unserem Haus und stellte mir vor, ich sei Old Shatterhand und belauerte meine Mutter. Ich rief ihren Namen, und wenn sie vergeblich nach mir Ausschau hielt, dachte ich mir »dich krieg ich«, genau wie in den Western. Und wieder wurde eine ins Jenseits befördert – von der mutigsten und berüchtigtsten Westernheldin, die je durch das Beraun-Tal geritten ist: Martina Subertova alias Navratilova alias Old Shatterhand, *das* tschechische Cowgirl.

Damals war mir nicht bewußt, wie sehr ich an einigen meiner Lehrerinnen hing. Was ich dagegen sicher wußte, war, daß ich in George Parma verknallt war. Für mich war er der attraktivste Mann, den ich je gesehen hatte, und das ist er auch heute noch.

Ich fühlte mich nie zur Kovalova, der Nonne, hingezogen, obwohl ich sie nett fand und sie für meine beste Lehrerin hielt. Ich empfand aber sehr viel für meine Mathematiklehrerin, eine Freundin meiner Mutter: verheiratet, sportlich und immer gerecht. Es kam öfters vor, daß ich sie anstarrte oder ihr auf Schritt und Tritt folgte. Jede Ausrede war mir recht, wenn ich ihr nur beim Sport zuschauen oder beim Sprechen zuhören durfte.

Vielleicht hat es jemand gemerkt, aber es ist zumindest nie herausgekommen. Anscheinend ist es ziemlich normal, daß Kinder im Alter von elf, zwölf oder dreizehn sich in gleichgeschlechtliche Lehrer verlieben. Ich betrachtete mich damals keineswegs als unnormal und

fühlte mich nie zu gleichaltrigen Mädchen hingezogen, aber ältere Frauen weckten eindeutig Gefühle in mir, und das war auch noch so, als ich älter wurde.
Ich beschäftige mich nicht besonders viel mit Psychologie und habe keine Ahnung, inwieweit es eine Rolle spielte, daß mein richtiger Vater uns verlassen hatte; daß über seinen Selbstmord nie gesprochen wurde oder daß ich mich immer für eine Außenseiterin hielt – ein dürres kleines jungenhaftes Mädchen mit Kurzhaarschnitt. In der Tschechoslowakei hat nie jemand mit mir geschimpft, weil ich mit den Jungen herumtobte und Eishockey oder Fußball mit ihnen spielte. In den Staaten soll es früher immer geheißen haben, daß sich bei sehr sportlichen Mädchen die sexuelle Veranlagung nicht normal entwickelt. Als Mädchen hatte man Cheerleader zu sein und nicht selbst Sport zu treiben. Inzwischen hat sich das Bild der Frau gewandelt. Man muß nicht mehr hübsch sein, damit einem die Leute beim Spielen zusehen. Außerdem kann man heute gut im Sport und trotzdem Frau sein.
Daß ich eine gute Sportlerin war, hat mich in meiner Jugend nicht weiter belastet. Ich war mir allerdings immer bewußt, daß ich keine besonders weiblichen Formen hatte. Es ging mir aber immer gut, wenn ich körperlich etwas leistete, und ich verzichte gerne auf das Äußere – jedenfalls auf das typisch weibliche –, wenn ich dafür das tun kann, was ich zur Zeit tue.
Mein Vater sagte mir immer, daß ich um so hübscher sein würde, je älter ich würde. Er hatte recht. Ich wachse immer noch in meinen Körper hinein und lerne, mich vorteilhaft anzuziehen. Die Leute haben ja nicht oft Gelegenheit, Sportler richtig angezogen zu sehen. Sie sehen einen immer nur verschwitzt, und wenn sie einen dann einmal geschminkt sehen, rufen sie ganz verwundert aus: »Sie sind ja viel hübscher als auf dem Tennisplatz.« Manchmal frage ich dann zurück: »Soll das heißen, ich sehe auf dem Tennisplatz häßlich aus?« Sie sollten mal die Reaktion sehen.
In meiner Jugend wußte ich nie, wie ich mich anziehen oder verhalten sollte. Sogar in einem kommunistischen Land hatte man bestimmte Vorstellungen von weiblicher Schönheit, die Überbleibsel unserer mitteleuropäischen Tradition waren. Wir sahen schöne Schauspielerinnen, Sängerinnen und Tänzerinnen in den Prager Theatern und im Fernsehen. Dem stand das Bild der patriotischen, kräftig gebauten, kurzhaarigen Fabrikarbeiterin gegenüber. Ich wußte nicht genau, wie ich eigentlich aussehen wollte – auf jeden Fall femininer. Ich konnte aber nichts machen, konnte ja nicht einfach meine Muskeln abhacken. Die waren vererbt. Wenn meine Mutter

sich für das Büro anzog, schminkte sie sich immer nur leicht. Sie brauchte ihre ganze Energie, um ihre Arbeit, ihre beiden Kinder, ihren Mann, das Tennisspielen und ein paar andere Sportarten unter einen Hut zu bringen.
Ich bin sicher, daß ich durch das Tennisspielen selbständiger und selbstbewußter wurde, weil ich manches eben besser konnte als die anderen. Aber daß es tatsächlich meine sexuelle Veranlagung beeinflußt hat, glaube ich eigentlich nicht. Manche Dinge sind angeboren und haben keinen ersichtlichen Grund.
Nach einiger Zeit hatte ich wegen des Tennisspielens kaum noch Kontakt zu den anderen Kindern. Nicht daß ich eingebildet geworden wäre, ich war einfach nur anders als sie. Seit ich zehn war, rannte ich ein- bis zweimal wöchentlich von der Schule direkt zum Bahnhof, um den Zug nach Prag zu erwischen. Wenn ich nach Hause kam, war kaum noch Zeit für die Hausaufgaben, bevor ich dann todmüde ins Bett fiel. Dadurch hatte ich viel weniger Freunde als andere Kinder.
Mit Květa blieb ich aber auch noch befreundet, als ich schon Profitennisspielerin war. Ich besuchte sie jedesmal, wenn ich von einem Turnier zurückkam. Wir unterhielten uns und alberten herum wie immer.
Ab und zu schreibt sie mir eine Karte. Sie ist inzwischen verheiratet und hat ihr erstes Kind. Ich glaube, ich bin die einzige aus meiner ehemaligen Klasse, die noch kein Kind hat. Eine von uns soll sogar drei Kinder von drei verschiedenen Männern haben. Den dritten hat sie geheiratet. So etwas gibt es auch in der Tschechoslowakei, obwohl Abtreibung dort legal ist. Als ich noch zu Hause wohnte, hörte ich von ein paar Mädchen, die mit fünfzehn schwanger wurden. Damals hatte ich gerade erst meine Tage bekommen, und meine erste Erfahrung mit einem Mann machte ich erst zwei Jahre später.
Wenn ich daran denke, daß Květa und meine anderen Freundinnen alle schon Kinder haben, frage ich mich, wie mein Leben wohl aussähe, wenn ich nicht Tennisspielerin geworden wäre. Ich hätte immer noch gern ein Kind, bevor ich zu alt dafür bin. Wenn ich davon spreche, ziehen die Leute meist die Augenbrauen hoch, aber es liegt mir wirklich sehr am Herzen. Ich weiß nicht genau, ob ich auch heiraten würde, aber ich möchte mir auf jeden Fall den richtigen Vater aussuchen. Er muß intelligent, sensibel und sportlich sein und natürlich gut aussehen.
Einer der nettesten Männer, die ich kenne, und gleichzeitig einer der gutaussehendsten ist Wayne Gretzky, der größte Torjäger in der Geschichte des Eishockeys. Können Sie sich vorstellen, was Wayne und ich für Prachtkinder hätten?

Kämpfernatur

Seit ich in den Staaten bin, fällt mir immer wieder auf, daß es die amerikanischen Fans nicht mögen, wenn Sportler offen ihre Meinung sagen oder sogar aggressiv werden. Eine hervorragende Sportlerin wie Chris Evert wird akzeptiert, weil sie sich auf dem Platz sittsam benimmt, während eine andere – ich nenne hier bewußt keine Namen – ständig kritisiert wird, weil sie den Mund aufmacht. Ich bin überzeugt, daß das zum großen Teil daher kommt, daß sowohl die Zuschauer als auch die Presse bestimmte Vorstellungen haben, wie eine Frau zu sein hat, und nur danach gehen, ob eine Sportlerin diesen entspricht oder nicht.

Um ein Beispiel zu nennen: Ich bin für meine Fairneß gegenüber meinen Gegnerinnen bekannt. Ich mag keine nachlässigen Schiedsrichter, ob sie nun zu meinen Gunsten entscheiden oder nicht. Ich habe nie bezweifelt, daß die Schiedsrichter ihr möglichstes tun, aber ich reklamierte jedesmal, wenn mir ein Punkt zu Unrecht zugesprochen worden war, und brachte damit die Schiedsrichter auf die Palme. Manchmal machte ich absichtlich einen Doppelfehler, wenn eine offenkundige Fehlentscheidung zu meinen Gunsten getroffen worden war.

Einmal versuchte ich, eine solche Entscheidung rückgängig zu machen. Der Platz war ziemlich staubig, so daß man deutlich sehen konnte, daß der Ball noch in meinem Feld aufgetroffen war. Ich zeigte einfach mit meinem Schläger an die Stelle und sagte: »Der Ball war gut.« Am nächsten Tag hieß es in den Zeitungen: »Navratilova legt sich mit Schiedsrichtern an.« Man zieht immer den kürzeren, und deshalb nahm ich künftig die meisten Schiedsrichterentscheidungen kommentarlos hin.

Ich merkte, daß ich viele Leute damit abschreckte, wenn ich auf dem Tennisplatz meine Meinung sagte und Gefühle zeigte. Die Amerikaner werden mit starken Persönlichkeiten nicht so gut fertig wie sie meinen, vor allem nicht mit weiblichen. Immerhin benehme ich mich auf dem Platz ja nicht wie John McEnroe oder Jimmy Connors, und eigentlich sind meine schlimmsten Spiele die, bei denen ich freundlich bin, Späßchen mache und mein Gegenüber nicht mehr als Gegnerin betrachte.

Daß ich mich beim Tennis so gebe, wie ich wirklich bin, schreckt manche ab. Dabei wurde genau das in meiner Jugend gefördert. Als ich Tennisspielen lernte, brauchte ich mich nicht wie ein Mädchen zu benehmen. Darin bestärkten mich zwei Männer – George Parma und mein Vater –, die beide an mich glaubten. Sie engten mich nie ein und sagten nur selten, daß ich als Mädchen bestimmte Dinge nicht tun durfte oder zumindest nicht tun sollte. Auch meine Mutter, die gern Tennis spielt, skiläuft, arbeitet und nachdenkt, versuchte nie, mir einzureden, was man als Frau zu tun oder zu lassen hatte.

Der Sport hat meiner Meinung nach nichts damit zu tun, daß ich mich in unterschiedlichen Phasen meines Lebens mal von Männern und mal von Frauen angezogen fühlte. Ich war in George Parma verschossen, lange bevor ich mich in eine meiner Lehrerinnen verliebte, und in beiden Fällen empfand ich mehr oder weniger das gleiche: Was mich anzog, waren das Wissen, die Selbstsicherheit, die Freundlichkeit und das Aussehen.

Ich wollte beim Tennis immer ans Netz gehen, offensiv spielen, Spaß am Spiel haben und gewinnen. Das wurde sowohl von meinem Vater als auch von meinem Trainer gefördert. Die Selbständigkeit und Zielstrebigkeit, zu der sie mich anhielten, waren auch für meinen weiteren Lebensweg bestimmend. In meiner Kindheit und Jugend hörte ich von meinen Eltern und von meinem Trainer immer wieder »versuch's«, und genau das habe ich immer getan.

Ich war meinem Vater stets dankbar, daß er nie versucht hat, mir abzugewöhnen, ans Netz zu gehen. Ich will diese Taktik nicht zur goldenen Regel für alle Lebenslagen erheben, aber es gab schon Situationen, die ich genauso angegangen bin wie ein Tennismatch. Das verdanke ich meinem Vater. Er wollte, daß ich Spaß am Tennis habe, daß ich meine angeborene Neigung zum Offensivspiel nicht unterdrücke. Glücklicherweise hatte er keine feste Vorstellung davon, wie kleine Mädchen Tennis zu spielen hatten. Wenn ich mit ihm spielte, gab es keine psychischen Hemmschwellen, nicht dieses unterschwellige Gefühl, ein »wohlerzogenes Mädchen« sein zu müssen und weniger umherzurennen.

Er war ein phantastischer Mensch. Er stellte nie Fragen und war immer da. Er fuhr oft mit mir zu Turnieren, begleitete mich zu Tennisstunden oder spielte mit mir. Er war streng und unnachgiebig, aber ich mußte ihn nie lange bitten, wenn ich zum Training wollte. Solche Unterstützung ist für junge Sportler sehr wichtig, besonders für Tennisspieler. Ohne ihn hätte ich es nie geschafft.

Ich hatte die besten Voraussetzungen, Profisportlerin zu werden. Weder meine Eltern noch mein Trainer hatten etwas dagegen, daß sich ein junges Mädchen für den Sport entschied. Und auch die gesellschaftlichen Normen in der Tschechoslowakei konnten mir in keiner Weise verbieten, das zu tun, was ich am besten konnte. Ich brauchte keinen übertrieben weiblichen Gang und keine besonders feminine Kleidung. Tschechische Frauen sind es gewöhnt, sowohl im

Beruf als auch zu Hause körperlich zu arbeiten. Dadurch sind sie natürlich ziemlich kräftig.
Es war nicht so sehr das Bestreben, durch gesunde Ernährung und körperliche Betätigung fit zu bleiben, das mich zum Sport trieb, sondern vielmehr das instinktive Gefühl, daß Sport gut für mich sei. In meiner Kindheit sah man oft Hunderte von tschechischen Frauen, die bei öffentlichen Veranstaltungen oder im Fernsehen Turnübungen vorführten. Man sah Frauen, die auf den Feldern oder in Fabriken arbeiteten. Natürlich hatten sich die Tschechinnen noch von früher, aus der Zeit vor der Machtübernahme der Kommunisten, ihren Sinn für Schönheit und Stil bewahrt, aber verglichen mit den Frauen im Westen hatten die Tschechinnen weniger Zeit und weniger Geld für Make-up, Kleidung und Friseur. Ich lerne erst jetzt, Ende Zwanzig, wie man Make up und Lidschatten richtig aufträgt, oder welches Shampoo und welche Pflegespülung für mein Haar am besten sind. Das war keine Frage der sexuellen Veranlagung, sondern vielmehr eine Frage des kulturellen Umfelds.
Nachdem ich 1982 abgenommen hatte, wurde ich in einer Titelgeschichte von *Time magazine* erwähnt, in der es um das neue weibliche Schönheitsideal ging. Es hieß, daß moderne Frauen lieber gut in Form statt lediglich wohlgeformt seien und daß Muskeln nicht mehr als unschön empfunden würden, und da war auch ein Foto von mir, mit meinen Unterarmen und allem Drum und Dran, direkt neben Olivia Newton John.
Da es in meiner Familie viele selbstbewußte, intelligente, sportliche Frauen gab, war ich bereits gut auf die feministische Bewegung eingestimmt, als ich 1973 zum erstenmal in den Westen reiste. Ich fand gut, was ich über Gleichberechtigung hörte: gleiche Bezahlung für gleiche Arbeit und Chancengleichheit für Männer und Frauen. Das klang für mich ziemlich amerikanisch.
Als ich in den Westen kam, war ich genau zur rechten Zeit am rechten Ort. Billie Jean King, Rosie Casals und ein paar andere hatten sich mit sehr viel Nachdruck dafür eingesetzt, daß es die nächste Generation Tennisspielerinnen einmal besser haben würde. Ihr Einsatz fing gerade erst an, sich bezahlt zu machen.
Billie Jean ist oft wütend, weil sie meint, daß die jüngeren Spielerinnen sich nicht genügend engagieren, daß alle nur Geld wollen und sich niemand um Verbesserungen bemüht. Damit hat sie wohl recht, aber inzwischen gibt es auch schon ein paar junge Spielerinnen, die anders denken.
Billie Jeans Spiel gegen Bobby Riggs hat nicht allzuviel bewiesen – was war schon groß dabei, daß die damalige Nummer eins im Da-

men-Tennis einen Fünfundfünfzigjährigen schlug? Vitas Gerulaitis äußerte sich 1984 einmal ziemlich verächtlich über das Damen-Tennis und behauptete, ich sei nicht imstande, die Nummer hundert der Herren-Weltrangliste zu schlagen. Ich konterte damals, daß ich manchen männlichen Spielern durchaus das Wasser reichen könne, aber keine Frau, die einigermaßen bei Verstand ist, würde je behaupten, sie könne gegen die besten männlichen Tennispieler gewinnen.

Sie brauchen mich nur beim Training mit meinem bei Turnieren ziemlich erfolgreichen Coach Mike Estep zu beobachten, um zu erkennen, daß Männer und Frauen nun mal nicht gleich stark und gleich schnell sind. Billie Jean hat jedoch etwas anderes bewiesen, was genauso wichtig ist: die kämpferische Seite der Frauen. Sie ging auf den Platz mit der Absicht, diesen Angeber zu schlagen. Sie trug einen Kampf für uns alle aus. Sie hielt das Banner hoch. Es war nichts dabei, als Frau sportlich, kämpferisch und zäh zu sein und Schiedsrichterentscheidungen in Frage zu stellen. Chris tat das auf ihre Art und ich auf meine, aber Billie Jean war die Vorkämpferin. Plötzlich zeigten die Frauen stolz einen völlig neuen Kampfgeist, was auch viele Männer gut fanden.

Die jungen Spieler von heute haben weder den gleichen Stolz noch die gleiche Kraft. Sie sind Einzelkämpfer. Für sie ist Tennis hauptsächlich eine Möglichkeit, Geld zu verdienen und berühmt zu werden – sie sind nicht nur Sportler, sondern gleichzeitig Unterhaltungskünstler. Ich glaube, irgend etwas ist auf der Strecke geblieben.

Noch vor einigen Jahren hieß es, man solle verbissen kämpfen. Ich war manchmal zu verbissen oder zu emotional. Das war zum Teil die Schuld Billie Jeans und ihrer Generation, zum Teil aber auch in meiner Kindheit begründet – mein Vater und George Parma hatten mir ja immer eingebleut, ich solle nie aufgeben.

Damit habe ich mir eine ganze Menge Schwierigkeiten eingehandelt. Vor einigen Jahren sollte ich für irgendein Gesundheitsprodukt werben, aber den Verantwortlichen wurde es dann doch zu mulmig, nachdem Rita Mae im Fernsehen ihre neueste Kurzgeschichte vorgestellt und auch einige Bemerkungen über mich gemacht hatte, etwa: »Manche Beziehungen sind wie ein Marathon, andere dagegen wie ein Sprint, und unsere war eben eher ein Sprint.« Danach war es ihnen egal, daß ich die beste Tennisspielerin der Welt war. Ich war gebrandmarkt, und sie hatten Angst, mein Ruf könne ihnen schaden.

Ich weiß natürlich, daß sich solche Firmen nicht ohne Grund Sorgen machen. Mein Image ist wirklich nicht ganz unproblematisch. Von ehrlichen Freunden weiß ich, daß mich öfters Zuschauer wegen meiner sexuellen Veranlagung ausbuhen. Ein Bekannter hat mir einmal erzählt, daß 1983 im Finale der US Open eine Frau Chris mit den Worten »los Chris, ich will, daß eine richtige Frau gewinnt« anfeuerte. Ich finde das schade, denn Chris hätte es wirklich verdient, aus anderen Gründen angefeuert zu werden.

Mein Ruf schadet mir manchmal wirklich. Es ist kein Zufall, daß ich bis zu meinem Sieg 1983 bei den US Open nie auf der Titelseite der *Sports Illustrated* zu sehen war. Ich hatte schon jedes andere Turnier gewonnen, aber in den Chefetagen des Verlags hätte man lieber irgendeine Bikinischönheit auf die Titelseite gesetzt als die beste Tennisspielerin der Welt, denn die Zeitschrift wird ja hauptsächlich von Männern gekauft...

Oder nehmen wir den Titel »Sportler/Sportlerin des Jahres«, der regelmäßig von *Sports Illustrated* vergeben wird. 1983 habe ich drei der vier Grand-Slam-Turniere gewonnen und das ganze Jahr über nur ein einziges Mal verloren. Der Titel ging aber an die Läuferin Mary Dekker. Nichts gegen Mary Decker – sie ist eine phantastische Sportlerin und hatte damals ein gutes Jahr hinter sich –, aber ich finde, ich hätte den Titel genauso verdient gehabt.

Was ich kritisiere, ist nicht die Entscheidung, sondern vielmehr die Vorgehensweise. In der Titelgeschichte über Mary wurde besonders erwähnt, wie schutz-, liebe- und hilfsbedürftig sie sei, daß sie eine Scheidung hinter sich habe und später dem reizenden Richard Slaney begegnet sei, den sie dann auch geheiratet habe. Der Bericht ging wirklich zu Herzen. Man konnte sich richtig vorstellen, wie dieser Hüne von Mann schützend die Arme um die kleine Mary legt.

Aber als Nancy Lieberman mir über eine Krise hinweghalf, gab es allerlei höhnische Bemerkungen über das sogenannte »Navratilova-Team«. Wenn eine Weltklasseläuferin und phantastische Kämpferin wie Mary Decker einen neuen Rückhalt findet, dann ist das völlig in Ordnung. Wenn dagegen eine große Tennisspielerin wie Martina Navratilova jemanden hat, der ihr seelischen Beistand leistet, wird sie von allen wie ein seltenes Tier angeschaut.

Dieselbe Zeitschrift brachte einmal einen Artikel, in dem es hieß, ich hätte eine Masseuse und eine Frau, die meine Hunde spazierenführte. Der Verfasser des Artikels fragte, ob ich Muhammad Ali sei oder sonst jemand mit einem ganzen Hofstaat. Nancy kam mir zu Hilfe und sagte: »Nur weil eine Freundin uns zur Zeit der US Open besucht, das Haus hütet und die Hunde spazierenführt, wenn wir im Stadion sind, heißt das noch lange nicht, daß wir sie extra dafür angestellt haben.« Die Freundin, die meine Hunde spazierenführte, heißt Pam Derderian. Sie tut sehr viel für mich, für meine Stiftung und meine Ladenkette.

Jeder machte sich über das Navratilova-Team lustig. Mike Lupica schrieb einmal in der New Yorker *Daily News*: »Ich mag Martina Navratilova, aber nicht das Navratilova-Team.« Das Komische daran war, daß unser Team bei weitem keine harmonische Einheit bildete: Nancy und Renee Richards haben sich nie richtig gut verstanden, sondern waren oft sogar auf Konfrontationskurs. Schönes *Team*.
Man machte sich darüber lustig, daß Nancy, Renee, Robert Haas, mein Diätetiker, und ein paar von meinen Freunden bei meinen Spielen alle in einer Reihe saßen. In der nächsten Reihe saßen meist Chris' Mutter und ihre Schwester, John Lloyd, der so gut wie nie fehlte, ein paar von Chris' besten Freunden und manchmal auch noch ihr Trainer Dennis Ralston, und das ist ja auch gut so. Chris hat es verdient, von ihren Freunden und ihrer Familie aus nächster Nähe angefeuert zu werden. Ich auch. Aber für die Zuschauer hat Chris ihre Freunde dabei und ich das Navratilova-Team.

Eine geborene Amerikanerin

Die Cowboy- und Indianerfilme waren mein erster Kontakt mit der amerikanischen Kultur, aber ich bin überzeugt, daß ich ein paar amerikanische Erbanlagen habe. Schon als kleines Mädchen war ich fasziniert, wenn im Unterricht Namen wie Florida, Kalifornien, Las Vegas, Miami, New York, Chicago oder Empire State Building fielen. Obwohl man uns nur Schlechtes über Amerika erzählte, klang es für mich immer noch ziemlich verlockend.
Bis Mitte der sechziger Jahre – ich war damals zehn – bekamen wir nicht allzuviel von der amerikanischen Kultur mit. Im Radio wurde bis auf ein paar Walzer oder Polkas überwiegend klassische Musik gespielt. Eine Schulfreundin von mir besaß 1965 oder 1966 eine Platte von den Beatles, die sie immer wieder spielte; vorher hatten wir im Radio so gut wie keine englischen Lieder gehört.
Seit meiner Kindheit erschien mir Amerika wie ein Märchenland. Wenn meine Eltern mir die Platte mit Dvořáks Sinfonie *Aus der Neuen Welt* vorspielten, spürte ich bei den stimmungsvollen amerikanischen Volksweisen die ganze Weite und Freiheit dieses Landes.
Fasziniert war ich auch von Australien, dem Mekka des Tennissports, das Spieler wie Margaret Court oder Rod Laver hervorgebracht hat, und von Japan – ich wollte unbedingt einmal Tokio sehen. Aber am meisten zog mich Amerika an.
Ich war ungefähr dreizehn, als ich zum erstenmal jemandem begegnete, der schon einmal in Amerika gewesen war. Bei einem Turnier

traf ich ein Mädchen, dessen Familie sogar eine Zeitlang in Philadelphia gelebt hatte, dann aber doch zurückgekommen war. Ich fand es aufregend, mit ihr über Philadelphia zu reden, den Namen einfach nur auszusprechen oder zu schreiben. Ich konnte ihn sogar richtig buchstabieren. Für mich wäre es damals das Höchste gewesen, in Philadelphia zu wohnen.

Nach den ersten Winnetou-Filmen liefen allmählich mehr amerikanische Filme im Kino. Als ich auf der Oberschule war, ging ich am Wochenende oft in Revnice oder Prag ins Kino. Ich saß im Dunkel und starrte gebannt auf Fred Astaire und Ginger Rogers, Katharine Hepburn und Spencer Tracy. Sie waren so leger, so elegant gekleidet und die meisten von ihnen so *proper*. Sie prägten mein Bild von Amerika, das nicht ganz mit dem übereinstimmte, was uns die Kommunisten in der Schule oder in den Zeitungen weismachen wollten. Im Kino sah ich all die schnittigen Limousinen, die prächtigen Cadillacs und dachte: »Das ist also Amerika.«

Zusammen mit den ersten amerikanischen Filmen kam auch die amerikanische Musik auf – »Your Cheatin' Heart« von einer tschechischen Gruppe statt von Hank Williams. Später bekamen wir aber auch original amerikanische Musik auf Radio Luxemburg zu hören. Wir versuchten die Sender mit den großen Hits reinzukriegen, aber der Empfang war schlecht und die Tonqualität miserabel. Trotzdem hatten wir Ende der sechziger Jahre zumindest einen einigermaßen guten Eindruck von amerikanischer Musik.

Aber Katharine Hepburn und Spencer Tracy, Ginger Rogers und Fred Astaire, Hank Williams und Ray Charles gehörten nicht zu dem Bild von Amerika, das uns die Kommunisten in der Schule vermitteln wollten. Ihnen kam es darauf an, immer nur die negative Seite der Dinge darzustellen. So las man zum Beispiel, daß die amerikanischen Imperialisten die Armen ausbeuteten, daß die Reichen immer reicher und die Armen immer ärmer wurden. Es wurde behauptet, daß alle in Armut lebten und die Schwarzen Restaurants nicht betreten durften.

Ich weiß noch, wie glücklich wir waren, als die tschechischen Turner 1964 die Russen schlugen und der amerikanische Leichtathlet Bob Hayes bei den Olympischen Spielen die Goldmedaille gewann. Man hatte uns immer gesagt, wie sehr die Schwarzen in Amerika unterdrückt würden, wie arm sie seien, und dennoch gab es hier einen Schwarzen, offensichtlich in Hochform, der für sein Land die Goldmedaille holte. Daran merkte ich, daß mit der kommunistischen Propaganda irgend etwas nicht stimmen konnte.

Nach Jahrhunderten der Propaganda und der Fremdherrschaft waren die Tschechen ohnehin schon ziemlich skeptisch. Der Landesteil, in

dem ich lebte, Böhmen, war früher einmal für kurze Zeit das Herz Mitteleuropas gewesen. Das war unter Karel I., unserem »Importkönig«, der später als Karl IV. Herrscher über das Heilige Römische Reich Deutscher Nation wurde. Glauben Sie nur nicht, wir hätten das vergessen. Mein Heimatort Revnice liegt nur ein paar Kilometer von Karlstein entfernt, der auf einer Anhöhe gelegenen Festung Kaiser Karls IV. Als Oberschülerin ging ich öfters mit meinem Freund dorthin und träumte mit ihm von der glorreichen Vergangenheit unseres Landes, damals im vierzehnten Jahrhundert. Karel I. gründete die Karls-Universität im Herzen von Prag. An ihn erinnern viele Standbilder und die prächtige Karlsbrücke. Karel I. erinnerte mich, die ich unter einem kommunistischem Regime aufwuchs, daran, was Böhmen einmal war und was es immer noch hätte sein können.
Danach fielen wir den Habsburgern, den Preußen und schließlich den Russen in die Hände. Am 30. Oktober 1918 wurde aus Böhmen, Mähren und der Slowakei die Tschechoslowakei, die verschiedene Volksgruppen in einer Nation vereinigte. Die Unterschiede mögen einem Außenstehenden vielleicht unbedeutend erscheinen, sind es aber für die Tschechen ganz und gar nicht, und sie haben auch mich geprägt.
Mein Freund Ted Tinling, der Designer von Tenniskleidung, schrieb einmal in der Zeitschrift *World Tennis*: »Sie ist die beste Serve-und-Volley-Spielerin, die es je gegeben hat. Sie hat ein klares Konzept und sehr viel Phantasie. Sie hat dieses impulsive slawische Temperament, das ihr erst richtig Kraft verleiht, wenn es kritisch wird. Sie wird sich immer wieder selbst in Schwierigkeiten bringen, wird ihre Gegnerin immer unterschätzen, genauso wie ihre eigene Fähigkeit, brenzlige Situationen zu meistern. Bei ihr kann Überheblichkeit von einem Moment zum anderen in Panik umschlagen.«
Was er über meine Stimmungen schrieb, war richtig – zumindest damals. Aber stimmte auch die Aussage über mein »slawisches« Temperament? Meine Mutter, mein richtiger Vater und mein Vater kamen alle aus dem böhmischen Teil der Tschechoslowakei, so daß ich zwar Tschechin und Slawin, aber keine Slowakin bin. Die Slowaken kamen aus dem Osten. In meiner Kindheit lebten in Revnice keine Slowaken. Wir lernten Tschechisch, während sie im östlichen Teil des Landes Slowakisch lernten. Das sind zwei verschiedene Sprachen, aber wenn man die eine kann, versteht man auch die andere.
Es gab keine Vorurteile. Man begegnete Slowaken und behandelte sie wie alle anderen auch, obwohl man natürlich wußte, daß sie keine Tschechen waren. Die Slowaken waren in der Geschichte eigentlich nie eigenständig gewesen, sondern hatten immer zu irgendeinem an-

deren Land gehört, während die Tschechen immerhin eine Zeitlang ihren eigenen Staat hatten.
Als die Russen 1948 die Machtübernahme inszenierten, besetzten sie die wichtigsten Posten mit Slowaken. Sie standen den Russen nicht nur geographisch, sondern auch in ihrer Sprache und Kultur weit näher als die Tschechen und waren außerdem auch eher bereit, sich dem kommunistischen Diktat zu beugen. In Prag, im westlichen Teil der Tschechoslowakei, war die Erinnerung an den Kapitalismus noch nicht verblaßt. Die Menschen wußten sich zu helfen und hatten auch weiter ihren Stolz.
Mein Vater arbeitete als Ökonom in einer Fabrik. Wir fuhren jedes Jahr in den Skiurlaub. Manche machten sogar Urlaub am Meer. Wir fragten uns immer: »Wovon bezahlen die das bloß?« Meine Eltern kamen aber immer ganz gut zurecht. Für mich waren sie immer ein Vorbild an Unabhängigkeit, weil sie sich weigerten, in die Kommunistische Partei einzutreten. Damit wollten sie nichts zu tun haben.
Es wäre vielleicht gar nicht so schlecht gewesen, wenn ich dem Beispiel des braven Soldaten Schwejk, der berühmtesten Figur der tschechischen Literatur, gefolgt wäre. Für meinen Vater ist er »unser Vorbild«. Er sieht aus wie ein Trottel und benimmt sich auch so, aber trotzdem schafft er es, sowohl in Kriegs- als auch in Friedenszeiten zu überleben. Schwejk war an die Front geschickt worden, zog aber, nachdem bereits geraume Zeit vergangen war, immer noch im Lande umher, kehrte in jedem Wirtshaus ein und schlief in jeder Scheune. Man war schon drauf und dran, ihn ins Gefängnis zu werfen, da grüßte er wieder auf seine tölpelhafte Art und sagte: »Melde gehorsamst...« Dann erklärte er lang und breit, daß er ja eigentlich die Front suche, es draußen aber so dunkel sei. Niemand konnte Schwejk je nachweisen, daß er nicht die Wahrheit sagte oder sich mutwillig drückte, und so entging er dem Gefängnis.
Im Lauf der Jahrhunderte lernten die Tschechen und Slowaken – sei es nun unter den Habsburgern oder sonstiger Fremdherrschaft –, sich mit der Obrigkeit zu arrangieren, und als die Russen nach dem Zweiten Weltkrieg einmarschierten, wurden wir einmal mehr zu Überlebenskünstlern.
Als man 1983 Hašeks hundertsten Geburtstag feierte, soll jeder Buchladen in Prag Jubiläumsausgaben der »Abenteuer des braven Soldaten Schwejk« verkauft und das tschechische Fernsehen sogar eine Schwejk-Serie gebracht haben – sicherlich alles mit der richtigen politischen Färbung.
Auch das, was man uns über Amerika erzählte, war entsprechend politisch gefärbt. Wir hörten von der Ausbeutung in den Vereinigten

Staaten, aber jedesmal wenn wir einen Hollywood-Film sahen, hatten wir den Eindurck, daß es in Wirklichkeit ganz anders war. Außerdem waren da ja auch noch die Erinnerungen an die Zeit von 1918 bis 1938, als die Tschechoslowakei eine freie, in den Westen eingebundene Demokratie war. Die Tschechen und Slowaken haben das Versprechen des Westens nie vergessen. Amerika war ihr Ideal, und sie beneideten die Amerikaner, auch wenn sie sie nicht immer verstanden.

Wir bekamen teilweise einen recht seltsamen Eindruck von Amerika. Einmal fanden meine Schwester und ich eine Ausgabe des *Playboy* im Schrank unseres Vaters. In der Tschechoslowakei gibt es nur wenige Porno-Hefte, zumindest waren sie nicht an jedem Kiosk ausgehängt. Der *Playboy* schockierte uns aber keineswegs. Ich fand das Ganze zwar ziemlich albern, betrachtete es aber als einen Beweis dafür, daß die Amerikaner ein freies Volk sind. Sie durften so etwas lesen. Ich habe mir die puritanische Einstellung der Sozialisten nicht zu eigen gemacht. Ich bin gegen jede Art von Einschränkung und hasse es, wenn man mir sagt, was ich zu tun oder zu denken habe.

Ich hätte also nie wie der brave Soldat Schwejk sein können, weil ich Vorgesetzte, die einen zur Schnecke machen, nur weil man ein einfacher Soldat ist, nicht ausstehen kann. Ich hasse Machtmißbrauch. Wenn jemand Befehle erteilt, stellen sich mir die Nackenhaare auf. In meiner Kindheit und Jugend wurde uns von den vielen Funktionären ständig vorgeschrieben, was wir zu denken hatten.

Viele Tschechen glauben auch heute noch, alle weißen Amerikaner seien reich. Man hat mir einmal von einem Prager Taxifahrer erzählt, der meinte, alle Amerikaner hätten Sportwagen, die über 100000 Dollar kosteten. Sein amerikanischer Fahrgast entgegnete, daß er selbst nur einen 6000-Dollar-Datsun habe, woraufhin der Taxifahrer ihn völlig entgeistert ansah. Er konnte einfach nicht glauben, daß ein Amerikaner keinen Straßenkreuzer aus Detroit oder einen rassigen europäischen Sportwagen fährt, sondern ein billiges japanisches Auto.

Meine Mutter und meine Schwester können sich nur schwer vorstellen, daß viele Amerikaner arm sind. Sie haben den Film *Coal Miner's Daughter* gesehen und konnten nicht glauben, daß ein Country-Musik-Star wie Loretta Lynn tatsächlich in einer kleinen Hütte in den Bergen aufgewachsen war, Kartoffelsäcke getragen und eine heruntergekommene Schule besucht hatte.

Meine Familie denkt wahrscheinlich, daß alle Amerikaner soviel Geld haben wie ich, daß Amerika unermeßlich reich ist. Auf der anderen Seite erzählen einem die Kommunisten jedoch, daß die meisten

Amerikaner ausgebeutet werden. Dem stehen aber die vielen Supermärkte, Vergnügungsparks und Autohäuser gegenüber. Wenn meine Familie das nächste Mal in die Staaten kommt, werde ich ihr die Appalachen und ein paar der übelsten Stadtviertel New Yorks zeigen, damit sie alle Seiten meiner Wahlheimat kennenlernt.

In meiner Kindheit hielten die Kommunisten westliche Einflüsse so gut es ging von uns fern, aber amerikanische Filme gelangten doch immer irgendwie in die Kinos. Ich hörte mir gern die englische Originalfassung an. Ich fand es albern, tschechische Dialoge zu hören, die überhaupt nicht zu den Lippenbewegungen paßten. Man stelle sich nur einmal eine tschechisch sprechende Katharine Hepburn vor. Unmöglich.

Deutsch ist in der Tschechoslowakei sozusagen die zweite Landessprache. Das kommt noch aus der Zeit des Heiligen Römischen Reichs Deutscher Nation, der Habsburger und natürlich des Zweiten Weltkriegs. Wenn man jemanden für einen Ausländer hielt, fragte man zuerst, ob er Deutscher sei: »Nemečky?«, und so ist es auch heute noch. Nach dem Einmarsch der Russen bei Kriegsende wurde in den Schulen Russisch unterrichtet, aber die meisten Schüler lernten nur gerade so viel, daß sie keine Schwierigkeiten bekamen. Heute wird man kaum jemanden finden, der richtig Russisch kann, aber die meisten verstehen es zumindest.

Jeder Tscheche und Slowake hat ein bißchen was von Schwejk in sich. Meine Dosis war allerdings sehr niedrig. Ich hatte einfach nicht das Zeug zu einem Schwejk; ich habe immer meine Meinung gesagt, in der Schule, zu Hause und auf dem Tennisplatz. Ich bin immer ans Netz gegangen, auch in einem Land, wo alle an der Grundlinie klebten, um zu überleben.

Das ausgefallene Turnier

Manchmal muß ich lachen, wenn Leute meinen, ich sei ein Übermensch und sollte eigentlich nicht zu Damenturnieren zugelassen werden. Wer hat etwas gesagt, als ich noch die dürrste Tennisspielerin der Tschechoslowakei war und gegen Mädchen antrat, die einen Kopf größer waren als ich?

Meine muskulösen Unterarme verdanke ich zum Teil der Natur, zum Teil aber auch dem Krafttraining. Es ist erstaunlich, was man alles erreichen kann, wenn man ein bißchen an sich arbeitet. Abgesehen davon gibt es keine Regel, die besagt, daß die beiden Gegner gleich groß oder gleich schwer sein müssen. Immerhin ist Tennis ja nicht

Boxen. Wenn dem so wäre, hätte ich als Kind in eine eigene Gewichtsklasse gehört: Flohgewicht. Ich war viel kleiner als die anderen Mädchen. Es gibt Fotos aus der damaligen Zeit, auf denen ich als mageres Etwas zu sehen bin, hauptsächlich Ohren und Füße, im Schatten einer wohlproportionierten jungen Frau, der ich kaum bis an die Brust reichte.

Einmal wäre ich beinahe nicht zu einem Turnier für Mädchen bis zwölf Jahre zugelassen worden, weil ich erst neun war. Ich brauchte erst eine ärztliche Bestätigung. Ich bekam sie und durfte spielen. Ich trug dieselbe kurze Hose und dasselbe T-Shirt wie im Turnunterricht, und im Finale schlug ich ein zwölfjähriges Mädchen 6:1 und 6:4, das viel größer war als ich. Heute bin ich die größte, aber damals gab es kein Komitee, das für mehr Gerechtigkeit gesorgt hätte, damit auch kleine dürre Mädchen eine Chance hatten. Man konnte sich seine Gegnerin nicht aussuchen und lernte, sich zu behaupten.

Meine Eltern verzichteten auf vieles, damit ich Tennis spielen konnte. Wir machten fünf Jahre hintereinander keinen Sommerurlaub, und außerdem sparten sie den Winter über Geld für meine Reisen zu Turnieren. Das war für sie eine Selbstverständlichkeit. Wenn ich nach Hause kam, hatte meine Mutter immer schon das Abendessen fertig. Sie setzte sich zu uns an den Tisch und hörte zu, während mein Vater und ich uns über Tennis unterhielten. Manchmal stritten wir uns auch. Sie fühlte sich dann immer ziemlich unbehaglich und versuchte, das Thema zu wechseln, aber wir meinten es ja gar nicht ernst. Außerdem ließ mein Vater mich nie zu Bett gehen, bevor wir uns nicht wieder vertragen hatten, so daß am nächsten Tag alles vergessen war.

Ich spielte so lange gegen meine Mutter, bis ich sie zum erstenmal schlug – 7:5. Ich werde dieses Ergebnis nie vergessen. Ich hatte einen neuen Dunlop-Maxply-Schläger bekommen und freute mich so sehr darüber, daß ich geradezu über mich hinauswuchs. Danach spielte meine Mutter nie wieder gegen mich, opferte dafür aber mehr Zeit, um meinen Vater und mich zu verwöhnen.

Da ich in Revnice zu den Besten zählte, beschloß mein Vater, mich zu einigen Sommerturnieren in anderen tschechischen Städten anzumelden. Wie die meisten Familien in der Tschechoslowakei hatten auch wir kein Auto. Mein Vater setzte mich daher auf den Rücksitz seines Motorrads, das bis zu 90 Stundenkilometer fuhr, und brachte mich zu den Turnieren. Er fuhr mich überallhin, egal wie weit der Austragungsort entfernt war. Mir machte es Spaß, an der frischen Luft über die Straßen zu sausen. Ich hatte nie auch nur die geringste Angst, daß ich vielleicht herunterfallen könnte. Wir ließen uns auch durch Regenwetter nicht abhalten.

Ich wurde zu einem Turnier angemeldet, bei dem ich mir keinen einzigen Sieg ausrechnen konnte. Wenn man jedoch sein erstes Match nicht gewann, bekam man keinerlei Kosten erstattet. Mein Vater fuhr mich dennoch hin, und wir rechneten damit, noch am selben Abend wieder zurückzufahren. Ich gewann dann aber doch gegen ein Mädchen, das ein paar Jahre älter war als ich, und mußte daher auch am nächsten Tag wieder antreten. Da wir nichts mehr zu essen hatten, mußte mein Vater extra nach Hause fahren, um Wurst und Brot für mehrere Tage zu holen.

Einmal kam meine Mutter mit einem ganzen Korb voller Leckereien zum Turnierort, als mein Vater und ich kurz vor dem Verhungern waren.

Allmählich nahm man Notiz von mir, und ich freundete mich mit bekannten Tennisspielerinnen an. Als ich im August zu einem Turnier nach Pilsen fuhr, wohnte ich bei meiner Doppelpartnerin Vera Hrdinova, Vera Sukovas Nichte.

Vera trainierte damals die Damen. Sie war die Tochter jener großen Spielerin, die früher einmal von meiner Großmutter besiegt worden war. Jahre später brachte ich Vera, die immer noch Nationaltrainerin war, in große Schwierigkeiten, als ich für immer nach Amerika ging. Bis zu ihrem Tod vor einigen Jahren haben wir einander immer noch gegrüßt und ein paar Worte gewechselt, aber nach meiner Auswanderung war es nie mehr so wie früher.

Auch heute habe ich noch Kontakt zu den Sukovas. Veras Tochter Helena war früher ein paarmal mein Ballmädchen gewesen. Das ist sie heute nicht mehr: Am 6. Dezember 1984 schlug sie mich in meinem letzten Spiel des Jahres im Halbfinale der Australian Open 1:6, 6:3 und 7:5 und verhinderte so, daß ich alle vier Grand-Slam-Turniere eines Jahres gewann.

Helena ist heute einen Meter fünfundachtzig groß. Sie ist schüchtern, wird aber langsam erwachsen und geht inzwischen ab und zu schon mal aus sich heraus. Immer wenn wir gegeneinander spielen oder uns im Umkleideraum begegnen, habe ich das Gefühl, als träfen zwei verschiedene Generationen von Tennisspielerinnen aufeinander. Ich habe ihr damals in Australien zu ihrem Sieg gratuliert und zugegeben, daß sie an dem Tag die bessere Spielerin gewesen ist. Ob sie wohl jemals darüber nachdachte, wie es unseren Familien im Laufe der Jahre ergangen war und was sich alles in der Tschechoslowakei ereignet hatte?

Seit ich in Amerika lebe, höre ich öfters Amerikaner über das ereignisreiche Jahr 1968 reden, mit all seinen Umwälzungen und Tragödien: die Ermordung Martin Luther Kings und Robert F. Kennedys, die Vietnam-Kontroverse, Präsident Johnsons Entscheidung, seine Kandidatur zurückzuziehen, das brutale Vorgehen gegen die Demonstranten, als die Demokraten ihren Parteikongreß abhielten, und die Wahl Nixons zum amerikanischen Staatspräsidenten.

Auch in der Tschechoslowakei hatten wir ein Jahr folgenschwerer Ereignisse. Unser Land wurde besetzt.

Ich war elf, als es 1968 zur größten politischen Wende seit 1948 kam. Die Menschen wollten mehr Freiheit und das Recht auf Selbstbestimmung. Im Januar wurde Antonin Novotny abgesetzt und Alexander Dubček an seiner Stelle zum Ersten Sekretär gewählt.

Einen Monat später saß die gesamte Nation vor dem Fernseher und schaute zu, wie unsere Eishockey-Mannschaft bei den Olympischen Winterspielen in Grenoble die Russen 5:4 schlug. Danach strömten die Leute trotz des kalten Februarwetters zum Feiern auf die Straße. Überall hatte man »5:4« mit Kreide auf die Bürgersteige oder an die Hauswände geschrieben.

Manche meinten, dieses Spiel sei ein gutes Omen für das neue Jahr. Sie waren überzeugt, daß unsere Nationalmannschaft unter Novotny die Russen nicht hätte besiegen dürfen, unter Dubček dagegen ihr Bestes geben konnte.

Die Menschen versuchten, zu ihrem alten Selbstbewußtsein zurückzufinden. Sie sprachen im Radio, lasen Zeitung, stellten Fragen, fragten »warum?«.

Am 27. Juni 1968 wurde eine Erklärung von Ludvik Vaculik, die von siebzig bekannten Persönlichkeiten aus dem öffentlichen Leben unterzeichnet worden war, in vier Zeitungen gleichzeitig abgedruckt: das sogenannte »Manifest der 2000 Worte«. Gefordert wurde eine friedliche Reform. Es war aber nie die Rede von Revolution, und es gab auch nicht die leiseste Spur von Kritik an den Russen. Trotzdem wurde diese Erklärung in der *Prawda* scharf kritisiert, so daß Dubček und andere hohe Funktionäre gezwungen waren, sich davon zu distanzieren, weil sie sonst Schwierigkeiten mit den Russen bekommen hätten.

Damals wurden Unterschriften für das »Manifest der 2000 Worte« gesammelt. Ob meine Eltern unterschrieben haben, weiß ich nicht. Viele Leute handelten sich mit ihrer Unterschrift großen Ärger ein. Anwälte misteten plötzlich Ställe aus; Lehrer mußten Gräben schaufeln; Fernsehansager arbeiteten als Straßenkehrer, und viele tun dies heute noch.

Selbst ein Schulmädchen, das ein- bis zweimal die Woche mit dem Zug nach Prag fuhr, spürte die Spannung, die in der Luft lag. Man konnte gar nicht anders. Riesige Menschenmengen kamen bei öffent-

lichen Kundgebungen auf den großen Plätzen zusammen. Die Menschen erklärten ihre Bereitschaft, für den Wiederaufbau der Tschechoslowakei härter zu arbeiten. Dafür forderten sie nur einen kleinen Ansporn, ein wenig Entgegenkommen, etwas mehr Freiheit.
Um dem zu begegnen, erklärten die Russen ab und zu einen Tag zum Feiertag. Wir mußten an solchen Tagen immer zu den Kundgebungen auf dem Wenzelsplatz. Wir bekamen schulfrei und fuhren geschlossen zu einer Parade, bei der die tschechische und natürlich auch die russische Nationalhymne gespielt wurden. Wo man auch hinsah, hing unsere rot-weiß-blaue Fahne neben ihrer roten. Überall waren Transparente und Plakate, auf denen »Ewige Freundschaft mit der Sowjetunion« stand, mit der Betonung auf ewig.
Wenn wir zu diesen Kundgebungen mußten, versuchten wir immer, uns heimlich in die Geschäftspassagen abzusetzen, die vom Wenzelsplatz wegführen, um zu sehen, was gerade im Kino lief, oder um in den Schaufenstern nach Sachen, wie man sie im Westen trug, Ausschau zu halten. Wer sich nicht wegschleichen konnte, bekam ein Fähnchen in die Hand gedrückt und mußte in der Parade mitmarschieren.
Manchmal kam man morgens aus dem Haus, und alle russischen Fahnen an den Hauswänden waren umgedreht – wenigstens ein kleiner Protest. Doch die Zeitungen waren voller Propaganda.
Hana Mandlikova hatte später einmal bei den US Open eine tschechische Zeitung dabei, und ich schaute kurz hinein. Was für ein Unsinn. Ich war einmal mehr heilfroh, all dem entronnen zu sein, denn eigentlich bin ich hauptsächlich deswegen in die Vereinigten Staaten gegangen. Es ging mir gar nicht so sehr um das Tennisspielen, ich war 1975 vielmehr so weit, daß ich diese Propaganda nicht länger aushalten konnte.
Im legendären Prager Frühling des Jahres 1968 wurde viel darüber geredet, daß die Russen kämen, wenn sich Dubček, Präsident Ludvig Svoboda und die Regierung ihrem Willen nicht beugten. Wir glaubten allerdings nicht eine Sekunde, daß es so weit kommen würde, so daß das Leben wie gewohnt weiterging.
Im August erlaubten mir meine Eltern, zu einem Turnier nach Pilsen zu fahren und bei Vera Hrdinova zu übernachten. Vera und ich sahen mit unseren kurzen Hosen und unserem kurzgeschnittenen Haar wie Jungen aus. Wir blieben abends lange auf – wir hatten ja Ferien –, kicherten und unterhielten uns. In der Nacht vom Dienstag, dem 20. August, schliefen wir wieder einmal erst sehr spät ein. Am nächsten Morgen rief Veras Vater ungefähr um sechs aus der Arbeit an und sagte: »Geht nicht raus, draußen sind Panzer.«

Er sagte uns, daß die Russen in der Nacht einmarschiert und mit ihren Panzern jetzt überall seien. Die Regierung warnte die Bevölkerung vor unüberlegtem Handeln, aber die Volksseele kochte. Die Menschen versammelten sich vor dem Prager Radiosender, weil man dort noch am ehesten die neuesten Meldungen hörte. Dubček wandte sich in einer Rede an die Bevölkerung und sagte, sie solle keinen Widerstand leisten und nichts unternehmen.
Mein Cousin, der damals in der Armee war, erzählte mir später, daß viele Soldaten sofort kämpfen wollten. Wenn sie den ersten Schritt getan hätten, wäre der Einmarsch der Russen vielleicht nicht so reibungslos verlaufen. Das werden wir jedoch nie erfahren, da der tschechische Präsident ja den Befehl gab, keinen Widerstand zu leisten. Manche waren der Meinung, daß die Amerikaner uns von Deutschland aus hätten zu Hilfe kommen können, aber Amerika hatte damals seine eigenen Probleme in Vietnam und konnte überhaupt nichts unternehmen. Das war auch ganz gut so, denn sonst hätte es nur ein furchtbares Blutbad gegeben, und die Tschechen wären wie immer mitten drin gewesen.
Ich war damals noch so kindlich naiv, daß ich zunächst nur darüber enttäuscht war, daß das Turnier ausfiel. An einem schönen Morgen mußten wir im Haus bleiben und uns mit Kartenspielen die Zeit vertreiben. Wir waren stinksauer auf die Russen, weil sie uns das Turnier vermasselt hatten. Noch dazu war überhaupt nichts zu sehen, weil das Haus von Veras Eltern an einer Seitenstraße lag.
Als ihr Vater heimkam, fuhr er uns zum Tennisclub. Auf dem Weg dorthin sahen wir die Panzer und die Soldaten. Die Menschen riefen ihnen »verschwindet«, »Russen raus« und ähnliches zu, und die Soldaten schauten aus ihren Panzertürmen hervor und fuchtelten mit ihren Maschinenpistolen umher. Es fiel kein einziger Schuß, aber man hatte das Gefühl, es könne jeden Moment losgehen. Später erfuhren wir, daß in Prag, Preßburg und ein paar anderen Gegenden sehr wohl geschossen worden war.
Wann immer bei uns in Pilsen ein Russe die Turmluke über sich zumachte, hob einer aus der Menge einen Stein auf und warf ihn nach dem Panzer. Das Ganze war natürlich völlig witzlos, weil der Stein abprallte, aber er machte ein herrlich metallisches Geräusch. Nach einer Weile warfen immer mehr mit Steinen nach Panzern. Doch was nützte das schon?
Später fanden wir eine bessere Beschäftigung. Wir verdrehten jedes Straßenschild und jeden Wegweiser. Wenn die Russen klug genug gewesen waren, nach Pilsen zu finden, dann sollten sie auch zusehen, wie sie ohne Wegweiser nach Prag kamen.

Um ihnen ein wenig die Richtung zu weisen, stellten die Tschechen neue Schilder mit der Aufschrift »Moskau – 1500 Kilometer« auf.
Die meisten Tschechen konnten ein bißchen Russisch, ob sie es nun zugaben oder nicht, und viele riefen den Soldaten alles mögliche auf Russisch nach.
»Wißt ihr überhaupt, wo ihr seid?« riefen sie.
Dabei stellte sich heraus, daß viele Russen nicht einmal wußten, daß sie in der Tschechoslowakei waren. Sie dachten tatsächlich, sie wären noch in Ostdeutschland, Polen oder sonstwo. Sie hatten keine Ahnung, warum sie in diesem Land waren, ob es nur eine Truppenübung war oder Ernst.
An einem Ort, wo ein paar Schüsse gefallen waren, fragte eine Freundin von mir einen Soldaten: »Warum seid ihr hier?«
»Weil man es uns befohlen hat.« »Und warum schießt ihr auf diese Leute?«
»Weil man es uns befohlen hat.«
»Würdest du auch auf deine Mutter schießen?«
»Ja.«
Sie waren so indoktriniert, daß ihnen völlig egal war, was sie taten, und sie wollten der ganzen Welt weismachen, daß alle Staaten aus dem Warschauer Pakt Truppen entsandt hatten. Es waren auch wirklich einige polnische, ostdeutsche, ungarische und bulgarische Soldaten dabei, aber 99 Prozent der Truppen waren Russen.
Mein Vater kam mit seinem Motorrad nach Pilsen, um mich heimzuholen. Die meisten Fahrzeuge auf den Straßen waren Panzer oder Lastwagen, und in der Mitte der Fahrbahn standen Russen, um den Verkehr zu regeln. Einige Tage zuvor war die Straße noch in einwandfreiem Zustand gewesen, aber jetzt war sie von den schweren Militärfahrzeugen überall aufgerissen; die Fahrt war ziemlich beschwerlich und gefährlich.
Die Russen fuhren wie die Wilden durch die Gegend. Der Fahrer eines Lastwagens, der vor uns auf der linken Spur fuhr, signalisierte, daß er nach links abbiegen wollte, fuhr dann aber doch nach rechts. Glücklicherweise war mein Vater vorsichtig und versuchte nicht, ihn zu überholen, sonst wäre es aus mit uns gewesen. Die meisten dieser blutjungen russischen Soldaten hatten überhaupt keine Ahnung vom Autofahren.
Ab und zu fragten sie uns etwas auf russisch, woraufhin wir immer nur den Kopf schüttelten, als ob wir kein Wort verstünden. Manchmal, wenn sie eine bestimmte Stadt suchten und sich nach dem Weg erkundigten, zeigten wir genau in die falsche Richtung. Viel mehr konnten wir ja nicht tun.

Ich war wieder zu Hause, und jeder fragte sich, was die Russen wohl mit uns vorhätten. Wir befürchteten das Schlimmste, eine Besetzung wie im Zweiten Weltkrieg durch die Deutschen, aber so weit mußten sie gar nicht gehen. Dubček steckte ja tief genug in Schwierigkeiten.
Wir kochten jedesmal vor Wut, wenn wir sahen, wie die Russen bei uns einkauften. Es war nicht zu fassen, wieviel Geld sie hatten. Alles, was sie in Rußland nicht bekamen, kauften sie in der Tschechoslowakei. Laut ihren Dienstvorschriften mußten sie braune Handschuhe tragen, doch da in Rußland keine braunen Handschuhe hergestellt wurden, verletzten die russischen Soldaten genau genommen jedesmal die Kleidervorschrift, wenn sie Ausgang hatten. Das machte es ihren Vorgesetzten leicht, ihr Bestrafungssoll zu erfüllen. Daher nutzten die Soldaten die Gelegenheit, sich in der Tschechoslowakei mit braunen Handschuhen einzudecken.
Es kam vor, daß russische Soldaten zwanzig Paar Schuhe kaufen wollten. Das sagte alles über die Zustände in der Sowjetunion. Es war ihnen sogar egal, welche Größe die Schuhe hatten. Sie nahmen sie in ihren Panzern mit nach Hause und verkauften sie dort auf dem schwarzen Markt oder schenkten sie ihren Verwandten. Sie hatten ganze Bündel von 100-Kronen-Scheinen. Wahrscheinlich bekamen sie für ihre schmutzige Arbeit auch noch mehr Geld als sonst.
Wir hatten Glück. In Revnice waren keine Russen, aber in Mlada Boleslav wimmelte es nur so von ihnen. Sie kamen und blieben. Selbst heute hört man in einigen Städten noch Russisch auf der Straße.
Als im Herbst die Schule wieder anfing, sah ich in Prag überall Russen auf den Straßen. Sie hatten ihre eigenen Autos und fuhren daher nur selten mit dem Zug. Aber sie waren da. Am Anfang hatten sie 600000 Soldaten entsandt, die 25000 »Verdächtige« überwachen sollten, das heißt auf jeden unbewaffneten »Unruhestifter« kamen rund 24 Soldaten mit Maschinenpistolen und Handgranaten.
Noch Wochen danach sah man alle möglichen Transparente:
»Geh nach Hause Iwan. Natascha langweilt sich im Bett.«
»Sozialismus: Ja – Besetzung: Nein.«
»Der russische Staatszirkus ist da, mitsamt seinen dressierten Gorillas.« »Wie erklärt ihr euren Müttern unsere Toten?«
»Wir sind hier nicht in Vietnam.«
»Raus ihr Hunde.«
Die Leute schrieben »Russen raus« an die Panzer oder malten Hakenkreuze darauf. Wir glaubten aber nicht daran, daß diese Parolen viel ausrichten würden. Wir glaubten nicht einmal mehr, daß sie jemals wieder verschwinden würden. Wir hatten sie wohl für alle Zeiten am Hals. In meiner Heimat würde es nie mehr wie früher sein.

Gegenoffensive

Im Oktober, knapp zwei Monate nach dem Einmarsch der Russen, wurde ich zwölf. Wir hatten uns so große Hoffnungen gemacht – »Sozialismus mit menschlichem Antlitz« war uns versprochen worden –, und nun trat man uns für immer in den Staub, wie es in anderem Zusammenhang bei George Orwell heißt.

Über 120000 Tschechen wanderten innerhalb des ersten Jahres nach der russischen Intervention aus, unter ihnen viele der »Besten«: Schriftsteller, Künstler, Geschäftsleute, Lehrer und Sportler.

Auch mein Cousin Martin: Im Herbst 1968 wollte er eigentlich an eine kanadische Universität gehen. Aber seit die Russen im Land waren, durfte keiner mehr ausreisen. Ihm war klar, daß er in der Tschechoslowakei nie die nötige Fachausbildung bekommen würde. Deshalb gab er seinen Eltern sein ganzes Geld und ging heimlich über die Grenze. Ein paar freundliche Österreicher halfen ihm, doch noch nach Kanada auszuwandern. Heute hat er eine gute Stelle in einem Chemieunternehmen und eine nette Familie, bei der ich gern vorbeischaue, wenn ich in Kanada bin. Seine Eltern haben ihn später dort besucht, er selbst ist nie mehr in die Tschechoslowakei gereist.

Leute wie Martin haben ihre Fähigkeiten in den Dienst ihrer neuen Heimat – Kanada, Australien, England, alle anderen europäischen Länder, Israel und die Vereinigten Staaten – gestellt. Manchmal werde ich richtig traurig, wenn ich daran denke, was sie für die Tschechoslowakei hätten tun können, wenn sie geblieben wären. Aber was hätten sie in diesem System schon groß erreichen können?

Die russische Invasion brachte mich auch um meinen Trainer. Kurz zuvor war George Parma nach Graz gefahren, um den Sommer über in einem Ferienhotel zu arbeiten. In der Tschechoslowakei ist es üblich, keine vollständigen Familien ausreisen zu lassen, sondern den Ehemann oder die Ehefrau quasi als eine Art Geisel zurückzuhalten. Unter Dubček wurden diese Bestimmungen allerdings etwas gelokkert, aus gutem Grund: Im Frühjahr 1968 lebten die Menschen gern in der Tschechoslowakei. Sie schöpften wieder neue Hoffnung, glaubten, daß es ihnen vielleicht doch irgendwann möglich sein würde, ihren Arbeitsplatz frei zu wählen, ihre Meinung frei zu äußern und nicht mehr alles von oben vorgeschrieben zu bekommen.

So bestand also überhaupt kein Zweifel daran, daß George Parma nach Beendigung seiner Arbeit zurückkommen würde. Deshalb hatte man unter den gelockerten Bedingungen seiner Frau und seiner Tochter erlaubt, am Ende des Schuljahres nachzukommen. Zum Zeitpunkt des Einmarsches hielt sich die ganze Familie in Österreich

auf. Die Parmas beschlossen, nicht mehr zurückzukehren, obwohl sie noch Verwandte in der Tschechoslowakei hatten. Sie wollten den russischen Soldaten nicht in die Arme laufen.
Ich konnte gut verstehen, warum mein Trainer nicht zurückkam. Wir schickten ihm einen Pokal, den ich bei einem Turnier gewonnen hatte, woraufhin er meinem Vater einen Brief schrieb, in dem er mein Trainingsprogramm für das restliche Jahr kurz erläuterte. Damit wurde mein Vater also mein neuer Trainer, und lange Zeit brauchte er nur zu sagen »das kommt von George«, und schon folgte ich seinen Anweisungen. Ich dachte an die blauen Augen, die mir immer von der anderen Seite des Netzes entgegengefunkelt hatten, und strengte mich doppelt an.
George arbeitete ein Jahr in Österreich, ging dann nach New York und später nach Kalifornien. Weder er noch seine Frau sind jemals wieder in der Tschechoslowakei gewesen.
Wer im Land geblieben war, mußte versuchen, sich mit den neuen Verhältnissen zu arrangieren. Das erste große Ereignis nach dem schicksalhaften August waren die Olympischen Spiele in Mexiko. Wir feuerten unsere Sportler an, und wenn wir nicht gewinnen konnten, waren wir für die Amerikaner. Ich sah Jimmy Hines im Fernsehen und war vor Begeisterung völlig aus dem Häuschen. Er war den Weißen nicht ebenbürtig, nein: Er war besser.
Nach den Olympischen Spielen begann für uns ein Winter des Mißvergnügens. Warum sollte man sich auch bücken und einen Stein aufheben oder Unkraut jäten, wenn einem das Land nicht gehört? Von Bekannten, die vor kurzem in der Tschechoslowakei waren, habe ich erfahren, daß es außer den kleinen Gärten kein einziges Stück Land gibt, das nicht verwahrlost wirkt.
Wenn man nach der russischen Invasion einen politischen Witz erzählen wollte, mußte man vorher schauen, wer sonst noch im Zimmer war. Wenn jemand auf einer Party Breschnew parodierte, mußte er aufpassen, daß seine Freunde ihn dabei nicht fotografierten. Es wurden aber auch Witze über unsere eigenen politischen Führer gemacht, zum Beispiel über Gustav Husak, den Ersten Sekretär der Kommunistischen Partei.
»Wußtet ihr, daß Husak das längste Auto der Welt hat?« – »Nein, wieso?« – »Der Fahrersitz ist in Prag und das Lenkrad in Moskau.«
Was hätten wir sonst auch noch machen sollen? Es war nicht besonders lustig, als Teenager am Nationalmuseum am Südostende des Wenzelsplatzes vorbeizugehen und die Löcher in der Mauer zu sehen – Erinnerungen an 1968, als die Russen Granaten auf friedliche Demonstranten geworfen hatten.

Meine Wut auf die Russen ließ mich im Tennis besser werden. Ein oder zwei Jahre später spielte ich im Prager Letná-Club zusammen mit einem anderen Mädchen Doppel gegen zwei Russinnen. Wir gewannen das Spiel, aber diese blonde Russin war derartig eingebildet, daß sie mir nur flüchtig ihre Hand entgegenstreckte und die meine kurz berührte.
»Wenn du mich besiegen willst, wirst du wohl einen Panzer brauchen«, sagte ich deshalb zu ihr.
Seit August 1968 übte der Staat noch mehr Druck auf die Menschen aus, um sie zum Beitritt zur Kommunistischen Partei zu bewegen. Ich wurde besonders unter Druck gesetzt, weil ich Tennisstunden in Prag bekam. Die Funktionäre ließen ziemlich deutlich durchblicken, daß ich dem Staat eigentlich etwas schuldig sei. Sie sagten, ich dürfe nicht auf die Oberschule, wenn ich nicht der Kommunistischen Jugend beiträte.
Ein »hohes Tier« aus der Regierung war Tennisfan, und er drängte mich ständig dazu, in die Partei einzutreten und zu den Parteiversammlungen zu gehen. Schließlich ging ich mit sechzehn oder siebzehn tatsächlich einmal zu so einer Versammlung. Sie hatten eine russische Turnerin und Olympiasiegerin eingeladen, die sich aber sichtlich unwohl fühlte. Sie tat mir richtig leid. Uns war allen klar, daß sie nicht einfach nur turnen durfte, sondern Propaganda für die Partei machen mußte. Die Parteiversammlung sollte eigentlich drei Tage dauern, ich blieb jedoch nur eine Stunde. Ich habe für diese Dinge noch nie etwas übrig gehabt und werde es auch nie haben.
Hätten sie mich am Tennisspielen hindern oder mir jegliche Möglichkeit, weiter zur Schule zu gehen, nehmen können? Ich glaube schon. Sie schikanierten ein paar meiner Bekannten, und auch ihr späteres Verhalten mir gegenüber zeigte deutlich, daß ihnen Politik wichtiger war als Ergebnisse und Leistung.
Wir merkten allmählich alle, daß seit 1968 ein anderer Wind wehte. Wir hatten immer hart gearbeitet und uns immer wieder aufs neue mit der Fremdherrschaft arrangiert, indem wir uns entweder an die Gesetze hielten oder sie unauffällig umgingen, wie der brave Soldat Schwejk. Doch seit die Russen im Land waren, hatten die Menschen keine andere Wahl, als es mit der Legalität nicht mehr so genau zu nehmen. Der Geldumtausch auf dem Schwarzmarkt blühte. Die Tschechen zahlten 25 oder sogar 30 Kronen für einen Dollar, das heißt dreimal soviel wie zum offiziellen Wechselkurs. Sie gingen dazu über, ihre Kräfte für kleinere Nebenbeschäftigungen nach Feierabend zu schonen, anstatt sich tagsüber unnötig bei einer Arbeit zu verausgaben, in der sie keinen Sinn sahen.

Bis 1969 hatten die Russen rund die Hälfte ihrer Soldaten wieder abgezogen. Von den übrigen war im Alltagsleben nicht mehr so viel zu sehen; man wußte aber durchaus, daß sie immer noch da waren. Außerdem war die tschechoslowakische Regierung so eingeschüchtert worden, daß sie mit Sicherheit sogar gegen die eigene Bevölkerung vorgegangen wäre.
Seit 1968 gewöhnten sich die Tschechen und Slowaken an, ihre Gefühle nicht mehr offen zu zeigen. Sie wurden zu Unterdrückten. Der Unterschied zu früher war deutlich zu spüren. Sie blickten einfach nicht mehr zuversichtlich in die Zukunft. Die Stimmung war ziemlich gedrückt, und die Menschen hatten nichts zu lachen. Jeder sah ernst aus, sogar bei kulturellen Veranstaltungen wie Opern- oder Ballettaufführungen im schönen Smetana-Theater. Alle taten so, als würden sie die Vorstellung genießen, während sie in ihren festlichen Smokings und Abendkleidern im Goldenen Saal saßen und einem ukrainischen Bariton beziehungsweise ihrem eigenen Opernensemble zuhörten oder einem georgischen Tänzer zuschauten.
Es gibt viele Russen, die ich gern mag, aber ich habe immer noch ein unbehagliches Gefühl, wenn ich ihre Politiker sehe. Egal wo ich bin – sei es in einem Hotel in Japan oder in einem New Yorker Bürogebäude –, ich erkenne einen russischen Bürokraten auf den ersten Blick, und mir stellen sich jedesmal die Nackenhaare auf. Woran ich sie erkenne? An ihrem Topfschnitt, ihrem dunklen, tristen Anzug – wie eine Uniform.
Mit zwölf und dreizehn mußte ich mitansehen, wie mein Land seine Energie, seine Leistungsfähigkeit und auch seine Seele verlor. Für jemanden, der begabt war, der es in seinem Beruf zu etwas bringen wollte und Pläne für die Zukunft hatte, gab es nur eins: Nichts wie weg.

Erste Auslandsreise

Meine erste Auslandsreise machte ich im Jahr 1969. Nicht nach Amerika, Japan oder Australien; Länder, von denen ich immer geträumt hatte; sondern in die Bundesrepublik Deutschland, und selbst das war schon ein großes Ereignis. Ich spielte damals für den Prager Tennisclub Slavie V. S. Ein paar von uns sollten gegen die besten Spieler einiger deutscher Tennisclubs in Krefeld, Duisburg und Düsseldorf antreten.
Ich konnte mich gegen ältere Gegnerinnen immer recht gut behaupten und war schon zu allen möglichen Turnieren in der Tschechoslo-

wakei eingeladen worden. Mit zehn Jahren war ich zum erstenmal geflogen, nach Karlsbad, in einer alten Tupolew-14, einer zweimotorigen russischen Propellermaschine, die ein Geräusch macht, als würde sie jeden Augenblick abstürzen. Ich war ziemlich aufgeregt, weil ich dachte, ich würde die Wolken sehen, aber an dem Tag war strahlend blauer Himmel.
Nach Deutschland sollte es zwar nicht mit dem Flugzeug, sondern nur mit dem Zug gehen, aber es war trotzdem aufregend, und mein Vater und ich haben das Angebot sofort angenommen. Immerhin ließ man 1969 nur sehr wenige hinaus, weil seit der russischen Intervention schon so viele das Land verlassen hatten.
Die Reise war sehr teuer, und außerdem bekam man nur schwer ein Visum. Die Behörden mußten sicher sein, daß man nicht für immer gehen wollte. Aber da ja meine Mutter und meine Schwester zu Hause blieben, gingen sie davon aus, daß mein Vater und ich zurückkommen würden, und daran bestand auch überhaupt kein Zweifel.
Meine Mitschüler staunten nicht schlecht, als sich herumsprach, daß ich in die Bundesrepublik reisen würde. Die meisten hatten das Land nie verlassen, und diejenigen, die tatsächlich schon einmal eine Auslandsreise gemacht hatten, waren nach Bulgarien, Jugoslawien oder Polen gefahren, wo man sich ebenfalls unter kommunistischer Kontrolle befand. Urlaub am Meer stand am höchsten im Kurs, und wer schon einmal in Westeuropa gewesen war und den Atlantik oder das Mittelmeer gesehen hatte, galt als der Größte.
Nach Westdeutschland war es nicht weit. Die Züge, die durch Revnice kamen, fuhren über Pilsen und dann über die Grenze bis nach Nürnberg. Wir saßen öfters am Bahnhof und schauten den Zügen nach, die in den Westen fuhren. Hinter den Fenstern sahen wir elegante westdeutsche Geschäftsleute, die alle ein Ausreisevisum hatten.
Dank der Unterstützung des tschechischen Tennisbundes bekamen wir unsere Visa und nahmen den Schnellzug von Prag nach Frankfurt. Als der Zug mit neunzig Stundenkilometern durch Revnice fuhr, stand meine Mutter am Bahnhof, um uns nachzuwinken.
Ich werde nie vergessen, wie sich die schöne tschechische Landschaft in der Nähe der Grenze in Ödland verwandelte, nichts als Baracken, Stacheldraht und Streifenwagen. Wir hielten an einem kalt und abweisend wirkenden Bahnhof – außer Soldaten war niemand zu sehen. Es war richtig unheimlich, und es herrschte Totenstille. Sogar die Westdeutschen hörten auf, Witze zu machen, und spielten nervös mit ihren kostbaren Papieren. Man fragte sich plötzlich, wer die anderen im Waggon waren. War es ein planmäßiger Halt, oder wurde jemand verdächtigt?

Draußen gingen Soldaten mit Maschinenpistolen in Hüfthöhe auf und ab und schauten unter die Waggons, für den Fall, daß jemand versuchen sollte, heimlich zu verschwinden. Dann gingen die Zollbeamten durch den Zug und nahmen alles genau unter die Lupe, sogar die Schutzhüllen meiner Tennisschläger, um sicherzugehen, daß niemand etwas hinausschmuggelte. Sie stellten uns eine ganze Reihe von Fragen: Wohin fahren Sie? Für wie lange? Warum? Wieviel Geld haben Sie bei sich?

Glücklicherweise waren unsere Papiere in Ordnung, so daß man uns keine weiteren Schwierigkeiten machte. Die Angst im Waggon war deutlich zu spüren. Ein armer Teufel wurde aus dem Zug geholt, abgeführt und in den Warteraum gebracht, weil mit seinen Papieren etwas nicht stimmte.

Dann fuhren wir weiter, an den Stacheldrähten und Baracken vorbei in die Bundesrepublik. Man sah sofort den Unterschied: die schmukken Häuser, die Autos, die Supermärkte, die Kleidung. Ich stellte fest, daß die Westdeutschen sehr gesund aussahen. Sie hatten eine rosige Gesichtsfarbe im Gegensatz zu den bleichen Tschechen. Außerdem fiel mir sofort auf, daß sich anscheinend alle Westdeutschen regelmäßig die Haare wuschen. In der Tschechoslowakei hatte man uns immer gesagt, daß man sich die Haare nur einmal wöchentlich waschen solle, daß häufigeres Waschen den Haaren schadete und man davon kahl würde. Die Westdeutschen schienen sich die Haare täglich zu waschen, hatten aber trotzdem dichtes, glänzendes Haar.

Eines warmen Nachmittags bekam ich bei einem Tennismatch einen richtigen »Kulturschock«. Ich saß auf der Tribüne neben einem deutschen Pärchen. Die Frau trug ein ärmelloses Kleid und hatte den Arm um ihren Mann oder Freund gelegt. Dabei bemerkte ich, daß ihre Achseln völlig unbehaart waren.

Das fiel mir wohl deshalb auf, weil ich mit dreizehn außer auf dem Kopf noch überhaupt keine Haare am Körper hatte. Ich kam nur langsam in die Pubertät, hatte keinen Busen – den bekam ich erst mit vierzehn oder fünfzehn – und fragte mich natürlich, ob irgend etwas bei mir nicht stimmte. In der Tschechoslowakei haben alle Frauen Haare unter den Armen; mir waren meine nackten Achseln so peinlich, daß ich die Arme immer an den Körper preßte, wenn wir schwimmen gingen.

Als ich sah, daß diese erwachsene Frau auf der Zuschauertribüne keine Haare unter den Armen hatte, fühlte ich mich gleich viel besser. Erst dann merkte ich, daß sie sich die Achselhöhlen und Beine rasiert hatte, wie viele der Frauen, die man damals in den aus dem Westen eingeschmuggelten Zeitschriften sah.

Ich war vorerst zwar noch zu jung dafür, aber sobald es bei mir etwas zu rasieren gab, begann ich damit. Meine Mutter war entsetzt und sagte: »Jetzt wird das Haar noch viel dichter nachwachsen.« Heute könnte ich eigentlich auf das Rasieren verzichten, weil ich immer noch kaum behaart bin. Ich rasiere mir aber trotzdem die Achselhöhlen und die Beine, weil ich es so ästhetischer finde.
Bei dem Turnier war ich die Jüngste unserer Mannschaft, hatte aber trotzdem keine Mühe gegen die westdeutschen Spielerinnen. Die Zeitungen brachten Fotos von mir; man wunderte sich, daß ich nicht bekannter war. Im Ausland nahm man schon bald viel mehr Notiz von mir als in meiner Heimat. Das hatte nicht einmal etwas mit Politik zu tun: Ich war einfach eine Spätentwicklerin, die erst allmählich zeigte, was in ihr steckte. Ich brachte Zeitungsausschnitte mit nach Hause und zeigte sie stolz meinen Verwandten und Freunden.
Außerdem brachte ich eine ganze Filzstiftsammlung aus Westdeutschland mit. Filzstifte bekam man in der Tschechoslowakei so gut wie nie. Als ich in Deutschland in ein Schreibwarengeschäft ging, sah ich ein ganzes Regal mit Filzstiften. Ich gab dafür einen großen Teil des Taschengelds aus, das mein Vater mir gegeben hatte, und wählte lauter verschiedene Farben aus: für mich, meine Schwester und ein paar Freunde. Zu Hause beneideten mich alle um meine tollen Stifte.
Ich bekam noch einen weiteren Kulturschock bei meiner ersten Reise »nach draußen«. Zum erstenmal sah ich Schwarze aus Amerika. Wir wohnten in der Nähe einer amerikanischen Kaserne. Damals wurde viel über die Präsenz amerikanischer Truppen in der Bundesrepublik berichtet, dennoch glaubte man es erst, wenn man es mit eigenen Augen sah. Auf den Autobahnen kam man sich vor wie in den Staaten – all die Leute mit ihren großen amerikanischen Straßenkreuzern, doppelt so groß wie die kleinen Klapperkisten, die man in der Tschechoslowakei fuhr. Natürlich waren auch andere Automarken vertreten, zum Beispiel Mercedes, BMW und Porsche, die mit 150 Stundenkilometern an uns vorbeisausten. Man hatte den Eindruck, als seien die in Deutschland stationierten US-Soldaten zur Hälfte Schwarze und zur Hälfte Hispano-Amerikaner. Man hatte uns immer gesagt, daß die Schwarzen in Amerika in Ghettos lebten und diskriminiert würden, aber hier fuhren sie die gleichen Autos wie die Weißen, hatten die gleichen Rangabzeichen auf ihrer Uniform, und wir stellten fest, daß sie eigentlich nicht aussahen wie Menschen zweiter Klasse. Seit ich in Amerika lebe, weiß ich allerdings, daß es dort tatsächlich Rassenvorurteile gibt.
Natürlich entging mir nicht, daß viele der farbigen Soldaten sehr sportlich waren. Ich beobachtete sie, wenn sie im Freien Basketball

oder etwas anderes spielten, war tief beeindruckt und bin es immer noch. Es würde mich nicht überraschen, wenn die nächste große Tennisspielerin eine Schwarze wäre, die – genau wie ich – als Neun- oder Zehnjährige mit dem Tennisspielen anfing.
Nach meiner ersten Auslandsreise beschäftigte ich mich zum erstenmal mit dem Rassismus. Ich wuchs in der Tschechoslowakei der sechziger Jahre auf und kannte keine Juden. Viele von denen, die nicht den Nazis zum Opfer fielen, wanderten in die Staaten oder nach Israel aus. Inzwischen ist auf Anordnung der tschechischen Regierung das ehemalige Judenviertel in Prag restauriert worden. Ich habe das Land noch vor der Restauration verlassen; aber ich weiß, wo es ist: gleich neben der Karlsbrücke.
Auf meinen ersten Reisen in den Westen wußte ich nie, ob jemand Jude war, es sei denn, er sagte es mir. Ich fragte dann immer »wirklich?« – denn ich sah keinen Unterschied. Nancys Mutter Renee Lieberman hat mir inzwischen ein paar jiddische Ausdrücke beigebracht.
Was einem in der Tschechoslowakei eingetrichtert wurde, vergißt man nicht so schnell. Als meine Eltern mich in den Staaten besuchten, sahen sie im Tennisclub ein paar Poster von schwarzen Tennispielern und fragten: »Was machen die denn hier?«
»Wieso? Sie spielen hier im Club«, antwortete ich. Meine Eltern konnten kaum glauben, daß nicht überall in Amerika die strenge Rassentrennung herrschte, wie es ihnen stets eingeimpft worden war.
Meine erste Auslandsreise bestätigte meine Vermutung, daß der Westen dem Kommunismus weit überlegen war, was Lebensstil und Freiheit anging.

Nachwuchstalent

Durch die Turniere in Westdeutschland wurden auch die tschechischen Tennisfunktionäre auf mich aufmerksam und erkannten, daß ich auch bei internationalen Turnieren Chancen haben könnte. Ich war damals zwar immer noch eine körperlich unterentwickelte Dreizehnjährige, hatte aber immerhin ein paar Medaillen mit nach Hause gebracht und somit für das tschechische Tennis geworben. Deshalb durfte ich künftig mehr trainieren, vor allem in der Halle.
Mit fünfzehn wurde ich vom Verband zu einem Spiel im Tennisclub Sparta Prag eingeladen, der 1893 gegründet worden war und zu den bekanntesten tschechischen Clubs zählte. Heute haben sie dort mehrere Anlagen für alle möglichen Sportarten.

Die Fußballmannschaft von Sparta Prag zählt zu den besten des Landes. Das Stadion dieses Vereins ist einer der wenigen Orte, wo die Jugendlichen auch heute noch aus sich herausgehen. Sie reißen sich um die Stehplatzkarten zu 30 Kronen – umgerechnet drei Dollar – und finden sich bereits zwei Stunden vor Spielbeginn im Stadion ein. Sie stehen dicht gedrängt, trinken Bier und essen Würstchen. Fällt ein Tor für Sparta, braust ein Jubel auf, als brächen sämtliche in zehn Jahren zurückgestauten Emotionen auf einmal hervor.

Tennis erfreut sich in der Tschechoslowakei seit der Zeit meiner Großmutter mütterlicherseits großer Beliebtheit. Wir hatten 1954 sogar einen Wimbledon-Sieger, Jaroslav Drobny. Doch nachdem er es vorgezogen hatte, in London zu bleiben, stand Tennis beim Staat nicht mehr so hoch in der Gunst. Als sich die politische Lage nach 1968 wieder etwas entspannte, legten die Kommunisten großen Wert darauf, die staatliche Sportförderung wieder aufzubauen.

Um bei Sparta trainieren zu können, mußte ich meinen Stundenplan umstellen. Im ersten Jahr ging ich in Radotin, auf halber Strecke zwischen Revnice und Prag, zur Schule. Ich nahm morgens den Zug um 7.15 Uhr, kam um 7.45 Uhr in der Schule an und rannte nach Schulschluß zum Bahnhof, um den 14-Uhr-Zug nach Prag zu erwischen.

Ich stieg in Smichov aus, nahm die Straßenbahn nach Mala Strana, stieg in eine andere Straßenbahnlinie um und ging die letzten drei Kilometer zu Fuß hinauf nach Stromovka (das heißt »Baumgarten«), einer weitläufigen Grünanlage in der großen Moldauschleife. Bei schönem Wetter war es einfach herrlich, dort im Grünen Tennis zu spielen. Ich trainierte von drei bis fünf und mußte mich jedesmal beeilen, um den Schnellzug um 18.15 Uhr nach Revnice zu bekommen. Wenn ich ihn verpaßte, nahm ich den Personenzug um 18.40 Uhr. Ständig mußte ich all meine Tennissachen und meine Bücher mit mir herumschleppen, denn weder in der Schule noch bei Sparta hatte ich einen abschließbaren Schrank. Jeden Abend warteten dann noch die Hausaufgaben auf mich.

Ich aß meist auf die Schnelle und lernte abends. Morgens konnte ich nicht lernen. Morgens war und ist mit mir überhaupt nichts anzufangen. Ich habe einmal gehört, daß man sich das, was man abends lernt, gut merken kann. Ich weiß nicht, ob das stimmt, aber damit beruhigte ich mich immer, wenn ich den Kopf auf die Hände stützte und bis halb elf über den Büchern hockte.

Ehrlich gesagt war ich lieber bei Sparta als in der Schule. Mit Sparta verband mich mehr als mit meinen Mitschülern, denn bei Sparta waren wir ein richtiges Team. Tennis ist ja eigentlich eher ein Einzelsport, man ist allein auf dem Platz – allein mit sich, dem Gegner und den Zuschauern. Mannschaftssportarten haben mir immer Spaß gemacht, zum Beispiel das Abspielen des Pucks, wenn wir auf einem zugefrorenen See Eishockey spielten, oder das Abgeben beim Fußball. Was mir am Mannschaftssport gefiel, waren der Gemeinschaftsgeist im Vereinsheim, die aufmunternden Zurufe von der Bank und die gemeinsame Heimfahrt, auf der man das Spiel noch einmal Revue passieren ließ. Ich bedaure, daß ich nie mehr Zeit für Mannschaftssportarten hatte, aber aus mir wollte der Staat eben eine gute Tennisspielerin machen, und ich wußte, daß ich mich darauf konzentrieren mußte, wenn ich es zu etwas bringen wollte.

Sparta war eine Familie aus eingebildeten, hart trainierenden Jugendlichen. Wir glaubten alle, daß wir eines Tages die Nummer Eins sein würden, besonders Renata Tomanova, die lange Zeit meine beste Freundin war. Wenn wir gerade nicht trainierten, saßen wir im Clubhaus und spielten Schach oder Karten, unterhielten uns und hatten viel Spaß. Wir hatten eine besondere Art von Humor, die meiner Erfahrung nach sonst nirgends ankommt: Man rempelt jemanden mit dem Ellbogen an, wirft ihm irgendein Schimpfwort an den Kopf, und alle finden es witzig – aber eben nur im Clubhaus.

Ich glaube nicht, daß es für einen Sportler etwas Bewegenderes gibt, als auf dem Tennisplatz zu stehen und die Fahne seines Landes oder Vereins im Wind wehen zu sehen. Ich gehöre zu den wenigen Tennisspielern, denen es vergönnt war, im Federation Cup für zwei verschiedene Länder anzutreten. Ich war beide Male stolz darauf, antreten zu dürfen: erst als Tschechin für meine ursprüngliche Heimat und später als amerikanische Staatsbürgerin für meine neue Heimat. Ich freute mich, während der Dauer des Wightman Cup mit Chris, Pam und ein paar anderen oder beim Federation Cup mit Chris und Andrea Leand in einer Mannschaft zu spielen.

Auch die Städteliga machte mir großen Spaß, weil ich dort Spieler wie Mike Estep und die Australier Tony Roche und Roy Emerson traf und außerdem wußte, daß mein Spiel wichtig für die Mannschaftswertung war. Einer der Gründe, warum ich weiterhin im Doppel spiele, ist, daß ich so gern die hochgezogenen Augenbrauen meiner Partnerin Pamela Howard Shriver aus Lutherville, Maryland, sehe.

Auf dem Tennisplatz tragen wir immer beide ein rotes T-Shirt und einen weißen Rock und reden viel miteinander. Ich nehme bei jedem Match etwas zu essen mit, und wenn sie gut spielt, gebe ich ihr beim Seitenwechsel etwas davon ab. Mir sind Doppel genauso wichtig wie Einzel, weil dann nicht nur »die Navratilova« spielt, sondern eben Navratilova und Shriver gemeinsam. Manchmal hat sie mich mitgezogen, manchmal ich sie, aber im großen und ganzen sind wir ein Team. Daß mir Teamwork heute so viel bedeutet, geht auf meine Zeit bei Sparta zurück.

Wir hatten ein paar wirklich gute Spieler bei Sparta. Ivan Jankovsky, ein Jahr älter als ich, gewann mit elf bei den Internationalen Jugendmeisterschaften den Titel in der Altersklasse der Zwölfjährigen, mit dreizehn den in der Altersklasse der Vierzehnjährigen und so weiter. Es hieß, so etwas habe es noch nie gegeben. Er war unglaublich begabt und hatte phantastische Schläge drauf. Mit vierzehn schlug er damals sogar den gleichaltrigen Borg. Aber der Erfolg stieg ihm zu Kopf, und als Erwachsener kam er nie über den vierten Platz auf der nationalen Rangliste hinaus.

Renata Tomanova, fast zwei Jahre älter als ich, war mir überlegen. Wenn sie in den Zeitungen ein Turnier ankündigten, nannten sie Renata immer zuerst. Manchmal ärgerte ich mich, weil man mir nicht mehr Beachtung schenkte, aber ich wußte, daß ich mit meinem Serve-und-Volley-Spiel bei internationalen Turnieren bessere Chancen hätte als die meisten anderen tschechischen Spielerinnen, daß ich begabter war als sie und einfach noch etwas Zeit brauchte.

Ich ging auch weiterhin immer wieder ans Netz. Ein paar meiner Gegnerinnen spielten auch gut genug, um mich zu passieren, aber ich spürte, daß es nur eine Frage der Zeit sein würde. Ich war immer noch dürr. Trotzdem war ich der Meinung, ich würde ihnen überlegen sein, wenn ich erst einmal größer wäre und mehr Kraft hätte. Manchmal glaubte ich allerdings nicht mehr daran, daß ich jemals wachsen würde, doch mein Vater erzählte weiterhin überall, daß ich eines Tages Wimbledon-Siegerin sein würde, und das machte mich zuversichtlich.

Die Spieler von Sparta spielten oft gegen die anderen Tennisclubs. Man hatte manchmal 17 Spiele an zwei Tagen – Einzel und Doppel. Im gemischten Doppel spielte ich ab und zu mit Jan Kodes, dem besten tschechischen Tennisspieler seit Drobny und zugleich Wirtschaftswissenschaftler mit einem Diplom der Prager Universität.

Kodes gewann 1970 und 1971 in Frankreich den Titel im Herren-Einzel. Sein Aufschlag kam ruckartig, wie eine langsam anlaufende Maschine. Jimmy Connors machte Kodes öfters nach, wenn sie gegeneinander spielten. Wenn wir gemischtes Doppel spielten, drehte ich mich ab und zu um, um diesen Weltklassespieler mit dem eigentümlichen Aufschlag besser sehen zu können, aber dann konzentrierte ich mich sofort wieder auf das Spiel. Es kam oft vor, daß bei diesen Turnieren noch Zeit für die gemischten Doppel blieb. Jan erzählt immer, ich sei von Anfang an Spitze gewesen, aber das glaube ich ihm nicht. Meine Technik war noch unausgereift, und ich hatte eine Heidenangst, dem großen Kodes das Spiel zu vermasseln. Er traute mir genug zu, um mich ab und zu ans Netz gehen zu lassen. Nach dem Spiel gingen wir gemeinsam vom Platz. Am Spielfeldrand warteten schon unsere Clubkameraden und die Funktionäre auf uns. Ich werde nie vergessen, daß Jan Kodes mich auch als Kind respektiert hat und daß er sich später, als ich Schwierigkeiten mit dem tschechischen Tennisverband bekam, für mich einsetzte.

1970 fuhr ich erneut nach Westdeutschland. Im darauffolgenden Jahr nahm ich in Bulgarien an einem Junioren-Turnier teil und dann in der Bundesrepublik an einem Turnier für Knaben und Mädchen, bevor ich zu einem weiteren Turnier nach Ungarn fuhr. Ich war praktisch in ganz Osteuropa mit von der Partie. Mit fünfzehn fuhr ich zum erstenmal in die Sowjetunion, wo ich in Sotschi, am Schwarzen Meer, auf einem Sandplatz gegen eine seltsam aussehende Rumänin namens Virginia Ruzici antrat. Der Platz war im wahrsten Sinne des Wortes ein Sandplatz.

Das Interessante an dieser Reise war die Übernachtung in Moskau, wo wir zwischengelandet waren. Unsere Gruppe ging über den Roten Platz, sah den Kreml und besichtigte das bekannte Moskauer Kaufhaus Gum. Ich wunderte mich, wie wenig es in den Geschäften zu kaufen gab. Es war schlimmer als in der Tschechoslowakei. Vor den Geschäften waren kleine Stände aufgebaut, an denen Frauen Kopftücher und Strümpfe verkauften, während über ihren Köpfen die Tauben herumflatterten.

Ich fand es interessant, die verschiedenen Ostblockstaaten kennenzulernen. Einmal fuhr ich mit Renata Tomanova und einer anderen Spielerin zu einem Turnier nach Polen. Ich nahm an Turnieren in Bulgarien, Ungarn, Polen und Ostdeutschland teil und verbrachte einmal die Sommerferien in einem jugoslawischen Ferienlager. Das einzige Ostblockland, das ich nie gesehen habe, ist Rumänien. Ich spürte eine gewisse Verbundenheit mit den anderen Völkern des Ostblocks, da wir alle Russisch sprachen, so daß wir uns untereinander verständigen konnten. Mit den Ostdeutschen verband mich nichts. Dafür hatte ich um so freundschaftlichere Gefühle für die Ungarn, weil die Russen 1956 mit ihnen genauso umgesprungen waren wie später mit uns.

Die Satellitenstaaten verband eine gewisse Solidarität. Dennoch war ich der Meinung, daß wir Tschechen etwas Besonderes seien und daß man uns aufgrund unserer bewegten Geschichte nicht mit den anderer Völkern, nicht einmal mit den Slowaken in einen Topf werfen dürfe.

Bis zum Sommer des Jahres 1972, kurz bevor ich sechzehn wurde, hatte man mir im Ausland weitaus mehr Beachtung geschenkt als in meiner Heimat. Wir hatten viel Spaß bei Sparta, aber das war auch kein Ersatz dafür, daß mit Lob und Anerkennung so gegeizt wurde. Wir taten, was von uns verlangt wurde, und dafür klopfte man uns auf die Schulter, aber wir wußten, daß wir nur *ein* Zweig der staatlichen Sportförderung waren.

Ich traute mir immer noch nicht viel zu, als ich 1972 an den nationalen tschechischen Meisterschaften in Ostrava nahe der polnischen Grenze teilnahm. Der Staat übernahm die Kosten nur, wenn man in die zweite Runde kam. Für eine ungesetzte Spielerin wie mich war es also mehr oder weniger eine Lotterie. Die staatlichen Funktionäre glaubten, daß Renata Tomanova und ich bei den Meisterschaften für eine Überraschung sorgen könnten, und so war es dann auch. Wir kamen nämlich bis ins Halbfinale, in dem ich Renata besiegte. Nach diesem Sieg sollte ich im Finale auf Vlasta Vopickova, Jan Kodes' verheiratete Schwester, treffen, die seit Jahren die Nummer eins der tschechischen Tennisspielerinnen war.

Ich hatte schon die ganze Woche über eine schwere Erkältung und hätte eigentlich längst aufgeben sollen. Als ich Vlasta gegenüberstand, fühlte ich mich hundeelend. In den Spielpausen trank ich heißen Tee und wollte eigentlich nur noch alles möglichst schnell hinter mich bringen. Obendrein schürfte ich mir während des Spiels auch noch das rechte Knie auf, als ich versuchte, einen tiefen Ball mit der Rückhand zu nehmen.

Trotz allem ging ich gleich zu Anfang in Führung und blieb es auch. Ich gab wirklich alles. Ich weiß noch, wie ich mich darüber wunderte, zu welchen Leistungen ich imstande war, wenn es sein mußte. Ich hatte noch nie zuvor gegen eine so gute Gegnerin gespielt, aber ich erreichte Bälle, von denen ich mir das nie hätte träumen lassen, schlug die Bälle kraftvoller als sonst zurück und plazierte meine Aufschläge sehr genau. Ich gab wirklich mein Bestes, holte das Äußerste aus mir heraus und merkte nicht eine Sekunde lang, daß ich ja eigentlich krank war und ein aufgeschürftes Knie hatte. Ich sagte mir, daß dies meine große Chance sei, und schlug Vlasta 7:5 und 6:4.

Danach fuhr ich mit dem Zug nach Hause, legte mich ins Bett und ließ mich von meiner Mutter mit Hühnersuppe aufpäppeln. Am nächsten Morgen kauften meine Eltern sämtliche Zeitungen. Die Journalisten nannten mich ein »vielversprechendes Nachwuchstalent« und schrieben über eine »in mir schlummernde Begabung«. Die Meldung, daß ich die neue tschechische Meisterin war, stand auf der ersten Seite des Sportteils und außerdem auch auf der letzten Seite.

Der Sieg über Vlasta war einer meiner größten Erfolge. Dadurch kam ich gleich nach Renata Neumannova auf Platz 2 der nationalen Rangliste, den ich mir mit Marie Pinterova teilte. Das bedeutete, daß ich gut genug war, um auch bei internationalen Turnieren anzutreten.
Mit sechzehn fuhr ich zum erstenmal nach England zu einem Hallenturnier in Torquay bei Eastbourne. Die Spiele wurden auf Parkettboden ausgetragen. Ich kämpfte mich mit meinem Serve- und Volley-System bis ins Finale und gewann. Die Briten machten sehr viel Wirbel um mich, und Dan Maskell, der berühmte Fernsehkommentator der BBC, sagte, ich sei eine potentielle Wimbledon-Siegerin – was mein Vater ja schon seit Jahren behauptet hatte. Ich sprach damals so gut wie überhaupt kein Englisch, aber Komplimente erkannte ich immerhin als solche. Bei diesem Turnier lernte ich zum erstenmal in meinem Leben Amerikaner kennen, zwei typische Jungs von nebenan: Peter Fleming und Vitas Gerulaitis. Als ich mir die beiden so ansah – elegant, selbstbewußt, geradezu arrogant –, fragte ich mich, ob wohl alle Amerikaner so seien.

Die Staaten

»Ich fahre nach Amerika!«
Meine Banknachbarin tat so, als habe sie nichts gehört. Unsere Lehrer hatten es nämlich nicht gern, wenn wir im Unterricht schwatzten.
Ich sagte: »Ich fahre nach Amerika!«
Sie lächelte mich von oben herab an, entweder weil sie damit erreichen wollte, daß ich endlich den Mund hielt, oder weil sie mir nicht glaubte. Ich konnte es ja selbst kaum glauben. Ich würde Katharine Hepburn und Spencer Tracy die Fifth Avenue entlangschlendern sehen und zuschauen, wie Ginger Rogers und Fred Astaire auf der Collins Avenue tanzten.
Ich würde gegen Chris Evert und Evonne Cawley spielen. Das war überhaupt das Tollste. Nachdem ich 1972 die Tschechischen Meisterschaften und das Hallenturnier in England gewonnen hatte, erlaubte der tschechische Tennisverband mir und Marie Neumannova, Anfang 1973 in die Staaten zu fahren, um dort an einigen Turnieren der Wintersaison teilzunehmen.
Marie sollte gleichzeitig auch auf mich aufpassen. Sie war rund zehn Jahre älter als ich und die einzige tschechische Spielerin beim Virginia-Slims-Turnier, die alle Kosten selbst trug und allein reisen konnte, ohne Aufpasser – sie stand quasi »über der Politik« und durfte regelmäßig an internationalen Turnieren teilnehmen.

Ich konnte mein Glück kaum fassen: Ich würde bei acht Turnieren antreten, die von der United States Tennis Association (USTA), dem amerikanischen Tennisverband, veranstaltet wurden; erst in Fort Lauderdale, dann in Dallas, Hingham (Massachusetts), Akron (Ohio), New York und schließlich noch drei Turniere in Florida. Damals gab es zwei große Turnierserien: die Virginia-Slims-Serie, an der unter anderen Billie Jean King und Rosie Casals teilnahmen, und die USTA-Serie, bei der Virginia Wade, Evonne Cawley, Chris Evert und Olga Morozova antraten.

Wir stiegen im tiefsten Prager Winter ins Flugzeug – der Schnee reichte uns bis zu den Knien, die Nächte waren lang und die Tage kurz –, und nach einem langen Flug mit Zwischenlandungen in Frankfurt und New York kamen wir im sonnigen Miami an. Dort gab es richtige Palmen und Orangen, ganz zu schweigen von den Autos, Autobahnen, Imbißbuden und Motels. Genauso hatte ich mir Florida vorgestellt. Ich war in Amerika!

Marie Neumannova und ich bekamen eine Wohnung direkt auf dem Gelände des Clubs, auf dessen Anlagen das Turnier in Fort Lauderdale ausgetragen werden sollte. Der Besitzer der Wohnung bezog solange ein anderes Quartier, ging mit uns aber jeden Tag zum Mittagessen in den Club und drängte uns jedesmal dazu, das Schokoladen-Vanille-Eis zu probieren. Da man sich im Ausland von seiner besten Seite zeigen sollte, verschlang ich massenweise Eis; mehr, als ich je im Leben gegessen hatte.

Von der Veranda unserer Wohnung aus konnten wir die Tennisplätze sehen und den Spielern zuschauen. Marie und ich nutzten unsere Freizeit zur Erkundung der Neuen Welt. Wir gingen die Straße hinunter und machten unsere erste Erfahrung mit dem amerikanischen Kapitalismus. In einem kleinen Lebensmittelladen kauften wir etwas zu essen und ein paar Zeitschriften – für fünf Dollar, was uns ziemlich wenig vorkam für so viele Sachen. Ich kaufte etwas Schinken und Brot und glaubte, ich hätte ein Bombengeschäft gemacht.

Mein Englisch war damals nicht allzu gut, weil ich es erst ein halbes Jahr lang in der Schule gehabt hatte. Ich war tief beeindruckt von den vielen verschiedenen Zeitschriften, Zeitungen, Lebensmitteln und Kosmetikprodukten, zumal die Amerikaner sich das anscheinend alles leisten konnten.

Auf dem Rückweg sah ich eine Kokospalme. Ich hatte schon Kokosmark aus Dosen gegessen, aber noch nie eine ganze Kokosnuß gesehen und schon gar nicht so dicht über meinem Kopf. Was soll ich sagen? Sie lachte mich so sehr an, daß ich gar nicht anders konnte, als sie zu pflücken und mitzunehmen. Ich wußte allerdings noch nicht, wie ich sie öffnen sollte. Wir stellten die ganze Wohnung auf den Kopf, bis wir schließlich einen Hammer und einen Schraubenzieher fanden. Danach ging ich nach draußen, legte die Kokosnuß auf den betonierten Boden und hämmerte auf sie ein. Ich hatte Glück, daß ich mir dabei nicht die Hände verletzte – schließlich brauchte ich sie noch zum Tennisspielen. Endlich gelang es mir, die Kokosnuß zu öffnen, und wir probierten ein paar Stücke, die allerdings eher nach Schraubenzieher schmeckten...

Meinen ersten Hamburger kaufte ich mir im Club. Später bekamen wir Essensgutscheine, und ich holte mir noch einen zweiten und dritten. Meine erste Unterhaltung auf englisch führte ich auf dem Weg zu den Tennisplätzen mit Michelle Gurdal, einer belgischen Spielerin. Das hörte sich ungefähr so an:

Martina: »Hast du gespielt?«

Michelle: »Ja.«

Martina: »Hast du gewonnen?«

Michelle: »Nein.«

Martina: »Das ist aber schade.«

Ich glaube, daß ich mich inzwischen ganz gut auf englisch ausdrükken kann. Ich bin sogar schon so weit, daß ich englisch denke und englisch träume, und ich gebrauche auch gern etwas ausgefallene Ausdrücke (einer meiner Freunde bezeichnet mich gern als den »Joseph Conrad des Tennissports«, während andere der Meinung sind, ich sollte lieber weniger reden). In den ersten Tagen in Fort Lauderdale fiel es mir jedenfalls schwer zu verstehen, was die anderen sagten, und ich selbst wußte nie, warum sie über mich lachten.

Was mir an den Amerikanern zuerst auffiel, war, wie freundlich sie alle waren. In Europa – nicht nur in der Tschechoslowakei, sondern fast überall – erwarten die Menschen nicht, daß man sich sofort mit ihnen anfreundet. Man ist zunächst distanziert, bis man sich allmählich näher kennenlernt. In Amerika reden einen die Leute dagegen sofort mit dem Vornamen an und erzählen die vertraulichsten Dinge.

Mir gefällt die Offenheit der Amerikaner auch heute noch. Sie erzählen von ihren Partnern, ihren gescheiterten Beziehungen, ihren Problemen, daß sie vor zwei Monaten schwanger wurden und abtreiben mußten. Sie erzählen einem ohne weiteres ihre Lebensgeschichte, aber mir selbst liegt das nicht so sehr. Allerdings braucht man sich hier nicht zu verstellen, sondern kann ruhig so sein, wie man ist. Das ist ein großes Plus. Ich hatte hier von Anfang an das Gefühl, daß ich hier ich selbst sein konnte – Martina, wie sie wirklich ist.

Amerika ist in jeder Beziehung das Land der unbegrenzten Möglichkeiten. Da ich es aus der Tschechoslowakei gewöhnt war, daß die

Menschen schwarz und grau gekleidet waren und dementsprechend trist aussahen, mußte ich in Fort Lauderdale fast meine Sonnenbrille aufsetzen. Die Menschen trugen Freizeitkleidung in leuchtendem Purpur, Rosa und Lila, alles aus Polyester. Manches davon war unmöglich, aber die Leute trugen es trotzdem. Die Kleidung war Ausdruck ihrer Einstellung zum Leben, und soweit ich das beurteilen konnte, waren sie alle mit sich und der Welt zufrieden.
In Amerika gibt es eine Fernsehshow mit dem Titel *Saturday Night Live*, in der auch zwei völlig verrückte, ausgeflippte Typen mitspielen, zwei überkandidelte tschechische Brüder, die in buntkarierten Hosen und geblümten Hemden ausgehen, um Mädchen aufzureißen. Für mich war es genau umgekehrt. Ich war das brave Mädchen aus Prag und sah plötzlich all diese Amerikaner, die in Florida Urlaub machten. Bermudashorts wie auf Bildern von Jackson Pollock, knallrote Golfhosen und Hemden, die an das Testbild im Fernsehen erinnerten. Diese Leute waren wirklich verrückt und ausgeflippt, aber sie kamen aus Nebraska oder New York und nicht aus der Tschechoslowakei.
Der Mann, der uns seine Wohnung überlassen hatte, besaß ein Perückengeschäft und schenkte mir eines seiner Zehn-Dollar-Sonderangebote. Ich war erst ein paar Tage in den Staaten und hatte schon eine künstliche Lockenmähne, die ich über mein dünnes glattes Haar ziehen konnte, das damals noch braun war. Ich trug die Perücke auf einer Party in Dallas, wo wir das nächste Turnier hatten, und fand, daß ich einfach umwerfend aussah. Zu Hause schenkte ich die Perücke meiner Mutter, die sie auch heute noch ab und zu trägt.
Mein erster Kontakt mit dem amerikanischen Tennis war die Qualifikationsrunde in Fort Lauderdale, in der Dutzende von Spielern gegeneinander antreten, nur um sich für die eigentlichen Turniere zu qualifizieren. Ich kam mit drei Siegen mühelos durch und gewann auch noch das Spiel in der ersten Runde des eigentlichen Turniers. Im Viertelfinale verlor ich jedoch mit 6:3 und 7:6 gegen Linda Tuero.
In Dallas verlor ich dann gleich in der ersten Runde gegen Glynis Coles. Danach flogen wir nach Hingham, wo ich bei einer tschechischen Familie untergebracht wurde, die gemessen an amerikanischen Verhältnissen eher arm war, aber unbedingt wollte, daß wir bleiben. Massachusetts gefiel mir überhaupt nicht, vielleicht wegen des Wetters. Es war genauso kalt wie in der Tschechoslowakei, aber feuchter.
Meine Leistungen litten jedoch nicht unter dem Klima. Ich gewann in der Qualifikationsrunde dreimal in Folge, zog dann jedoch Evonne Cawley als Gegnerin in der ersten Runde des Nationalen Hallenturniers. Sie war damals bereits auf dem Höhepunkt ihrer Karriere, eine ge-

schmeidige, gutaussehende Sportlerin, die 1971 mit nur neunzehn Jahren Wimbledon-Siegerin geworden war. Ich mußte mich sehr zusammenreißen, um nicht einfach wie angewurzelt stehenzubleiben und diese elegante, wendige Frau anzustarren, aber dann fand ich doch zu meinem Spiel und schlug mich tapfer, bis ich schließlich trotz allem 4:6 und 4:6 verlor – nur ein Aufschlagverlust pro Satz, wahrscheinlich das beste Tennis, das ich bis dahin gespielt hatte.

Ich war damals erst sechzehn, und bisher hatte niemand etwas von mir gehört. Bei jedem Turnier wurde vom Ansager eigens auf mein jugendliches Alter hingewiesen und darauf, daß ich aus der Tschechoslowakei kam. Ich war inzwischen gewachsen und spielte mein Serve- und Volley-Spiel mit sehr viel Druck. Die Fans mochten mich auf Anhieb, so daß ich mich gleich wie zu Hause fühlte. Es war genauso wie in Klamovka, wenn ich mit George Parma spielte. Ich erreichte Bälle, denen viele gar nicht erst nachgelaufen wären. Selbst als ich am Ende der Turnierserie zu viele Pfunde auf den Rippen hatte, erreichte ich die Bälle immer noch. Mein Aufschlag war gut. Nach vier Wochen zerrte ich mir einen Bauchmuskel und konnte nicht mehr so kraftvoll aufschlagen, aber es ging immer noch ziemlich gut. Meine Vorhand war hart und meine Rückhand zum Fürchten. Ich spielte von Anfang an offensiv und gewann allein dadurch ein paarmal. Damals ging ich noch völlig unbeschwert auf den Platz, ohne mir groß über taktische Fragen Gedanken zu machen.

Seit ich bei Sparta zusammen mit Jan Kodes gespielt hatte, liebte ich das Doppel. Marie Neumannova und ich schlugen Evonne Cawley und Janet Young in Sarasota, Florida, und wir gewannen auch noch das Finale gegen Sharon Walsh und Patti Hogan.

Mit dem Erfolg fand ich allmählich Gefallen an den harten amerikanischen Plätzen, aber eines meiner besten Spiele von damals wurde auf einem Sandplatz in St. Petersburg, Florida, ausgetragen. Ich spielte gegen Helga Masthoff, die damals ziemlich gut war. Es hatte 35 Grad, und die Luftfeuchtigkeit muß ungefähr bei 95 Prozent gelegen haben. Die erste beiden Sätze gingen mit 6:1 und 4:0 an sie, aber ich gab nicht auf und gewann schließlich die letzten beiden 7:5 und 7:5, und das in einem Spiel, das insgesamt dreieinhalb Stunden dauerte. Nach diesem Match wußte ich, daß ich das Zeug hatte, unter die zehn besten der Weltrangliste zu kommen. Ich sagte mir, daß ich es schaffen und die anderen besiegen könne.

Auch außerhalb des sportlichen Bereichs gab es einiges zu lernen. Als ich in die Staaten kam, stellte ich unter anderem fest, daß sich die Amerikaner offener zu ihrem Glauben bekannten als die Tschechen. In einer meiner Gastfamilien wurde vor dem Essen ein Tischgebet

gesprochen. Ich hatte so etwas weder bei anderen gesehen noch selbst jemals getan und dachte zuerst, sie wollten sich über mich lustig machen. In der Tschechoslowakei hatte ich nie Religionsunterricht gehabt. Meine Eltern waren nicht daran interessiert gewesen, und der Staat hatte seit 1948 versucht, den Einfluß der Kirche zu verringern. Wenn man sich die Standbilder auf der Karlsbrücke ansah oder die schönen alten Prager Kirchen besichtigte, dann geschah das wegen der Architektur, oder weil man etwas über die alten Traditionen erfahren wollte. In meiner Heimat hatte die Kirche jedenfalls bei weitem keine so starke Stellung wie zum Beispiel in Polen, und ich wurde im großen und ganzen atheistisch erzogen. Ich bin überzeugt, daß es eine höhere Macht gibt, glaube aber nicht an die Geschichte von Adam und Eva. Ich bin mit der Darwinschen Evolutionstheorie großgeworden, und die erscheint mir äußerst plausibel. Allerdings glaube ich auch, daß es übernatürliche Kräfte gibt, die wir nicht verstehen können. Manchmal habe ich das Gefühl, meiner Großmutter ganz nah zu sein, und freue mich darauf, sie wiederzusehen. Aber ich lasse mir nicht weismachen, daß es so etwas wie Himmel oder Hölle gibt.
Es war auffällig, wie viele Amerikaner Tischgebete sprachen, im Fernsehen beteten oder Bibeln mit sich herumtrugen. Ich hatte immer gedacht, daß uns die Amerikaner in der Wissenschaft weit voraus seien, und war daher überrascht, daß die Religion bei ihnen eine so große Rolle spielt. Die Amerikaner sind in der Lage, Computer zu bauen, die dem Menschen die Reise zum Mond ermöglichten, aber trotzdem beten sie, und zwar nicht nur am Sonntag, sondern täglich. In Amerika wird viel über Wiedergeburt geredet. Ich sprach einmal mit einer Freundin darüber, die immer in seltsamen Gewändern herumgelaufen ist und viermal die Woche in die Kirche ging. Meinetwegen kann man gern gläubig sein, aber man muß seine Religiosität ja nicht unbedingt so bewußt zur Schau stellen. Das Schulgebet kann man auch zu einem anderen Zeitpunkt für sich allein sprechen. In Kalifornien sagten die Verantwortlichen einer baptistisch geführten Schule tatsächlich einmal ein Basketballspiel gegen eine katholisch geführte ab. Wie kindisch die Menschen doch sein können!
Ich habe nichts gegen Religion, solange man nicht übertreibt. Diese »Mein-Gott-ist-besser-als-dein-Gott«-Einstellung finde ich sehr gefährlich. Man braucht sich bloß anzuschauen, wie sich die Protestanten und die Katholiken früher in der Tschechoslowakei bekriegt haben und wie sie es in Irland auch heute noch tun. Oder nehmen wir den Libanon oder den Iran – die Menschen dort drehen allmählich durch. Wenn Gott wirklich so toll ist, warum bringen sich die Menschen dann gegenseitig um? In den Vereinigten Staaten setzen sich

zur Zeit einige dafür ein, daß das Schulgebet gesetzlich vorgeschrieben wird. Meinetwegen kann man gern einen Moment ruhig sein, damit diejenigen, die beten möchten, dies auch tun können, aber ein von Rechts wegen angeordnetes Gebet? Laut gesprochen? In diesem Land sollte doch ursprünglich jeder selbst entscheiden können.
Manchmal bekomme ich theologische Traktate in die Hand gedrückt, aber die gebe ich jedesmal sofort zurück. Ich laß' mir doch meinen Glauben nicht aufzwingen.
Ich war ein dürres kleines Mädchen, als ich in die Staaten kam, obwohl ich seit meinem dreizehnten Lebensjahr immer viel gegessen hatte. Ich konnte sogar mehr essen als mein Vater, ohne auch nur ein einziges Gramm zuzunehmen; ich bestand nur aus Muskeln und Knochen und war dünn wie eine Bohnenstange. In der Neuen Welt machte ich dann schnell Bekanntschaft mit Pizza, Hamburgern, Pommes frites, Pfannkuchen und Frühstücksflocken aller Art. Wenn ich ein Fast-Food-Restaurant erblickte, konnte ich nicht widerstehen. Ich verschlang Big Macs, Whoppers und wie sie alle heißen und machte im wahrsten Sinne des Wortes eine Nulldiät, nämlich null Diät.
Mein Stoffwechsel war völlig überfordert, so daß ich sowohl im Gesicht als auch um die Taille mächtig zulegte. Olga Morozova, eine wirklich nette Russin, kam in der dritten Woche unserer Amerikatour nach Hingham. Ich hatte sie ein Jahr zuvor bei einem Turnier in Budapest kennengelernt. Als sie mich sah, sagte sie keinen Ton, sondern blies einfach nur die Backen auf.
Was hatte sie nur? Ich fand, daß ich gut aussah. Endlich bekam ich Rundungen – Martina mit Figur. Ich fand, daß ich jetzt mehr Ähnlichkeit mit einer Frau hatte, weil ich nicht mehr ganz so muskulös wirkte. Ich gab deshalb nichts auf Olgas Wink, sondern hielt mich weiter an meine Big Macs, bis wir schließlich nach Akron kamen, wo ich als neue, kurvenreiche Martina in der ersten Runde auf eine Spielerin treffen sollte, die nur ein paar Jahre älter war als ich.
Sie hieß Christine Marie Evert.

Chris

Alle waren gespannt, als Chris und ich 1983 bei den US Open im Finale aufeinandertrafen. Es paßte, daß ich in der einzigen Meisterschaft, die ich noch nicht gewonnen hatte, ausgerechnet sie bezwingen mußte. Die Reporter schrieben über unsere jahrelange Rivalität, und auf der Pressekonferenz am Tag vor dem Finale wurde ich gefragt, ob ich mich an meine erste Begegnung mit Chris erinnerte.

»Natürlich«, antwortete ich, »das war 1973 in Akron in der ersten Runde. Ich habe 6:7 und 3:6 verloren. Im Tie-Break stand es 4:5. Ich weiß nicht mehr, wie es nach dem 4:4 dazu kommen konnte. Wahrscheinlich hat sie mich am Netz passiert. Ich war einfach zu aufgeregt, weil ich gegen *sie* spielte.«

Die Reporter nickten und wunderten sich wahrscheinlich darüber, daß ich mich an den genauen Stand eines Spiels erinnern konnte, das zehn Jahre zurücklag. Ich habe aber schon immer ein gutes Gedächtnis gehabt, und außerdem ist Tennis ja mein Beruf. Kann sich ein Immobilienmakler an das erste Haus erinnern, das er verkauft hat? Kann sich eine Anwältin an ihre erste Gerichtsverhandlung erinnern? Für mich ist es nichts Besonderes, daß ich mich an meine erste Begegnung mit Chris Evert erinnere.

Als ich 1973 nach Amerika kam, gehörte Chris zu den besten Profi-Spielerinnen. Ihre ersten Erfolge hatte sie im Jahr 1970, mit fünfzehn. Danach kam sie 1971 bei den US Open ins Halbfinale und stand 1972 auch in Wimbledon und in Forest Hills im Halbfinale. Mit achtzehn war sie »Amerikas Liebling«. Mit ihrer verdeckt geschlagenen beidhändigen Rückhand konnte sie einem ganz schön zusetzen, und dabei lächelte sie auch noch freundlich, so als wolle sie sagen: »Nimm's nicht persönlich.«

Aus den Tenniszeitschriften, die mir mein Cousin Martin aus Kanada schickte, wußte ich alles über Chris. Ich konnte englische Texte inzwischen schon ein bißchen lesen und versuchte, die Sportausdrücke mit einem Wörterbuch zu übersetzen. Dabei kamen zum Teil zwar komische Sachen heraus, dank der Fotos und Bilder verstand ich jedoch das Wesentliche: Chris war eine blonde Göttin, die sich allmählich an Billie Jean, Virginia und Evonne heranpirschte. Bevor ich sie zum erstenmal sah, symbolisierte sie für mich all das, was ich an den Amerikanern bewunderte: Selbstsicherheit, Leistung, Fairneß, Geld und Stil.

Nie werde ich vergessen, wie ich sie zum erstenmal in Fort Lauderdale beim Backgammon mit Frank Hammond, dem Schiedsrichter, sah. Ihre Schwester Jeanne war auch da. Ich versuchte, Chris nicht anzustarren, als ich an ihr vorbeiging. Sie nickte mir andeutungsweise zu. Wenn man schüchtern ist, wie ich, grüßt man nicht gern, wenn man sich unbehaglich fühlt. Ein paar Tage später sah ich sie wieder im Clubhaus, und diesmal lächelte sie mir zu, nahm mich sozusagen »zur Kenntnis«. Gleichzeitig gab sie mir damit aber auch irgendwie das Gefühl, nur ein kleines Würstchen zu sein.

Heute sind wir zwei ziemlich gegensätzliche Typen, zwei Champions mit unterschiedlichem Stil und Temperament, die beide um einen Platz unter den Großen in der Geschichte des Damen-Tennis kämpfen. Wir sind immer noch miteinander befreundet, aber beide etwas empfindlich, wenn wir über unsere Erfolge reden. Damals war es für uns nicht schwer, Freundinnen zu sein. Sie war von Anfang an nett zu mir, nickte oder lächelte mir gelegentlich zu, um mir zu zeigen, daß sie mich bemerkt hatte. Ihr entgeht nichts. Vielleicht meinte sie anfangs, ich sei lediglich eine Randfigur, ein Gast von jenseits des Eisernen Vorhangs, der sich mit allem vollstopfte, was Amerika an Fast Food zu bieten hatte, und der überhaupt keine ernsthafte Konkurrenz darstellte.

Ich war ungeheuer aufgeregt und fast wie hypnotisiert, als Chris mich damals grüßte. Als ich in Akron in der ersten Runde gegen sie antrat, gab ich noch eine ganz gute Figur ab, aber sie hatte mehr Erfahrung und die bessere Kondition. Ich war weder auf sie noch auf ihre Kraftreserven vorbereitet. Sie wurde von ein paar Freunden und Familienmitgliedern angefeuert, während ich mich mutterseelenallein fühlte, und das nach dem Teamgeist, den ich bei Sparta erlebt hatte.

Chris hatte ein Evert-Team, lange bevor ich bei meinen Spielen psychische Unterstützung von guten Freunden bekam. Ihr Vater Jimmy, der ihr erster Trainer gewesen war und sie in ihrer Begeisterung für das Tennisspielen bestärkt hatte, ging nicht mehr oft aus dem Haus, aber ihre Mutter Colette saß häufig auf der Tribüne, ebenso wie ihre Schwester Jeanne, die selbst Tennis spielte, und ein paar ihrer Freunde. Chris wußte überhaupt nicht, was es eigentlich heißt, bei einem Spiel allein zu sein.

Chris' Mutter ist ein reizende Frau, die über niemanden etwas Böses sagen würde. Seit dem Tag, an dem ich zum erstenmal bei einem amerikanischen Turnier antrat, hatte ich den Eindruck, daß es ihr aufrichtig leidtat, wenn ich verlor, und daß sie sich freute, wenn ich gewann. Nachdem Chris mich besiegt hatte, kam ihre Mutter zu mir herüber und sagte: »Gut gemacht, Martina.« Für ein junges Mädchen, das weit weg von zu Hause war, bedeutete das sehr viel. Sie gab mir die Kraft zum Weitermachen.

Ich werde nie vergessen, wie Chris mir freundschaftlich auf den Rükken klopfte, als wir gemeinsam vom Platz gingen, nachdem ich 1983 endlich die US Open gewonnen hatte. Dabei muß sie damals sehr niedergeschlagen gewesen sein. Später kam ihre Mutter zu mir und sagte, daß sie sich für mich freute, und ich glaubte ihr.

Sie werden bemerkt haben, daß ich von Chris immer als »Chris« spreche und nicht als »Chris Evert« oder nur »Evert«. In Amerika bemerkte ich gleich in der ersten Turnierwoche, daß sich die Frauen untereinander meist mit Vornamen anreden. Sicher wollten alle gewinnen und Geld verdienen, aber es geht nicht so feindselig und unpersönlich zu wie im Herren-Tennis. Es ist schon seltsam. Da heißt es immer, die Frauen seien falsch und würden nur darauf warten, einem den Dolch in den Rücken zu stoßen, aber im Tennis sind die Männer weitaus schlimmer. Wir Frauen sagen uns unsere Meinung und streiten uns auch ab und zu, aber bei uns gibt es nicht solche Intrigen wie bei den Männern. Wir gehen nicht so miteinander um, wie es zum Beispiel Jimmy Connors, Ivan Lendl oder John McEnroe tun.

Wir Frauen kommen gut miteinander aus. Zum einen verbringen wir mehr Zeit miteinander als die Männer, zum anderen haben wir wohl von Natur aus fürsorgliche, mütterliche Instinkte. Wir wollen mit allen gut auskommen und Streitigkeiten aus dem Weg räumen. Sicher konkurrieren wir miteinander, aber wir können differenzieren.

Chris konnte ihrem Image als Liebling der Nation immer gerecht werden. Sie wußte, was sie wann zu sagen hatte. Als ich nach Amerika kam, konnte ich das nicht, und ich kann es auch heute noch nicht. Ich sage, was mir gerade durch den Kopf geht: daß ich Toxoplasmose, eine Infektionskrankheit, habe (wie ich es 1982 bei den US Open getan habe), oder daß ich die Siegerprämie in Wimbledon für zu hoch halte, was mir ziemlich übelgenommen wurde. Das kam schon fast einer Gotteslästerung gleich.

Ich würde weniger oft anecken, wenn ich den Mund hielte, aber das kann und will ich nicht. Chris kann sagen, was sie will, und es kommt auch gedruckt richtig rüber, aber das ist eben eine besondere Begabung. Sie gibt sich vor Zuschauern immer ganz anders, als sie privat ist. In der Öffentlichkeit wirkt sie stets ausgeglichen, ob sie nun mit den Reportern scherzt oder den Fans zulächelt. Sie hat einen ausgeprägten Sinn für Humor, ist witzig und nicht gerade prüde. Ihre Fans wissen gar nicht, was für lustige Geschichten sie nach einem Glas Wein erzählen kann.

Chris ist vor allem eine Kämpfernatur. Wenn ich so zurückdenke, glaube ich, daß es ein paar Spiele gab, die ich eigentlich hätte gewinnen müssen, aber dennoch verlor, weil sie mir einfach das Zepter aus der Hand nahm. Bei unserer zweiten Begegnung, im Halbfinale in St. Petersburg, kam ich schon näher an sie heran, und dann schlug sie mich noch einmal 7:5 und 6:3, als wir in der gleichen Turnierserie zum drittenmal aufeinandertrafen.

Es dauerte zwei Jahre, bis ich endlich einmal gegen sie gewann. Beim sechsten Versuch besiegte ich sie 3:6, 6:4 und 7:6 im Viertelfinale in Washington. Im Tie-Break stand es 5:4. Ich hatte Aufschlag und machte den entscheidenden Punkt mit einem Vorhand-Volley-Stopball. Eigentlich hätte es ja gar kein Volley-Stopball werden sollen, ich zitterte aber so, daß ich den Ball nicht weiter hätte schlagen können. Abends war ich so aufgekratzt, daß ich zum erstenmal in meinem Leben eine Schlaftablette nehmen mußte, die jedoch überhaupt nichts nützte.

Im selben Jahr trafen wir noch einmal bei den US Open in Forest Hills aufeinander – auf einem Sandplatz. Sie schlug mich 6:4 und 6:4; ich war überhaupt nicht in Form und hatte 14 Kilo Übergewicht, so daß Bud Collins vom Bostoner *Globe* mich als »die große, gewichtige Hoffnung« bezeichnete.

In den ersten Jahren bildete ich mir ein, ich müßte gegen Chris das Spiel gleich zu Beginn entscheiden. Hatte ich den ersten Satz gewonnen, sagte ich mir: »Jetzt mußt du auch den zweiten gewinnen. Bring's hinter dich, denn sonst hast du im dritten Satz keine Kraft mehr.« Und was geschah? Ich verlor sowohl den zweiten als auch den dritten Satz.

Damals war es ziemlich frustrierend, gegen Chris zu spielen. Ich brauchte so viel Kraft, weil sie mich mit ihren Lobs immer wieder zum Zurücklaufen zwang. Ich wußte, daß ich sie schlagen konnte, wenn ich möglichst oft ans Netz ging, was aber bedeutete, daß ich bei ihren Lobs immer wieder zurücklaufen mußte. Im dritten Satz war ich dann meist völlig erschöpft.

Die wenigsten wissen noch, daß wir eine Zeitlang im Doppel gespielt und dabei 1976 sogar in Wimbledon gemeinsam den Titel gewonnen haben. Chris und ich müssen heute noch lachen, wenn wir daran denken, wie ich sie 1976 in Houston im Finale 6:3 und 6:4 besiegte und wir kurz danach im Doppel gegen Rosie Casals und Françoise »Frankie« Durr antraten. Ich merkte, daß Chris wegen ihrer Niederlage ziemlich deprimiert war, und nachdem wir das Doppel verloren hatten, wollte ich sie etwas aufheitern. Frankie hatte einen Hund namens Topspin, der ihr auf Schritt und Tritt folgte und dem sie beigebracht hatte, nach dem Match ihren Schläger vom Platz zu tragen. So war es auch nach unserer Begegnung – Topspin waltete wie immer seines Amts: Er nahm Frankies Schläger und trottete neben ihr vom Platz.

»Warum eigentlich nicht?« dachte ich mir, nahm Chris' Schläger, klemmte ihn mir zwischen die Zähne und ging hinter ihr vom Platz. Das brachte sie immerhin zum Lachen. Im Grunde lacht sie nämlich gern und viel, zum Beispiel im Umkleideraum. Sie ist bei weitem nicht die »Eisprinzessin«, für die sie viele halten.

Nachdem ich ein paar mehr Turniere gewonnen hatte, entwickelte sich Chris auch zu einer guten Verliererin. Als ich 1978 zum erstenmal Wimbledon-Siegerin wurde – ich hatte den zweiten und dritten Satz gegen sie gewonnen –, kam sie zu mir herüber und umarmte mich herzlich. Man konnte uns kaum ansehen, wer eigentlich die Siegerin war. Sie war wirklich nett. Im darauffolgenden Jahr, als ich sie glatt in zwei Sätzen schlug, war ihre Enttäuschung größer, aber das war verständlich.

Seit Chris und ich im Einzel konkurrierten, wurde es auch im Doppel problematisch. Bald trug ich ihren Schläger nicht mehr zwischen den Zähnen vom Platz, und schließlich hörten wir ganz auf, zusammen Doppel zu spielen.

Als ich 1980, zur Zeit meiner Beziehung zu Rita Mae Brown, in einer Formkrise steckte, sagte Chris in der Öffentlichkeit, daß ich nur dann wieder an die Spitze käme, wenn ich Ordnung in mein Privatleben gebracht hätte. Ich glaube nicht, daß mir Chris diese Botschaft zukommen ließ, weil das Damen-Tennis auf keine einzige gute Spielerin verzichten kann, sondern daß sie mir als meine Freundin einen gutgemeinten Rat geben wollte.

Nancy Lieberman hielt mir immer vor, ich sei zu freundlich zu Chris. Sie sagte, daß man etwa beim Basketball bereits anfängt, den Gegner einzuschüchtern, wenn man in die Halle kommt – durch die Art und Weise, wie man sich gibt, durch die Kleidung und durch das großspurige Auftreten auf dem Spielfeld. Man braucht sich auch bloß einmal anzuschauen, was für martialische Grimassen manche Baseballspieler vor dem Spiel schneiden. Nancy wollte unbedingt, daß ich das auch machte.

So etwas gab es auch im Tennis, aber selbst die Basketball-Profis stellen ihre Aggressivität außerhalb der Halle ein. Wenn sie sich auf dem Flughafen begegnen, werfen sie einander – jedenfalls soweit ich es beobachtet habe – keine finsteren Blicke zu. Aber Nancy wollte, daß ich mein »Kampfgesicht« bei jeder Begegnung mit Chris aufsetzte.

Ich bin leider sehr emotional. Jeder kann mir meine Gemütsverfassung am Gesicht ablesen und weiß sofort, ob ich gerade glücklich, traurig, nervös oder zuversichtlich bin. Man sieht es von der obersten Reihe der Tribüne aus. Im Tennis gibt es keine getrennten Umkleideräume. Die Gegnerin hat ihren Schrank ein paar Meter weiter, und für mich war es immer schwierig, mich vor dem Spiel zu konzentrieren, wenn meine Gegnerin zugleich eine gute Freundin von mir war. Ich muß selbst heute noch aufpassen, daß ich Pam Shriver nicht vor dem Spiel in die Augen blicke, wenn wir im Einzel gegeneinander antreten. Sie hat eine Art, ihre Augenbrauen hochzuziehen, die mich zum Lachen bringt, so daß ich mich nicht mehr voll auf mein Spiel konzentrieren kann.

Chris war immer freundlich, selbst am Spieltag: »Schönes Wetter heute. Wie geht's, Martina? Na, dann wollen wir mal eine gemütliche Partie spielen. Hin und her und hin und her. Huch, jetzt ist mir doch glatt die Rückhand ausgerutscht. Wirklich zu dumm, daß du meinen Crossball nicht mehr erreicht hast.«
Und plötzlich lag ich dann 4:6 und 1:3 zurück und wußte nicht, wie mir geschah.
Nancy sorgte dafür, daß das anders wurde, indem sie mir ihre Einstellung zum Gegner einimpfte. Ich erinnere mich noch an Wimbledon 1982, als man wegen des Regens und des großen Teilnehmerfelds nur schwer einen Trainingsplatz bekam und Chris und mir derselbe zugewiesen wurde. Uns machte das nichts aus. Wir waren immerhin befreundet und außerdem Profis. Wir wußten, was für Bälle wir brauchten. Ab und zu kam es auch vor, daß man den Ball in eine Ecke schlug, nur um nicht einzuschlafen, aber man entschuldigte sich natürlich sofort.
Als wir uns einspielten, applaudierten die Zuschauer hinter dem Zaun, als wären wir auf den Centre Court. Sie riefen zum Beispiel: »Guter Ball, Chrissie.« Nancy fand das gar nicht witzig. Sie betrachtete ihre Fingernägel und schaute nach den Wolken, um zu sehen, ob es regnen würde, was auch oft genug der Fall war.
Chris rief ziemlich bald zu mir herüber: »Was ist mit Nancy? Gefällt ihr mein Spiel nicht?«
Etwas später plazierte sie einen Ball dicht vor Nancy, um zu sehen, ob sie überhaupt zuschaute (und Nancy schaute wirklich zu). Nancy hob lediglich den Kopf und meinte: »Oh, hallo Chris! Ich hab dich gar nicht gesehen.«
Darüber mußte sogar Chris lachen.
Nancy wird gewußt haben, daß man Chris Evert mit solcher Taktik nicht mürbe machen konnte, aber sie versuchte mir einzureden, daß ich Chris öfter hätte schlagen können. Dank Nancys psychischer Unterstützung, ihres Konditionstrainings und dank der Arbeit meiner anderen beiden Trainer – Renee Richards und Mike Estep – war ich irgendwann dann auch so weit, daß ich Chris regelmäßiger besiegen und die Bilanz zwischen uns beiden allmählich ausgleichen konnte. Das muß Chris damals sehr zu schaffen gemacht haben, vor allem 1984, als sie sich vorübergehend von ihrem Mann John Lloyd getrennt hatte und all die lästigen Fragen der Reporter beantworten mußte. Es war selbst für Chris Evert nicht leicht, mit all dem fertig zu werden, dennoch war sie in diesem Jahr besser in Form denn je. Sie hatte Krafttraining gemacht sowie einige andere Übungen, die auch zu meinem Trainingsprogramm gehörten, und war sehr stark.

Im Finale des Virginia-Slims-Turniers 1984 gelang es Chris ein paarmal, mit einem erstaunlichen Return meines ersten Aufschlags einen Punkt zu machen. Dadurch zog sich das Spiel in die Länge und wurde zu einer meiner schwierigsten Begegnungen. Ich schlug sie dann aber doch glatt in drei Sätzen in einem der ersten Damen-Turniere seit Jahren, in dem auf drei Gewinnsätze gespielt wurde.
Es hätte mich eigentlich nicht überraschen dürfen, daß sich Chris mit 29 Jahren noch steigern konnte. Sie war seit langem eine Weltklassespielerin, ein Vorbild für alle Sportler – Männer und Frauen –, und ich werde nie in ein Match gegen Chris gehen und von vornherein glauben, ich hätte den Sieg schon in der Tasche. Als wir das nächste Mal aufeinandertrafen, schlug ich sie mit 6:2 und 6:0 zum erstenmal auf einem Sandplatz und machte damit die Niederlage wett, die ich drei Jahre zuvor, als es mit meiner Karriere bergab zu gehen schien, gegen sie erlitten hatte. Damals verlor ich beide Sätze 0:6. Nach dem Spiel entschuldigte sich Chris bei den Fans und gratulierte mir dann genauso herzlich wie immer.
Sie bewahrte auch 1984 in Wimbledon Haltung. Obwohl sie eines ihrer besten Spiele machte, konnte ich mit 7:6 und 6:2 gewinnen und so mit ihr gleichziehen – wir hatten sechzigmal gegeneinander gespielt und beide dreißigmal gewonnen.
Auch wenn ich Chris nicht mehr so oft wie früher sehe, freue ich mich auf den Tag, an dem wir gemeinsam eine Flasche Wein trinken und von der guten alten Zeit reden...
Heute mögen wir zwar Rivalinnen sein, aber ich werde nie vergessen, wie Chris mich, das schüchterne, einsame Mädchen, das zum erstenmal in Amerika war, gegrüßt hat.

Die große, »gewichtige« Hoffnung

Als ich Anfang 1973 die Neue Welt kennenlernte, fraß ich mich sozusagen von einem Turnier zum anderen. Kurz vor der Heimreise ließ sich nicht mehr leugnen, daß ich zugenommen hatte, denn meine Tennissachen paßten mir nicht mehr. Aber ich war stolz auf meine neue Weiblichkeit, und im Innern war ich ja dieselbe Martina geblieben. Ich gebe allerdings zu, daß ich mich relativ selten im Spiegel betrachtete.
Meine Eltern haben zwei Fotos von mir: Das eine zeigt mich vor, das andere nach der Reise nach Amerika. Auf dem einen stehe ich kurz vor dem Abflug in die Staaten mit Marie Neumannova auf dem Flughafen und sehe aus wie Twiggy. Das zweite Foto, das acht Wo-

chen später aufgenommen wurde, zeigt mich wieder mit einem Flugzeug – ich stehe links. Manche Journalisten haben geschrieben, daß meine Eltern mich nicht wiedererkannten, aber das ist nicht ganz richtig. *Mich* erkannten sie sehr wohl, nur mit den zusätzlichen zwölf Kilo hatten sie Schwierigkeiten. Da blieb ihnen der Mund offen, und sie trauten ihren Augen nicht.

Ich machte keine besondere Diät, als ich wieder zu Hause war. Ich aß einfach normal und nahm wieder ab. Nicht daß wir Anhänger der Nouvelle Cuisine gewesen wären. Es war einfach schwierig, sich bei unseren Lebensmittelpreisen zu überfressen, auch für Leute, denen es einigermaßen gutging, wie meinen Eltern.

Mein Gewicht schwankte danach eine Zeitlang. Wenn ich zu Hause war, nahm ich ab, und wenn ich in den Westen fuhr, ging ich in die Breite. Ich bin die damals angefressenen Pfunde nie wieder ganz losgeworden, sondern habe sogar noch weiter zugelegt und 1976 mit 75 Kilo meinen persönlichen Rekord aufgestellt. Häufig liest man, daß ich damals so viel in mich hineinstopfte, weil ich mich einsam fühlte, nachdem ich die Tschechoslowakei verlassen hatte, aber das stimmt nicht. Ich hatte einfach keine Ahnung von gesunder Ernährung. Das war, bevor ich auf Nudeln, Vollkornprodukte, Hühnerfleisch, Salat und Obst umgestiegen bin und auf tierische Fette, Zucker und Stärke verzichtet habe.

Als ich wieder nach Hause kam, war alles plötzlich wieder ganz anders. Ich war zwei Monate allein im Ausland gewesen und hatte tun und lassen können, was ich wollte. Jetzt mußte ich wieder in die Schule und mich an das Leben einer ganz normalen sechzehnjährigen Oberschülerin gewöhnen. Ich mußte meine Eltern wegen jeder Kleinigkeit um Erlaubnis bitten, ob ich nun nur kurz aus dem Haus oder ins Kino wollte. Das war eine große Umstellung für mich. Plötzlich war ich nicht mehr mein eigener Herr. Ich war bestimmt nicht aufsässig, und es war ja auch nicht weiter schlimm, ich mochte es nur nicht, wegen allem erst meine Eltern, den Tennisverband oder sonst jemanden fragen zu müssen.

Meine erste große Auflehnung gegen meine Eltern war das Rauchen. Als ich weit weg von meinen Eltern war, kam ich mir ungeheuer erwachsen vor. Meine Eltern rauchten beide, haben mir aber immer eindringlichst davon abgeraten. Meine Mutter versuchte immer wieder, sich das Rauchen abzugewöhnen, aber dann wurde sie wegen irgend etwas nervös und griff wieder zur Zigarette, und als ich in der Weltgeschichte herumreiste, fing ich auch damit an.

Zu Hause lief ich immer ein paar Kilometer auf einem Kiesweg, der neben der Eisenbahnlinie am Fluß entlangführte. Oft steckte ich mir eine Zigarette ein. Es war wirklich grotesk. Auf der einen Seite rannte ich durch die Gegend, um meine Kondition zu verbessern, auf der anderen rauchte ich heimlich, so daß das ganze Training eigentlich für die Katz war. Den Geschmack fand ich ziemlich widerlich, und deswegen spülte mir jedesmal gründlich den Mund aus. Ab und zu ging ich auch ins Bad und rauchte auf der Toilette. Meine Mutter konnte es ja nicht merken, da sie selbst rauchte.

Ich hörte damit aber wieder auf, bevor es zur Gewohnheit wurde. Heute finde ich es schrecklich, wenn Leute im Fahrstuhl oder im Auto rauchen. Eine Zeitlang griff ich öfters zur Zigarette, um mich zu beruhigen, zum Beispiel wenn ich mit Rosie Casals Backgammon spielte, oder wenn ich ein Match verloren hatte – beides sind deprimierende Erlebnisse –, aber da ich seit einiger Zeit nicht mehr so oft verliere, habe ich in den letzten vier Jahren nur drei Zigaretten geraucht.

Marihuana? Ich weiß, wie das Zeug riecht, doch ich kaufe es nicht, brauche es nicht, mag es nicht und lehne es überhaupt ab. Alkohol finde ich aber noch viel schlimmer als Marihuana, weil der Alkoholgenuß viel weiter verbreitet ist. Alkohol ist tödlich. Jemand hat einmal gesagt, die am weitesten verbreitete Droge sei Alkohol. Ich finde, er hatte recht.

Abgesehen von ein paar westlichen Angewohnheiten, die ich mir im Lauf meiner achtwöchigen Turnierserie angeeignet hatte, kam ich mit der Gewißheit zurück, daß aus mir einmal eine ziemlich gute Tennisspielerin werden könnte. Der Tennisverband muß derselben Meinung gewesen sein, denn im Mai durfte ich auch bei den French Open antreten. Ich gewann die ersten beiden Spiele auf dem feinen roten Sand des von blühenden Kastanienbäumen umgebenen Stade Roland Garros, mußte dann aber gegen Nancy Richey spielen, die zweitbeste amerikanische Sandplatzspielerin nach Chris Evert.

Schon allein bei dem Gedanken, Nancy persönlich zu begegnen, war ich aufgeregt. Zu Hause im Fernsehen hatte ich sie in Wimbledon spielen sehen. Wir machten Witze über ihre kleine weiße Mütze, die genauso aussah wie das weiße Hütchen, das meine Mutter bei ihrer ersten Hochzeit getragen hatte. Ich fand, daß sie alt aussah, aber damals sah für mich eigentlich jeder alt aus, und ich wußte, daß sie immer noch eine ausgezeichnete Spielerin war.

Ich hatte keinerlei taktisches Konzept und wußte auch nicht, daß sie auf Sandboden am besten spielte. Es war sehr heiß, und mit meinen sechzehn Lenzen rannte ich natürlich jedem Ball hinterher – wie ein Hund. Dabei hätte mich die Hitze beinahe umgebracht. Allerdings dachte ich keine Sekunde daran, wie Nancy erst darunter leiden muß-

te. Ich spielte auf jeder Art von Boden intuitiv Serve und Volley, auch auf Sand, und das reichte aus, um Nancy Richey 6:3 und 6:3 zu schlagen.
Es war bereits aufregend genug, eine große Spielerin wie Nancy geschlagen zu haben, aber nicht weniger aufregend war es, als kurz darauf Margaret Court, die Tennisspielerin, der ich am meisten nacheiferte, in den Umkleideraum kam. Mir war nie aufgefallen, daß Margaret so groß war, dabei war sie barfuß, während ich Schuhe mit dicker Sohle anhatte. Ich versuchte, sie nicht allzu offensichtlich anzustarren, aber sie grüßte mich, und ich merkte, daß sie wußte, wer ich war. Ich hatte Nancy geschlagen, und sie zollte mir dafür ihre Anerkennung.
Mit diesem Sieg, dem bisher bedeutendsten in meiner Karriere, kam ich ins Viertelfinale, wo ich gegen Evonne Cawley antreten mußte. Ich hatte in den Staaten bereits zweimal gegen Evonne gespielt und war zuversichtlich, verlor aber schließlich doch 6:7 und 4:6.
Aufgrund dieser beiden Auftritte wurde ich zum bedeutendsten internationalen Turnier eingeladen, nach Wimbledon. Ich spielte erst noch in Hamburg und fuhr dann nach England, um vor dem großen Ereignis am Vorbereitungsturnier im Queens Club teilzunehmen. Aber als wir dort ankamen, stellten Marie und ich fest, daß wir nicht angemeldet waren. Wir hatten unsere Anmeldeformulare aus Rom geschickt und nicht daran gedacht, daß die italienische Post gerade streikte.
Da nachträglich nichts mehr zu machen war, wohnten wir bei einer tschechischen Familie und mußten uns auf tägliches Training im Queens Club beschränken. Ich weiß noch, wie Billie Jean und Rosie im Auto ankamen. Marie unterhielt sich mit ihnen auf englisch. Ich war tief beeindruckt. Aus den Tenniszeitschriften, die mir mein Cousin immer schickte, wußte ich alles über die großen Spielerinnen: Julie Heldman, Pam Teeguarden, Pam Austin, Mona Schallau Guerrant. Außerdem wußte ich auch alles über die von der USTA veranstaltete Turnierserie und damit natürlich auch über Chris, Virginia und Evonne.
Billie Jean und Rosie nahmen mich überhaupt nicht zur Kenntnis. Ich wollte mich nicht aufdrängen, stand daher etwas abseits und dachte: »Das sind also die Großen.«
Ich nahm zwar im Queens Club nicht am Turnier teil, wurde aber immerhin für Wimbledon angemeldet, das Turnier, von dem ich immer geträumt hatte. Wenn meine Eltern heute über meine Karriere sprechen, erwähnen sie einzig und allein Wimbledon und nicht meinen Sieg bei den US Open, meinen Rang im Damen-Tennis, meine

Preisgelder oder meine Erfolge bei den Australian und den French Open. Wenn man auf den Sandplätzen der Tschechoslowakei »aufwächst«, träumt man eben immer davon, auf dem Rasen von Wimbledon zu spielen, und ich gebe offen zu, daß ich, als ich zum erstenmal in Wimbledon war, niedergekniet bin und den Rasen geküßt habe.
Vor meinem ersten Match in Wimbledon ließ ich mir einen maßgeschneiderten Fred-Perry-Dreß machen. Ich bildete mir ein, dem Anlaß entsprechend gekleidet sein zu müssen. Ich weiß nicht, warum. Ich war es gewöhnt, entweder in kurzer Hose oder im Rock zu spielen und fühlte mich in dem Kleid überhaupt nicht wohl. Ich mußte ständig aufpassen, daß ich mich nicht falsch bückte, und bei jedem Schlag rutschte mir das Kleid unter den Büstenhalter, so daß ich es andauernd nach unten ziehen mußte. Ich war ohnehin schon aufgeregt, weil ich in Wimbledon spielte, aber das Kleid machte alles noch schlimmer.
Trotz des unbequemen Kleids schlug ich Christine Truman 6:1 und 6:4 in der ersten Runde auf Platz 1. Danach zog ich mich bequemer an, um Laura DuPont mit 8:6 und 6:4 aus dem Rennen zu werfen, bevor ich schließlich gegen Patti Hogan verlor.
Das größte Erlebnis des Turniers war es für mich jedoch, zuschauen zu dürfen, wie Jan Kodes, der inzwischen Kapitän des tschechoslowakischen Davis-Cup-Teams war, sich im Herren-Einzel bis ins Finale kämpfte. Dabei kam ihm zugute, daß in diesem Jahr ein paar Spitzenspieler wegen finanzieller Unstimmigkeiten zu Hause geblieben waren. Jan war damals aber ohne Zweifel auf dem Höhepunkt seiner Karriere und hätte auch sonst nicht schlecht abgeschnitten.
Er ist einfach toll. Ich glaube, niemand freute sich mehr als ich, als er Alex Metreveli im Finale 6:1, 9:8 und 6:3 schlug. Jeder in der Tschechoslowakei freute sich über seinen Sieg, zumal Metreveli Russe ist.
Ich trat dann auch noch mit Jan im gemischten Doppel an. Wir spielten im Achtelfinale auf Platz 2 gegen Owen Davidson und Billie Jean. Ich spielte furchtbar schlecht. Ich war so nervös, rannte all den gut plazierten Bällen hinterher, weil ich Billie Jean beeindrucken wollte, und hoffte, daß sie sich auch später noch an mich erinnern würde. Wir verloren, und sie holten den Titel.
Ich gewann im selben Jahr noch ein nationales Turnier in Pilsen und fuhr im Sommer wieder nach Nordamerika, wo ich bei Turnieren in Toronto, Forest Hills (wo damals die US Open stattfanden) und Charlotte, North Carolina, antrat.
Ich wurde zwar nicht wie ein Profi bezahlt, gewann aber einen guten Einblick in die Welt der Profis. Ich lernte, wie man mit Turnierstra-

pazen fertig wird, und das Woche für Woche trotz Zeitverschiebungen, Wetterveränderungen, Stimmungsschwankungen, Verletzungen und Schmerzen.

Das Schlimmste war für mich, hungrig auf den Platz gehen zu müssen. Mit leerem Magen habe ich noch nie etwas zustande gebracht, nicht einmal in einem wichtigen Match. Beim Tennisspielen habe ich von Anfang an immer etwas zu essen dabei haben müssen. Bei meinen ersten Turnieren in Amerika sorgte ich stets dafür, daß beim Seitenwechsel lauter gesunde Sachen wie Hot Dogs oder Roastbeef-Sandwiches mit Mayonnaise und Senf für mich bereit lagen.

Betrachten wir das Ganze doch mal aus der Sicht meines Magens. Ich frühstückte spätestens um zehn, ging danach zum Training, nahm eine Dusche, hatte um halb eins das erste Match, nahm wieder eine Dusche und mußte um drei schon wieder im Doppel antreten. Da konnte ich mit dem Essen wirklich nicht bis zum Abendbrot warten.

Seit ich vor einigen Jahren gelernt habe, mich richtig zu ernähren, esse ich kein rotes Fleisch mehr, vor allem nicht während ich Tennis spiele. Ich habe extra einen Diät-Berater, Robert Haas, der mir statt dessen nahrhafte Energieriegel aus Johannisbrot, Rosinen und Pflaumen zusammenstellt. Manchmal esse ich aber auch einen »Bagel«, Brot oder Orangen. Wenn ich im Doppel spiele, gebe ich Pam immer etwas ab. Dann sitzen wir beim Seitenwechsel beide kauend auf unseren Stühlen. Manchmal bringt sie mich dazu, die ganze Zeit über zu reden, so daß ich mit vollem Mund wieder auf den Platz muß. Ich schiebe die Reste dann immer in die Backe, um sie nicht beim ersten Volley wieder auszuspucken.

Viele lachen über meine Angewohnheit, auf dem Platz zu essen, und manche fragen sich, ob mir nicht manchmal übel wird. Am Anfang meiner Tennislaufbahn habe ich unter anderem festgestellt, daß bei körperlicher Anstrengung gewöhnlich der Stoffwechsel vorübergehend aufhört. Manchmal meint man zwar, sofort vom Platz zu müssen, aber das passiert meist nur in der ersten Viertelstunde und ist reine Nervensache. Wenn einem tatsächlich einmal übel sein sollte, darf man einmal pro Match auf die Toilette gehen. Diese Möglichkeit sollte man sich aber am besten für den Notfall aufheben.

Was sich jedoch nicht ausschalten läßt, ist der Menstruationszyklus. Als kleines Mädchen brauchte ich mir darüber keine Gedanken zu machen, aber seit ich meine Tage bekommen hatte, achtete ich immer darauf, daß ich mit einem frischen Tampon in ein Match ging. Ich habe schon erlebt, daß Spielerinnen mitten im Match vom Platz mußten oder selbst an heißen Tagen in Trainingshose spielten und die Reporter sich fragten, was mit ihnen los sei.

Am Anfang meiner Karriere hatte ich während meiner Periode immer furchtbare Unterleibskrämpfe. Es war so schlimm, daß ich nicht einmal mehr Auto fahren wollte. Es ging mir so schlecht, daß ich Angst hatte, einen Unfall zu bauen. Ein bis zwei Tage lang war mit mir überhaupt nichts anzufangen.
Die Hälfte der wichtigen Spiele, die ich Ende der siebziger und Anfang der achtziger Jahre verloren habe, fielen genau auf die schlimmsten Tage unmittelbar vor dem Einsetzen meiner Regel: bei den US Open 1978 gegen Pam, 1979 gegen Tracy und auch vorher schon ein paarmal in Wimbledon. Am nächsten Tag ging es mir meist wieder gut. Seit ich mich bewußter ernähre, treten die Krämpfe auch bei größter körperlicher Anstrengung im Training oder Match kaum noch auf, und es geht mir auch allgemein besser. Ich nehme einfach eine Tablette gegen die Krämpfe und weiß, daß ich gut genug bin, um trotz aller Widrigkeiten zu gewinnen. Aber damals gehörte auch meine Regel zu den Dingen, die ich nicht in den Griff bekam.
Außerdem lernte ich sehr schnell, daß manche versuchen, die Spielerin auf der anderen Seite des Netzes mit dem Ball regelrecht zu bombardieren, während andere nur aus taktischen Gründen genau auf die Gegnerin spielen. Ich kenne einige Männer, die auf diese Weise ihrem Gegner bewußt weh tun wollen, aber kaum eine Frau, die so etwas macht. Höchstens taktische Gründe können einen dazu bewegen. Kathy Jordan spielt zum Beispiel gern Serve und Volley. Daher ziele ich genau auf sie, damit sie nicht zu nahe ans Netz kommt, denn wenn ich nicht in die Offensive gehe, macht sie womöglich mit einem Volley einen Punkt. Von Chris kommt fast jeder Ball zurück. Bei ihr hätte es also überhaupt keinen Sinn.
Im Spätsommer 1973 schied ich in Toronto in der dritten Runde aus, in Forest Hills in der ersten und in Charlotte im Halbfinale. Das Beste an dieser Turnierserie war, daß Rod Laver – derselbe Rod Laver, den ich mit neun zusammen mit meinem Vater in Prag gesehen hatte – nach Toronto gekommen war, um Wendy Turnbull in der ersten Runde spielen zu sehen.
Ich wußte nicht, daß Laver zuschaute. Hätte ich es gewußt, wäre ich wahrscheinlich auf der Stelle tot umgefallen, anstatt Wendy 6:0 und 7:5 zu schlagen.
Abends spielte ich Billard im Freizeitraum des Clubhauses, und einer der anderen Spieler erzählte mir, daß Laver gesagt habe, aus mir würde eines Tages eine wirklich gute Tennisspielerin werden. Ich war so aufgeregt. Wenn Rod Laver meinte, ich würde eine gute Spielerin werden, dann hatte ich mich gefälligst anzustrengen, damit dem auch so sein würde: Ich zehrte noch den ganzen Herbst in Prag von die-

sem Kompliment, aber ich kann nicht behaupten, daß ich damals nur für das Tennisspielen lebte. Immerhin war da auch noch die Schule, und außerdem hatte ich noch etwas anderes entdeckt: *»boys«*.

Mein erster Freund

Dank meiner zusätzlichen Pfunde bekam ich ungeahnte Kurven, so daß ich mir mit siebzehn wie eine erwachsene Frau vorkam, zumal ich schon ein paar Jahre zuvor meine Tage bekommen hatte.
Ich war bereits früher, als ich auf die Oberschule kam, eine Weile mit einem Jungen gegangen, aber das hatte sich auf das übliche Händchenhalten und Party-Gekicher beschränkt. Auf meinen Reisen hatte ich dann immerhin so viel vom Leben mitbekommen, daß ich wußte, warum sich Jungen und Mädchen in meinem Alter zu Paaren zusammentun, und da ich neugierig geworden war, liebäugelte ich inzwischen auch selbst mit dem Gedanken, mir einen Freund zuzulegen.
Auf Turnieren gab es nicht allzu viele Kandidaten. Das Angebot an gesunden, gutaussehenden, reichen Männern, die vor dem Umkleideraum auf einen warteten, war eher begrenzt. Man blieb höchstens eine Woche in einer Stadt, und die Männer, die man dort traf, waren hauptsächlich Turnierveranstalter, Sportagenten, Reporter oder Gastgeber vom Country Club.
Wo waren bloß all die jungen Männer geblieben?
Als ich im Herbst nach Hause kam, wurde ich siebzehn und sah auch mal wieder etwas anderes als nur Tennisspielerinnen. Die Stadt war voller junger Männer. Einen von ihnen kannte ich aus Revnice. Er war vier Jahre älter als ich und studierte in Prag Architektur. Wir spielten früher oft zusammen Tennis. Er hatte ziemlich spät damit angefangen – mit vierzehn oder fünfzehn –, und ich konnte ihn anfangs noch schlagen. Aber dann wurde er besser, und ich verlor eine Zeitlang gegen ihn.
Seit ich auf Turnieren spielte, war ich dann wieder die Bessere, was ihn jedoch nicht abzuschrecken schien. Wir trugen richtiggehende Kleinkriege auf dem Tennisplatz aus. Er rannte auch meinen besten Bällen hinterher und hatte eine ganz gute Rückhand.
Als ich sechzehn war, gingen wir öfters zusammen aus. Nachdem ich dann aus den Staaten zurückkehrte, zeigte er plötzlich ein ganz anderes Interesse an mir. Ich glaube, ich war selbstbewußter geworden und fühlte mich femininer. Meine Wangen wirkten richtig aufgeblasen, aber mir gefiel das, weil ich nicht mehr wie ein Junge aussah; mir war nicht bewußt, wie dick ich war, obwohl mir meine alten Sachen

nicht mehr paßten. Jedenfalls fühlte ich mich damals viel wohler in meiner Haut, und das bemerkte wohl auch mein Freund.
Wie alle jungen Leute fuhren auch wir bei unseren Verabredungen meist nach Prag. Wir gingen ins Kino oder ins Nationaltheater, hörten uns ein Konzert oder eine Oper im Smetana-Theater an, oder wir bummelten durch die Prager Altstadt, aßen Würstchen und tranken Bier, standen vor dem berühmten Altstädter Rathausturm mit der Astronomischen Uhr, schauten uns die Geschäfte an und versuchten, ein Lokal zu finden, in dem amerikanische Musik gespielt wurde.
Dank seines Architekturstudiums hatte er eine Anstellung beim Staat bekommen. Er überwachte die Restaurierungsarbeiten an der Burg Karlstein in der Nähe von Revnice. Er durfte direkt bis an die Treppe fahren und das Auto dort stehenlassen, statt es wie alle Touristen weiter unten parken zu müssen. Ich ging mit ihm ins Büro hinauf und fühlte mich in den kleinen Kreis der Privilegierten aufgenommen. Die Sicherheit, die er bei seiner Arbeit zeigte, ließ mich vermuten, daß er sich beim Sex nicht anders verhalten würde.
Ich fühlte mich wohl in seiner Gesellschaft; er war vier Jahre älter, ungezwungen, sportlich und intelligent. Ich war gern mit ihm zusammen und er ließ sich auch durch meine Tenniskarriere nicht vergraulen. Wir kamen uns allmählich näher, und eines Tages lud er mich in seine Prager Studentenwohnung ein.
Ich hatte bis dahin eher Gegensätzliches über Sex gehört. Einerseits war meine Mutter ziemlich altmodisch und erwartete, daß ich unberührt in die Ehe ging. Andererseits sagte mein Vater immer, daß es wichtig sei, mit einem Jungen schon vor der Heirat zu schlafen, um sicher zu sein, daß es auch im Bett klappte.
Mein Vater meinte: »Sex ist wichtig, aber du solltest nicht mit jemandem ins Bett gehen, wenn du ihn nicht heiraten willst.« Außerdem war er der Meinung, daß man keine intimen Beziehungen haben sollte, solange man nicht volljährig war.
Ich hatte zwar nicht vor zu heiraten, war aber neugierig auf das, was dazu gehörte. Und wer kann schon so lange warten, bis er volljährig ist?
Ich konnte mich nicht so richtig entschließen, in die Wohnung dieses Jungen zu gehen, wo ich, wie wir beide wußten, mein »erstes Mal« erleben würde. Wir planten es schon seit einiger Zeit, und ich dachte immer öfter daran, bis wir es an einem Wochenende, an dem seine Eltern nicht da waren, wahrmachen wollten: Ich hatte große Angst und versuchte, mich selbst zu beruhigen, indem ich mir einredete: »Er hat schon andere Frauen gehabt. Er weiß, was er tut. Verkrampf dich nicht so. Vertraue ihm.«

Aber als es schließlich so weit war, waren da keine Glocken, keine Sterne, keine hellen Lichter, keine bunten Farben und weder besonders viel Gefühl noch besonders viel Erfahrung. Ich hatte nicht gewußt, wie schmerzhaft es sein konnte, und fragte mich immer wieder: »Wer hat bloß an so etwas Spaß? Das tut doch weh.«
Wenn man sich erst einmal daran gewöhnt hat, sollte die körperliche Liebe nicht mehr weh tun, aber so weit kam ich mit ihm erst gar nicht. Mein erstes Mal war einfach zu schmerzhaft gewesen. Damals konnte ich wirklich gut auf Sex verzichten.
Meine erste sexuelle Erfahrung hat jedoch meine spätere Entscheidung nicht beeinflußt. Als ich mit ihm ins Bett ging, wünschte ich mir nicht insgeheim, er wäre eine Frau. Ich war einfach neugierig. Ich wollte es wissen, und er kam mir dafür genau recht. Deshalb tat ich es, zumal ich ihn ja für ziemlich erfahren hielt, doch ich hatte offenbar zuviel erwartet. Ich hatte auch geglaubt, daß er etwas von Empfängnisverhütung verstand. Wenn dem tatsächlich so war, hat er sich zumindest nicht danach verhalten. Kurze Zeit darauf schlich ich durchs Haus wie ein Häufchen Elend. Ich kam mir vor wie ein Flittchen, und meine Regel war seit sieben Tagen überfällig. Ich stellte meinem Vater ein paar vage Fragen über Verhütung, aber er sagte nur: »Komm wieder, wenn du einundzwanzig bist. Dann kannst du mir solche Fragen stellen.«
Bis einundzwanzig zu warten ist allerdings ziemlich lange, vor allem wenn man siebzehn ist und seit einer Woche auf seine Tage wartet.
Ich war so bedrückt, daß meine Mutter schließlich merkte, daß irgend etwas mit mir nicht stimmte. »Was hast du denn?« frage sie.
»Ich habe meine Tage nicht bekommen«, antwortete ich.
»Und warum machst du dir deswegen Gedanken?«
»Äh, tja, ich glaube, ich habe Grund dazu.«
Sie nahmen es beide erstaunlich gelassen auf und sagten: »Mach das nie wieder.«
Einige Jahre später, als sie in die Staaten kamen und erfuhren, daß ich etwas mit einer Frau hatte, waren sie bei weitem nicht so ruhig.
Unterdessen blieben meine Tage weiter aus. Ich erzählte es meinem Freund nicht, weil mich dazu nicht genug mit ihm verband. Es war *mein* Problem. Ich würde ihm nicht sagen: »Ich bin schwanger, laß uns heiraten.« Ich machte mir hauptsächlich Sorgen wegen meiner Tenniskarriere.
Ich wußte noch nicht, wie weit ich es einmal im Tennis bringen würde, aber schon damals war Tennis für mich das Wichtigste im Leben. Das hatte ich ein paar Jahre zuvor beim Skilaufen gemerkt. Ich war vierzehn und fand es toll, Schuß zu fahren, kaum noch die Kontrolle

über sich zu haben oder sie vielleicht sogar schon teilweise verloren zu haben. Während einer Schußfahrt dachte ich plötzlich: »Was ist, wenn du stürzst oder dir ein Bein brichst? Das könnte das Ende deiner Tenniskarriere sein.« Ich fuhr deshalb sofort langsamer. Das war auf einem Hang im Riesengebirge. Seitdem bin ich immer relativ langsam gefahren, so daß ich meine Bewegungen stets unter Kontrolle hatte.

Auch diesmal meinte ich, eine für mein weiteres Leben wichtige Entscheidung treffen zu müssen. In der Tschechoslowakei war Abtreibung zwar legal, aber der Gedanke gefiel mir ganz und gar nicht, obwohl ich finde, daß jede Frau das Recht haben sollte, diese Entscheidung allein zu treffen. Ich stand meiner Meinung nach vor der Alternative, entweder abzutreiben oder ein Kind zu bekommen und meine Tenniskarriere aufs Spiel zu setzen.

Eine Heirat kam überhaupt nicht in Frage. Von allen Seiten hörte man, der Lauf der Welt sei Heirat, Kinder und Achtstundentag. Ich konnte mir aber nicht vorstellen, acht Stunden täglich zu arbeiten, einen Vorgesetzten zu haben und in ein Büro oder eine Fabrik gehen zu müssen. Wie es mit mir im Tennis auch weitergehen mochte, ich war immer überzeugt, daß ich eines Tages mein eigener Herr sein würde, was in der Tschechoslowakei gar nicht so einfach gewesen wäre.

Ich hatte mir eigentlich immer vorgestellt, daß ich irgendwann heiraten würde, aber nicht, weil es sich »so gehörte«. Ich wollte erst spät heiraten und Kinder bekommen, nicht schon mit siebzehn. Glücklicherweise bekam ich dann ein paar Tage später meine Regel, und die Welt war auf einmal wieder in Ordnung.

Als ich ein paar Monate später in die Staaten fuhr, erzählte ich einer Freundin die Geschichte, und sie besorgte mir daraufhin die Pille. Ich nahm sie vier oder fünf Tage lang, aber da ich nicht allzuoft mit einem Mann schlief, hörte ich damit wieder auf. Seit ich mehr über die Nebenwirkungen der Pille weiß, bin ich froh, daß ich sie damals gleich wieder abgesetzt habe.

Mein Freund und ich sahen uns noch ein paarmal, als ich wieder zu Hause war, aber dann reiste ich ziemlich oft ins Ausland, und er wurde so von seinem Studium in Anspruch genommen, daß wir uns »in gegenseitigem Einverständnis« trennten. Wir blieben gute Freunde, genauso wie ich auch mit anderen, die ich später kennengelernt habe, befreundet geblieben bin.

Ich frage meine Eltern auch heute noch gelegentlich nach ihm. Er ist inzwischen verheiratet. Als Junggeselle war er so faul, daß sich seine Eltern und seine jüngere Schwester um ihn kümmern mußten. Man hat mir erzählt, daß er heute seiner Frau die Hausarbeit abnimmt. Die beiden haben inzwischen vier Kinder, was mich nicht im geringsten überrascht.

Wenn ich noch mal die Wahl hätte, würde ich es nicht wieder tun. Ich bildete mir ein, ihn zu lieben, aber rückblickend würde ich sagen, daß ich ihn eigentlich eher wie einen Bruder geliebt habe. Ich hätte auf jemanden warten sollen, den ich *wirklich* liebte. Altersgrenzen sind eigentlich unsinnig, aber ich weiß, daß die Geschichte damals besser verlaufen wäre, wenn ich etwas reifer gewesen wäre oder mehr für ihn empfunden hätte. Das gilt für jede Beziehung. Ich habe eine Menge aus meiner ersten Erfahrung gelernt. Später fragte ich mich jedesmal, was ich *wirklich* empfinde.

Diesmal Kalifornien

Ich bekam 1974 wieder die Erlaubnis, ins Ausland zu reisen. Diesmal begann die Turnierserie in Kalifornien. Nachdem ich San Francisco und Palm Springs kennengelernt hatte, wurde mir allmählich klar, daß Amerika noch wohlhabender und vielgestaltiger war, als ich es mir vorgestellt hatte. Ich fühlte mich dort sehr wohl. Alles war so sauber, und meist war gutes Wetter. Nachdem ich gemerkt hatte, wie schön es war, wußte ich, daß es mich nicht mehr loslassen würde.

Die nächsten Turniere fanden in Washington, Fort Lauderdale, Detroit und Chicago statt. Ich war überwältigt von der Weite des Landes und dem unterschiedlichen Klima (nach einer Stunde Flug aus der Sonne in den Schnee). Auf andere Weise überwältigt war ich von all den Verbrechen, von denen die Zeitungen voll waren. Wir hatten vielleicht zehn Mordfälle im Jahr. Es kamen weitaus mehr Leute ums Leben, weil sie beim Überqueren einer Straße weder nach links noch nach rechts geschaut hatten. Bei uns trugen nur die Soldaten Waffen. In Amerika hat dagegen jeder eine Pistole. Man braucht also selbst auch eine, um mithalten zu können (in meinem Haus habe ich auch eine).

Was mir in den Staaten auffiel, waren all die Fälle von Vergewaltigung. Ich fragte mich, was das für eine Gesellschaft sei – die ganze Schießerei und all die Vergewaltigungen. Ich kann verstehen, daß jemand ein Verbrechen aus Leidenschaft begeht, aber die unmotivierte Gewalt gegen alles und jeden vermittelte mir ein ausgesprochen zwiespältiges Bild von Amerika: auf der einen Seite die herzliche Freundlichkeit und auf der anderen Seite all die sinnlosen Verbrechen.

Eine meiner engsten Freundschaften begann damit, daß ich während eines Spiels in Chicago vor mich hin brummelte und fluchte. Ich war mit ein paar Entscheidungen der Linienrichter nicht einverstanden und habe deshalb ein paar tschechische Kraftausdrücke gebraucht, da ich mich sicher wähnte.

Als ich nach dem Sieg vom Platz ging, kamen zwei der Schiedsrichter, ein Mann und eine Frau, lächelnd zu mir herüber, sagten *»Dobry den. Jak se mate?«* (»Hallo, wie geht's?«) und redeten in einwandfreiem Tschechisch weiter.

»Das ist mir aber furchtbar peinlich«, sagte ich, aber sie fanden es witzig. Sie sagten, daß sie sich totgelacht hätten, sogar, als ich über sie geschimpft hatte.

Mirek und Svatka Hoschl haben eine Tochter in meinem Alter. Ich verstehe mich mit der ganzen Familie prächtig. Sie luden mich abends zum Essen ein – es gab Ente mit Knödeln –, und seitdem sind wir befreundet. Jedesmal wenn ich in Chicago spiele, wohne ich bei ihnen. Svatka kommt sogar manchmal nach Wimbledon oder zu den US Open, kümmert sich um mich und kocht für mich. Wenn man am Abend vor einem Match ein paar von Svatkas Knödeln ißt, hat man genug Kraft, um acht bis neun Sätze gegen King Kong durchzustehen.

Das nächste Turnier war in New York, wo ich George und Jarmila Parma besuchte. George arbeitete als Tennislehrer für einen Tschechen. Als ich 1973 zum erstenmal in New York war, sah George noch genauso gut aus wie früher. Er konnte es dagegen gar nicht fassen, wie ich mich verändert hatte. Er sagte immer wieder: »Wie groß du geworden bist.«

Bei meinem ersten Besuch lernte ich auch seine Frau näher kennen. Ich verbrachte drei Nächte bei den Parmas. Wir blieben bis spät in die Nacht auf, unterhielten uns und rauchten. Ich wollte Mitbringsel für meine Familie und meinen Freund kaufen, und Jarmila freute sich, mir ein paar Tips geben zu können, wo ich diese am besten besorgen konnte. Außerdem wußte sie sehr viel über die Staaten zu berichten.

Die Parmas enthielten sich jeglicher Kommentare über das tschechische Regime. Sie versuchten nie, mich zum Verlassen der Tschechoslowakei zu überreden. Wahrscheinlich glaubten sie, ich sei noch zu jung, als daß man mich zu so einem Schritt überreden dürfe, und daß diese Entscheidung von mir selbst getroffen werden müsse. Ich freute mich für sie und war froh, daß sie es geschafft hatten. Damals hatten viele das Land verlassen. Ich fand, sie hatten einfach Glück gehabt, daß sie noch vor dem Einmarsch der Russen rausgekommen waren.

Als mir die Parmas vom »Emigrantentraum« erzählten, merkte ich, daß es gar nicht so leicht ist, seine Heimat zu verlassen. In ihren

Träumen waren sie in der Tschechoslowakei und suchten nach ihren Pässen, konnten sie aber nicht finden. Nach einer Weile wachten sie meist schweißgebadet auf.
George und Jarmila wußten, daß sie nie wieder zurück konnten, um ihre Familie zu besuchen. Sie mußten warten, bis ihre Angehörigen über sechzig Jahre alt waren. Erst dann würde man sie ausreisen lassen, weil sie für den Staat wertlos waren. Ich stellte mir vor, meine Eltern zwanzig Jahre oder länger nicht zu sehen, und bei diesem Gedanken lief es mir eiskalt über den Rücken.
Als ich bei den Parmas wohnte, stellte ich fest, daß Tausende von Tschechen und Slowaken in New York und Umgebung lebten, die vorzugsweise in Kirchen, Reisebüros oder Restaurants arbeiteten. Die Parmas gingen mit mir ins »Duck Joint«, das berühmte Restaurant von Paul Steindler und Aja Zanova, die seit 1951 in New York lebte.
Aja ist eine große, schöne und intelligente Frau. Nach den Ice Follies zog sie mit ihrem ebenfalls tschechischen Mann Paul endgültig nach New York. In ihrem Restaurant traf sich alles, was in Politik und Gesellschaft Rang und Namen hatte. Bei ihnen begegnete ich jedesmal zahlreichen Prominenten. Sie kannten jeden: Ed Koch, der später Bürgermeister wurde, Entertainer und Geschäftsleute. Bei ihnen bekam ich von Anfang an einen guten Eindruck vom New Yorker Leben.
In meinen Gesprächen mit Aja erfuhr ich, daß zwar Tausende von Tschechen und Slowaken in New York lebten, daß es aber so etwas wie eine »tschechische Gemeinde« nicht gab. Viele eingewanderte Tschechen erwarteten zu viel von Aja oder waren neidisch auf sie, weil sie von Anfang an Erfolg hatte, während die anderen meist irgendeine niedere Arbeit annehmen mußten, bevor sie schließlich festen Boden unter die Füße bekamen.
Seit ich in den Staaten lebe, habe ich entdeckt, daß sich viele Tschechen im Ausland zusammentun und mit der Heimat in Kontakt bleiben. Manche versuchen, mit mir Verbindung aufzunehmen, weil ich Tschechin bin, aber Politik interessiert mich nicht, und ich vermisse zwar die Landschaft, ein paar meiner Freunde, meine Familie und meinen Hund, aber das macht mich nicht automatisch mein Leben lang zur Verbündeten aller Tschechen und Slowaken, die in den Staaten leben.
Das Turnier in New York war das letzte, das noch auf dem Programm stand. Zuvor hatte ich bei einem anderen Turnier 3000 Dollar gewonnen, die ich zu Hause dem tschechischen Tennisverband bar auf die Hand abliefern mußte. Die sind nicht dumm. Sie wollen US-

Dollars wie jeder kleine Schieber auf dem Wenzelsplatz. Das System ließ einem keine Chance. Es war so schwer, Geld auf die hohe Kante zu legen, daß der Durchschnittsbürger keine Möglichkeit hatte, größere Reisen zu finanzieren. Der Staat kaufte Amerikanern Dollars ab. Für einen Dollar zahlte er zehn Kronen (vierzehn zum Touristenkurs), aber die Tschechen waren so gierig nach Dollars, daß sie auf dem schwarzen Markt sogar 25 oder mehr Kronen zahlten. Sie horteten die Dollars in einem Versteck – im Schuh, in der Matratze oder in einer Blechdose, die sie im Garten vergruben. Mit dem Geld konnten sie in den tschechischen Touristenläden einkaufen oder eine Auslandsreise machen.

Da ich noch nicht achtzehn war, konnte ich den Scheck nirgendwo in New York einlösen, so daß ich Jarmila Parma um Hilfe bitten mußte. Jarmila war verärgert. »Der Tennisverband benutzt dich als Geldboten«, sagte sie, »ich würde ein junges Mädchen in New York nicht mit 3000 Dollar in bar herumlaufen lassen.«

Schließlich ging sie aber doch mit mir zu ihrer Bank, die mir den Scheck einlöste. Für mich war das zwar sehr viel Geld, aber ich war es von zu Hause gewöhnt, Bargeld bei mir zu haben, denn dort hatten wir weder Kreditkarten noch Schecks. Ich war damals wahrscheinlich ziemlich sorglos im Umgang mit Bargeld – eigentlich bin ich es immer noch –, aber ich beruhigte Jarmila: »Ist schon in Ordnung. Ich mach' das schon.«

Sie war hauptsächlich auf die tschechische Regierung wütend und brachte das auch sehr deutlich zum Ausdruck, als sie mich ins Taxi setzte. Ich mußte ihr versprechen, sie vom Flugplatz aus anzurufen. Wir kannten die Schauergeschichten von skrupellosen Taxifahrern, die ihre Fahrgäste durch ganz New York gefahren und ihnen hinterher Hunderte von Dollar abgenommen hatten, aber ich würde mich nicht so leicht hereinlegen lassen, jedenfalls nicht von einem New Yorker Taxifahrer – schon eher vom tschechischen Tennisverband.

Der Verband behauptete, ich sei noch zu jung, um all das Geld zu behalten, aber anscheinend war ich nicht zu jung, um all das Geld zu verdienen. Sie sagten außerdem, daß sie für mich die Verhandlungen über Werbeverträge in die Hand nehmen würden. Man stelle sich nur einmal vor, wie diese Bürokraten Geschäfte mit Sportartikelherstellern aus dem Westen abschließen! Was für eine Farce!

Man bewilligte mir im Jahr 1973 elf Dollar täglich für Verpflegung. Dieser Tagessatz wurde 1974 auf 17 Dollar erhöht. So konnte ich etwas Geld sparen und mit nach Hause nehmen. Natürlich aß ich deshalb möglichst billig, und zwar genau das, was ein Sportler im Training nicht essen sollte.

Sicher war jedenfalls, daß ich in Prag dem Verband 3000 Dollar abliefern mußte. Ich dachte mir nur: »Eines Tages werdet ihr mir nicht mehr mein ganzes Geld abnehmen.«

Im weiteren Verlauf des Jahres 1974 brachte ich Ordnung in meine Geldangelegenheiten, nachdem ich Fred Barman, einen Manager aus Beverly Hills, kennengelernt hatte. Seine Tochter Shari gehörte der ersten Generation von Profi-Spielerinnen an. Als sie eines Tages in einem Brief nach Hause um mehr Geld bat, damit sie unterwegs nicht verhungerte, kam ihr Vater auf die Idee, sich geschäftlich der Städteliga und anderer Tennis-Projekte anzunehmen. Shari und ein paar andere Spielerinnen sagten mir, daß es Fred vielleicht gelänge, für mich eine günstigere Vereinbarung mit dem tschechischen Tennisverband auszuhandeln.

Eines Tages trainierte ich während der US Open 1974 auf einem der abgelegeneren Plätze in Forest Hills, als Fred plötzlich auftauchte und sich vorstellte. Wir tranken später im Roosevelt Hotel zusammen Kaffee, und er schlug mir vor, ich solle mir doch einmal durch den Kopf gehen lassen, was er alles für meine Karriere in den Staaten tun könnte. Ich glaube, er war ziemlich überrascht, als ich ihn am nächsten Morgen in aller Herrgottsfrühe anrief und sagte: »Fred, ich brauche Sie.«

Er sagte so etwas wie: »Klar, aber wer spricht denn da?« Wir vereinbarten, daß er künftig für mich verhandeln würde. Ich war beeindruckt von seinen Verbindungen zum Show-Busineß und von seinen Kontakten im Tennis.

Der tschechische Tennisverband konnte sich nicht recht vorstellen, wer oder was Fred eigentlich war. Manche hielten ihn für meinen *boyfriend*; daran änderten auch seine hübsche Frau und seine vier Töchter nichts, die alle älter waren als ich. Fred und ich waren jedenfalls nur gute Freunde. Der Verband sah in meiner Verbindung zu ihm vermutlich nur einen weiteren unliebsamen Schritt in Richtung Amerikanisierung.

Diese Amerikanisierung ging mit Volldampf voran, nachdem der tschechische Tennisverband sich damit einverstanden erklärt hatte, daß meine Preisgelder künftig in einem anderen Verhältnis aufgeteilt wurden (achtzig Prozent für mich und zwanzig für den Verband). Fred Barman betonte immer wieder, daß die zwanzig Prozent, die der Verband bekam, immerhin netto waren.

Der Verband willigte gerade rechtzeitig in diese Aufteilung ein, denn es gab bereits erste Anzeichen dafür, daß ich zur Großverdienerin werden würde. In dem Jahr war ich nämlich ins Finale der Internationalen italienischen Meisterschaften gekommen, in dem ich gegen

Chris verlor, und war in Frankreich im Viertelfinale an Helga Masthoff gescheitert. In der ersten Runde in Wimbledon war ich von Mima Jausovec geschlagen worden, hatte dafür aber die ersten beiden Runden bei den US Open gewonnen und war erst in der dritten Runde gegen Julie Heldman ausgeschieden. Diese Niederlage hatte ich ein paar Wochen später wieder wettgemacht, als ich Julie in Orlando 7:6 und 6:4 besiegte und damit mein erstes Profi-Turnier gewann. Meine Eltern haben heute noch das Foto, auf dem ich nach dem Matchball vor Freude einen Luftsprung mache und den Pfahl der Beleuchtungsanlage umarme, weil sonst niemand da war, den ich gut genug kannte, um ihn zu umarmen.

Da ich in den ersten zwei Jahren nicht den ganzen Tagessatz ausgab, der mir auf Auslandsreisen bewilligt wurde, konnte ich meinem Vater Geld für ein Auto geben. Er kaufte einen Skoda, der in einem der inzwischen verstaatlichten Automobilwerke vom Band gelaufen war. Früher stand Skoda für Qualität, aber unter sozialistischer Führung wurde dort fast nur noch Schrott produziert. Das Auto war hellgrün, keine besonders schöne Farbe, aber es war unser erstes, und wir waren alle begeistert.

Wir hatten immer von einem Auto geträumt. Unseres kostete umgerechnet 2000 Dollar, was damals ungefähr eineinhalb Jahresgehältern entsprach. Von dem Gehalt meines Vaters – damals rund 100 Dollar monatlich – und dem Lohn meiner Mutter, die etwas weniger verdiente, gingen achtzig Prozent für den Unterhalt weg – wohl nur vier Prozent aller Tschechen besaßen damals ein Auto. Der Unterschied zu früher bestand für uns eigentlich hauptsächlich darin, daß mein Vater mich sonst immer auf seinem Motorrad zu Turnieren gefahren hatte und daß jetzt auch meine Mutter und meine Schwester mitfahren konnten. Meine Eltern, Jana und ich machten Spazierfahrten, fuhren nach Prag oder zu Turnieren. Wir hatten in den letzten sechs bis sieben Jahren – seit ich ernsthaft Tennis spielte – keinen Urlaub mehr gemacht, und allmählich wurde es Zeit, daß wir mal wieder was anderes sahen.

Der Entschluß

Als ich im Herbst 1974 wieder nach Hause kam, dachte ich zum erstenmal wirklich ernsthaft daran, die Tschechoslowakei zu verlassen. Ich wollte eine Weltklassespielerin werden, wollte in Amerika leben und vielleicht sogar eines Tages amerikanische Staatsbürgerin werden.

Die Tschechoslowakei war meine Heimat – sie ist meine Heimat –, und feige wie ich bin, wäre ich sehr glücklich gewesen, wenn ich mir die Möglichkeit der Rückkehr hätte offenhalten können. Ich spazierte wie in Trance durch Revnice, spielte mit meinem Schäferhund Babeta, der damals noch klein war, besuchte Freunde, traf mich mit meinem Freund, besuchte Großmutter Subertova, machte lange Spaziergänge in den Bergen, schaute auf den Fluß und auf die Häuser hinunter und fragte mich, ob ich bereit war, all das hinter mir zu lassen.

Ich rang immer noch mit mir, da wurde mir die Entscheidung von den Bürokraten abgenommen. Sie machten mir Schwierigkeiten, so daß ich Angst hatte, ich würde nie wieder ins Ausland reisen können. Eines der Probleme war zum Beispiel, daß ich im Damen-Tennis allmählich dominanter wurde als Jan Kodes im Herren-Tennis – was das Verhältnis zwischen Jan und mir allerdings überhaupt nicht trübte. Schwierigkeiten gab es dagegen mit dem Verbandsfunktionär Antonin Bolardt, der später Kapitän des tschechischen Davis-Cup-Teams wurde. Nachdem Renata und ich entscheidend zum Gewinn des Federation Cup, des internationalen Frauen-Mannschafts-Wettbewerbs und Gegenstücks zum Davis Cup, beigetragen hatten, waren Bolardt und ein paar andere Funktionäre neidisch.

Bolardt kannte meinen Vater seit er siebzehn oder achtzehn war, und jetzt erzählte er ihm, daß ich allmählich »zu amerikanisiert« sei und mich lieber anständig benehmen sollte, weil ich sonst Schwierigkeiten bekäme. Ich war schon immer allergisch gegen Drohungen. Die Russen drohten uns schon genug. Da brauchte man wirklich nicht auch noch Drohungen von den eigenen Landsleuten.

Vera Sukova, die Damen-Trainerin, wollte mir helfen. Sie redete mir gelegentlich gut zu: »Du mußt die Wogen glätten. Du wirst dich selbst und alle anderen in Schwierigkeiten bringen. Halt dich doch einfach an die Spielregeln. Tu, was man von dir erwartet. Sei nicht dumm.«

Meine Eltern sagten: »Du kannst nicht einfach machen, was du willst.« Ich fragte: »Warum nicht?« Ich verhielt mich nicht gerade wie der brave Soldat Schwejk. Kein dümmliches Lächeln. Ich tat nicht so, als würde ich den Befehlen gehorchen. Ich war achtzehn und kam mir ungeheuer toll vor.

Trotz allem bekam ich die Erlaubnis, im Frühjahr 1975 zum Virginia-Slims-Turnier wieder in die Vereinigten Staaten zu fahren. Diesmal war ich fest entschlossen. Beim dritten Turnier, das in Washington D. C. stattfand, traf ich im Viertelfinale auf Chris und schlug sie 3:6, 6:4 und 7:6.

Wie gut ich inzwischen geworden war, zeigte sich aber erst am darauffolgenden Tag. Es kommt oft vor, daß eine Tennisspielerin an einem Tag einen großen Sieg erringt und am nächsten haushoch verliert, weil sie sich beim ersten Match körperlich und emotional zu sehr verausgabt hat. Meine Form bestätigte sich dagegen, und so schlug ich erst Virginia Wade und dann Kerry Melville glatt, gewann damit das ganze Turnier und bewies gleichzeitig, daß ich in der Lage war, mich auch über mehrere Spiele hinweg gegen starke Gegnerinnen zu behaupten. Einen Monat später schlug ich in Boston bei den amerikanischen Hallenmeisterschaften Virginia, Margaret und Evonne alle in drei Sätzen. Das war bisher mein größter Triumph. Ich spielte bei dem Turnier auch im Doppel zusammen mit Chris und war eigentlich schon erschöpft, als ich im Finale auf Evonne traf.
Bisher hatte ich noch keinen einzigen Satz gegen sie gewonnen, hauptsächlich weil ich ihr mit meiner schwächlichen Rückhand nicht das Aufschlagspiel abnehmen konnte. Aber dank einiger Tips von Billie Jean konnte ich mein Spiel verbessern, auch ohne fremde Hilfe. Ich wurde mit jedem Tag besser. Manche Tennisjournalisten wie zum Beispiel Bud Collins vom Bostoner *Globe* machten sehr viel Wirbel um diesen Sieg gegen Evonne.
Heute erscheint mir das Jahr 1975 wie der Höhepunkt des Damen-Tennis, zumindest was die Anzahl der guten Spielerinnen betrifft. Ich kann zwar keine Spielerin aus meiner Zeit mit einer aus einer anderen Zeit vergleichen, aber ich bezweifle, daß es jemals so ein gutes Feld gegeben hat wie damals: Billie Jean spielte meist Doppel, Rosie war gefährlich, Margaret immer noch schwer zu schlagen und Virginia in Höchstform. Chris hatte gerade ihren Durchbruch. Außerdem waren da noch Betty Stove, Olga Morozova, Kerry Melville, Dianne Fromholtz und Nancy Richey, die gelegentlich Spitzenleistungen zeigte.
Wir meinten alle, dies sei der Beginn einer neuen Ära im Damen-Tennis, aber die Nachwuchstalente ließen auf sich warten.
Viele der jüngeren Spielerinnen setzten sich nur für kurze Zeit an die Spitze und verschwanden dann wieder. Vielleicht waren sie nicht bereit, über das übliche Maß hinaus zu trainieren, so wie Chris und ich es getan haben, oder sie fingen zu früh an und waren den Belastungen weder körperlich noch seelisch gewachsen. Wer weiß? Ich kann mich noch erinnern, wie ich mit achtzehn all diese großen Spielerinnen schlagen wollte, eine nach der anderen, genauso wie früher, als wir Cowboys und Indianer spielten und Old Shatterhand den Bösen das Handwerk legte.
Nach meinem Match gegen Evonne sollte ich eigentlich in die Tschechoslowakei zurückfahren, aber wir hatten eine Woche Pause und

dann noch ein Turnier auf Amelia Island. Ich beschloß, in Amerika zu bleiben. Schließlich ging das ja niemanden etwas an. Ich war Tennisspielerin, und irgend etwas sagte mir, daß der April in Florida schöner sein würde als in Prag.

Leider stellte ich das Ganze ziemlich dumm an – wie ein Kind. Ich schrieb nicht, bat nicht um Erlaubnis, sagte nicht einmal meinen Eltern Bescheid. Daher bekam ich während des nächsten Turniers ein Telegramm von meinen Eltern, die mir schrieben, daß sie sich Sorgen machten. Sie riefen mich außerdem völlig aufgelöst an, sagten, ich solle lieber nach Hause kommen, und fragten, was denn bloß mit mir los sei. Ich erklärte ihnen, daß ich das Turnier noch zu Ende bringen wolle und dann nach Hause käme. Damit waren sie einverstanden, im Gegensatz zu meinem Verband, der mich telegrafisch aufforderte, sofort zurückzukommen. Ich brach in Tränen aus. Billie Jean war bei mir, als ich die Nachricht erhielt. »Keine Angst«, sagte sie, »das kommt schon wieder in Ordnung. Aber vielleicht solltest du wirklich zurückfahren.« Ich blieb, und Edie McGoldrick, einer der Turnierveranstalter, teilte dem Verband telegrafisch mit, daß alles in Ordnung sei und ich nach dem Turnier abreisen würde. Ich kam bis ins Finale und verlor gegen Chris. Danach flog ich zurück und stellte fest, daß ich mir großen Ärger eingehandelt hatte.

Kurz nach meiner Rückkehr zitierten mich ein paar Verbandsfunktionäre zu sich und sagten mir, ich sei »zu amerikanisiert«. Ich fragte, was das heißen solle. Sie antworteten, ich sei zu amerikafreundlich, hätte zu engen Kontakt zu den amerikanischen Spielerinnen wie Chris, Billie Jean und Rosie und sollte lieber mehr auf die tschechischen Funktionäre hören. Das stimmte in gewissem Maße. Wenn die tschechischen Spieler und Funktionäre gemeinsam essen gingen, war ich nie dabei. Ich fand, daß ich das Recht hatte, mir meine Freunde selbst auszusuchen.

Sie nannten mich *nafoukana*, »die Hochnäsige«, und wollten, daß ich bei den Tschechen und den anderen Spielern aus dem Ostblock blieb. Dafür hatte ich kein Verständnis. Wir spielten doch alle auf denselben Turnieren. Wir waren doch alle Tennisspieler. Warum sollte ich zu manchen Leuten freundlich sein und zu anderen nicht? Wir wurden auf unseren Auslandsreisen immer von mehreren Aufpassern begleitet, die uns nicht aus den Augen ließen, aber ich wollte selbst entscheiden, mit wem ich meine Freizeit verbrachte.

Ich erhielt die Erlaubnis, zu den French Open zu fahren, und sollte natürlich bei den tschechischen Spielern bleiben. Aber gesetzte Spieler bekamen in einem der Luxushotels relativ günstige Zimmer, und da ich an zweiter Stelle gesetzt war und mit Chris im Doppel spielte, hielt ich es für naheliegend, daß wir beide im selben Hotel wohnten. Da brauchte ich gar nicht erst lang zu überlegen. Das Hotel war wirklich unverhältnismäßig teuer, aber ich fand, daß ich das Recht hatte, dort zu wohnen. Ich weiß noch, wie Chris ihre Sachen zum Waschen gegeben hat und dafür 200 Dollar bezahlen mußte.

Nachdem ich im Finale gegen Chris verloren hatte, fuhr ich in die Tschechoslowakei zurück und wurde erneut schikaniert. Ich fragte mich, ob ich wohl die Erlaubnis für Wimbledon bekommen würde. Es hieß damals, ich hätte eine Affäre in den Staaten und würde befürchten, die betreffende Person nie wiederzusehen, aber das stimmte nicht. Es gab niemanden. Ich wollte einfach nur Tennis spielen.

Schließlich bekam ich die Erlaubnis, aber ich hatte langsam die Nase voll. Ich sagte meinem Vater immer wieder: »Ich muß einfach weg hier.«

Ich habe es nur wenigen erzählt, aber eigentlich sollte meine ganze Familie mit nach Wimbledon kommen und dann nicht mehr zurückkehren. Fred Barman kam extra aus Amerika und leitete alles in die Wege, damit meine Eltern, Jana und ich gleich nach dem Turnier zur amerikanischen Botschaft gehen könnten. Meine Eltern und ich diskutierten während des ganzen Turniers darüber. Einmal hieß es »ja, wir tun's« und dann wieder »nein, wir tun's nicht«.

Mein Vater zögerte, weil er befürchtete, daß er dann von mir abhängig wäre. Außerdem fragte er sich, was wäre, wenn ich mich verletzte und nicht mehr spielen könnte. Wovon sollten wir dann leben? Diese Angst war ungewöhnlich, weil er doch immer so fest daran geglaubt hatte, daß ich eine Weltklassespielerin werden würde, und jetzt, kurz vor dem Durchbruch, machte er sich Gedanken, ob ich es wirklich schaffen würde. Aber man muß sich in seine Lage versetzen: Er und meine Mutter hatten ihr Leben lang gearbeitet und waren es nicht gewöhnt, Geld von ihrer Tochter zu nehmen.

Das sorgte für so manche Spannungen, und ich wurde im Viertelfinale von Margaret Court glatt geschlagen. Bei ihrer Erfahrung hätte ich wahrscheinlich sowieso verloren, aber vermutlich größere Chancen gehabt, wenn mir die ganze Sache nicht andauernd durch den Kopf gegangen wäre. Und das Ende vom Lied war, daß uns schließlich alle der Mut verließ. Wir machten kurz Urlaub an der französischen Riviera und kehrten dann in die Tschechoslowakei zurück, wo die nationalen Meisterschaften in Pilsen stattfinden sollten, im selben Club, in dem ich 1968 beim Einmarsch der Russen gespielt hatte.

Als meine Eltern und ich dort auftauchten, schauten uns alle an, als sähen sie Gespenster. Sie zeigten mit dem Finger auf uns und tuschelten, wenn sie glaubten, daß wir gerade nicht hinsahen. Alle waren überrascht, uns zu sehen, weil – wie wir später erfuhren – das Gerücht die Runde machte, wir hätten die Tschechoslowakei für immer verlassen, und obwohl wir zurückgekommen waren, begegnete man uns noch argwöhnischer als sonst.

Ich sollte in der darauffolgenden Woche eigentlich in einem Junioren-Turnier in Frankreich antreten, aber Vera Sukova zitierte mich zu sich und meinte: »Du fährst nicht nach Frankreich.«

»Warum nicht?«

»Wir wollen ein paar von den Jüngeren die Chance geben, an einem internationalen Turnier teilzunehmen.«

Ich merkte sofort, daß das nur eine Ausrede war. Sie meinten immer noch, ich sei zu amerikanisiert und wollten damit andeuten, daß sie mich eventuell auch nicht zu den US Open lassen würden. Für mich war das typisch kommunistische Logik. Der tschechische Staat hatte viel Geld in meine Tenniskarriere investiert, und jetzt, da ich ganz oben war, wurden die Funktionäre nervös. Nicht weil ich eventuell für immer gehen könnte, oder besser gesagt, nicht nur. Es paßte ihnen einfach nicht, daß eine Tschechin im Damen-Tennis Erfolg hatte und plötzlich selbst bestimmte, wie ihr Training und ihr Spiel auszusehen hatten und an welchen Turnieren sie teilnehmen würde. Sie wollten die totale Kontrolle, aber je öfter ich gewann, desto weniger konnten sie mich kontrollieren. Sie waren bereit, meine Tenniskarriere zu opfern, nur um mich kontrollieren zu können. Aber nicht mit mir.

Drei Wochen vor den US Open war ich immer noch zu keinem Entschluß gekommen. Vorher sollte ich noch bei den Europäischen Amateur-Meisterschaften in Wien spielen. Ich galt immer noch als Amateurin, obwohl ich mittlerweile den größten Teil meiner Preisgelder behalten konnte.

Im Grunde war es völlig verrückt, mich so unter Druck zu setzen. Bei dem Geld, das ich damals verdiente, wäre ich ein wichtiger Aktivposten ihrer Wirtschaft gewesen.

Als ich wieder zu Hause war, bat ich um die Erlaubnis, nach New York fahren zu dürfen. Jan Kodes sprach mit ein paar hohen Funktionären aus dem Verband, die voll und ganz hinter mir standen. Auch Stanislav Chvatal, ein wirklich netter, ehrlicher Mensch und Freund meiner Eltern, war auf meiner Seite, aber die endgültige Entscheidung lag bei Antonin Himl, dem Verbandsvorsitzenden.

Himl war eigentlich auch in Ordnung, hatte sich aber von Bolardts Warnungen, ich würde eines Tages nicht mehr zurückkommen, beeinflussen lassen und zitierte mich daher in sein Büro im Sportministerium.

Links: *Meine Mutter und ich 1961 im Riesengebirge. Ich war damals fünf und hatte dementsprechend kurze Skier. Meine Mutter besitzt den Anorak, den sie damals trug, immer noch.*

Unten: *Meine Mutter und ich 1961 auf »Platz 1« vor dem Clubhaus in Revnice. Der Junge ganz rechts, Vladimir Lacina, wurde später ein guter Freund und Tennispartner von mir. In der Hand halte ich meinen allerersten Schläger. Ich habe ihn heute noch.*

Oben: *Auf einem zugefrorenen See in Revnice, 1966. Ich kam mir ungeheuer toll vor mit meinen Eiskunstlauf-Schlittschuhen. Meine Mutter wollte mir keine richtigen Eishockey-Schlittschuhe kaufen. Man beachte auch den abgebrochenen Schläger.*

Links: *Wieder auf Platz 1, diesmal mit meiner kleinen Schwester Jana, 1967. Der Schläger mit dem Ball drauf, mein allererster, hatte meiner Großmutter gehört. Der andere war der erste, der extra für mich gekauft worden war.*

Mein Trainer George Parma und ich. Auf diesem Bild bin ich neun. Das war im Sommer 1966. Es war das erste Mal, daß George nach Revnice kam. Ich war sehr aufgeregt und hielt ihn damals für einen »Gott«.

Oben (von links nach rechts): *Chris Evert, ich und Chris' Schwester Jeanne 1975 in Paris. Ich lebte damals noch in der Tschechoslowakei.*

Links: *Beim Virginia-Slims-Turnier in Oakland, Kalifornien, 1977. In diesem Jahr waren meine Leistungen zum erstenmal konstant. Ich lebte nun seit fast zwei Jahren in den Vereinigten Staaten.*

Rechts: *Am Ende eines Fototermins in Harry Langdons Studio. Los Angeles, 1977.*

Unten: *Beim Avon-Turnier in Dallas, 1980.*

Links: *Bei den French Open 1984. Der herausgestreckten Zunge nach zu urteilen, muß es ein ziemlich wichtiger Moment gewesen sein.*

Rechts: *Bei einem Turnier in Tampa, 1983. Ich hatte mein Haar zum erstenmal nicht zum Pferdeschwanz zusammengebunden. Ich brauche normalerweise kein Taschentuch, aber hier sieht man eins in meinem Rockbund stecken. Es muß also sehr heiß gewesen sein.*

Oben und unten: *Bei den New South Wales Building Society Open 1981, einem Turnier, das auf traumhaft schönen Rasenplätzen im australischen Sydney ausgetragen wird.*

Links: *Wieder bei den New South Wales Building Society Open, Sydney, 1981.*

Unten: *1983. Mein erster Titelgewinn bei den US Open – endlich geschafft! Ich gewann im Finale gegen Chris Evert. Zehn Jahre lang hatte ich darauf warten müssen.*

Es war halb so schlimm. Ich erzählte, daß ich mir nicht erklären könne, warum sie ständig etwas an mir auszusetzen hätten, und daß ich nicht die Absicht hätte, das Land für immer zu verlassen, was im Grunde stimmte. Ich wollte ja nicht weg, zumindest nicht mit allen Konsequenzen. Ich wollte einfach nur Tennis spielen.
Kodes und ein paar andere überredeten Himl, mir die Erlaubnis zu geben. Sie betonten, daß ich in Forest Hills ziemlich hoch gesetzt werden würde und daß eine gute Leistung meinerseits auch dem Ansehen unseres Landes zugute käme. Himl beschloß schließlich, daß ich bei den US Open und dem unmittelbar davor stattfindenden Turnier in Westchester Country antreten dürfe, aber danach sofort zurückkommen müsse.
Trotz der Ausreiseerlaubnis merkte ich, daß ich schärfer beobachtet wurde. Man behandelte mich wie ein kleines Mädchen, sagte mir, daß ich die Oberschule zu Ende machen müsse, als ich schon Profi-Spielerin war, und drohte, man würde mir nicht erlauben, in der Mannschaft zu spielen. Ich hatte keine Ahnung, wann ich danach wieder das Land verlassen durfte.
Die Menschen in der Tschechoslowakei waren unzufrieden. Man spürte die wachsende Trauer, eine Art Melancholie oder *litost*, wie es bei Milan Kundera heißt. Ich bemerkte allmählich, daß ich in diesem System nie weiterkommen und für mich selbst entscheiden könnte. Wenn ich blieb, würde ich mich ihnen ausliefern, und andere würden über mich bestimmen.
Am Abend vor meiner Abreise zu den US Open ging ich mit meinem Vater am Fluß spazieren. Er sagte: »Wenn du es tust, dann bleib auch da. Laß dich nicht von uns zur Rückkehr überreden. Bleib einfach da. Aber vergiß nicht, daß du nie wieder zurückkommen kannst, wenn du erst einmal gegangen bist.«
Wir sprachen darüber nicht einmal mit meiner Mutter. Ich sagte ihr kein Sterbenswörtchen. Es war nur allzu offensichtlich, daß ich darunter litt, wie der Verband mit mir umsprang. Meine Mutter wußte, was in mir vorging, und ihre Nervosität – sie rieb die Hände aneinander und zündete sich eine Zigarette an – verriet mir, daß sie wußte, ich würde eventuell nicht wieder zurückkommen. Sie hatte mir einmal gesagt, ich solle ihr nichts davon erzählen, falls ich vorhätte, nicht wiederzukommen. Deshalb verschwieg ich es ihr. Wir gingen eben beide unangenehmen Situationen am liebsten aus dem Weg und liebten uns außerdem so sehr, daß wir nicht darüber reden konnten.
Ich möchte meine Abreise nicht unnötig dramatisieren. Für mich stand damals so gut wie fest, daß ich nicht zurückkommen würde, aber mit meinen achtzehn Jahren war ich ziemlich sicher, darüber

hinwegzukommen. Wäre ich fünf Jahre jünger gewesen, wäre es mir vielleicht schwerer gefallen, und fünf Jahre später wäre ich vielleicht emotionaler gewesen, aber mit achtzehn hält man sich für unsterblich und meint, die ganze Welt würde einem zu Füßen liegen. Ich kannte Amerika ziemlich gut, konnte die Sprache sprechen, und der Gedanke, daß ich mir vielleicht eine Verletzung zuziehen und nie wieder Tennis spielen könnte, kam mir gar nicht erst in den Sinn. Deshalb war ich jetzt entschlossen, es hinter mich zu bringen. Alles weitere würde man schon sehen.

Trotzdem hatte ich nicht den Mut, mich von meiner Schwester, meiner Großmutter oder meinen Freunden zu verabschieden. Ich packte meine Sachen, lief nervös im Haus umher, versuchte zu schlafen, und als ich am nächsten Morgen zum Flughafen fuhr, wußte ich, daß ich meine Familie und meine Heimat eventuell nie wiedersehen würde.

Der große Schritt

Die endgültige Entscheidung traf ich im August 1975 auf dem Tennisplatz. Ich spielte in einem Vorbereitungsturnier in Westchester Country, New York. Mir ging sehr viel im Kopf herum, und ich hatte Angst, so daß ich im Viertelfinale 4:6 und 2:6 gegen Dianne Fromholtz verlor. Ich war in einem mitleiderregenden Zustand, so aufgewühlt und depressiv. Ich merkte gar nicht, was um mich herum geschah.

»So kann es nicht weitergehen«, sagte ich mir. »Jedesmal wenn du nach Hause kommst, wirst du dich fragen, ob sie dich wohl noch mal rauslassen. Du mußt jetzt handeln.«

Das tat ich auch. Ich rief Fred Barman an. Armer Fred. Bis dahin hatte er sich lediglich um die Finanzen einiger Prominenter aus dem Showgeschäft gekümmert; jetzt sollte er sich als Fluchthelfer betätigen.

»Fred, ich möchte hierbleiben«, sagte ich, »ich will nicht mehr zurück. Kannst du das für mich arrangieren?«

Er sagte mir, es sei mein Entschluß und er werde mir helfen, so gut es ginge. Er versuchte weder, mich zu diesem Schritt zu ermuntern, noch, ihn mir wieder auszureden. Das fand ich gut. Er behandelte mich wie eine Erwachsene und nicht wie eine kopflose Achtzehnjährige. Als er merkte, daß ich es ernst meinte, brachte er mich mit einem Freund von ihm, einem Anwalt aus Washington, zusammen.

Der Anwalt hatte noch nie einen Klienten aus einem Ostblockland gehabt, der in die Vereinigten Staaten auswandern wollte. Deshalb klärte er die Einzelheiten mit einem seiner Bekannten beim FBI. Fred vereinbarte unterdessen einen Termin bei der New Yorker Einwanderungsbehörde, damit die nötigen Papiere ausgefüllt und mein rechtlicher Status geklärt werden konnten.

All das passierte während der US Open. Ich wohnte mit den anderen Spielern im Hotel und hoffte, es würde niemandem auffallen, daß ich mehr Leute mit Anzug und Aktentasche traf als solche mit Tennisshorts und Tennisschläger.

Ich hatte Angst, der tschechische Tennisverband könnte herausfinden, was los war. Sie ließen mir zwar etwas mehr Freiraum als früher, aber trotzdem kam andauernd irgend jemand, um mich zu fragen, wie es mir ginge. Fred und der Anwalt teilten mir mit, daß mich das FBI beschützen würde. Vor wem oder was denn? Ich begann, mir Fragen zu stellen, ging auf den Tennisplatz und hielt Ausschau nach Männern im Trenchcoat, die sich gegenseitig beschatteten. Welcher war der tschechische Agent, welcher der amerikanische?

Doch trotz allem schlug ich mich tapfer in meinem Ted-Tinling-Dreß, einem mit leuchtend bunten Blumen bedruckten Kleid, das mir so gut gefiel, weil es meiner augenblicklichen Verfassung entsprach: Ich fühlte mich so, wie ich angezogen war: nämlich schrill! Ich schlug Margaret im Viertelfinale und ließ mich auch im Halbfinale von Chris nicht so leicht unterkriegen, verlor dann aber doch mit 4:6 und 4:6.

Die Leute sprechen heute noch davon, daß ich mich früher bei wichtigen Spielen gegen Chris nie konzentrieren konnte, und bei diesem bewußten Spiel ging mir natürlich ständig durch den Kopf, daß Fred und ich noch am selben Abend einen wichtigen Termin bei der Einwanderungsbehörde in Manhattan hatten.

Das wäre ein guter Stoff für einen Agentenfilm gewesen: »Die Linkshänderin, die aus der Kälte kam.« Wir verließen den Fahrstuhl und wurden in ein leeres Büro geführt. Kaum etwas ist so leer wie das Gebäude der Einwanderungsbehörde in Manhattan am späten Freitagabend.

Fred hatte in Hollywood und Beverly Hills schon mit Schauspielern und Sängern wie Mel Torme, David Janssen und Peter Graves zu tun gehabt, aber noch nie mit dem FBI oder der Einwanderungsbehörde, und er hatte auch noch nie den Lastenaufzug in einem unheimlichen Gebäude benutzt. Im Gegensatz zu ihm war ich Komplikationen gewöhnt, da ich schon so oft den Eisernen Vorhang hinter mir gelassen hatte.

Endlich betrat der zuständige Beamte das Büro und stellte sich uns vor. Dann zog er sein Sportsakko aus und legte es auf den Tisch. Fred

und ich schauten ihn an. In seinem Schulterhalfter steckte eine große Pistole. Wozu brauchte er denn so etwas?
»Kann ich bitte Ihren Paß sehen?« fragte er. Dann ging er hinaus. Fred war nur noch ein Nervenbündel.
»Was ist, wenn er nicht zurückkommt?« flüsterte er.
»Er wird zurückkommen«, sagte ich.
Ein paar Minuten später kam der Mann wieder und sagte, er habe die Papiere kopiert und es bestünde kein Grund zur Besorgnis. Dann wollte er mit mir allein sprechen. Fred erschien das nicht ganz geheuer. Er war überzeugt, daß mich irgend jemand in ein Taxi stecken, mir eine Spritze geben und mich in ein Flugzeug verfrachten würde, das mich zurück in die Tschechoslowakei bringen würde. Ich hatte weniger Angst als er, aber so etwas ist ja immerhin schon vorgekommen. Man bekommt ein Beruhigungsmittel, wird in ein Flugzeug gesteckt und verschwindet für immer in der Versenkung.
Ich brauchte jedoch nichts dergleichen zu befürchten. Der Beamte stellte mir nur ein paar grundsätzliche Fragen: Warum ich die Tschechoslowakei verlassen wollte, und wie ich mir mein Leben in den Staaten vorstellte. Es klang wie eine Routinebefragung.
Unterdessen machte sich Fred im Vorraum die größten Sorgen. Wahrscheinlich sah er schon hinter jedem Pfosten einen Kommunisten. Später erzählte er mir, daß zwei Männer gekommen seien, die sich ihm als die für meinen Fall zuständigen FBI-Beamten vorgestellt hätten. Einer von ihnen sagte, er sei in der Tschechoslowakei geboren und spreche Tschechisch – nur für den Fall, daß ich einen Dolmetscher bräuchte.
Fred, stets um die Wahrung meiner Interessen bemüht, glaubte ihnen nicht und bat sie deshalb, sich auszuweisen, was sie auch sofort taten.
»Ich bin immer noch nicht überzeugt«, sagte er, »jeder kann einen Ausweis fälschen oder eine Dienstmarke stehlen.«
Schließlich erreichte Fred, daß sie sich am Telefon mit einem Freund von ihm, der sich mit den Gepflogenheiten des FBI auskannte, unterhielten. Nachdem sein Freund ihm versichert hatte, daß sie tatsächlich Beamte des FBI seien, war er endlich beruhigt.
Der Beamte sagte zu mir: »Wir werden versuchen, die Sache möglichst lange geheimzuhalten.« Er riet mir, mich so unauffällig wie möglich zu verhalten, bis sie den nächsten Schritt arrangiert hätten.
Ich verließ das Gebäude um halb elf am Freitagabend, fuhr zurück ins Roosevelt Hotel, und wurde schon am Samstagmorgen von CBS News angerufen: Man wollte mich in der Hotelhalle interviewen. Ich glaubte, daß es um Tennis gehen würde, und wollte mich von meiner höflichsten Seite zeigen: »Warum machen wir das Interview nicht auf

dem Tennisplatz?« fragte ich. Sie klangen, als sei es ziemlich dringend, waren aber einverstanden.
Fünf Minuten später rief mich Vera Sukova an.
»Warum hast du das getan?« fragte sie unter Tränen.
»Was getan?«
»Warum hast du das getan?« wiederholte Vera ihre Frage.
Dann dämmerte mir allmählich, daß sie irgendwie erfahren haben mußte, daß ich um Asyl gebeten hatte. Sie sagte, sie würde zu mir ins Hotel kommen, um mir die Sache auszureden. Ich wußte, daß ihr das nicht gelingen würde – ich war fest entschlossen –, wollte aber keine Szene. Und außerdem, wer wußte schon, was sie wirklich vorhatten? Vera vertraute ich, aber was war mit dem Mann mit der Spritze?
»Sie wissen es«, sagte ich Fred am Telefon.
»Pack deine Sachen und sieh zu, daß du so schnell wie möglich da raus kommst«, antwortete er.
Ich brauchte eine Viertelstunde, um mich anzuziehen und meine Sachen zu packen, während Fred dafür sorgte, daß ich in Jeanie Brinkmans Wohnung in Greenwich Village untertauchen konnte. Jeanie war damals PR-Chefin beim Virginia-Slims-Turnier.
Fred und ich stiegen mit meinen Tennisschlägern und meinem Koffer in ein Taxi, und als wir die Second Avenue entlangrasten, drehte sich der Taxifahrer um und unterhielt sich mit uns bei 90 km/h.
»Hey, haben Sie schon von dieser tschechischen Tennisspielerin gehört, die zu uns rübergekommen ist?«
Fred antwortete, daß wir bereits auf dem laufenden seien und er sich doch wieder umdrehen und auf den Verkehr konzentrieren solle.
Nachdem ich mich in Jeanies Wohnung häuslich niedergelassen hatte, fuhr ich nach Forest Hills und stellte fest, daß die Geschichte auf der Titelseite der *Washington Post* stand. Ich war einerseits beeindruckt, andererseits aber auch sauer. Da ich die Einwanderungsbehörde erst am Freitagabend um halb elf verlassen hatte, muß sich irgend jemand ziemlich angestrengt haben, um an die Informationen heranzukommen – oder sich mit dem Ausplaudern beeilt haben. Ich weiß bis heute nicht, wie die Sache innerhalb weniger Stunden auffliegen konnte.
Da eine Menge Reporter Interviews wollten, arrangierte Jeanie eine Pressekonferenz, auf der ich die ganze Geschichte allen auf einmal erzählte. Ich hatte nicht gedacht, daß ich so viel Aufsehen erregen würde. Alle waren sie da. Ich gab jeder der großen Fernsehanstalten und einem Radiosender ein kurzes Interview und antwortete in einer großen Pressekonferenz auf die Fragen der Zeitungsreporter.
»Ich wollte meine Freiheit«, sagte ich immer wieder.

Die amerikanischen Reporter bohrten unaufhörlich nach, ob ich einen Freund in den Staaten hätte oder einfach mehr Geld verdienen wolle. Ich glaube, sie verstanden überhaupt nicht, worum es mir ging. Vielleicht kann sich jemand, der nie in Osteuropa gelebt hat, nicht vorstellen, wie groß der Unterschied zwischen Ost und West ist.

Ich betonte, daß ich die Tschechoslowakei nicht aus politischen Gründen verließ, fügte aber unwillkürlich hinzu: »Alle, die sich über das Leben hier beschweren, sollten nach Europa gehen. Sie brauchen bloß in ein kommunistisches oder ein sozialistisches Land zu fahren. Dann würden sie es schon verstehen.

»Werden Sie hier weiter zur Schule gehen?«

»Wozu?« fragte ich spontan zurück. Meine Schule war ab jetzt die Welt des Damen-Tennis. »Ich will einfach nur Tennis spielen, wo und wann mir danach ist«, sagte ich.

Fred hatte immer noch Angst, daß die Tschechen versuchen würden, mich zu entführen. Deshalb versteckte ich mich ein paar Tage lang in Jeanies Wohnung. Am ersten Abend gingen wir in ein Restaurant, von dem Jeanie wußte, daß es dort ein Hinterzimmer mit nur zwei Tischen gab. Wir atmeten auf und bestellten. Nach dem Essen hob Jeanie ihr Glas und sagte: »Auf dich, Martina.«

Am Nachbartisch drehten sich vier Männer um, hoben ebenfalls ihre Gläser und sagten: »Auf dich, Martina.«

»Die Rechnung bitte«, sagte Jeanie.

Das State Department war so freundlich, mich zu schützen, solange meine Papiere noch nicht in Ordnung waren. Sie behielten mich im Auge, als ich mit meiner Freundin Svatka ein paar Tage zu deren Freunden im Norden des Staats New York fuhr.

In den ersten Meldungen aus Prag hieß es, daß mein Vater, als er die Neuigkeit erfuhr, gesagt habe: »Wir sind tief betroffen.« Mein Großvater soll gesagt haben: »Warum hat sie bloß so eine Dummheit gemacht?« Aber das war von den Funktionären natürlich bewußt aufgebauscht worden. Meine Familie hatte zwar nichts mit meinem Weggehen zu tun und nie hundertprozentig sicher gewußt, daß ich mich absetzen würde, aber überraschend kam es für sie nicht.

Ein oder zwei Tage später riefen sie mich an und baten mich heimzukommen, bevor der Staat mir ernsthafte Schwierigkeiten machen würde. Wahrscheinlich versuchten sie, ihre staatsbürgerliche Pflicht zu tun. Ich sagte ihnen, daß mein Entschluß feststünde und ich sie baldmöglich besuchen würde. Ich wußte, daß sie mich verstanden.

Zwei Wochen später gab der Verband eine Erklärung ab: »Martina Navratilova hat als Angehörige der tschechoslowakischen Gesellschaft versagt. Navratilova standen in der Tschechoslowakei alle Möglichkeiten offen, etwas aus ihrer Begabung zu machen, aber sie hat den Berufssport und ein dickes Bankkonto vorgezogen.«

In den ersten Wochen spielte ich in Atlanta und bei einem Schaukampf in Charlotte, North Carolina. Ich war überrascht, daß ich überall stehende Ovationen bekam. Für die Menschen im Süden war es eine Sensation, daß ich um Asyl gebeten hatte. Ich wurde über Nacht berühmt, allerdings nicht wegen meiner Leistungen im Tennis. Mir lag nur daran, eine Aufenthaltserlaubnis zu bekommen, damit ich in Amerika bleiben und mich meiner Tenniskarriere widmen konnte.

Das nächste Turnier fand in Denver statt. Fred glaubte nicht, daß ich schon außer Gefahr sei. Deshalb begleiteten er und der Tschechisch sprechende FBI-Mann mich nach Colorado.

Als ich im Hotelzimmer war, rief Vera Sukova noch einmal an. Ich hatte nicht gewußt, daß sie in der Stadt war, und allein ihre Stimme zu hören versetzte mir einen Stich. War es Angst oder Trauer? Sie wollte sich mit mir treffen und mit mir über alles reden.

Fred wollte nicht, daß ich zu dem Treffen ging, aber ich fand, ich sei ihr eine Erklärung schuldig. Sie war immer nett zu mir gewesen. Sie war selbst eine große Spielerin, und sie traf überhaupt keine Schuld. Sie hatte offensichtlich von oben den Auftrag bekommen, mich zur Rückkehr zu bewegen.

»Der Botschaftsangestellte möchte mit dir reden, nur ein einziges Mal«, sagte Vera.

Ich antwortete: »Okay, ich komme.« Ich war mir sicher, daß sie mich nicht mehr umstimmen könnten, aber es war trotzdem unheimlich. Fred schien mit den Nerven völlig am Ende.

Ich sollte sie unten im Café treffen, sozusagen auf neutralem Boden. Fred und der FBI-Beamte begleiteten mich nach unten und warteten vor der Eingangstür. Dann kam Vera mit einem Mann von der tschechischen Botschaft, den ich nie zuvor gesehen hatte.

Wir saßen an einem Tisch in der Ecke. Der Botschaftsangestellte sagte immer wieder, daß er mich verstünde und daß er einen Sohn in meinem Alter habe. Er bezog alles auf seinen Sohn, aber ich verstand nicht, was das mit mir zu tun haben sollte. Er betonte ständig, daß mir nichts passieren würde und alles vergessen wäre, wenn ich wieder zurückkäme. Man würde Verständnis haben, und er würde sich für mich einsetzen.

Ich dürfe sogar von jetzt an tun und lassen, was ich wolle, vorausgesetzt ich käme bis zum 30. Oktober zurück. Dann sei nämlich mein Visum abgelaufen. Wenn ich jedoch versuchte, zu einem späteren

Zeitpunkt in meine Heimat zurückzukehren, käme ich für zwei Jahre ins Gefängnis.
Das sagte alles. Daß sie sogar mit dem Gefängnis drohten, bedeutete, daß ich größte Schwierigkeiten bekäme, wenn ich je wieder den Fuß auf tschechischen Boden setzte. Ich erinnerte mich an die Worte meines Vaters: »Komm nicht zurück, egal was wir sagen. Es könnte sein, daß sie uns dazu zwingen, oder daß einfach die Gefühle mit uns durchgehen, aber bleib, wo du bist. Die Jahre werden vergehen, und wir werden dich eines Tages besuchen, aber komm auf keinen Fall zurück.« Der Rat von meinem Vater war das einzige, was mir im Kopf herumging, als ich mit Vera und dem Mann von der Botschaft in dem Café saß. Unser Gespräch dauerte ungefähr zwei Stunden. Sie mußten gemerkt haben, daß ich nie zurückkehren würde.
Ich wurde allmählich ungeduldig. Ich hatte mich innerlich nämlich schon von meiner Heimat losgelöst. Vera tat mir leid, weil ich sie in diese unangenehme Lage gebracht hatte, aber ich wußte, daß mich nichts umstimmen konnte. Sie litt wirklich darunter. Sie mochte mich und wollte, daß ich in der Mannschaft blieb. Sie meinte, sie könne alles wieder in Ordnung bringen, aber im Grunde wußte sie, daß bei mir nichts mehr zu machen war.
In den darauffolgenden Jahren grüßten wir uns zwar weiterhin, wenn wir uns sahen, und unterhielten uns über Tennis, aber nie sprachen wir über die alten Zeiten. Vera starb 1982 an einem Gehirntumor. Ich bin sicher, daß sie, Jan Kodes und ein paar Funktionäre scharf kritisiert wurden, weil sie mich ins Ausland gelassen hatten, aber es war offensichtlich, daß sie von meinen Plänen nichts gewußt hatten. Es hat mir schon immer leid getan, wenn jemand etwas ausbaden mußte, das auf mein Konto ging.
Ich bezweifle, daß der Mann von der Botschaft irgend etwas ausbaden mußte. Er tat sein Bestes, um mir meine Abneigung gegen die Tschechoslowakei und meine Behördenangst zu nehmen. Die Szene war geradezu grotesk. Er sagte, er sei von Washington bis hierher verfolgt worden. Ich hielt ihn für paranoid, aber später stellte sich heraus, daß man tatsächlich einen FBI-Beamten auf ihn angesetzt hatte. Vera erzählte mir, daß auch ich beschattet würde, aber ich wußte ja, daß es sich dabei nur um Fred und den Mann vom FBI handelte. Ich hatte größere Angst vor den Tschechen als vor den Amerikanern. Aber Vera Sukova dachte selbstverständlich wie eine Tschechin und versuchte, mich mit ihrer Angst vor den Amerikanern anzustecken.
Ich war sehr freundlich. Ich hatte mich voll und ganz unter Kontrolle und wußte, daß ich sie jederzeit bitten konnte zu gehen. Nach zwei

Stunden verabschiedeten wir uns, und schließlich gingen sie dann auch tatsächlich.
Aber damit war die Sache noch nicht erledigt.
Ich blieb bis Ende der Woche in Denver und gewann das Turnier. Eines Nachmittags kam Fred aus meinem Hotelzimmer und ging die Treppe hinunter zu seinem Zimmer. Im Treppenhaus entdeckte er an einem Fenster ein Häufchen von sechzehn Zigarettenstummeln. Offensichtlich hatte dort jemand auf Beobachtungsposten gestanden, ein Beschatter oder Aufpasser.
Fred rannte nach unten, um das Sicherheitspersonal des Hotels danach zu fragen, aber die wußten offenbar von nichts. Dann fragte er sich: unsere oder ihre? Ich fand jedoch nie einen Beweis dafür, daß die Tschechen mich beschatteten. Statt dessen wurde ich eine Zeitlang zu meinem persönlichen Schutz von Beamten des amerikanischen FBI begleitet.
Unsere Befürchtungen bestätigten sich jedoch nicht. Abgesehen von dem kurzen Treffen im Café in Denver unternahmen die Tschechen nichts, um mich zurückzuholen. Eine Woche später spielte ich in Mission Viejo, Kalifornien. Dort bekam ich einen Anruf aus New York. Man teilte mir mit, daß ich meine Aufenthaltserlaubnis bei der Einwanderungsbehörde abholen könnte. Fred und ich setzten uns ins Flugzeug, kamen am frühen Morgen in New York an, tranken sechs oder acht Tassen Kaffee und holten die Einwanderungserlaubnis um acht ab, als die Behörde aufmachte. Dreißig Tage hatte es gedauert – das war die zweitkürzeste Bearbeitungszeit für einen Einwanderungsantrag. Man hat mir einmal erzählt, daß Ronald Reagan, als er noch Gouverneur von Kalifornien war, einmal einem Einwandererpaar aus einem Ostblockland die Erlaubnis innerhalb von drei Tagen erteilt hat.
Ich habe mich nie als »Überläuferin« betrachtet. Ich wußte früher nicht einmal, was dieses Wort bedeutet. Ich dachte einfach, daß ich eines Tages in die Vereinigten Staaten reisen und dort bleiben würde. Jetzt mußte ich fünf Jahre auf die amerikanische Staatsbürgerschaft warten. Der einzige Weg, sie schneller zu bekommen, war eine Heirat mit einem Amerikaner. Das wäre völlig legal gewesen, und ich hätte dann jederzeit in die Tschechoslowakei fahren können. Diese Möglichkeit kam auch zur Sprache, aber ich wußte niemanden, der dafür in Frage kam, und außerdem würde mich die Presse dann immer fragen, warum ich nicht ständig mit meinem Mann zusammen sei, und ob ich nur eine Scheinehe eingegangen sei.
Abgesehen davon sprach auch noch etwas anderes gegen diese Möglichkeit.

Ein neues Leben

Die Bewilligung der Aufenthaltserlaubnis war nur eines der großen Ereignisse, die mein Leben mit achtzehn und neunzehn veränderten. Ich erkannte damals außerdem, daß die Gefühle, die ich als Kind für einige meiner Lehrerinnen gehabt hatte, nicht nur »eine vorübergehende Schwärmerei« gewesen waren.

Auf meinen Reisen in die Staaten merkte ich, daß ich mich in der Gesellschaft von Frauen wohler fühlte als in der von Männern. Das war aber weder die Enttäuschung über meinen ersten Freund noch irgendeine allgemeine Abneigung gegen Männer. Vielleicht fühlte ich mich bei Männern unbehaglich, weil ich mich als weniger hübsch empfand wie andere Mädchen, aber andererseits hatte ich als Kind immer mit den Jungen gespielt, weil ich manches genauso gut konnte wie sie. Ich mochte Männer immer noch, aber Frauen waren mir eben lieber.

Das hat zum großen Teil etwas damit zu tun, daß niemand mehr über mich bestimmte. Seit ich regelmäßig an Turnieren teilnahm, sah ich viele Frauen, die tun und lassen konnten, was sie wollten. Sie trafen Entscheidungen, die ihre Finanzen oder ihre Tenniskarriere betrafen, und bestimmten auch alle möglichen anderen Dinge selbst, zum Beispiel wo sie wohnen, was sie essen, wie sie sich kleiden und welche Filme sie sich ansehen wollten. Sie waren Profis und ließen sich von den Männern nichts vorschreiben.

Natürlich waren nicht alle Profi-Spielerinnen, die ich bewunderte, lesbisch. So einfach war es nun auch wieder nicht. Aber ich stellte fest, daß ich mich in jeder Hinsicht – privat, beruflich, emotional, intellektuell und sexuell – zu Frauen hingezogen fühlte.

Vermutlich war das schon seit meiner Kindheit so, als ich immer das Verlangen hatte, in der Nähe meiner Lehrerinnen zu sein, alles über sie zu erfahren, ihre Geheimnisse und überhaupt alles, was sie so taten. Auf die Männer war ich bei weitem nicht so neugierig.

Als Teenager hatte ich nie eine Beziehung zu einer Frau und glaube auch nicht, daß mich irgend jemand als »anders« behandelt hat. Ich hatte meine Familie, spielte viel Tennis und hatte einen Freund. Aber ich wußte natürlich, daß es Homosexuelle gab, vor allem seit ich ins Ausland reiste, Zeitschriften las und die Menschen in Großstädten beobachtete. Man sieht homosexuelle Pärchen oder lernt jemanden kennen, sei es nun Mann oder Frau, der schwul beziehungsweise lesbisch ist.

Ich habe Homosexualität nie als etwas Unnormales betrachtet. Andere machten Witze darüber, aber ich verstand nie, warum diese Leute als »krank« bezeichnet wurden. Ich wußte, daß man im Westen toleranter war als in der Tschechoslowakei, daß Homosexualität in den Staaten als weniger verwerflich galt. Wenn ich über mich nachdachte, geriet ich nie in Panik und sagte mir: »O Gott, ich bin unnormal. Ich bin verrückt. Was soll ich jetzt machen?« Für mich war es nur eine Frage der Zeit. Ich mußte erst andere Dinge in meinem Leben ordnen. Außerdem hatte mich meine erste Erfahrung nicht gerade neugierig auf eine zweite gemacht.

Heute kann ich sagen, daß ich mit sechzehn oder siebzehn in andere Spielerinnen verliebt war, ohne es zu merken. Ich war einfach gern mit ihnen zusammen. Mit achtzehn wurde mir dann klar, daß ich solche Gefühle schon immer gehabt habe.

Dann passierte es. Ich lernte in den Staaten eine Frau kennen, die älter als ich war. Alles schien so natürlich. Da ich Neuling auf dem Gebiet und ohnehin schüchtern war, brauchte ich eine Ewigkeit, bis ich ihre Andeutungen verstand. Irgendwann lud sie mich, wie sie es nannte, zum Kuscheln ein, und von da an nahmen die Dinge ihren Lauf. Sie wußte, was sie tat. Es gab zwar weder Blumen noch Kerzenschein, aber ich war völlig entspannt und glücklich, bei ihr zu sein. Ich wartete auf den nächsten Schritt.

Als es schließlich soweit war, sagte ich mir: »Was du tust, ist nicht schwer, und es ist richtig.« Und am nächsten Morgen – voilà – war ich doch glatt bis über beide Ohren in sie verliebt. Wann sehe ich dich wieder? Was machen wir mit unserer gemeinsamen Zeit? Ich war verliebt – es war wie im Roman – und sah die Welt durch eine rosarote Brille.

Einige wußten Bescheid, aber ich hätte nie gedacht, daß das meinem Image schaden könnte. Ich war eine aufstrebende Tennisspielerin und glaubte nicht, daß irgend jemand Anstoß an meiner Veranlagung nehmen würde. Und überhaupt war ich der Meinung, das sei einzig und allein *meine* Sache.

Ich hatte keine Ahnung, was es heißt, im Licht der Öffentlichkeit zu stehen. Ob ich nun mit einem Mann oder einer Frau ausging, ich wollte nicht, daß unsere Fotos in die Zeitungen kamen. Es wäre schön, wenn man im Restaurant einfach den Arm um seine Partnerin oder seinen Partner legen könnte. Ich habe versucht, mein Privatleben geheimzuhalten, aber irgendwie dringt es immer an die Öffentlichkeit. Man braucht bloß daran zu denken, was Chris alles durchmachen mußte, als sie und John sich vorübergehend trennten. Die Reporter erschwindeln sich ein Interview unter dem Vorwand, ein paar Fragen zum Tennis stellen zu wollen, aber man weiß von vornherein, daß man sicherlich nach seinem Liebesleben gefragt wird. Die

Reporter lungern vor dem Haus herum und klingeln morgens um drei an der Tür.
Ich weiß noch, wie Rita Mae Brown und ich für die Dauer des Wimbledon-Turniers eine Wohnung in der Nähe des Sloane Square mieteten und eines dieser britischen Boulevardblätter einen Fotografen vor dem Haus postierte. Das einzige Foto, das er schießen konnte, zeigte Rita Mae, als sie gerade aus einem Lebensmittelgeschäft kommt. Die Schlagzeile lautete ungefähr so: »Schriftstellerin kauft Vorräte für Martinas Liebesnest«. Das fand ich wirklich herrlich, denn in Wirklichkeit ging meist ich einkaufen.
Schon bei meiner ersten Affäre in den Staaten wollte ich mein Privatleben geheimhalten, aber mir war auch nicht so ganz wohl dabei, etwas vorzutäuschen, was nicht stimmte. Jemand sagte einmal zu mir: »Die Gesellschaft ist noch nicht reif dafür.« Und ich antwortete: »Aber wir sind doch auch die Gesellschaft.« Meine erste Affäre dauerte ungefähr sechs Monate. Dann machte meine Freundin Schluß. Ich war todunglücklich und kam nur schwer darüber hinweg. Als wir noch zusammen waren, wollte ich immer mit ihr auf eine einsame Insel fahren und dort glücklich bis ans Ende unserer Tage leben. Als es aus war, wollte ich ebenfalls auf eine Insel fahren, aber diesmal, um mich dort zu verkriechen. Irgendwann tat es dann nicht mehr weh, doch es kostete mich ein paar Turniere, bei denen ich mit tränenverschleierten Augen auf dem Platz stand.
Sonst ging es mir gut. Ich lebte hauptsächlich in Fred Barmans Haus in Beverly Hills. Damals interessierte ich mich nicht für das Finanzielle. Ich hatte keine Ahnung, was aus meinem Geld wurde, und es war mir auch egal. Ich wollte bloß Tennis spielen und das Leben genießen. Ich dachte, daß ich noch so viele Jahre vor mir hatte. Warum sollte ich mir Gedanken über meine Finanzen machen, wo es doch viel Wichtigeres zu tun gab. Fred gab mir so viel Geld, wie ich wollte, und gründete mit dem Rest eine Firma.
Fred hatte ein schönes Haus an einer der ruhigen Straßen nördlich des Zentrums von Beverly Hills. Vor dem Haus, das er mit seiner Frau Rumiko bewohnte, war ein ziemlich schmaler, über zwanzig Meter langer Swimmingpool, der sich ausgezeichnet für Konditionstraining eignete. Ich konnte mich überall im Haus frei bewegen und durfte auch ins Arbeitszimmer, an dessen Wänden Bilder hingen, die Fred von seinen Geschäftsreisen aus Japan mitgebracht hatte. In der Mitte stand ein großer Billardtisch.
Ich fuhr Freds lebensgefährlichen alten Toyota mit kaum funktionierenden Bremsen und abgefahrenen Reifen und dachte mir, daß ich doch eigentlich genug Geld verdiente, um mir ein eigenes Auto lei-

sten zu können. Ich hätte etwas Extravagantes kaufen können, fand aber, mein erstes Auto müsse schlicht, praktisch und einfach sein – so wie ich auch. Ich entschied mich schließlich für einen silberfarbenen Mercedes 450 SL.

Ich klapperte ganz Beverly Hills ab und bekam schließlich meine persönliche Zulassungsnummer: X-CZECH (Ex-Tschechin).

Ab und zu kam es vor, daß mich in den Boutiquen von Beverly Hills der Kaufrausch packte. Dafür mache ich einzig und allein Shari Barman verantwortlich. Sie war es, die mich ein paar Monate zuvor begleitet hatte, als ich in Sausalito zum erstenmal ein amerikanisches Modegeschäft betrat. Sie sagte, ich hätte ausgesehen wie »ein Kind unter dem Weihnachtsbaum«. Allmählich kam ich auf den Geschmack: Gucci, Pucci, Neiman-Marcus, Schmuck, Handtaschen und sogar schnittige ausländische Sportwagen.

Auch auf dem Rodeo Drive gab es ein paar Anziehungspunkte. Ich machte dort öfters mit zwei Freundinnen, Mimi und Janet, einen Schaufensterbummel. Sie hatten ein Haus in Beverly Hills, und ich kam öfter zum Billard- oder Tennisspielen zu ihnen. Außerdem hatten sie einen Hausangestellten, der mich mit polnischen Wurstspezialitäten verwöhnte und auch sonst sein Bestes tat, damit ich nicht vom Fleisch fiel. Ich aß mittags dort und im Laufe des Tages auch noch hie und da eine Kleinigkeit. Nach kurzer Zeit paßten mir die teuren Sachen, die ich auf dem Rodeo Drive gekauft hatte, nicht mehr.

In den Staaten schaffte ich es einfach nicht, mein Gewicht zu halten. Zu Hause war ich viel gelaufen und den ganzen Tag auf den Beinen gewesen, aber hier ging ich trotz der Turniere in die Breite; ich bewegte mich insgesamt viel weniger als zu Hause, wo ich ständig zwischen Schule und Training hin und her gependelt war.

Außerdem brauchte man nicht lange nach etwas Eßbarem zu suchen. In Prag gab es keine kleinen Geschäfte mit lauter guten Sachen im Schaufenster wie in den USA, wo man bloß zuzugreifen braucht. Unter den Kommunisten war das tschechische Essen fade und unappetitlich geworden. In den Staaten gab es dagegen überall etwas Leckeres zu essen: Pfannkuchen, Hamburger, Eis. In Forest Hills gab es auf der rechten Seite der Austin Street einen McDonald's, an dem ich nicht vorbeigehen konnte, ohne mir einen Big Mac mit Pommes frites zu kaufen. Ich hätte den Eingang selbst mit verbundenen Augen gefunden.

Nachdem ich so viel über gesunde Ernährung und Bewegung gelernt habe, wünschte ich, ich wäre noch einmal so jung. Aber damals war das Leben so unkompliziert. Ich war jung. Ich war in Amerika, und ich war Tennisprofi.

Die Schönen der Nacht

Die melodisch anschwellende Musik aus Tschaikowskys »Schwanensee« drang aus dem Hotelzimmer, so daß auch all die anderen Spieler unten in der Halle etwas davon hatten. Im Zimmer übte eine 68-Kilo-Ballerina ihre Pirouetten mit mehr Eifer, als sie je für ihre Rückhand aufgebracht hatte. Diese Ballerina war ich.

In Amerika ist alles möglich – sogar eine Schwanenreihe, die ihresgleichen sucht: Billie Jean King, Rosie Casals und meine Wenigkeit mit einer eigenen kurzen Solo-Einlage, sozusagen der Star in dem berüchtigten Ballett-Ensemble, das sich »Die Schönen der Nacht« nannte.

Wir verübten diesen Anschlag auf die hohe Kunst des Balletts im Jahr 1977 bei der dritten Jahresvorstellung der Profi-Tennisspielerinnen alias »Die Schönen der Nacht«. Wir hatten sogar eine Amateur-Choreographin namens Makarova – Dina Makarova, Fotografin und Übersetzerin.

Damals gab es viel Spaß für uns bei den Turnieren. Seit ich zum erstenmal ins Ausland reisen durfte, spürte ich die Freiheit und das Zusammengehörigkeitsgefühl im Damen-Tennis. Die Spielerinnen bauten damals gerade erst etwas auf und waren von einer Art Pioniergeist erfüllt. Sie unternahmen viel mehr gemeinsam, als wir es heute tun.

Das beste Beispiel dafür waren »Die Schönen der Nacht«. Die Idee dazu hatte Rosie Casals 1975 auf Amelia Island, Florida, beim Family-Circle-Turnier. Nachdem die meisten Zuschauer nach Hause gegangen waren, inszenierte Rosie ihr eigenes Meisterschaftsspiel zwischen Peachy Kellmeyer und Vicky »Bird Legs« Berner. Es wurden ein paar interessante Spielregeln für dieses Match festgesetzt. Peachy mußte bei jedem Seitenwechsel ein Bier trinken und Vicky einen Scotch. Sie zeigten Tennis auf einem bisher nie erreichten Niveau. Wir anderen setzten uns mit unmöglicher grellbunter Kleidung in Szene, wie man sie sonst nur an Touristen sieht.

Chris und ich waren die Trainerinnen. Ich werde ihren Aufzug nicht so schnell vergessen: ein T-Shirt, auf dem BIRD LEGS' COACH stand, quergestreifte Strümpfe und eine orangefarbene Baseball-Mütze, die sie mit dem Schirm nach hinten aufgesetzt hatte. Einfach Spitze!

Billie Jean machte den Schiedsrichter. Sie trug ihre Brille mit den dicksten Gläsern und fällte genauso ungeheuerliche Entscheidungen, wie sie ihrer Meinung nach im Lauf der Jahre auch gegen sie getroffen worden waren. Noch nie waren Ballmädchen so oft im Weg gewesen wie Betty Stove und Frankie Durr, und Bird Legs trug Boxershorts Größe 48, um ihrem Auftritt eine besonders würdevolle Note zu verleihen. Damit fing alles an. Danach brauchten wir ein ganzes Jahr für die Planung unseres nächsten Coups. Wir brüteten alle zusammen wochen-, ja monatelang darüber, während wir von einem Turnier zum anderen fuhren. Um es mit Shari Barman zu sagen: »Wenn man immer schon in der ersten Runde verliert, sollte man sich nach etwas anderem umschauen.« Deshalb hatte sie sogar T-Shirts mit der Aufschrift »Die Schönen der Nacht« bedrucken lassen.

Beim Virginia-Slims-Turnier 1976 in Los Angeles feierten wir nach dem Finale. Ted Tinling war der Zeremonienmeister. Er trug seinen besten Ohrring, er sagte den Zuschauern, sie könnten bleiben, wenn sie Lust hätten, und die meisten der 10 000 Zuschauer blieben tatsächlich und schauten zu, wie Chris gegen Olga Morozova spielte.

Wir waren alle bester Laune wegen der Schokoladenkuchen, die Rosie Casals für diesen Anlaß gebacken hatte. Diesmal waren Billie Jean und Evonne die Trainerinnen und Virginia Wade die Schiedsrichterin. Sie tat etwas, das noch keine Schiedsrichterin getan hatte: Sie schlug mitten auf dem Platz einen Purzelbaum.

Am selben Abend hatten wir noch ein Bankett im Beverly Hills Hotel. Bill Cosby sollte die Preise verleihen. Wir waren viel aufgeregter wegen unserer »Die Schönen der Nacht«-Darbietung als wegen des Turniers.

Die dritte Aufführung fand 1977 in einer Disco im Hilton Hotel in Philadelphia statt. Inzwischen waren wir Profis und inszenierten eine Talent-Show, wenn man es so nennen will: Olga Morozova sang ein russisches Lied, Chris produzierte sich als Groucho Marx, Betty Stove verkleidete sich als Dschinn mit Gucci-Handtasche, Jeanie Brinkman steppte, Jerry Diamond imitierte verschiedene Tennisspielerinnen, Frankie Durr tanzte Can-Can, und die Leichtfüßigeren unter uns führten »Schwanensee« auf.

Dina Makarova hatte ein paar Schrittkombinationen für Rosie, Vikky, Connie Spooner (unsere Trainerin) und mich vereinfacht. Billie Jean war bei den Proben zwar noch dabei gewesen, aber als es ernst wurde, kniff sie. Ich konnte die Schritte irgendwann sogar so gut, daß ich als Solotänzerin auftreten durfte. Vorher hatte ich zum Ärger aller tagelang zu den unmöglichsten Zeiten in meinem Hotelzimmer geübt: Dum-da-dum, da, da-da-da-da-dum... Ich erinnere mich noch genau an meine Pirouetten. Wenn ich es heute versuchte, würde ich mir wahrscheinlich ein Bein brechen.

So war es damals, als ich zu den Profi-Spielerinnen stieß. Auch wenn wir auf dem Platz Gegnerinnen waren, so hatten wir doch außerhalb

des Tennis etwas gemeinsam. Heute ist jeder ein Einzelgänger, ich bin es inzwischen auch. Die jungen Spieler und Spielerinnen haben ihre Eltern, Trainer oder Manager dabei und legen nicht mehr soviel Wert auf die Gesellschaft der anderen.
Damals machten wir sehr viel zusammen. Ich kann mich noch an einen schönen, trockenen und angenehm warmen Frühlingstag in Phoenix erinnern, kurz nachdem ich in Amerika geblieben war. Die Wüste blühte. Raquel Giscafre, Shari Barman, Fiorella Bonicelli und ich mieteten uns jede ein Motorrad, keines dieser niedlichen Mopeds, sondern richtige 250er und 350er Maschinen. Ich sollte an dem Tag eigentlich abends um acht gegen Fiorella spielen, aber wir dachten uns, wir würden auf diese Weise genausoviel Sonne und Bewegung bekommen, und nahmen das Match daher nicht so ernst. Morgens um elf starteten wir. Nur mit Badeanzug und Helm bekleidet, fuhren wir mit 180 km/h über die Autobahn. So etwas würde ich heute auf gar keinen Fall mehr tun, aber damals war ich neunzehn und völlig sorglos. Wir fuhren an einen See, sahen den anderen beim Wasserski zu, hätten es fast selbst probiert, bestiegen dann aber doch unsere Maschinen und brausten nach Hause. Um sechs waren wir wieder zurück, und ich schlug Fiorella glatt in zwei Sätzen – wie ich es auch ohne den handfesten Sonnenbrand getan hätte, den wir uns beide auf unserer Exkursion eingehandelt hatten.
Damals gab es für uns immer etwas zu lachen. Ich verlor 1974 in drei aufeinanderfolgenden Turnieren gegen Rosie. Als Billie Jean einmal zufällig in den Umkleideraum kam und mich nur in BH und Slip sah, erzählte sie Rosie, wie muskulös ich sei und daß ich sie einfach hochheben und in die nächste Ecke schleudern könnte. Sie taten so, als hätten sie Angst vor mir, dabei bin ich sanft wie ein Lamm. Für die erste Vorstellung der »Schönen der Nacht« ließ Rosie ein T-Shirt mit der Aufschrift NAVRAT THE BRAT (Navrat, die ungezogene Göre) bedrucken. Dieser Spitzname blieb mir jahrelang erhalten und gab mir das Gefühl, eine von ihnen zu sein, mehr noch als damals bei Sparta.
In den letzten Jahren wurde viel über lesbische Sportlerinnen geschrieben. Irgendwo hieß es auch, daß die Mütter junger Spielerinnen ihre Töchter in den Umkleideraum begleiten, aus lauter Angst, es könnte ihnen jemand unsittliche Anträge machen. Das ist nun wirklich maßlos übertrieben. Die einzige Mutter, die ich je im Umkleideraum gesehen habe, ist Mrs. Austin, und Tracy war ohnehin so schüchtern, daß sie nie in Unterwäsche herumgelaufen wäre.
Bleiben wir doch auf dem Teppich. Wenn Frauen etwas miteinander anfangen, dann sicherlich nicht im Umkleideraum. Zugegeben, in

den meisten Umkleideräumen ist alles offen, und manche ziehen sich ohne weiteres vor den anderen um. Außerdem werden wir oft auf einer Bank draußen vor dem Umkleideraum für alle sichtbar von unserem Trainer abfrottiert.
Einige von uns sind etwas schamhafter als die anderen, aber das hat nichts mit sexueller Veranlagung zu tun. Ganz am Anfang blieb mir fast das Herz stehen, wenn ich mich vor den anderen umziehen sollte. Ich schämte mich wegen meines Aussehens: Anfangs, weil ich noch überhaupt nicht weiblich aussah, und dann, weil ich zu dick war. Ich wollte nicht, daß mich jemand in Unterwäsche sah, und schon gar nicht, daß man mich nackt sah.
Nach einer Weile wurde es mir dann aber zu umständlich, mich im Duschraum umzuziehen und immer einen Bademantel mitnehmen zu müssen. Deswegen muß man ja nicht gleich exhibitionistische Neigungen haben. Man steht einfach zu seinem Körper und sieht in ihm etwas vollkommen Natürliches. Heute laufe ich ab und zu nackt im Haus herum. Ich glaube, Renee Lieberman wird nie darüber wegkommen, daß ich in Far Rockaway nackt an die Haustür gegangen bin, um meine Hunde zurückzurufen. Entschuldige, Renee. Ich dachte, ich sei im Umkleideraum.
Jedenfalls ändert sich die sexuelle Veranlagung einer Frau nicht im Umkleideraum. Abgesehen davon glaube ich nicht, daß der Anteil lesbischer Frauen bei den Tennisspielerinnen höher ist als im Landesdurchschnitt. Er dürfte so bei zehn Prozent liegen. Und ich wette, daß es sich bei den männlichen Sportlern genauso verhält. Männliche Homosexuelle wechseln ihren Partner allerdings häufiger. Sie gehen in Schwulenkneipen und Schwulenbäder, während Frauen eher feste Beziehungen suchen. Die meisten Lesben lassen sich nicht auf ein flüchtiges Abenteuer ein.
Apropos Damen-Tennis: Ich habe noch nie erlebt, daß eine Tennisspielerin Rauschgift genommen hat. Dagegen habe ich schon Basketball-Spieler gesehen, die über Nacht völlig abgebaut hatten, so daß ich mir schon dachte, daß sie vielleicht drogenabhängig seien, und dann hieß es plötzlich, sie machten eine Entziehungskur. Ich habe die üblichen Gerüchte über Kokain bei den männlichen Tennisspielern gehört. Damen- und Herren-Tennis sind allerdings zwei verschiedene Welten, die sich nur auf ein paar der großen Turniere berühren. Jedenfalls habe ich Tennisspieler noch nie so abbauen sehen wie einige Basketball-Spieler. Manche Tennisspielerinnen rauchten früher Marihuana, aber heute findet man nicht einmal mehr das. Die Frauen sind clean. Ihre Laster beschränken sich auf ein Bier oder einen Wodka mit Orangensaft.

Manche Frauen haben dagegen psychische Probleme – sie spielen zuviel Tennis und fangen zu früh damit an. Als Teenager gewöhnen sie sich nur schwer an die Strapazen des Turnierlebens. Das führt bei einigen der vielversprechendsten Nachwuchstalente zu Stimmungsschwankungen und Persönlichkeitsproblemen, aber daran sind familiäre Spannungen wohl eher schuld als Drogen.

Es tut mir leid, wenn ich einige enttäuschen muß, aber wir Tennisspielerinnen waren eigentlich eher wie Studienkolleginnen, vor allem in den siebziger Jahren. Wir spielten zusammen, reisten zusammen, feierten zusammen und machten uns gemeinsam Gedanken über das liebe Geld.

Wir mußten Woche für Woche gegen unsere Weggefährtinnen antreten. Es ist ein komisches Gefühl, seiner Gegnerin auf dem Tennisplatz gegenüberzustehen. Man kann nur aus eigener Kraft gewinnen, und dennoch ist man in gewisser Weise von seiner Gegnerin abhängig, was den Spielverlauf und auch die eigene Leistung betrifft. Man ist auf die Gegnerin angewiesen. Ohne sie existiert man nicht.

Gegen Chris zu spielen war immer so, als kämpfe man gegen einen Teil von sich selbst. Man kennt ihn nur allzu gut, darf ihm aber nicht nachgeben. Sie war nicht die beste Sportlerin der Welt, nicht so athletisch wie Candy Reynolds, Betsy Nagelsen oder Hana Mandlikova, aber sie hatte immer einen ungeheuren Siegeswillen.

Wenn ich auf dem Platz stand und auf der anderen Seite des Netzes ihre zusammengekniffenen Augen sah, sagte ich mir: »O nein.« Ich wußte, daß sie keine Schwäche zeigen und keinen Fehler machen würde. Sie würde mir ihre beidhändige Rückhand um die Ohren hauen, ich würde den Ball zurückschlagen, und sie würde wieder blinzeln, die Lippen zusammenkneifen und auch den nächsten Ball beidhändig schlagen, diesmal etwas variiert. Das konnte sie unheimlich gut, noch dazu über viele Jahre hinweg.

Ihr Aufschlag kam mechanisch. Er war nicht gefährlich. Manchmal fragte ich mich, warum sie nicht daran arbeitete, zumal sie sonst alles an ihrem Spiel verbesserte. Dafür hatte sie eine ausgezeichnete Schlagtechnik. Ihre Rückhand war sehr hart, und sie gab keinen einzigen Ball verloren. Man wußte also, daß man selbst auch nicht nachlassen durfte. Man mußte sich immer wieder sagen: »Du spielst gegen Chris. Laß dich also nicht hängen.«

Auch vor Margaret Court hatte ich immer den größten Respekt, weil ich sie als Jugendliche so sehr bewundert hatte. Ich spielte nur ein paarmal gegen sie, als sie bereits am Ende ihrer Karriere stand und ihr Aufschlag nicht mehr so hart war, aber sie spielte immer noch hervorragend. Selbst als ich sie 1975 in Kooyong bei den Australian

Open 6:4 und 6:3 schlug, staunte ich jedesmal, wie hart ihr erster Aufschlag war.
Sie war so groß und so toll, daß ich sie unwillkürlich anstarrte und mich fragte, wie sie ein paar Jahre zuvor gewesen sein mußte. Margarets Größe und Kraft versetzten mich wirklich in Staunen.
Bei Billie Jean war es anders. Am Anfang meiner Karriere hatte ich einen Heidenrespekt vor ihrer Rückhand. Mein Aufschlag ging immer weit in ihr Feld, aber ihr Return kam trotzdem bis zur Grundlinie, direkt auf meine Rückhand. Ich fragte mich jedesmal: »Verdammt, wie macht sie das bloß?« Sie spielte nicht mehr so gut wie früher – ich habe nie gegen Billie Jean gespielt, als sie auf dem Höhepunkt ihrer Karriere war –, aber sie war immer noch beeindruckend. Sie versuchte ein paar ihrer tückischen Volley-Stopbälle, und ich dachte: »Was soll das?« Aber sie ließ sich nie etwas anmerken. Sie blinzelte einem lediglich hinter ihrer Brille zu, so daß man sich fragte, was sie wohl als nächstes im Schilde führte.
Billie Jean war die herausragende Figur im Damen-Tennis. Daran bestand kein Zweifel. Sie war die Königin. Sie war eine so ausgezeichnete Spielerin und so stolz auf das Damen-Tennis, daß es ihr sogar gelang, daraus eine Riesenattraktion zu machen. Alles was sie tat, tat sie für das Tennis. Sie sah die Neue aus der Tschechoslowakei, kam zu mir herüber und gab mir ein paar Tips, wie ich meine Rückhand verbessern könnte. Sie hatte für alles gute Ratschläge parat. Ihr lag so viel daran, dem Damen-Tennis zum Durchbruch zu verhelfen, daß sie sich sogar um ihre Gegnerinnen bemühte, ihnen Tips gab und sie auf die Karriere als Berufsspielerinnen vorbereitete.
Nur auf dem Platz schenkte sie einem nichts. Billie Jean war mein Idol, so daß ich bei unseren ersten Begegnungen ungeheuer nervös war und einen Punkt nach dem anderen abgab. Ich wußte, daß meine Schläge ihren in nichts nachstanden, aber ich wußte auch, wie klug sie war, und fragte mich ständig, was sie als nächstes vorhatte.
Es kam vor, daß Billie Jean mitten im Match ihre Taktik änderte. Ich dachte mir dann: »Verdammt, was soll das?« Dadurch war ich verunsichert und verlor, obwohl ich bis dahin gut gespielt hatte. Andere Spielerinnen haben das gleiche mit mir gemacht. Tracy Austin schlug ab und zu aus völlig unersichtlichen Gründen einen Lob, kam plötzlich ans Netz oder spielte Serve und Volley, und ich hatte überhaupt keine Chance mehr. Wahrscheinlich haben die anderen zugeschaut, wie Billie Jean gegen mich spielte, und gesehen, wie ich dabei in Panik geriet.
Ich habe öfter beobachter, wie Billie Jean mit anderen Spielerinnen ein paar nicht ganz astreine Tricks übte wie das Spiel unterbrechen

und mit dem Schiedsrichter diskutieren oder sich die Schuhe zubinden – alles, um die Gegnerin abzulenken. Ich wußte, daß sie diese Tricks beherrschte, aber bei mir hat sie sie nie angewandt – jedenfalls ist es mir nicht aufgefallen. Wir spielten eine Zeitlang zusammen im Doppel, nahmen aber oft an verschiedenen Turnieren teil. Es gelang mir erst 1978, sie in drei Sätzen im Finale in Houston zu schlagen. Da ich der Meinung war, daß mir das schon früher hätte gelingen müssen, war es eigentlich gar kein so großer Erfolg.

Ich eiferte Billie Jean in vielem nach, bis ich mich schließlich sogar auch ab und zu mit den Schiedsrichtern stritt. Wenn es Billie Jean nichts ausmachte, mit allen Mitteln zu kämpfen, sagte ich mir, warum sollte ich es dann nicht ebenso tun? Aber ich glaube, die Zuschauer verübelten es mir mehr als ihr. Sie war eben etwas Besonderes. Mit ihrer starken Persönlichkeit war sie die Wegbereiterin des modernen Damen-Tennis. Sie setzte Standards. Sie gab uns das Gefühl, daß wir alle im selben Boot saßen und etwas vollkommen Neues aufbauten.

Heute ist von diesem Geist kaum noch etwas zu spüren. Ich weiß, daß Billie Jean sich darüber beklagt, Chris und ich würden uns nicht genug für das Tennis einsetzen. Ihrer Meinung nach sollten wir uns jede freie Minute engagieren. Man sollte jede Woche spielen, Gruppenunterricht geben, in der Öffentlichkeit auftreten und Interviews geben, weil sie das auch getan hat. Sie hat diesen Sport zu dem gemacht, was er heute ist, und ich kann verstehen, wie ihr zumute ist. Aber ich habe doch auch noch ein Privatleben.

Ich bin sicher, Billie Jean wäre gern zehn Jahre jünger. Sie hat das Damen-Tennis groß gemacht, und als es seinen Höhepunkt erreichte, hatte sie ihre besten Jahre bereits hinter sich. Es ist wirklich schade. Aber was ist erst mit Althea Gibson oder Maria Bueno, zwei der besten Spielerinnen in der Geschichte des Tennis, die nie auch nur einen Pfennig verdient haben?

Billie Jean sah die Entwicklung im Tennis voraus. Ich bin mir aber nicht sicher, ob sie immer konsequent war oder finanziell die richtigen Entscheidungen traf. Sie steckte Geld in die Tennis-Städteliga, in das Softballspiel und in eine Sportzeitschrift, aber nichts warf besonders viel Gewinn ab. Dennoch besteht für sie kein Grund zu der Befürchtung, eines Tages am Bettelstab zu gehen. Immerhin war sie eine der erfolgreichsten Spielerinnen aller Zeiten. Das große Geld kam allerdings erst, nachdem sie sich für dafür stark gemacht hatte, daß Frauen die gleichen Preisgelder bekamen wie Männer.

Nehmen wir doch nur einmal Ivan Lendl, der bis zu den French Open 1984 noch kein einziges Grand-Slam-Turnier gewonnen, aber trotzdem schon Millionen verdient hatte. Tony Trabert hat dagegen

alle großen Turniere gewonnen und wahrscheinlich keinen roten Heller dafür bekommen. Falsche Zeit, falscher Ort.
Heute werden astronomische Preisgelder gezahlt. Ich denke schon gar nicht mehr an das Geld. Das Unglaubliche daran ist, daß ich noch mehr verdienen könnte. Ich könnte zu Schaukämpfen antreten – wie Björn Borg – und bräuchte nie wieder an richtigen Turnieren teilzunehmen. Aber das werde ich sicher nicht allzuoft tun. Ich spiele lieber so oft wie möglich auf Turnieren, denn nirgends ist der Zusammenhalt größer.
Chris und ich stehen uns nicht mehr so nahe wie früher. Seit der Zeit, in der Nancy Lieberman mein Training in die Hand nahm, ist unser Verhältnis nicht mehr wie früher. Von Tracy Austin sah und hörte man ohnehin nie besonders viel, und Andrea Jaeger hat ihre eigenen Probleme. Sie ist mal gut drauf und dann wieder schlecht gelaunt. Ein harter Kern ist jedoch geblieben, vor allem bei kleineren Turnieren, wo weniger Leute von der Presse und weniger Sparta-Agenten herumlaufen. Einige meiner besten Freundinnen sind zugleich meine Gegnerinnen.
Am Anfang hatte ich Schwierigkeiten, Privatleben und Beruf voneinander zu trennen. Ich verlor sogar solche Begegnungen, bei denen überhaupt kein Anlaß dazu bestanden hätte. In einem Match 1975 gegen Frankie Durr trat ich mit einer Schulterverletzung an. Mit einer Radaranlage wurde die Aufschlagsgeschwindigkeit gemessen. Bei mir kamen 146 km/h heraus, bei ihr war dagegen keine Messung möglich, weil das Gerät erst ab 110 km/h mißt. Ich war so entspannt und genoß den gemütlichen Ballwechsel, daß ich schließlich verlor, und das war nicht das einzige Mal.
Gewöhnlich behielt jedoch die Kämpfernatur in mir die Oberhand. Kerry Melville beschwerte sich einmal, daß ich auf dem Platz manchmal »unausstehlich« sei, zum Beispiel wenn ich Schiedsrichterentscheidungen in Frage stellte.
Es gab nur wenige Spielerinnen, die ihre Gegnerin vor dem Match nicht begrüßten (Nancy Richey zum Beispiel), aber ich wußte immer, daß ich durchaus freundlich sein konnte und trotzdem nie den Killerinstinkt verlor. Mit Sharon Walsh konnte ich die Zeit vor einem Match ohne weiteres gemeinsam verbringen. Sie ist sehr umgänglich. Das gleiche gilt für Wendy Turnbull, Betsy Nagelsen oder Pam Shriver. Vor kurzem spielte ich nachmittags Bridge mit Marcella Mesker, bevor ich sie abends auf dem Tennisplatz schlug.
Wir legten bewußt Wert darauf, fair zu spielen, weil wir wußten, daß die Schiedsrichter oft aus den Tennisclubs der Umgebung kamen und weder die nötigen Reflexe noch die nötige Ausbildung hatten, um in

einem Profi-Match richtige Entscheidungen fällen zu können. Am Anfang meiner Laufbahn behaupteten die Reporter immer, ich würde mich nur über Entscheidungen gegen mich beschweren, aber ich diskutierte genauso hitzig mit dem Schiedsrichter, wenn ich das Gefühl hatte, meine Gegnerin sei ungerecht behandelt worden.
Einige Spielerinnen meinen, ich sei die fairste von uns allen. Der Publikumsliebling war Evonne, weil sie so ruhig und so hübsch war und nie eine Schiedsrichterentscheidung anzweifelte. Auch Borg hat nie etwas gesagt, er hat nicht einmal mit der Wimper gezuckt. Ich wollte dagegen immer ein in jeder Beziehung vollkommenes Match, bis hin zu den Schiedsrichterentscheidungen.
Ich habe es nie geschafft, meine Gegnerinnen als meine Feindinnen zu betrachten, vor allem nicht Pam Shriver, meine Doppel-Partnerin und zugleich eine meiner besten Freundinnen. Nur einmal war ich in einem Match gegen sie fest entschlossen, es ihr zu zeigen. Das war vor nicht allzu langer Zeit im Finale in Tampa. Ich hatte mich eigentlich auf ein freundschaftliches Spiel an einem schönen Sonntagnachmittag eingestellt. Sie schlug beim Stand von 3:3 im ersten Satz auf, und ich reklamierte einen Netzball, aber sie protestierte. Sie wurde wütend und fing an, ihrem Unmut lautstark Luft zu machen. Da dachte ich mir »du mich auch, du dumme Kuh« und kämpfte verbissen um jeden Punkt. Wahrscheinlich hätte ich ohnehin irgendwann mit mehr Druck gespielt, aber sie hat es mir leichter gemacht. Später sprachen wir darüber und machten gleich reinen Tisch: »Und das, obwohl ich deine Doppel-Partnerin bin.« Ich antwortete: »Wenn ich meine, es war ein Netzball, dann reklamiere ich ihn auch.« Ich riet Pam, sie solle doch lieber liebenswürdig und freundlich sein, weil sie dann größere Chancen hätte. Dabei habe ich ein paar meiner größten Niederlagen gegen sie einstecken müssen, und es kommt immer wieder vor, daß ich mir an ihr fast die Zähne ausbeiße.
Ich konnte mich nur schwer daran gewöhnen, ständig unterwegs zu sein. Ich freute mich immer, wenn ich Freunde traf, zum Beispiel die Hoschls in Chicago oder die Steindlers in New York. Ich traf mich an jedem meiner freien Tage mit Freunden. Einmal war ich an einem Sonntag in Washington. Es wurde gerade der Super Bowl, das Football-Meisterschaftsspiel, ausgetragen. Da für den Tag kein Match angesetzt war, rief ich Jane Leavy von der *Washington Post* an und fragte sie, was sie gerade machte. Sie schaute sich mit ihrem Mann und ein paar Bekannten das Spiel im Fernsehen an und lud mich ein, auch zu kommen. Ich verbrachte den Nachmittag bei ihnen. Wir redeten über Football, nicht Tennis, und ich hatte das Gefühl, die Welt des Tennis wenigstens für einen Tag hinter mir gelassen zu haben.

Seit ich Profi bin, versuche ich mein Bedürfnis nach Ruhe mit meinem Bedürfnis, meine Freunde zu sehen, unter einen Hut zu bringen. Nach einer Weile hat man überall Freunde, oder man lernt ein paar Fans kennen, mit denen man sich anfreundet, nachdem man sie mehrmals getroffen hat. Meistens ist es für beide Seiten unbefriedigend. Ich würde mir nämlich gern Zeit für meine Freunde nehmen, und das ist oft einfach nicht drin.
Wenn ich unterwegs bin, würde ich vielleicht auch gern einmal in ein Museum oder ins Kino gehen, aber von Rita Mae habe ich gelernt, daß ich mich vor einem Match weder psychisch noch physisch zu sehr verausgaben sollte. Heute gebe ich vor einem Spiel auch grundsätzlich keine privaten Interviews mehr, weil ich mich eventuell darüber aufrege, und ich möchte nicht, daß mir das hinterher auf dem Tennisplatz ständig durch den Kopf geht und ich mich frage: »Warum hast du das bloß gesagt?«
Eins habe ich auf meinen Reisen aber auch zu schätzen gelernt: erst kurz vor dem Frühstück aufzustehen. Die Zeit nach dem Aufwachen ist genau eingeteilt: Ich bestelle Frühstück beim Zimmerservice, dusche, bis das Frühstück kommt, schaue mir beim Frühstücken, während mein Haar trocknet, irgendeine kitschige Serie an und gehe dann spazieren. Ich liebe Städte wie Paris, New York oder San Francisco mit einem richtigen Zentrum, wo man einfach in eine Buchhandlung gehen und dann zu Fuß zu einer Geschenk-Boutique bummeln kann. In so einer Stadt gehe ich zwei Häuserblocks weit und kann dabei eine Menge erledigen. Wenn ich dagegen das Auto nehmen muß, werde ich müde. Vor einem Match lese ich gewöhnlich ein Buch oder schaue fern. In letzter Zeit spiele ich auch öfters Bridge mit Barbara Hunter Estep, der Frau meines Trainers.
Seit 1975 ist Lee Jackson, die Oberschiedsrichterin, eine meiner besten Freundinnen, das heißt, eigentlich ist sie mit allen von uns befreundet. Ich weiß, daß das komisch klingt, aber bei uns ist das etwas anderes, als wenn ein Baseball-Spieler sagt, er sei mit einem Schiedsrichter befreundet, was im übrigen nie vorkommen wird. Auch von John McEnroe oder Jimmy Connors kann man sich nur schwer vorstellen, daß sie privat etwas mit jemandem unternehmen, den sie kurz zuvor auf dem Tennisplatz verunglimpft haben.
Ich weiß noch, wie ich im ersten Jahr, in dem ich voll mit dabei war, in New York war, nichts zu tun hatte und Lee anrief. Sie lud mich in ihren Club ein, wo ich zum erstenmal in meinem Leben Squash spielte und gegen den Clublehrer gar keine so schlechte Figur abgab. Ich spielte außerdem Scrabble mit Lee und unterhielt mich mit einem Anwalt über amerikanische und europäische Geschichte.

Seit dem Beginn meines Vollzeittrainings mit Nancy hatte ich dafür kaum noch Zeit, aber mir ist klar, daß ich mir mehr Freunde suchen und mich weiterbilden sollte. Nachdem Lee Jacksons Sohn 1976 bei einem Autounfall ums Leben gekommen war, arbeitete sie öfter auf Turnieren. Sie organisierte Ausflüge nach Disney-World oder ging mit uns an einem unserer freien Abende in ein gutes Restaurant. Ich vermißte meine Mutter nicht nur wegen ihres guten tschechischen Essens und ihrer Nähkunst, sondern auch wegen ihrer psychischen Unterstützung, und genau diese Rolle übernahm jetzt Lee. Ich kann nur hoffen, daß wir für sie eine ebenso große Stütze waren, wie sie es für eine ganze Generation von Tennisspielerinnen gewesen ist.

Mit gutem Gewissen kann ich sagen, daß wir unsere Freundschaft immer streng vom Tennis getrennt haben. Wenn Lee bei einem meiner Spiele Schiedsrichterin ist und ich der Meinung bin, daß einer der Linienrichter eine Fehlentscheidung getroffen hat, stampfe ich mit dem Fuß auf und rufe: »Lee, jetzt schau dir doch bloß mal an, was die da treiben.« Und Lee antwortet dann direkt ins Mikrofon: »Reg dich ab, Martina.« Ich möchte weder sie noch ihre Hilfsrichter in eine unangenehme Lage bringen. In gewisser Weise sorgt sie dafür, daß wir uns besser benehmen, weil wir Respekt vor ihr haben. Wenn das der Unterschied zwischen Herren- und Damen-Tennis ist, dann *vive la différence*. Ich werde weiterhin gegen Schiedsrichterentscheidungen protestieren, wenn ich sie für falsch halte, auch wenn die Zuschauer das nicht gern sehen. Immerhin verdiene ich mit Tennis meinen Lebensunterhalt. Wir spielen nicht mehr nur zum Spaß wie früher. Aber natürlich will man niemanden beleidigen.

Hana Mandlikova machte meiner Gewinnserie 1984 in Oakland ein Ende, als ich bis auf zwei Siege an Chris' Rekord von 56 aufeinanderfolgenden Einzel-Siegen herangekommen war. Im Damen-Tennis gibt es keine Überraschungen. Mir ist klar, daß Hana eine ausgezeichnete Sportlerin ist, aber nicht konstant spielt, und wenn sie zurückliegt, verliert sie ihr Selbstvertrauen. Vor dem Turnier in Oakland hatte ich nicht besonders viel trainiert, und Nancy versuchte, mich zum Absagen zu bewegen, weil sie wollte, daß ich sie bei der Vorbereitung auf die »Superstars Competition« unterstützte. Ich konnte aber nicht mehr absagen, und Hana erwischte mich an einem schlechten Tag.

Das Match wendete sich nach einer Entscheidung von Lee Jackson. Ich schlug bei einem Spielstand von 4:4 auf. Hana returnierte. Ich schlug einen Vorhand-Halbvolley-Topspin, der aussah, als würde er ins Aus gehen, dann aber doch noch im Spielfeld auftraf. Er berührte nicht einmal die Linie, so daß der Linienrichter gar nicht erst die

Hand hob, um zu signalisieren, daß der Ball gut war. Doch Lee entschied anders. Ihrer Meinung nach war der Ball aus.
Ich fragte Lee, warum sie so entschieden habe. Selbst wenn sie meinte, der Ball sei außerhalb des Spielfelds aufgetroffen, darf sie so eine Entscheidung nur dann treffen, wenn er deutlich aus war. Ich erwartete nicht, daß Hana gegen diese Entscheidung protestierte. Wütend war ich nur auf Lee. Ich weiß, daß sie eine gute, faire Schiedsrichterin ist, aber für diese Entscheidung gab es keine Entschuldigung.
Ich sah Lee zwei Wochen lang nicht, bis zu dem Tag, an dem wir in New Jersey trainierten und ich das Geräusch ihres Schlüsselbunds hörte, als sie vorüberging. Ohne sie anzuschauen, begann ich, den Verlauf meines Spiels gegen Hana zu schildern, und erwähnte auch die unmögliche Fehlentscheidung der Oberschiedsrichterin. Dann drehte ich mich um und sagte: »Oh, hallo Lee, ich hab' dich gar nicht gesehen.« »Den Eindruck habe ich auch«, antwortete sie, und damit war die Sache für uns vergessen.
Auf Turnieren brauche ich gute Freundinnen wie Lee. Sie steht mir fast so nahe wie eine Angehörige. Aber es gab Zeiten, in denen mich die Turniere nicht ausfüllten und die Einsamkeit unerträglich wurde. Es dauerte ungefähr ein Jahr, bis mir das ganze Ausmaß meiner Entscheidung, für immer nach Amerika zu gehen, richtig bewußt wurde. Und als es mir bewußt wurde, traf es mich mit voller Wucht.

Schwere Zeiten

Ich hatte gedacht, es sei kein Problem, nach Amerika zu gehen und dort Tennis zu spielen. Von wegen: Nach einem Jahr war ich kurz vor dem Nervenzusammenbruch, übergewichtig und überhaupt völlig fertig.
Allmählich machten sich bei mir erste Anzeichen von Überanstrengung bemerkbar, zum Beispiel in Wimbledon, im Viertelfinale gegen die Engländerin Sue Barker. Ich habe immer gern in Wimbledon gespielt und stets versucht, mich dort von meiner besten Seite zu zeigen, da Wimbledon das größte aller Turniere ist und in Europa sozusagen als Tennis-Weltmeisterschaft betrachtet wird. Hier gehörte ich hin, auf das Turnier, von dem meine Eltern immer geträumt hatten. Aber ich war zugleich eine verlorene Seele, die die Ereignisse der letzten Zeit allmählich überforderten.
Sue Barker galt als die Favoritin der Briten und wurde natürlich von allen angefeuert. Sie sollte es der großen, gewichtigen Hoffnung zeigen. Damit würde ich schon fertig werden, dachte ich mir, und ver-

ließ mich auf meine neuerworbene amerikanische Zähigkeit. Ich gewann den ersten Satz, verlor dann aber den zweiten und lag im dritten 1:4 zurück, als sich die Linienrichter plötzlich gegen mich verschworen: einmal, zweimal, dreimal, viermal, fünfmal und schließlich insgesamt 35mal. Ich habe nämlich mitgezählt.

»Sie tun das wohl, weil sie Engländerin ist«, platzte es aus mir heraus. Die Linienrichter hörten es, und die Reporter auch. Nachdem es mir doch noch gelungen war, das Match im dritten Satz herumzureißen, wurde ich gefragt, ob ich meinte, die britischen Schiedsrichter seien voreingenommen gegen mich. Dieser Meinung war ich noch nie und bin es auch seitdem nie gewesen, aber in dem von psychischen Problemen überschatteten Sommer 1976 dachte ich, die ganze Welt sei gegen mich.

Ich hatte mich noch nie so allein gefühlt; dabei bin ich so ungern allein. Als ich klein war, hatten wir zu viert in einem Zimmer gewohnt, und auf meinen ersten Auslandsreisen hatte ich immer jede Menge Gesellschaft, aber jetzt kam es vor, daß ich mutterseelenallein in meinem Hotelzimmer oder im Flugzeug saß, noch keine zwanzig und schon so oft allein. Meine ersten Beziehungen waren alle in die Brüche gegangen, aber ich bin nicht der Typ, der sich in eine Ecke verkriecht, um seine Wunden zu lecken und über alles nachzugrübeln.

Bisher hatte ich mir nicht allzu viele Gedanken darüber gemacht, wer ich war und was ich tat. Ich habe schon immer instinktiv gehandelt. Wenn man etwas für richtig hält, sollte man es auch tun. Aber im Sommer 1976 holten mich die Erinnerungen ein. Ich war reizbar, traurig, einsam, hatte keine Freundin und auch keine Philosophie, aus der ich Kraft hätte schöpfen können.

Nachdem ich im Halbfinale gegen Chris verloren hatte, flog ich direkt in die Staaten zurück, um wieder in der Städteliga zu spielen, die damals gerade in Mode gekommen war. Man konnte so viel Geld damit verdienen, daß sich alle guten amerikanischen Spieler und Spielerinnen 1975 und 1976 darauf konzentrierten. Ich unterschrieb 1975 einen Drei-Jahres-Vertrag bei den Cleveland Nets, die Joe Zingale gehörten. Laut Vertrag sollte ich 300000 Dollar bekommen, in Wirklichkeit bekam ich jedoch nur halb soviel und einen goldenen Anhänger, in den »Nummer eins« eingraviert war. Der Erfolg blieb aus, und so wechselte ich 1976 zu den Boston Lobsters.

Als ich 1977 mit Greer Stevens zusammen im Doppel spielte, gewannen wir ungefähr 40 Sätze und gaben nur vier ab. Wir gewannen im Doppel, ich gewann im Einzel, und dann spielten wir Cheerleader und feuerten die Männer an. Ich saß gern auf der Bank und brüllte mir für mein Team die Lunge aus dem Hals. Es war wie bei Sparta.

Außerdem machte es Spaß, nach dem Match zusammen wegzugehen. In solcher Gesellschaft war es leicht, eine Frau zu sein. Die Männer hatten eine ganz andere Mentalität als die Frauen. Sie besetzten einfach die gemütlichste Ecke in einer Kneipe und bestellten ein paar Bier. Bevor eine Frau so etwas tut, würde sie sich fragen: »Was macht es für einen Eindruck, wenn ich das tue?« Aber die Männer sagten einfach: »Erlaubt ist, was Spaß macht.«
Bei den Lobsters kam man nicht so früh ins Bett. Wenn »Emmo« (Roy Emerson) Witze erzählte, warteten wir jedesmal eine halbe Ewigkeit auf die Pointe. Mit Australiern war es immer lustig, ob mit Ross Case, Rod Laver oder Kerry Reid. Wenn das Hotelrestaurant geschlossen war, plünderten wir eben den Kühlschrank. Einer meiner Mannschaftskameraden, Mike Estep, war eigentlich ein ruhiger Typ, gab aber öfters Partys in seiner Wohnung. Er war es, den ich später fragte, ob er mir nicht als mein Trainer dabei helfen wolle, den letzten Schritt bis an die Spitze zu tun.
Aber selbst in der Gesellschaft all meiner fröhlichen Mannschaftskameraden fühlte ich mich einsam. Wir waren ständig unterwegs: erst ein paar Spiele in Boston, dann in Kalifornien und schließlich auch noch in ein paar anderen Staaten des Südwestens, und das alles im Frühjahr. Danach ging es nach Wimbledon, wo sich schon abzeichnete, daß mit mir irgend etwas nicht stimmte, und nach meiner Niederlage gegen Chris flog ich sofort zurück, um am Montagabend für die Lobsters in San Francisco anzutreten. Wir hatten ungefähr zwölf Spiele in zwei Wochen, darunter auch eins auf Hawaii, und da wir nicht ins Entscheidungsspiel um die Meisterschaft kamen, blieben mir noch zwei Wochen, um mich auf die US Open vorzubereiten. Nach all den Hallenturnieren mußte ich mich erst wieder von Teppichboden auf die Sandplätze in Forest Hills umstellen. Ich hatte die Nase jedoch so voll vom Tennis, daß ich in der ganzen Zeit nicht ein einziges Mal einen Schläger anrührte.
Statt dessen machte ich Konditionstraining, abwechselnd einen Tag auf einem Sandplatz und einen auf einem Hartplatz. Ich vertraute darauf, daß ich mich während des Turniers schon noch in Form spielen würde. Damit war ich sicher nicht allzu gut beraten, aber ich hatte ja niemanden, der mir Tips gab. Die Freundschaften, die in der Städteliga entstanden waren, hörten im Einzel auf, weil jede von uns gewinnen wollte.
Diese Zeit erscheint mir heute wie das finstere Mittelalter des Tennissports. Kaum jemand wurde von einem Trainer betreut, mit Ausnahme von Björn Borg, der Lennart Bergelin hatte. Viele machten Witze darüber, daß Borg sosehr von einer Person abhängig war, als ob das

seine Leistung in irgendeiner Weise geschmälert hätte. Auf dem Tennisplatz waren wir Einzelkämpfer, und genau das erwartete man von uns auch außerhalb des Tennis.

Heute läßt sich fast jeder zu den meisten Turnieren von einem Trainer oder einem technischen Berater begleiten. 1976 hatte ich niemanden, der zu mir sagte: »Du solltest schon eine Woche vorher auf einem Sandplatz spielen, um dich an den Boden zu gewöhnen.« Die US Open waren mir zwar sehr wichtig, aber so wichtig, daß ich mich darauf besonders vorbereitet hätte, nun auch wieder nicht.

In Forest Hills holten mich die Erinnerungen an 1975 ein. Alles war wieder da: die Einwanderungsbehörde, meine Angst, von kommunistischen Funktionären entführt zu werden, meine Sorge über mein künftiges Zuhause. Ein ganzes Jahr hatte ich meine Auswanderung und alle damit verbundenen Gefühle verdrängt, aber kaum hatte ich meine Schlägertasche geöffnet, da schwärmten die Erinnerungen auch schon aus wie Termiten im Frühjahr und fraßen mich bei lebendigem Leib.

Die Spielerinnen mußten sich immer noch in dem viel zu kleinen Umkleideraum des West Side Tennis Club umziehen, und alle redeten darüber, daß ich jetzt seit genau einem Jahr in Amerika lebte. Ich bekam richtiggehende Beklemmungen, die durch den starken Regen noch schlimmer wurden. Eigentlich hätten an dem Tag alle Spiele ausfallen müssen.

Bei den US Open ist es jedoch üblich, das Geld für die Eintrittskarten nicht zurückzuerstatten, sobald zumindest ein paar Spiele ausgetragen werden. Mir war klar, daß die Veranstalter es irgendwie schaffen würden, ein paar Matches stattfinden zu lassen, Regen hin oder her. Ich sollte um halb vier im Stadion beginnen, aber wegen des schlechten Wetters wurden alle Spiele immer wieder verschoben.

Meine erste Gegnerin war Janet Newberry, eine konstant spielende Berufsspielerin, die mir nichts schenken würde, aber genau die Art von Gegnerin, die man sich am Anfang eines Turniers wünscht. Wir saßen herum und warteten, daß der Regen aufhörte. Ich fragte Janet, ob man nicht um eine Verschiebung des Matches auf den nächsten Tag bitten sollte, aber sie meinte, daß sich die Veranstalter wohl kaum darauf einlassen würden.

Sie hatten in Forest Hills seit einiger Zeit Har-Tru-Kunststoffplätze mit schnelltrocknendem Belag. Nachdem der Regen vorübergehend ausgesetzt hatte, hetzten sie mich um 18:55 Uhr ins Stadion. Die Fans, die seit ungefähr elf Uhr morgens gewartet und bisher noch nicht allzuviel geboten bekommen hatten, feuerten Janet an, um mich nervös zu machen, wofür ich volles Verständnis hatte. Ich war gesetzt, sie nicht, und die Zuschauer schlagen sich so gut wie nie auf die Seite des Favoriten.

Den ersten Satz gewann ich 6:1 und dachte gar nicht an die Möglichkeit, das Match noch zu verlieren. Aber dann mißlang mir plötzlich alles. Ich drosch einfach irgendwie auf den Ball ein und kam überhaupt nicht mehr ins Spiel. Den zweiten Satz verlor ich 4:6. Alles in mir verkrampfte sich. Ich hatte Janet nichts entgegenzusetzen, während sie das Spiel ihres Lebens machte und schließlich den dritten Satz 6:3 gewann. Ich war draußen, bevor ich mich »in Form spielen« konnte, und ich weiß noch, wie ich mit Tränen in den Augen und einem Handtuch um den Hals vom Platz ging. Janet Newberry, eine gute Freundin von mir, war sehr nett und tröstete mich nach dem Match. Einige von denen, die damals zugeschaut haben, sagen, ich hätte ausgesehen, als stünde ich unter Schock. Ich schluchzte, und die Tränen kullerten mir über die Wangen, ohne daß ich sie hätte aufhalten können.

»Ich habe noch nie jemanden in so jämmerlicher Verfassung gesehen, so völlig daneben«, erzählte Janet nach dem Spiel Bud Collins.

Immerhin hatte sie alles aus nächster Nähe mitbekommen. Ich setzte mich auf die Bank, zog mir das Handtuch über den Kopf und wurde von Weinkrämpfen geschüttelt. Die Erwartungen an mich waren so hoch gewesen, ich hatte soviel mitgemacht, und da saß ich nun und hatte das Gefühl, daß die Welt zusammenbrach. Später sagte ich zu Bud Collins: »Ich schäme mich für das, was passiert ist. Ich habe mich nicht sehr nett verhalten, und außerdem habe ich Janet dadurch die Freude am Sieg verdorben.« Aber ich glaube nicht, daß ich damals wußte, was ich tat.

Auch Fred Barman hatte das Spiel gesehen. Er kam hinterher zu mir und legte mir die Hände auf die Schultern. Ich wußte nicht einmal, wessen Hände es waren, weil ich doch das Handtuch über den Kopf gezogen hatte. Ich wollte nicht in die Blitzlichter schauen, und die Leute sollten mich nicht weinen sehen. Fred bugsierte mich durch die Menge zum Clubhaus – ein langer Weg für jemanden, der völlig mit den Nerven fertig ist, noch dazu an einem regnerischen Abend. Danach nahm ich erst einmal eine ausgiebige Dusche.

Anschließend war noch eine Pressekonferenz angesetzt. Ich wußte also, daß Neil Amdur von der *New York Times* und ein paar andere Sportreporter vor dem Umkleideraum auf mich warten würden.

»Warum gehst du nicht einfach zur Hintertür raus?« schlug Fred vor.

Fred ging nach draußen und sprach mit den Reportern, die wissen wollten, ob sich mein neues Leben in den Staaten nachteilig auf mein Spiel ausgewirkt habe. Fred antwortete: »Man muß berücksichtigen, daß sie noch ziemlich jung ist und noch vor einem Jahr in ihrer Heimat eingesperrt war. Sie ist wie ein kleines Mädchen, das zum erstenmal Disneyland sieht. Ich werde mich mal ernsthaft mit ihr unterhalten müssen.«

Zum erstenmal drückte ich mich vor der Presse und ging direkt ins Hotel. Dort wurde mir klar, daß ich am nächsten Tag nicht im Doppel antreten konnte, weil ich keine Menschen um mich haben wollte. Da meine eigentliche Doppel-Partnerin Chris wegen einer Sehnenentzündung im Finger beschlossen hatte, nicht mehr im Doppel zu spielen, sollte ich zusammen mit Julie Anthony antreten. Ich wußte, daß Julie gern gespielt hätte, rief sie aber trotzdem an und sagte: »Ich kann einfach nicht.« Sie war mir nicht böse. Das war das einzige Mal, daß ich ein Doppel abgesagt habe, ohne verletzt zu sein, und ich habe deswegen heute noch ein schlechtes Gewissen.

Die Niederlage gegen Janet ist für mich immer noch die schlimmste in meiner Karriere, zumindest was die Art und Weise betrifft, wie ich auf dem Platz und auch hinterher darauf reagiert habe. Ich habe noch andere Niederlagen in Spielen, die mir wichtiger waren, einstecken müssen. Meine Niederlage 1981 bei den US Open gegen Tracy Austin war schlimmer, weil ich so gut vorbereitet war und eigentlich hätte gewinnen müssen, dann aber doch alles vermasselt habe. Auch die Niederlage gegen Pam Shriver im Viertelfinale der US Open 1982 tat weh, aber damals hatte ich ja Toxoplasmose, eine Infektionskrankheit, und war darauf gefaßt, den Anstrengungen eines Drei-Satz-Spiels nicht gewachsen zu sein, falls es überhaupt so weit käme.

Später war ich dann wenigstens in jeder Beziehung ein Profi. Ich wußte, warum ich verloren hatte, vergoß ein paar Tränen und war nach ein bis zwei Stunden darüber hinweg. Aber die Niederlage von 1976 ging an die Substanz. Im Hotel weinte ich immer noch – hysterisch und völlig fassungslos. Ich brauchte unbedingt Hilfe. Glücklicherweise bekam ich sie von jemandem, der wußte, wie man mit den weniger angenehmen Seiten des Profisports fertig wird.

Hilfe in großer Not

Ich war Sandra Haynie zum erstenmal im April 1976 in Florida begegnet, wo ich mich an der »Superstars Competition« beteiligte. Da sie an einem Golfturnier teilnahm, das in der Nähe ausgetragen wurde, nutzte sie die Gelegenheit, um uns zuzuschauen. Wir kamen miteinander ins Gespräch, und ich schaute ihr ein paar Wochen später bei einem Golfturnier zu.

Ich war von ihr als Golferin begeistert. Golf ist so ein nervenaufreibender Sport, aber sie war immer ruhig und ausgeglichen. Beim Putten bewies sie jedesmal die gleiche Routine. Bei ihr stimmte alles. Sie machte alles mit Methode und hatte einen ungeheuer ästhetischen Schwung. Mir gefiel die Art, wie sie sich auf dem Golfplatz gab.
Haynie war seit 1961 Profi-Golferin und hatte 1974 die US Open und die Ladies' Professional Golf Association Championship gewonnen. Mir fiel auf, daß sie sich ganz anders gab als viele der Tennisspielerinnen aus meinem Bekanntenkreis, ruhig und selbständig – vielleicht die Folge jahrelangen Golfspielens: kein direkter Gegner, ein Ball, der sich vor dem Schlag nicht bewegt, und keine Möglichkeit, überschüssige Energie loszuwerden. Um Golf-Champion wie Haynie zu werden, muß man sich völlig unter Kontrolle haben (ich sage immer nur »Haynie«, das ist durchaus liebevoll gemeint und zugleich Ausdruck meiner Achtung vor einem routinierten Profi).
Wir sprachen auch über Tennis und meine unbeständigen Leistungen. Ich hatte von Anfang an den Eindruck, daß sie mir dabei helfen konnte, reifer zu werden, aber ich war in dem Sommer so beschäftigt, daß ich kaum Gelegenheit hatte, sie näher kennenzulernen.
An dem regnerischen Abend in Forest Hills hätte ich ihre innere Ruhe gut gebrauchen können, doch sie war zu der Zeit gerade erst unterwegs nach New York, um mir bei den US Open zuzuschauen, wozu es dann aber nach der Niederlage gegen Janet Newberry gar nicht mehr kommen sollte. Nach dem Match fühlte ich mich sehr einsam, ohne meine Familie und ohne meine Freunde. Ich rief Haynie an, die gerade in ihrem Hotel angekommen war, und sagte: »Ich habe verloren.« Das war so ungefähr alles, was ich hervorbrachte, denn ich kämpfte immer noch mit den Tränen.
Später kam sie herüber zu mir und Fred und erzählte von ein paar Turnieren, die sie verloren hatte.
»Wie konnte das nur passieren? Ich war doch gut vorbereitet«, sagte ich immer wieder, aber ich wußte, daß es nicht so gewesen war.
»Das wird schon wieder«, sagte Haynie, »es gibt ja auch noch andere Turniere.« Damals dachte ich aber, das sei das Ende. Sie sagte mir, daß es mir so schwerfiele, mich ans Verlieren zu gewöhnen, weil ich so einen rasanten Durchbruch gehabt hätte und gar nicht wüßte, was es heißt zu kämpfen.
»Du hast noch nie ein schlechtes Jahr gehabt«, sagte sie mir, »jeder hat das früher oder später. Du bist noch jung und wirst sicher drüber wegkommen. Jeder hat mal einen Tiefpunkt, ohne Ausnahme.«
Sie hatte recht. Ich hatte nie in mich gehen müssen. Ich hörte ihr zu, und was sie sagte, leuchtete mir ein.

Nachdem ich einen Tag lang mit Haynie geredet hatte, wußte ich, daß sie genau die Freundin war, die ich brauchte. Sie war älter, klüger und selbst ein Champion. Sie brauchte weder mein Geld noch meinen Ruhm. Sie war damals körperlich nicht so ganz auf der Höhe und nahm nur an wenigen Turnieren teil. Deshalb bot sie mir an, eine Zeitlang als meine Beraterin zu arbeiten. Der einzige Haken an der Sache war, daß ich immer noch bei den Barmans in Beverly Hills wohnte und Haynie fest in Dallas verwurzelt war. Sie hat ihre Familie dort und wäre nicht um alles in der Welt von dort fortgegangen.
Deshalb tat ich das einzige, was mir sinnvoll erschien. Ich fuhr nach Dallas und kaufte dort einen Tag nach meiner Niederlage gegen Janet Newberry ein Haus. Seit ich nach Amerika gekommen war, hatte ich in Los Angeles gelebt, wollte aber immer woanders hinziehen. Los Angeles war irgendwie nicht meine Stadt, etwas zu groß und etwas zu oberflächlich. Außerdem gab es dort keine Gelegenheit, in einem größeren Tennisstadion zu spielen. Und einen Klimawechsel brauchte ich ohnehin.
Von einem Tag auf den anderen ein Haus zu kaufen ist typisch für mich. Ich bin eben impulsiv. Das gleiche tat ich 1982, nachdem ich bei den US Open gegen Pam verloren hatte. Ich hatte gehört, daß in Virginia Beach ein Haus zu verkaufen war, fuhr hin und kaufte es. Mit meinen Hunden war es genauso. Ich wollte eigentlich nur einen Hund kaufen, kam aber mit dreien nach Hause. Erst kürzlich ist mir wieder so etwas passiert. Ich sah einen Papagei und mußte ihn unbedingt haben. Ich nannte ihn KJ, weil er immer auf und ab wippt, hin und her schaukelt und ruckartig mit dem Kopf nickt – wie Kathy Jordan vor meinem Aufschlag.
In Dallas waren immer alle nett zu mir gewesen, wenn ich dort auf einem Turnier spielte. Ich kannte die Stadt und hatte inzwischen eine gute Freundin dort. Deshalb erschien es mir naheliegend, dort hinzuziehen. Ich bezahlte ungefähr 125 000 Dollar für ein Vier-Zimmer-Haus in Spring Creek, einem Stadtviertel im Norden von Dallas. Ich pflanzte sofort ein paar Bäume, ließ einen Swimmingpool anlegen, einen Whirlpool einbauen und freundete mich beim Ballspielen mit den Kindern aus der Nachbarschaft an. Ich fühlte mich auf Anhieb wieder etwas heimischer. Ich weiß nicht, wie es die Einwohner von Dallas aufnehmen werden, wenn ich ihre Stadt mit Revnice vergleiche, aber genauso kam es mir vor.
Haynie zog bei mir ein. Das Haus diente uns zugleich auch als Büro. Als ich ein paar Jahre später mit Nancy Lieberman zusammenarbeitete, taten alle so, als sei sie meine erste Beraterin, aber in Wirklichkeit hatte ich schon vorher eine ganze Menge von Haynie gelernt.

Wir gingen in einen Club, um dort unser Konditionstraining an den Kraftmaschinen zu absolvieren. Außerdem brachte sie mich dazu, daß ich wieder mit dem Laufen anfing. Ich hatte mich seit dem Turnunterricht in der Schule immer vor Konditionsübungen gedrückt, aber Haynie erklärte mir, daß ich mit meinen Trainingsmethoden im Tennis keine Fortschritte machen würde. Sie versuchte mir meine ungesunde Ernährung abzugewöhnen, kochte Huhn mit Gemüse und sagte, das sei gesünder als all die fetten Saucen und kalorienreichen Desserts, die man in den Restaurants bekam. Innerhalb eines Jahres fiel mein Gewicht von 75 auf 65 kg.

Haynie war ein so netter Mensch, daß man sich von ihr gern etwas sagen ließ. Sie tat nie so, als wüßte sie alles über Tennis. Was es heißt, um den Sieg zu kämpfen, wußte sie dagegen sehr wohl. Sie versuchte nicht, mir vorzuschreiben, was ich zu tun hatte, wie es alle möglichen anderen Leute taten, wenn es mal nicht so gut lief. Statt dessen schärfte sie mir ein, lieber auf den freundschaftlichen Rat von Chris und Billie Jean zu hören.

Doch in einem Punkt kritisierte sie mein Spiel. Sie verstand nicht, warum ich immer an der Grundlinie klebte und mir in jedem Turnier von Chris das Heft aus der Hand nehmen ließ. Ich dachte immer, es sei ein besonderes Verdienst, Chris mit ihren eigenen Waffen zu schlagen, aber Haynie sagte mir, ich solle mein Spiel spielen und wieder öfter ans Netz gehen.

Haynie betonte außerdem immer wieder, wie wichtig richtiges Timing sei und daß man auf einen durch die Luft fliegenden Ball nicht mehr Kraft ausüben könne als auf einen, der sich nicht bewegt. Aber auch nachdem ich abgenommen hatte, wurde mein Spiel zunächst nicht besser, bis Haynie mir schließlich sagte, ich sei zu schnell am Ball und mein Schläger noch nicht in der richtigen Position.

Als drittes bleute Haynie mir ein, daß meine Stimmung nicht mein Spiel beeinträchtigen dürfe. Sie sagte: »Du kannst ruhig frustriert sein, aber nur innerlich. Laß es nicht rauskommen. Du mußt lernen, deine Energie richtig einzusetzen. Brüll die Schiedsrichter nicht an. Sei meinetwegen wütend auf dich selbst, aber nicht auf sie.« Tennis war zwar nicht dasselbe wie Golf, aber Haynie war überzeugt, daß man für beides sehr viel innere Kraft bräuchte.

»Konzentriere dich immer nur auf eine Sache auf einmal«, riet sie mir. Das mag sich banal anhören, aber von selbst kam ich nicht darauf.

»Wenn wir uns beim Golf fünf Stunden lang konzentrieren können, dann wirst du das ja wohl auch ein oder zwei Stunden lang auf dem Tennisplatz schaffen.«

Manchmal sah Haynie bei meinen Spielen zu. Ich wußte immer, wo sie saß, und schaute sie jedesmal fragend an, wenn etwas nicht so lief, wie ich es mir vorstellte. Sie hatte kaum Mitleid mit mir. Wenn eine Schiedsrichterentscheidung richtig war, nickte sie, um mir zu bedeuten, ich solle weiterspielen. War eine Entscheidung jedoch falsch, ließ sie sich nichts anmerken: Also weiterspielen. Ich brauchte das: die Ermunterung, die Strenge.

Haynie fand, ich müsse jede Woche spielen. Ihrer Meinung nach brauchte ich körperliche Anstrengung, und deshalb ermunterte sie mich, zu möglichst vielen Turnieren anzutreten. »Lerne aus deinen Spielen«, sagte sie immer.

Dank Haynies Unterstützung wurde ich fast schlagartig besser. Ich hatte 1976 bloß zwei Turniere gewonnen, was teilweise auf Verletzungen zurückzuführen war, aber 1977 hatte ich einen guten Start. Ich schlug Chris im Finale in Washington 6:2 und 6:3. Ein paar von meinen Freunden gratulierten Haynie hinterher zu ihrer hervorragenden Arbeit, dank derer ich endlich zu meinem Spiel gefunden hatte. In dem Jahr gewann ich sechs Turniere, aber ein Sieg in Wimbledon oder bei den US Open blieb mir immer noch versagt.

Das Jahr 1978 fing für mich gut an: 37 aufeinanderfolgende Siege, darunter siebenmal im Finale gegen Betty Stove, Billie Jean, Rosie Casals, Evonne, wieder Betty Stove, Dianne Fromholtz und noch einmal Billie Jean. Ich näherte mich langsam dem Niveau, das man mir vorhergesagt hatte, und das lange bevor es das Navratilova-Team gab.

Haynie und ich waren oft an unterschiedlichen Orten, aber sie versuchte, keines meiner großen Turniere zu verpassen. Wenn wir beide zur gleichen Zeit in Dallas waren, unternahmen wir gemeinsam etwas, schauten uns ein paar Spiele im Fernsehen an oder warfen uns vor dem Haus einen Football zu.

Einmal hatte ich eine Sehnenverletzung im linken Handgelenk, spielte Vorhand-Slice und Rückhand-Topspin und schnitt überhaupt jeden Ball an, bis ich schließlich nach Hause fahren mußte. Dort spielte ich zur Entspannung Touch-Football. Ich wollte gerade den Ball fangen, als ich mit dem Knie gegen den Kühlergrill eines Autos stieß. Das tat ich aber noch als kleinen Kratzer ab. Als ich kurze Zeit später wieder einen Paß zugespielt bekam und mich nach dem Ball bückte, sprang dieser so komisch vom Boden ab, daß ich genau drauftrat und mir den Knöchel verstauchte.

Haynie war einkaufen gefahren. Auf dem Rückweg begegnete sie uns, als mich gerade ein paar Freunde mit dem Auto zum Röntgen ins Krankenhaus fuhren. Ich mußte eine Woche lang an Krücken gehen. So konnte ich wenigstens auch gleich die Sehnenverletzung am Handgelenk auskurieren. Ich saß auf der Couch mit einem Eisbeutel auf dem Knie, einem Eisbeutel auf dem Knöchel, einem Eisbeutel auf dem Handgelenk, ein paar Schmerztabletten im Magen und einem dümmlichen Lächeln auf dem Gesicht. Es kam wirklich alles zusammen.

Haynie sorgte dafür, daß ich auf dem Tennisplatz ruhiger wurde, und sie brachte vorübergehend auch Ordnung in mein Privatleben. Ich versuchte ohnehin gerade, meinen Ruf als Konsumsüchtige wieder loszuwerden, den mir meine Extravaganzen in Beverly Hills und anderswo eingebracht hatten. Sie hatte ihr Geld teils gewinnbringend, teils aber auch weniger gut angelegt und wollte wissen, was mit meinem Geld passierte. Damals war Marvin Demoff, Rosies Manager, fürs Geschäftliche zuständig, und Fred Barman legte mein Geld für mich an. Er hatte eine Firma mit dem Namen Brat, Inc. oder so ähnlich gegründet und sagte mir, damit sei ich für den Rest meines Lebens abgesichert.

Nachdem ich nach Dallas gezogen war, kümmerte sich Haynie um meine Karriere und um meine Finanzen, ohne daß es deswegen Streit zwischen Fred und mir gegeben hätte. Ich spielte weiter auf seinen Turnieren in Japan, traf mich weiterhin ab und zu mit ihm und seiner Familie, und wenn wir uns heute begegnen, begrüße ich ihn immer noch wie einen guten alten Freund. Es war einfach Zeit für eine Veränderung – kein neues Gefühl für mich.

Ich wohnte gern in Dallas. Ich weiß, daß diese Stadt in den Staaten keinen allzu guten Ruf hat, wegen der gleichnamigen Fernsehserie und wegen des Attentats auf Kennedy. Viele sagen, daß sie nach dem, was sie bei einem kurzen Besuch mit eigenen Augen gesehen oder was sie über Dallas gelesen hätten, keinen guten Eindruck von der Stadt hätten. Nachdem ich – mit Unterbrechungen – fast ein Jahrzehnt dort gelebt habe, kann ich nur sagen, daß ich mich hier auf Anhieb zu Hause fühlte.

Ich liebe das prickelnde Leben an der Ostküste, die europäischen Traditionen, das milde Frühjahr und den milden Herbst in Virginia Beach. Aber Dallas vermittelt mir ein Gefühl der Sicherheit und der Geborgenheit. Die Menschen dort haben mich von Anfang an akzeptiert und als eine der ihren behandelt. Ich war sogar Ehrenbürgerin von Texas, noch bevor ich die amerikanische Staatsbürgerschaft bekam. Nach einem Turniersieg schickten mir der Gouverneur und die Senatoren Glückwunschtelegramme, und ich hatte nicht das Gefühl, daß es ihnen dabei nur um die Publicity ging. Sie waren stolz, daß ich in ihrem Staat wohnte, und sind es immer noch. In Los Angeles ist es

den Einheimischen dagegen völlig egal, wer außer ihnen noch dort wohnt.
Ich mag die offene und freundliche Art der Einwohner von Dallas. Wenn man einmal einen Blick auf die Landkarte wirft, stellt man fest, daß die Stadt im Herzen von allem und nichts liegt. Man kann 800 km weit fahren und ist immer noch in Texas. Texas ist flächenmäßig sehr groß und hat viele verschiedene Gesichter.
Ich merkte deutlich den Unterschied zwischen Los Angeles und Dallas. In Texas nehmen sich die Leute für alles Zeit. Sie sind nicht gehetzt. Die Kalifornier mögen sich nach außen hin vielleicht cool geben, aber im Grunde denken sie immer nur an ihre Arbeit, selbst wenn sie so tun, als meinten sie es gar nicht so. Bei den New Yorkern muß alles nach Plan laufen, die Menschen in Dallas können dagegen improvisieren. Sie sind freundlich, aber es braucht seine Zeit, bis man sich mit ihnen anfreundet. Sie erzählen einem nicht gleich ihre ganze Lebensgeschichte innerhalb von fünf Minuten, so wie die Kalifornier, die einem beim ersten gemeinsamen Essen bereits ihre größten und schmutzigsten Geheimnisse anvertrauen. Ich genoß es, Dallas mit Haynies Augen zu sehen, ich fühlte mich dort wohl, weil sie da war.
Wenn sie fort war, ging es mir weniger gut. Ich mochte nicht allein sein – jedenfalls war es bis vor kurzem so. Ich brauchte immer jemanden auf der gleichen Etage oder zumindest im selben Haus, sonst wurde ich depressiv und nervös. Ich habe meine Gefühle nie analysiert und kann daher auch nicht sagen, was für Ängste tief in meinem Innern saßen. Die Angst vor dem Unbekannten? Ohnmachtsgefühl? Wahrscheinlich. Ich weiß noch, wie ich zum erstenmal allein in meinem Haus in Dallas war. Haynie war unterwegs. Deshalb kaufte ich mir eine Pistole und legte sie mir unter das Kopfkissen.
Mein Pudel Racquet fing bei jeder Kleinigkeit an zu knurren. Ich erinnere mich noch an eine dieser unheimlichen Nächte in Dallas – der Nordwind heulte und rüttelte an den Fenstern, und man hörte Geräusche, die man nicht bemerkt, wenn man in Gesellschaft ist. Ich ließ das Kissen mit der Pistole darunter die ganze Nacht nicht los. Seitdem habe ich immer eine Pistole im Haus.
Wenn ich nicht so bekannt wäre, bräuchte ich keine Waffe, aber man weiß ja nie. Bisher hat noch nie jemand versucht, bei mir einzubrechen, aber im Ernstfall würde ich ohne zu zögern abdrücken. Ich weiß, wie man die Waffe lädt. Meine Pistole liegt nachts immer in Reichweite. Ich möchte wirklich nicht wie J. R. oder sonst jemand wirken. Es ist ja auch nicht so, daß ich meine Waffe ständig bei mir trage wie Elvis Presley und auf den Fernseher schieße, wenn mir das Programm nicht gefällt. Ich fühle mich nur einfach sicherer.

Ich brauchte lange, um meine Angst vor der Einsamkeit zu überwinden. Aber nachdem Nancy Lieberman und ich 1984 unsere Zusammenarbeit aufgegeben hatten, freute ich mich richtig darauf, mehr Zeit für mich allein zu haben. Wenn ich heute ein paar Stunden allein verbringen muß, genieße ich es, sehr sogar. Ich bin an keinen Zeitplan gebunden und muß niemandem Rechenschaft ablegen. Ich kann ein Buch lesen, eine Schallplatte hören oder fernsehen. Aber ich würde mich immer noch unbehaglich fühlen, wenn ich meine Hunde nicht hätte. Sie können zwar nicht sprechen, aber genau das weiß ich allmählich immer mehr zu schätzen.
Ich verändere mich immer noch, entdecke immer wieder Neues, und genau das ist der Grund, warum Haynie und ich irgendwann keine gemeinsame Basis mehr hatten. Sie hatte mehrere Jahre lang einen positiven, beruhigenden Einfluß auf mich gehabt, aber ich wollte meine Umwelt neu entdecken. Haynie genügte es dagegen, zu Hause zu sitzen und fernzusehen. Sie war ein ruhiger Typ und ging wenig aus – nicht daß ich mir viel aus dem Nachtleben gemacht hätte, doch ich wollte einfach etwas mehr erleben.
Drei Jahre lang war sie für mich wie ein Guru gewesen und hatte wirklich ihr Bestes getan, um mir zu helfen, aber ich war jung und wollte die Welt kennenlernen.

Wimbledon 1978

Mit neun Jahren sah ich Billie Jeans Wimbledon-Sieg im Fernsehen und schwor mir, daß ich dort auch eines Tages gewinnen würde. Wimbledon gilt in Europa als das Turnier der Turniere. Die Tschechen waren immer stolz darauf, daß Jaroslav Drobny 1954 Wimbledon-Sieger wurde, obwohl danach nicht mehr über ihn gesprochen wurde, weil er in England geblieben war und dort ein Geschäft für Sportartikel eröffnet hatte. Ich fand es zum Beispiel ungeheuer aufregend, von Vera Sukova trainiert zu werden, die 1962 im Finale von Wimbledon gestanden hatte. Ab und zu blickte man sie verstohlen an, wissend, daß sie schon einmal auf dem ehrwürdigen Rasen im »Mekka des Tennissports« gestanden hatte.
Ich war entschlossen, 1978 in Wimbledon den Titel zu holen. Mit einundzwanzig Jahren wurde es schließlich langsam Zeit. Das sagte auch mein Vater in einem Telefongespräch.
»Dieses Jahr solltest du aber wirklich gewinnen. Jana wird immer besser und schafft es sonst vielleicht noch vor dir.«
Jana war damals vierzehn.

Haynies gesunder Menschenverstand hatte auf mich abgefärbt, und dank ihres Trainings war ich gut in Form. Ich zeigte endlich, was wirklich in mir steckte. Die Zeit war reif für einen Sieg beim wichtigsten aller Turniere.

Im Vorjahr war ich im Viertelfinale an Betty Stove gescheitert. Das war zwar eine große Enttäuschung gewesen, die jedoch bald im allgemeinen Trubel um das hundertjährige Bestehen des Turniers untergegangen war. Das Jahr 1977 zählte zu den Sternstunden der Turniergeschichte, zumal Virginia Wade – »unsere Ginny«, wie sie von der englischen Presse genannt wurde – den Titel holte. Hätte man sich einen passenderen Abschluß denken können? Immerhin ist England keine große Tennisnation mehr – die Osteuropäer sind den Engländern weit überlegen –, aber Virginia zog mit ihrem einfallsreichen Spiel eine ganze Nation in ihren Bann.

Nachdem ich sowohl die Meisterschaften meiner ursprünglichen als auch die meiner neuen Heimat gewonnen habe, kann ich mir sehr gut vorstellen, was der Wimbledon-Sieg für Virginia bedeutet haben muß. Nicht alle Turniere haben eine so große Bedeutung, aber um in Wimbledon dabei sein zu dürfen, würde ich jeden Betrag zahlen.

Ich bin in Wimbledon schon unter den unterschiedlichsten Voraussetzungen angetreten. 1973 konnte ich mich nur um Haaresbreite qualifizieren. Ich war überglücklich, in der Nähe von Billie Jean und all den anderen großen Spielerinnen sein zu dürfen. Wir wohnten im Gloucester Hotel im Süden von Kensington und fuhren stets zusammen in einem Austin-Healey zum Turnier.

Wenn man aus dem Fenster sah, spürte man das Wimbledon-Fieber – natürlich in typisch englischer Manier: immer korrekt und zurückhaltend. Die Fans stellten sich an den Haltestellen an, warteten auf die roten Doppeldeckerbusse, kauften belegte Brote, Äpfel und Lunchpakete. Manche kamen aber auch im obligaten Nieselregen zu Fuß durch die ruhigen Straßen und Parks. Da sich vor den Ständen, an denen gezuckerte Erdbeeren mit Sahne verkauft wurden, immer lange Schlangen bildeten, bestellte ich mir jedesmal welche in den Aufenthaltsraum für Spieler. Heute esse ich sie ohne Sahne und Zukker. Die ersten Erdbeeren von Wimbledon schmecken nämlich auch ohne alles köstlich.

Schon bei meiner ersten Wimbledon-Teilnahme wurde mir bewußt, daß es das alte englische Klassensystem dort auch heute noch gibt: Einige fahren in schnittigen Limousinen vor, tragen einen dezenten Anzug oder ein geblümtes Kleid und werden zu ihren seit Jahrzehnten für die Familie reservierten Privatboxen geführt, während ein paar Meter weiter, auf der anderen Seite der Absperrungen, die von

überallher gekommenen Fans geduldig nach Karten für Stehplätze anstehen – man hört die verschiedensten Sprachen und Akzente.
Man spürt immer noch allenthalben die typisch englische Steifheit, einerseits Ausdruck britischen Traditionsbewußtseins, andererseits aber auch sehr nervenaufreibend, wenn man zum Beispiel nicht hereingelassen wird, weil es erst zwei Minuten vor zwölf ist. Bevor das Haupttor geöffnet wurde, hat man früher nur Clubmitglieder hereingelassen. Personal und Spieler mußten draußen warten. Das bedeutete, daß man fünf bis fünfzehn Minuten für das Einspielen verlor, wenn man den Fehler beging, in der Masse vor dem Haupttor zu stehen, und immerhin darf man das ja nur 15 Minuten lang, wenn man auf dem Centre Court oder auf Platz 1 spielt. Einmal geriet ich in eine Menschenmenge, die auf die Stehplätze am Centre Court zustürmte. »Das ist wirklich ein Witz«, dachte ich, »die rennen alle hier rein, um dich spielen zu sehen, und du steckst mitten drin.«
In den letzten zwei Jahren sind die Veranstalter den Spielern mehr entgegengekommen, aber es passieren immer noch komische Dinge. 1983, als ich den Titel schon dreimal gewonnen hatte und entschlossen war, ihn mir auch ein viertes Mal zu holen, mietete ich mir ein Haus ein paar Häuserblocks von den Tennisplätzen entfernt. Wenn man in der Nähe der Anlagen wohnt, kann man in seiner Freizeit leicht zu Fuß nach Hause gehen oder mit dem Rad fahren, und fühlt sich dadurch gleich viel mehr zu Hause. Die Nachbarn waren nett und ließen mich in Ruhe. Eines Tages fuhr ich auf meinem Fahrrad durch die Clubanlagen zu den auf der anderen Seite gelegenen Trainingsplätzen. Ich hatte keinen Paß oder ähnliches dabei, verließ mich aber darauf, daß man mich schon erkennen würde, und am Vortag hatte man mich auch einfach so durchfahren lassen. Diesmal stand jedoch ein älterer Wachmann am Tor. Er hielt mich an und und sagte:
»Es tut mir leid, Miss, ohne Eintrittskarte können Sie nicht hinein.«
– »Aber ich bin Spielerin, mein Name ist...«
»Es tut mir leid, Miss.«
– »Ich bin die Turniersiegerin des letzten Jahres.«
»Es tut mir leid, Miss.«
Glücklicherweise erkannte mich jemand, und schließlich ließ man mich sehr höflich hinein. In New York wäre ich vermutlich wütend geworden, aber Wimbledon ist eben nicht New York. »Es tut mir leid, Miss.«
Ein Fotograf von irgendeinem Revolverblatt fotografierte mich auf dem Fahrrad. Das Foto erschien noch am gleichen Tag in den Zeitungen, darüber die Schlagzeile: »Martina bringt sich mit Radfahren in Form.« Das war ja nun an den Haaren herbeigezogen.

Früher fand ich es lustig, wie sich die britischen Zeitungen auf jeden Skandal und jede Affäre stürzten. In Wimbledon sagte ich einmal: »Ich bin für die Pressefreiheit und selbst am liebsten pressefrei.«
Es ist unglaublich, was sie einem alles auftischen – diese Gerüchte, alles erfunden. Man sagt bei einer improvisierten Pressekonferenz irgend etwas nur so dahin, und eine Stunde später steht es bereits als neueste Schlagzeile auf einer Tafel am U-Bahn-Eingang.
Die Fernsehreporter verfolgten mich wenigstens nicht ständig auf dem Tennisplatz, wie sie es bei Björn Borg taten, als er das Idol aller Jugendlichen war und von ganzen Teenager-Horden durch die Clubanlagen gehetzt wurde. Als ich mir mit Rita Mae Brown eine Wohnung in der Nähe des Sloane Square nahm, empfand ich die britische Presse zum erstenmal als aufdringlich. Einer der Reporter klingelte ständig an unserer Tür und bestach schließlich sogar ein Dienstmädchen, um hereinzukommen.
Damals retteten uns Ilie Nastases Probleme mit seiner Frau Dominique. Das war ein viel pikanterer Happen für die britische Presse, und als ich Nasty für seine Hilfe dankte, antwortete er: »Stets gern zu Diensten.«
Die britischen Tennisjournalisten sind im Gegensatz zu den amerikanischen Sportreportern eher wie Theaterkritiker. Sie beschränken ihre Spielkritik auf ein paar Sätze, die sie dann sofort telefonisch durchgeben, damit das Ganze noch in die nächste Ausgabe kommt. Die Boulevardpresse hätte mich dagegen zumindest im Jahr 1984 fast geschafft. Die Reporter belästigten mich rund um die Uhr, bis ich schließlich damit drohte, die englischen Turniere zu boykottieren, bis auf Wimbledon natürlich. Davon hätte mich nichts abbringen können.
Bei all dem Trubel, dem Klatsch, den Privilegierten in ihren Privatboxen, der Menschenmenge und der Bedeutung des Turniers an sich hat man als Sportler wahrscheinlich nirgends sosehr das Gefühl, auf einer Bühne zu stehen, wie auf dem Centre Court in Wimbledon. Das weckt auch noch das letzte bißchen Kampfgeist und Egoismus, das man für den Titelgewinn braucht. Und im Jahr 1978 war ich endlich soweit.
Ich traf in jeder Runde auf eine schwierige Gegnerin: Julie Anthony in der ersten, Pam Whytcross in der zweiten, Barbara Jordan in der dritten (sie nahm mir den ersten Satz ab), Tracy Austin in der vierten und Marise Kruger im Viertelfinale.
Im Halbfinale verlor ich den ersten Satz gegen Evonne 2:6, gewann dann aber die nächsten beiden Sätze mit 6:4, 6:4 und kam zusammen mit Chris ins Finale. Eine Woche vor Wimbledon hatte ich sie in

Eastbourne nach hartem Kampf in drei Sätzen geschlagen, aber ich wußte, daß sie mit einem ungeheuren Siegeswillen in dieses Match gehen würde.
Zu Beginn unserer Begegnung war ich nervös und verlor den ersten Satz 2:6. Ich war immer noch nicht richtig ins Spiel gekommen, als ich plötzlich in einen von Chris' Passierbällen hineinlief. Chris hatte nicht mutwillig direkt auf mich gezielt. Sie wollte mich lediglich passieren, und ich hatte zufällig meine Schläfe in die Flugbahn des Balls gehalten. Es tat nicht besonders weh. Im Gegenteil, ich wachte plötzlich auf. Danach hatte ich ein etwas besseres Ballgefühl und merkte, daß Chris gar nicht so überragend spielte.
Ich beendete die beiden nächsten Sätze 6:4 und 7:5, nachdem ich im dritten Satz zeitweilig 2:4 und 4:5 zurückgelegen hatte, und damit gewann ich zum erstenmal in Wimbledon. Der Traum meines Vaters war in Erfüllung gegangen. Ich faßte mir mit der rechten Hand an die Stirn, weil ich es noch gar nicht glauben konnte, spürte, wie Chris mir auf den Rücken klopfte, um mir lächelnd zu gratulieren, und vier Tage später wurde ich in der WTA-Computerrangliste auf Platz 1 gesetzt. Damit löste ich Chris nach vier Jahren an der Spitze ab. Ich wußte, ich war ganz oben, und dort wollte ich für alle Zeiten bleiben.

Rita Mae

In meiner Kindheit und Jugend wurde ein bestimmter Teil von mir überhaupt nicht angesprochen. Ich meine den Punkt, an dem sich Verstand und Seele berühren. Meine Eltern hatten mich geliebt, weil ich ihre Tochter war, und andere mochten mich wegen meiner sportlichen Leistungen, meiner hohen Wangenknochen, meines Sinns für Humor oder irgendeiner anderen Eigenschaft. Aber tief in mir schlummerte etwas, das bisher noch gar nicht geweckt worden war.
Einige meiner Lehrer hatten versucht, an mich heranzukommen, wenn sie bemerkten, daß ich in meinen Gedanken hauptsächlich beim Training war. Als ich in die Staaten kam, versuchten Lee Jackson, Aja Zanova und Svatka Hoschl den Teil von mir anzusprechen, der unter der Oberfläche schlummerte; der Fragen stellte, sich mit anderen Menschen beschäftigte und alles über die Welt *außerhalb* des Tennis-Zirkus wissen wollte.
Ich kann nicht gerade behaupten, daß ich mich sonderlich anstrengte, um diesen Teil meines Ichs zu entdecken. Dafür spielte ich einfach zu oft Tennis. Doch dann begegnete ich Rita Mae Brown, und das wißbegierige kleine Mädchen in mir erwachte zu neuem Leben.

Ich hatte ihren Roman »Rubinroter Dschungel« irgendwann einmal im Flugzeug gelesen. Er gefiel mir, aber ich fand nicht, daß mir die politischen Ansichten einer Lesbe so viel brachten, obwohl ich damals selbst schon ein paar Abenteuer hinter mir hatte. Ich war Sportlerin und bisher noch nie mit politischen Aktivisten, Veranstaltungen, Schriften und Ideen in Berührung gekommen. Für mich war der Roman ganz lustig und weiter nichts. Bei einem Turnier 1978 in Virginia sagte mir Wendy Overton, eine Spielerin, sie kenne eine Schriftstellerin, die gerade an einem Buch schreibe, in dem auch ein Tscheche vorkomme, und die mich gern einiges fragen würde. Als ich erfuhr, daß es sich um Rita Mae Brown handelte, war mein Interesse schon etwas größer. Eines Tages rief sie mich dann an, und ich erzählte ihr einiges über die Tschechoslowakei.
Bei unserem ersten Treffen wollte Rita Mae alles über mich erfahren. Das war ein aufregendes Gefühl. Sie konnte über alles reden und – was noch größeren Eindruck auf mich machte – sie fragte mich auch nach meiner Meinung dazu, was andere so gut wie nie taten. Entweder hielten sie mich nicht für klug genug, oder es war ihnen überhaupt egal, was ich dachte.
»Wie war das damals beim Einmarsch? Wie waren eure kommunistischen Lehrer? Welche Rechte haben Frauen in der Tschechoslowakei? Was hast du bei all dem empfunden?« Ich dachte: »Solche Fragen hat mir bisher noch niemand gestellt.«
Ich glaube nicht, daß ich bis dahin einen besonders begrenzten Horizont hatte. Bisher hatte mich eben noch nie jemand geistig so angeregt. Wenn man berühmt ist, wird man oft nach Dingen gefragt, die nichts mit dem Beruf zu tun haben. Wie denken Sie über den Nahen Osten? Wie denken Sie über Waffentests? Was halten sie von Politik? Aber das ist meist so oberflächlich, daß man den Eindruck bekommt, die Sportreporter wollen bloß ein gutes Zitat für ihre Schlagzeile.
Rita Mae hatte mich wahrscheinlich nicht für sonderlich klug gehalten, war dann aber ziemlich überrascht. Später sagte sie mir, daß ich zu den intelligentesten Leuten gehörte, die sie kannte: »Wenn du deinen Verstand jetzt auch noch gebrauchst...«
Ich habe mich öfters gefragt, ob dieser Roman nicht vielleicht nur ein Vorwand war, um mich näher kennenzulernen. Wahrscheinlich nicht. Bei unserem ersten Treffen tat sie zwar wirklich nichts anderes, als sich von mir alles mögliche erzählen zu lassen. Hinterher stellte sich aber heraus, daß der Tscheche eigentlich nur eine Randfigur war.
Seitdem habe ich häufig gelesen, daß sie gesagt haben soll, unsere erste Begegnung sei ein »gemeinsames Essen ohne Ende« gewesen. Das mag ja vielleicht sehr romantisch klingen, aber da spricht die

Schriftstellerin aus ihr. Wir aßen tatsächlich gut zweieinhalb Stunden, und sie war sehr witzig, doch das war auch schon alles. Ich wünschte, der Roman »Wie du mir, so ich dir« wäre so lustig geworden wie die Unterhaltungen mit Rita Mae, aber ich glaube, eine Menge guter Passagen sind gestrichen worden. Ich weiß noch, wie oft ich bei unserer ersten Begegnung gelacht habe, und genau darum geht es ja. Leute, die einen zum Lachen bringen und in deren Gesellschaft man sich wohl fühlt, sind bei allen beliebt.

Wir verabschiedeten uns und wollten miteinander in Verbindung bleiben. Im Herbst sah ich sie dann kurz in Phoenix, wechselte aber kein einziges Wort mit ihr. Im neuen Jahr rief ich sie an, und seitdem telefonierten wir fast täglich. Anfang Februar trafen wir uns in Chicago. Das war vielleicht das Essen, von dem sie gesprochen hat.

Rita Mae stellte von Anfang an klar, daß ihr völlig egal war, ob ich eine berühmte Tennisspielerin sei oder nicht. Was sei schon sportlicher Erfolg? Sie meinte: »Sport lenkt den Verstand nur von allem anderen ab und ist weder der Allgemeinbildung noch dem Denkvermögen in irgendeiner Weise förderlich.«

Das war das erste Mal, daß jemand so etwas zu mir sagte. Bisher hatte ich nur Leute um mich gehabt, die Tennis ernst nahmen, aber Rita Mae konnte so abfällig darüber reden, daß ich ein schlechtes Gewissen bekam, wenn ich viel trainierte. Sie sagte mir, ich könnte auf anderen Gebieten viel besser sein – was ich wohl eine Zeitlang geglaubt habe, sehr zu meinem Nachteil, wie sich später herausstellte.

Sie machte immer zynische Bemerkungen über den Sport: »Solange du ganz oben bist, halten dich alle für die Größte, aber sobald der Erfolg ausbleibt, lassen sie dich fallen wie eine heiße Kartoffel.«

Ich war damals ihrer Meinung und bin es auch heute noch, aber inzwischen weiß ich, daß das überall so ist. Selbst eine Schriftstellerin ist für viele nur so gut wie ihr letzter Roman.

Rita Mae hatte etwas sehr Direktes und Aggressives, wie ich es noch nie bei einer Frau erlebt hatte. Sie sah sich immer als Mann, gefangen in einem Frauenkörper. Mir gefielen hauptsächlich ihr Temperament und ihr Witz. Sie war die Erste, mit der ich mich richtig unterhalten konnte. Unsere Beziehung war gar nicht so sehr körperlich. Ich fühlte mich vielmehr emotional und vor allem intellektuell zu ihr hingezogen.

Es macht mich immer wieder mißtrauisch, wenn Leute wegen ihrer sexuellen Neigung in eine bestimmte Schublade gesteckt werden. Ich hasse vorgefaßte Meinungen. Egal was man sagt, es wird doch immer so hingedreht, wie es die anderen haben wollen. Ich hatte eine Liebesbeziehung zu einer Person, die Romane schrieb, lustige Geschichten erzählte, eine Katze namens Baby Jesus hatte und zufällig eine Frau war. Der dominierende Teil ihrer Persönlichkeit, der Teil, der mich am meisten anzog, war jedoch ihre Art sich auszudrücken, zu denken und mit anderen umzugehen.

Und wenn sie ein Mann gewesen wäre? Dann hätte ich jetzt vielleicht ein linkshändiges Kind mit einem knallharten Aufschlag und großer Fingerfertigkeit an der Schreibmaschine. Wahrscheinlich wäre ich dann jetzt schon wieder geschieden – so wie sich die Dinge entwikkelten. Aber wie dem auch sei, ich hatte eine Affäre mit einer Frau, in deren sexueller Neigung ich nichts Unrechtes sehen konnte. Ich bin nicht nur auf ein Geschlecht fixiert, hasse aber die Bezeichnung »bisexuell«. Das klingt für mich irgendwie widerwärtig, und ich glaube nicht, daß ich widerwärtig bin. Ich bin nur manchmal hoffnungslos romantisch, und die Monate mit Rita Mae gehörten zu den romantischen Zeiten. Auf unseren gemeinsamen Reisen – lange Abendessen, Wein, Samt, Spitze und Seide statt »Gatorade« und Trainingsanzug – lernte ich sie näher kennen.

Ich merkte, daß sie in vielem der Figur aus ihrem Roman »Rubinroter Dschungel« entsprach, einem unehelichen Kind, das in Florida aufwächst, wegen seiner politischen Ansichten von der Schule fliegt und schließlich in New York Filmkunst und Lyrik studiert.

Rita Mae hatte in den zweiunddreißig Jahren vor unserer Begegnung viel auf die Beine gestellt. Sie gehörte zu den ersten Mitgliedern der »National Organization for Women«, war eine Mitbegründerin der »Rotstrümpfe«, einer radikalen Feministinnenvereinigung, gewesen und hatte von 1971 bis 1973 einer Gruppe angehört, die sich »Die Furien« nannte und ihren Sitz in Washington D. C. hatte. Sie hatte ein paar Stunden am »Women Writers' Center« in Cazenovia, New York, gegeben und außer »Rubinroter Dschungel« unter anderen auch noch »Goldene Zeiten« und »Jacke wie Hose« geschrieben.

Sie betonte gegenüber Reportern immer wieder, sie wolle nicht als »Rita Mae Brown, lesbische Autorin« bekannt sein, sondern einfach als »Rita Mae Brown, Autorin« und fügte hinzu: »Ich hoffe, die Leute sagen eines Tages: Wir haben ihre Bücher gern gelesen.«

Ich bin nicht ahnungslos in diese Beziehung gegangen. Bei unserem ersten Telefongespräch wußte ich bereits, daß sie sich offen und stolz dazu bekannte, lesbisch zu sein. Bisher war ich noch nie zusammen mit einer Lesbe gesehen worden, und ich hätte mir keine bekanntere als sie aussuchen können. Aber ich war in sie verliebt, und schließlich kann man seine Gefühle nicht lenken und sich sagen: »Du darfst dich nicht in diese Person verlieben. Das könnte deiner Karriere schaden.«

Als es dann passiert war, wollte ich einfach nur mit ihr allein sein und

mich weder zu irgend etwas bekennen noch für irgend etwas kämpfen. Ich wollte nur bei Rita Mae sein und abwarten, was die Zukunft bringen würde. Das war Monate, bevor die Öffentlichkeit erfuhr, daß wir gemeinsam auf Reisen gingen. Ich glaube, daß die Menschen in Europa, in den Staaten und in Kanada toleranter sind als sie behaupten. Es war bekannt, aber nichts wurde über uns geschrieben.
Rita Mae befreite meinen Geist, aber ich kann nicht behaupten, daß ich durch sie liberaler wurde. Ich war bereits ziemlich radikal, tolerant, liberal, oder wie man es auch immer nennen mag, bevor ich sie kennenlernte. Es war nicht schwer, in ihrer Gesellschaft radikal zu sein, aber man will die Leute ja auch nicht vor den Kopf stoßen.
Ich hatte mir längst eine eigene Meinung über Gleichberechtigung, Abtreibung und die sogenannte »moralische Mehrheit« gebildet. Daß Männer einzig und allein aufgrund ihrer körperlichen Überlegenheit in höheren Positionen sitzen als Frauen, hatte ich schon immer als himmelschreiende Ungerechtigkeit empfunden. Dagegen finde ich es normal, daß Männer im Tennis besser sind als Frauen, weil Kraft in diesem Sport nun mal ausschlaggebend ist. Aber im Berufsleben, in der Politik und sogar im Privatleben ist Autorität leider noch nie eine Frage des Verstands oder des Charakters gewesen. Was zählt, ist ausschließlich die körperliche Kraft, und nur deshalb bilden sich die Männer ein, Frauen herumkommandieren zu können.
Ich habe mich jedenfalls immer für das Recht auf Abtreibung, freie Meinungsäußerung, für gleiche Bezahlung bei gleicher Arbeit und für die Rechte der Lesben, Homosexuellen und Minderheiten im allgemeinen ausgesprochen. Ich verstehe nicht, wie man Leute nur nach ihren sexuellen Neigungen beurteilen kann. Ich war schon immer gegen jede Art von Voreingenommenheit und brauchte das nicht erst von Rita zu lernen. Aber deshalb kamen wir so gut miteinander aus. Wir hatten die gleichen Ansichten. Der Hauptunterschied zwischen uns beiden besteht darin, daß ich nicht der Typ bin, der an die Öffentlichkeit geht und stolz das Banner hochhält. Ich würde mich allerdings sehr gern für die mit Füßen getretenen Rechte der Minderheiten einsetzen.
Meine eigene Karriere ließ mir nicht genug Zeit, um auf viele von Rita Maes Veranstaltungen zu gehen. Aber den Vortrag, den sie in Chapel Hill, North Carolina, hielt, habe ich gehört. Sie ist eine unglaublich gute Rednerin, die die Leute mit ihren Gedankengängen voll und ganz auf ihre Linie bringen kann. Ein andermal ging ich mit ihr zu einer Frauenversammlung, aber das war auch schon alles. Danach begann sie mit ihrer Arbeit an »Wie du mir, so ich dir« und trat daher nicht mehr so oft in der Öffentlichkeit auf.

Jedesmal, wenn mich Rita Mae zu Turnieren begleitete, versuchte sie, mich aus dem Hotelzimmer zu locken, damit wir uns gemeinsam ansehen konnten, was die Stadt zu bieten hatte. In San Francisco gingen wir in den »Palace of Fine Arts«, in Europa besichtigten wir jede Menge Kirchen. In London schauten wir uns die Sehenswürdigkeiten an und machten einen Einkaufsbummel. Mir machte es großen Spaß, Dinge anzuschauen, von denen ich bisher nur gelesen oder in der Schule gehört hatte. Von den Tennisspielerinnen hatte im Lauf der Jahre keine einzige jemals gesagt: »Wenn es morgen schön ist, gehen wir ins Museum für moderne Kunst.« Ein paar der weniger guten Spieler schienen sich allerdings mehr für die Welt außerhalb der Tennisplätze zu interessieren. Nicht daß sich ihre Neugier negativ auf ihre Leistungen im Tennis ausgewirkt hätte. Sie hatten einfach mehr Zeit, weil sie meist schon in der ersten oder zweiten Runde ausschieden.

Diejenigen von uns, die gewöhnlich bis ins Viertel- oder Halbfinale kamen, lebten in ihrer eigenen, abgeschlossenen Welt und hatten kaum genug Zeit, um Training, Ruhepausen, Reisen, Essen, Schlafen und Tennisspielen unter einen Hut zu bringen. Allerdings vertrödelten wir auch viel Zeit auf dem Tennisplatz. Wir kamen frühmorgens und blieben die ganze Zeit über dort, spielten Karten oder blätterten in alten Zeitschriften. Als Rita Mae sah, wie wir die Zeit totschlugen, sagte sie: »Komm, das ist doch kein Leben.«

Sie versuchte, mich zu motivieren: »Willst du denn überhaupt nichts dazulernen? Wie hältst du es aus, jeden Tag nur Tennis zu spielen?«

Und sie fing an, unseren Tagesablauf zu bestimmen. Wir standen früher auf als sonst und versuchten, jeden Tag etwas zu unternehmen. Oft war ich ihr dankbar für ihre Initiative. Ich brach endlich aus meinem Käfig aus. Aber es kam auch gelegentlich vor, daß ich nur gerade noch rechtzeitig zum Match auf dem Tennisplatz ankam. Ein paarmal rief ich von unterwegs an und fragte: »Wann ist das Match? Wer gewinnt? Wieviel steht's?« Ab und zu kam ich auf dem Tennisplatz an und war richtig fußlahm vom vielen Stehen im Museum oder vom vielen Herumlaufen. Manchmal ging mir immer noch der Film, den wir vorher gesehen, oder die Unterhaltung, die wir zuvor geführt hatten, im Kopf herum; oder ich rief mitten in einer Diskussion über ein Buch plötzlich aus: »Mensch, ich muß doch weg.«

Wer schon einmal verliebt war, weiß, wie es ist, wenn einen so plötzlich die Pflicht ruft, und *meine* Pflicht war eben das Match gegen Chris Evert oder Billie Jean.

Wir erkannten, daß wir mehr Zeit miteinander hätten, wenn wir zusammen wohnten. Rita Mae war schon immer von Charlottesville begeistert gewesen, einer alten Universitätsstadt, in der auch Präsident Jefferson gewohnt hatte. Ich brauchte nur einen Blick auf das Universitätsgelände, die vornehmen alten Villen und die Umgebung zu werfen, und schon hatte ich mich in die »Blue Ridge Mountains« verliebt. Die Landschaft erinnerte mich an zu Hause. Seit dem Abend vor meinem Abflug in die Staaten hatte ich mich nie wieder so zu Hause gefühlt. Wir schauten uns um und kauften eine etwas außerhalb gelegene Villa auf einem rund dreieinhalb Hektar großen Grundstück. Ich freute mich darauf, mit Rita Mae dort einzuziehen und zu meinen ländlichen Wurzeln zurückzukehren.

Apropos Wurzeln: Lange bevor ich Rita Mae begegnet war, hatte ich meine Eltern nach Dallas eingeladen. Die tschechische Regierung hatte mittlerweile die Ausreisebestimmungen gelockert, und meine Eltern faßten ernsthaft ins Auge, für immer zu mir nach Dallas zu ziehen. Es gab nur noch ein kleines Problem: Sie wußten *es* noch nicht.

Besuch von zu Hause

Als ich die Tschechoslowakei verließ, mußte ich mich mit dem Gedanken abfinden, meine Eltern eventuell lange Zeit nicht wiederzusehen oder noch nicht einmal Kontakt mit ihnen zu haben, wenn es der Staat so wollte. Aber so schlimm war es dann doch nicht. Wir telefonierten ein paar Tage nach meiner Bitte um Asyl, und ich habe auch später nie Schwierigkeiten gehabt, sie telefonisch zu erreichen. Ihre Stimmen zu hören machte die Trennung erträglich, und Anfang 1979 durfte mich meine Großmutter besuchen.

Im Juni 1979 ließen sie meine Mutter – allein, natürlich – nach Wimbledon reisen. Ich fuhr nach Heathrow hinaus, wo ich meine Mutter nach vier Jahren Trennung zum erstenmal wiedersehen sollte. Ich sagte es niemandem, weil ich keinen Presserummel wollte. So konnten wir uns ohne Blitzlichtgewitter begrüßen. Meine Mutter brachte mir selbstgebackene Plätzchen mit, und auf dem Weg in die Stadt hörten wir gar nicht mehr auf mit dem Umarmen und Erzählen.

Am nächsten Tag saß sie in der Spielerbox und sah mir zu, wie ich meinen Vorjahrestitel verteidigte. Ich weiß immer gern, wo meine Familie und meine Freunde sitzen.

Ich schaute also gelegentlich zu ihr hin und stellte fest, daß sie nervös war, genauso wie ich sie in Erinnerung hatte. Sie rauchte eine Zigarette, spielte nervös mit ihrer Handtasche und schaute nach links und rechts, um sicherzugehen, daß sie zum richtigen Zeitpunkt applaudierte. Ich war wohl auch nervös und verlor den ersten Satz gegen Tanya Harford, gewann schließlich aber doch. Ein paar Tage später schlug ich Chris im Finale 6:4 und 6:4.

In Wimbledon sprachen wir auch darüber, daß meine Eltern ebenfalls in die Staaten ziehen könnten. Man hatte ihnen unauffällig angedeutet, daß einer Auswanderung nichts im Wege stünde. Ich glaubte, das sei das Beste für meine Eltern und vor allem auch für Jana, die damals auf die Oberschule ging. Ich sagte, daß sie alles daransetzen sollten und daß ich alles finanzieren würde.

Im weiteren Verlauf des Jahres 1979 teilten meine Eltern mir mit, daß sie im Dezember herüberkommen würden. Wir erledigten alle Formalitäten, und ich plante ihren Umzug nach Dallas. Ich lebte damals allein, aber mein Haus war sicher nicht groß genug für alle. Ich sagte ihnen am Telefon, daß ich ein Haus für sie kaufen würde, aber sie antworteten: »Nein, nein, wir wollen bei dir wohnen.« Ich war mir aber sicher, daß es für alle Beteiligten besser wäre, etwas Privatsphäre zu haben. Ich war schon so »amerikanisiert«, daß ich davon ausging, jeder wolle seine eigene Küche und sein eigenes Bad. Ich war jung, reiste ständig in der Welt umher und wollte kochen, schlafen oder Freunde einladen, wann immer mir danach war. Als in meiner Straße rund 200 Meter weiter unten ein Haus zum Verkauf stand, kaufte ich es für sie.

Dann holte ich sie vom Flugplatz ab. Es war ein bewegender Moment, meinen Vater und Jana wiederzusehen, die unglaublich groß geworden war; kein kleines Mädchen mehr, wie damals, als ich fortging, sondern eine erwachsene Frau und genauso groß wie ich.

Mein Vater schien ganz der alte geblieben zu sein – voller Ideen und guter Ratschläge. Auf der Fahrt vom Flughafen nach Hause fragte er mich nach meinen Finanzen und gab mir Tips, wie ich mein Spiel verbessern könnte. Er riet mir zum Beispiel, auf Chris' Rückhand zu spielen und bei jedem Schlag tiefer in die Knie zu gehen und die Schultern mehr zu drehen. Vermutlich hat er bei einem Bekannten aus Pilsen die Übertragung eines meiner Spiele im westdeutschen Fernsehen gesehen.

Das war richtig lustig und vor allem so vertraut – wie ein junges Mädchen, das nach vier Jahren Selbständigkeit auf dem College zu seinen Eltern zurückkommt, die immer noch glauben, es behüten zu müssen. Ich schien immer noch ihr kleines Mädchen zu sein. Mir gefiel es, meistens jedenfalls. Zweifache Wimbledon-Siegerin wird wieder zum kleinen Wunderkind.

Bei mir zu Hause nahmen meine Eltern erst mal meine technischen Geräte in Augenschein. Wahrscheinlich glaubten sie nicht, daß ich

wirklich so reich war. Nach rund einer Stunde sagte ich: »Ich möchte euch etwas zeigen.«
Wir gingen die Straße hinunter zu dem anderen Haus.
»Was ist das?« fragten sie.
»Das ist euer Haus«, antwortete ich.
»Es ist nett, aber wir wohnen lieber bei dir«, meinten sie.
»Hört mal, ich bin zwar nicht so oft hier, aber wenn ich zu Hause bin, dann brauche ich mein Reich für mich«, sagte ich, und sie akzeptierten es, aber ich glaube, sie waren nicht besonders angetan von dem Gedanken. Ich hatte einen Peugeot in Washington gewonnen und Haynie einen Cadillac Seville abgekauft. Sie hatten also zwei Autos zu ihrer Verfügung, ein Haus, und außerdem bezahlte ich alle ihre Rechnungen. Ich kaufte Jana ein kleines Klavier und ließ ein paar Möbel aus meinem Haus zu ihnen bringen.
Eine Zeitlang ging alles gut. Weihnachten kochte mein Vater ein typisch tschechisches Weihnachtsgericht: Karpfen. Ich war oft bei ihnen und ließ mich von meiner Mutter verwöhnen. Wenn ich krank war, sagte sie: »Trink doch nicht immer diese kalte Limonade.«
Wenn ich zu einem Turnier in einer anderen Stadt fuhr, fragten sie: »Warum mußt du denn schon wieder weg?«
Sie hatten keine Ahnung, was es heißt, Profi-Spielerin zu sein. Sie hatten dafür gesorgt, daß ich diesen Weg einschlug, vor allem mein Vater, aber darauf, daß ich vor jedem Turnier einen ganzen Anreisetag brauchte, waren sie nicht gefaßt. Amerika ist eben nicht Europa, wo alles nahe beieinander liegt. Jedenfalls vergewisserte ich mich erst, daß sie auch allein zurechtkamen, bevor ich Anfang 1980 zu den Turnieren aufbrach. Jana ging auf eine Privatschule, Hockaday, sehr vornehm und versnobt, ganz anders als das, was sie von zu Hause gewöhnt war. Ich hätte es eigentlich besser gefunden, sie auf eine staatliche Schule zu schicken, aber sie gewöhnte sich gut ein und beherrschte die englische Umgangssprache innerhalb weniger Monate fast so gut wie ich.
Meine Mutter ist ebenfalls sprachbegabt und lernte daher schnell Leute kennen. Ein paar Kinder zeigten meinen Eltern die Stadt, aber als sie mit ihnen in eine Kirche gehen wollten, lehnte mein Vater dankend ab. Meine Eltern hatten nichts übrig für die Aufdringlichkeit und den Bekehrungseifer in den Staaten, zumal sie nie gläubig gewesen waren.
Das Leben in Dallas muß ihnen komisch vorgekommen sein. In Revnice kannten sie die meisten Leute, konnten überall zu Fuß hingehen, und wenn sie nach Prag wollten, fuhren sie mit dem Auto oder mit dem Zug in eine ihnen vertraute, überschaubare alte Stadt. In Europa

ist man es gewöhnt, zu Fuß zu gehen und es zur Innenstadt oder Ortsmitte nicht allzu weit zu haben.
In Dallas empfanden sie alles als sehr weitläufig. Die Menschen fuhren mit dem Auto zum Einkaufszentrum oder woandershin. Für meine Eltern gab es keinen Bezugspunkt, und das haben sie wohl gespürt. Natürlich fühlt man sich entwurzelt, wenn man immer nur im Auto umherfährt, keine neuen Leute kennenlernt und keine bekannten Gesichter sieht. Auch ich fuhr in Texas jede Strecke mit dem Auto. Man kann gar nicht anders. Doch sobald ich in London, Paris oder New York bin, erledige ich alles zu Fuß.
Meine Mutter gewöhnte sich sofort an das Leben in Dallas. Sie hatte ein paar Häuserblocks weiter ein Lebensmittelgeschäft ausfindig gemacht und war völlig überwältigt von dem ungeheuren Angebot. So etwas hätte sie sich nie träumen lassen. Für jemanden, der von jenseits des Eisernen Vorhangs kam, war es wie im Märchen, obwohl die Tschechoslowakei früher, bevor die Russen die Macht übernahmen, kein armes Land gewesen war. Meine Mutter genoß es, jederzeit in den rund um die Uhr geöffneten Supermarkt gehen zu können, denn so etwas gibt es in der Tschechoslowakei nicht. Sie freute sich wie ein kleines Kind über all das Fleisch und die vielen Gewürze.
Für meinen Vater war es dagegen nicht so leicht. Im Geschäft traute er sich nicht zu sagen, was er wollte, obwohl er die englischen Worte kannte. Meine Eltern hatten Bilderbücher und Wörterbücher, und er hätte auch zur Schule gehen können, aber er war einfach nicht sprachbegabt. Er spricht ein bißchen Englisch, Deutsch und Russisch und kann mit diesen Sprachen auch ganz gut umgehen, wenn er will. Manche Leute haben sich lange mit ihm auf englisch unterhalten, nachdem er erst einmal seine Scheu abgelegt hatte. Aber er fühlte sich in Dallas nicht wohl und war ziemlich frustriert.
Er hatte keine Arbeit, war mit fünfzig aber noch nicht bereit, in Rente zu gehen. Deshalb sagte er von Anfang an, er wolle als mein Berater und Trainer arbeiten. Ich hatte damals niemanden, der sich meiner annahm, und hätte ein bißchen Hilfe sicher gut gebrauchen können, aber ich glaubte nicht, daß es gutgehen würde, so wie er es sich dachte. Er hatte Schmerzen im Ellbogen und hätte daher nicht mit mir trainieren können, und abgesehen davon spielte ich natürlich auch nicht mehr so wie als kleines Mädchen. Ich konnte mir denken, was mein Vater durchmachte. Er ist stolz und wollte nicht von mir abhängig sein. Ich sagte ihm, daß ich ganz gut allein zurechtkäme und daß er mir in der Technik kaum noch helfen könne.
Ich versuchte, meinen Eltern möglichst schnell einen Einblick ins Profi-Tennis zu verschaffen. Sie begleiteten mich im Frühjahr nach

Japan und im Winter nach Chicago. Nach einiger Zeit sagte ich ihnen aber, daß ich sie künftig nicht mehr auf Turniere mitnehmen könne.

Daß das Ganze gar nicht so einfach sein würde, wurde mir klar, als meine Eltern mich anriefen, um mir zu sagen, daß der Herd kaputt war. Da saß ich nun in meinem Hotelzimmer, rief den Reparaturdienst in Dallas an und versuchte zu erklären, was zu tun sei. Für mich war es eine große Belastung, mich um solche Details kümmern zu müssen, und das zu einer Zeit, in der ich ohnehin in einer Formkrise steckte. Auch für meine Eltern war es nicht leicht, auf meine Hilfe angewiesen zu sein.

Wenn ich nach einer Woche zu Hause sagte »ich muß wieder los« und von unterwegs alle paar Tage anrief, fragten sie jedesmal: »Warum hast du denn gestern nicht angerufen?« Sie waren besitzergreifend, und nach der langen Trennung von mir konnten sie sich nicht vorstellen, daß ich inzwischen eine selbständige Frau geworden war. Sie wollten, daß ich nachts einen Schlafanzug trug, dabei hatte ich normalerweise im Bett ein T-Shirt an. Sie meinten, mir alle möglichen guten Ratschläge geben zu müssen, aber das machte mir nichts weiter aus. Ich glaube, wir wären gut miteinander ausgekommen, wenn sie sich an meine »Lebensweise«, wenn man so will, hätten gewöhnen können.

Ich hatte mir nicht allzu viele Gedanken darüber gemacht, was meine Eltern wohl zu meinem Privatleben sagen würden. Sie stellten nie Fragen, wenn eine Freundin eine Zeitlang bei mir wohnte, und wahrscheinlich hätten sie gar nichts gemerkt, wenn ich Rita Mae nicht begegnet wäre. Ich hatte meine Eltern gebeten, zu mir nach Dallas zu ziehen, bevor ich Rita Mae kennenlernte und bevor ich auch nur mit dem Gedanken spielte, ein Haus in Charlottesville zu kaufen. Damals wußte ich ja nicht einmal, ob man sie überhaupt ausreisen lassen würde.

Ich dachte mir, es sei nichts dabei, wenn ich zeitweilig in Charlottesville wohnte. Aber als ich ihnen im April erzählte, daß ich noch ein Haus kaufen würde, reagierten sie nicht gerade begeistert. Für sie war es so, als hätten sie ein Haus in Stuttgart und eines in Lissabon. Und dann kamen sie dahinter, warum ich das Haus in Virginia kaufen wollte.

»Ich habe den Eindruck, daß ihr beide, Rita Mae und du, wie Mann und Frau zusammenlebt«, sagte mir mein Vater eines Tages in Dallas.

Da ich ihn nicht belügen wollte, antwortete ich ihm, daß er recht habe. Er schien es damals ziemlich gelassen aufzunehmen, riet mir allerdings, ein Buch über meine »Krankheit«, wie er es nannte, zu lesen. Ich antwortete ihm, daß auch er gut daran täte, ein Buch zu

lesen und daß seine Ansichten über Homosexualität geradezu vorsintflutlich seien. Er beschimpfte mich und sagte, es sei ihm lieber, ich wäre eine Nutte als das, was ich jetzt sei.
Für einen Tschechen war so eine Reaktion normal. In der Tschechoslowakei werden Homosexuelle auch als »warm« bezeichnet. Für Lesben gibt es, glaube ich, gar kein tschechisches Wort. Lesbische Tschechinnen zeigen sich auch nicht in der Öffentlichkeit. Die Tschechen glauben, alle Lesben seien so häßlich, daß sie keinen Mann finden. Ich versuchte, meinen Eltern klarzumachen, daß die Sache doch ein wenig komplexer sei.
Als meine Eltern mich in Charlottesville besuchten, regte sich mein Vater noch mehr auf als vorher. Er meinte, daß Rita Mae bewußt andere auf unsere Beziehung aufmerksam mache und sich nicht nur in seiner Gegenwart, sondern auch vor anderen Leuten zu eindeutig benehme. Jedenfalls fühlte er sich unbehaglich dabei. Eines Tages, als Rita Mae nicht da war, brach zwischen meinem Vater und mir ein hitziger Streit aus.
»Es wäre mir lieber, du gingst jeden Tag mit einem anderen ins Bett als mit einer Frau«, sagte er.
»Großartige Idee«, gab ich wütend zurück.
»Mit dir kann körperlich irgend etwas nicht stimmen«, meinte er.
»Alles funktioniert prächtig«, versicherte ich ihm.
Mein Vater sah alles nur schwarzweiß, und ich versuchte zunächst, ihm zu erklären, daß Rita Mae sehr attraktiv sei, daß sich viele Männer für sie interessierten und ich somit ja eigentlich gar nicht so falsch liegen könne, wenn ich das gleiche tat.
»Ich schlafe gern mit Männern«, sagte ich, »aber zur Zeit hab' ich nun mal ein Verhältnis mit einer Frau.«
Doch mein Vater wollte es nicht verstehen.
»Du tust das nur, weil es dir beim erstenmal mit einem Mann keinen Spaß gemacht hat«, sagte er.
Anscheinend wußte er von meinem ersten Freund. Aber ich wiederholte, daß ich nichts gegen Männer hätte, mir aber im Moment zufällig eine Frau lieber sei.
»Schade, daß dir nichts an deinem ersten Freund lag«, stieß mein Vater hervor, »dann hätte es dir mehr Spaß gemacht.«
Es war für uns beide eine ziemlich unschöne Szene. Ich versuchte, mich in die Lage meines Vaters zu versetzen. Ich wußte, daß sein männlicher Stolz verletzt war, weil sich seine Tochter in eine für ihn unannehmbare Richtung entwickelte. Er tobte vor Wut und sagte, was ihm gerade einfiel. Aus ihm sprach der tschechische Macho mit seinen vorsintflutlichen Ansichten. Er verstand überhaupt nicht,

worum es mir ging. Seine Worte machten mich wütend und stießen mich in gewisser Weise auch ab.
Trotzdem hätte ich ihn nicht mehr lieben können, als wenn er mein richtiger Vater gewesen wäre, aber ich haßte ihn dafür, daß er so mit mir sprach. Ich konnte kaum glauben, daß dieser Mann, der jetzt die Fakten nicht wahrhaben wollte, derselbe war, der mich früher immer ermutigt hatte, auf dem Tennisplatz ganz ich selbst zu sein.
Ich versuchte, meinen Eltern klarzumachen, daß es mir nicht nur um Sex ging, sondern darum, Leute um mich zu haben, die ich mochte. Aber sie konnten das nicht nachvollziehen. Sie waren voreingenommen, genauso wie man Vorurteile gegen Schwarze hat. Ich begriff, daß mein Vater gar nicht anders konnte. Seine Erziehung ließ ihm keine andere Wahl.
Mitten in unserem gemütlichen Familienplausch platzten dann meine Eltern damit heraus, daß mein richtiger Vater Selbstmord begangen hatte. Meine Mutter befürchtete, daß ich mich von anderen Leuten ausnutzen lassen könnte, und meinte, ich sei zu vertrauensselig, zu offen. »Du bist genauso wie er, du bindest dich schon nach fünf Minuten an jemanden«, sagte sie.
Unser Streit setzte sich an den darauffolgenden Tagen fort. Meine Eltern riefen einige unserer tschechischen Freunde in Amerika an, verbreiteten die Neuigkeit und zogen andere in den Konflikt hinein, indem sie sie um Rat fragten oder von ihnen verlangten, Stellung zu beziehen. Es war eine richtige Seifenoper im tschechischen Stil. Danach war unser Verhältnis jedenfalls nicht mehr so wie früher.
Diese Szene war genauer gesagt das Ende des Familienbesuchs. Meine sexuellen Neigungen machten es ihnen noch schwerer, sich an das Leben in den Staaten zu gewöhnen. Im April sagte mein Vater schließlich, daß er wieder nach Hause wolle. Er meinte, er würde ständig Schulden bei mir haben und sei sich nicht sicher, ob ich auch weiterhin soviel Geld verdienen würde.
Jemand bot ihm eine Arbeit in Chicago an. Meine Eltern hätten dort hinziehen und sich mit Svatka und ihrer Familie anfreunden können. Aber sie wollten in meiner Nähe sein, auch wenn das oft Streit und neue Szenen bedeutete.
Es war wirklich traurig. Als ich klein war, hatte mein Vater sich so bemüht, aus mir eine gute Tennisspielerin zu machen, und jetzt war ich kurz davor, mehr Erfolg zu haben und mehr Geld zu verdienen als irgendeine Sportlerin je zuvor. Ich würde den ganz großen Durchbruch schaffen. Das wußte ich. Aber an diesem kritischen Punkt meines Lebens gingen meinem Vater, der immer so an mich und auch an sich geglaubt hatte, plötzlich die Nerven durch.

Ich sagte ihm: »Mach, was du willst« und ging mit ihm zur Bank, um für ihn ein Girokonto zu eröffnen, auf das ich fünftausend Dollar einzahlte. Später fragte er mich: »Warum nur fünftausend?« Das war für mich ein Schock. Ich weiß allerdings nicht, ob er das gesagt hat, weil er das Geld nicht haben wollte, oder weil ich es vorher nicht mit ihm besprochen hatte. Für mich waren 5000 Dollar einfach ein rundes Anfangskapital. Es war seltsam, mitansehen zu müssen, wie kindisch sich dieser stolze, intelligente Mann plötzlich benahm. Nach tschechischen Maßstäben hätte er das Oberhaupt der Familie sein müssen, und was war: *Ich* hatte *ihn* in der Hand. Und nicht nur das, ich war obendrein auch noch »anders«.
Im Juni begleiteten meine Eltern mich nach Wimbledon. Mein Vater blieb eisern und wollte unbedingt nach dem Turnier in die Tschechoslowakei zurück. Ich konnte mich kaum auf mein Spiel konzentrieren und verlor im Halbfinale in drei Sätzen gegen Chris. Ich wußte, daß meine Mutter mit ihm zurückgehen würde, aber Jana wollte bei mir bleiben, auf ein College gehen und abwarten, was die Zukunft bringen würde. Doch ich scheute vor der Verantwortung zurück. Sie würde ihre Eltern vermissen und könnte mich auf meinen Reisen nicht begleiten. Außerdem wollten auch unsere Eltern nicht, daß sie blieb.
Mein Vater meinte, zumindest versucht zu haben, in den Staaten zu leben. Es hatte ihm eben nicht zugesagt, und deshalb war es seiner Meinung nach an der Zeit, wieder nach Hause zu fahren. Glücklicherweise hatten meine Eltern bei ihrer Abreise nicht alle Brücken hinter sich abgebrochen. Sie durften zurückkommen und wurden sogar wieder in ihren alten Betrieben eingestellt, allerdings ohne Aussicht, jemals wieder in gehobener Stellung zu arbeiten. Anfangs machte ihnen der Staat Schwierigkeiten, als sie Jana wieder auf die Oberschule und später dann auf eine Hochschule für Medizin schikken wollten, wo sie Zahnmedizin studieren sollte, aber mein Vater sagte einem der Funktionäre: »Sie wissen genausogut wie ich, daß Sie das nur aus politischen Gründen tun«, so daß Jana schließlich doch auf die Hochschule für Medizin in Pilsen gehen durfte.
Ich gab ihnen 50000 Dollar mit auf den Weg. Sechs Monate später brauchten sie wieder Geld. Sie kauften einen Renault und wollten sich auch noch ein Fertighaus kaufen. Es wurde dann aber doch ein teureres, auf einer Anhöhe gelegenes Haus mit schönem Garten. In der Tschechoslowakei gibt es nämlich kein Gesetz, das einem verbietet, ein schönes Haus zu kaufen, wenn man es sich leisten kann.
Mein Vater ist ein richtiger Hobbygärtner geworden. Er liebt den Garten mit seinen vierzig Apfelbäumen, seinen schönen Büschen und

seinem gepflegten Rasen. Außerdem geht er gern ins Wirtshaus, wo er mit seinen Freunden Lieder singt und jede Menge Leute trifft. Meine Eltern haben eigentlich ein schönes Leben: Sie kennen jeden aus dem Ort, können bei schönem Wetter Tennis spielen und haben ihr Haus am Hang. Sie hätten sich in Amerika nie so zu Hause gefühlt wie in Revnice. Noch schöner wäre es allerdings, wenn sie zwei Zuhause hätten.
Ich wünschte, ich könnte sie ab und zu spontan besuchen, am Küchentisch sitzen, frischen Most trinken, mich von meiner Mutter bekochen lassen, mit meinem Vater durch die Wälder streunen, meinen Schäferhund Babeta wiedersehen, mehr Zeit mit Jana verbringen und sie besser kennenlernen. Wir hatten 1980 die Chance, für immer zusammen zu sein, haben sie jedoch vertan. Wahrscheinlich werden wir uns immer fragen, ob wir es nicht besser hätten anstellen können.

Virginia

Das Haus in Charlottesville sorgte in der amerikanischen Boulevardpresse für Schlagzeilen: »Martina kauft 500000-Dollar-Villa – Hausgenossin unbekannt«. Dabei war es keineswegs ein Geheimnis. Rita Mae und ich machten gar kein Hehl daraus, daß wir zusammenwohnten. Wir hatten beide gefunden, was wir suchten; Charlottesville erinnerte mich an meinen Heimatort. Der eine Flügel unseres Hauses war 1850, der andere 1936 erbaut worden. Von außen sahen sie fast wie zwei verschiedene Häuser aus. Die Villa hatte einiges zu bieten: eine Bibliothek mit herrlich verzierten Eichenregalen, einen geometrisch angelegten Garten mit Springbrunnen und einen riesigen Innenhof, in dem Statuen standen.
Das Haus hatte über zwanzig Zimmer, sechs Badezimmer und einen kleinen Raum über der Garage, in der fünf Autos Platz hatten. Am Swimmingpool stand ein kleineres Häuschen. Wir besaßen sogar einen Tennisplatz, der seit Jahren nicht mehr benutzt worden war.
Natürlich hatte ein so altes Haus auch ein paar Nachteile: Es gab keine zentrale Klimaanlage, und im neueren Flügel funktionierte die Heizung nicht richtig, so daß man im Winter ständig fror. Außerdem blies der vorwiegend im Winter wehende Nordostwind genau auf mein Schlafzimmerfenster.
Unter dem alten Flügel lag der Heizungskeller. Der neue Flügel hatte ein eigenes Kellergeschoß. Einer der Kellerräume war groß genug für einen Billardtisch und Rita Maes Sportgeräte. In heißen Sommernächten schlief ich immer dort unten.

Ich richtete das Haus wohnlich ein und verzichtete dabei bewußt auf Dinge, die in irgendeiner Weise an Tennis erinnerten. Seit ich meine Heimat verlassen hatte und Profi-Spielerin geworden war, lagen bei mir immer kreuz und quer Tennisschläger, Socken, Shorts und Büchsen für Tennisbälle herum. In meinem Zimmer in Charlottesville stapelten sich zudem überall Bücher. Ich hatte mich schon immer für technische Konstruktionen, vor allem für Wolkenkratzer, interessiert und mich in einige Gebäude in New York, Melbourne und Tokio verliebt. Früher meinte ich immer, nicht genug Zeit zu haben, um mir die Stadt, in der ich gerade war, anzuschauen, aber mit Rita Mae schaffte ich es. Ich fing außerdem an, Bücher über tschechoslowakische und amerikanische Architektur zu sammeln.

Wie gesagt, unser Haus war ziemlich groß. Lee Jackson erinnert sich noch heute an den langen Gang im Südflügel, der rechts von der Küche und Speisekammer abging. Wir hatten so viele Zimmer, daß unsere Besucher die Orientierung verloren. Als Lee zum erstenmal bei uns übernachtete, stand sie mitten in der Nacht auf, um sich aus der Küche ein Glas Wasser zu holen. Sie machte ihre Zimmertür hinter sich zu, damit Rita Maes Katze nicht hinein konnte. Als sie zurückkam, wußte sie nicht mehr, welches ihr Zimmer war, da alle Türen gleich aussahen. Sie wollte nicht ins falsche Zimmer gehen und womöglich jemanden wecken. Deshalb schlich sie eine ganze Weile immer wieder auf Zehenspitzen den Flur auf und ab, wobei Rita Maes Katze sie anschaute, als wollte sie sagen: »Na, was haben wir denn für ein Problem?« Schließlich fand sie doch noch die richtige Tür.

Wir hatten zwei Studenten als Untermieter, die das Haus hüteten, wenn wir nicht da waren, was ja häufig vorkam. Das Haus lag versteckt mitten auf dem Grundstück. Auf der Zufahrtstraße hatte man das Gefühl, durch einen Wald zu fahren. Ein Gärtner kümmerte sich um die Grünanlagen.

Ich wohnte ein Jahr lang in Charlottesville, war aber nur fünf Monate wirklich zu Hause. Die meiste Zeit verbrachte ich mit Einkaufen und Kochen. Die Tennisplätze waren drei Kilometer entfernt, das Lebensmittelgeschäft ungefähr viereinhalb. Ich machte Konditionstraining mit Phil Rogers, der Tennislehrer im Boars's Head Club war. Er und seine Frau Rachel wurden schließlich meine besten Freunde in Charlottesville.

Es war interessant, in unmittelbarer Nähe einer traditionsreichen Universität zu leben. Ich konnte mir vorstellen, wie mein Leben ausgesehen hätte, wenn ich in den Staaten aufgewachsen und hier auf ein College gegangen wäre. Rita Mae redete mir immer wieder zu, ich solle doch Kurse an der Uni belegen, aber dafür hatte ich keine Zeit.

Sie fragte mich, warum ich nicht auf ein paar Turniere verzichtete. Was sollte ich ihr antworten? Irgendwie mußte ich doch Geld verdienen – für mich und für andere.

Manche behaupten, die Nachbarn seien nicht gerade entzückt von mir und Rita Mae gewesen, aber mir ist nicht aufgefallen, daß sie sich in irgendeiner Weise unfreundlich verhalten hätten. Es war nicht anders als in anderen Städten, in denen ich gewohnt habe. Manche Menschen sind eben reserviert, aber trotzdem freundlich. Meistens ließen sie mir meine Ruhe.

Bei gesellschaftlichen Anlässen wurde ich oft gefragt, warum es ausgerechnet Charlottesville sein mußte. Ich antwortete: »Warum denn nicht? Es ist doch schön dort.« Der einzige Haken an dieser Stadt waren die schlechten Verkehrsverbindungen. Es gab täglich nur zwei Flüge nach Washington und einen nach New York. Meistens fuhr ich vom Dulles International Airport oder Washington National mit dem Auto nach Hause, so daß ich jedesmal mindestens zwei Stunden länger unterwegs war.

Nachdem wir nach Charlottesville gezogen waren, machte sich Rita Mae ernsthaft an ihren Roman. Wenn sie sich mit ihrer Arbeit einschloß, kam ich mir vor wie irgendein kleines Würstchen. Sie verschwand in ihrem Arbeitszimmer, und ich hörte nur noch das regelmäßige Klappern ihrer Schreibmaschine.

Ich versuchte, sie nicht bei der Arbeit zu stören. Wenn es an der Tür klingelte, ging ich hin, weil sie ihre Arbeit nicht unterbrechen wollte. Die geringste Störung von außen – und sei es nur der Briefträger – lenkte sie ab, und im schlimmsten Fall konnte sie sich den ganzen Tag über nicht mehr konzentrieren, je nachdem, in welcher Stimmung sie war. Sie meinte, sie könne nur drei bis vier Stunden am Tag konzentriert arbeiten, in denen sie fünf bis zehn Seiten schaffe. Wenn sie irgend jemand bei der Arbeit störte, wurde sie fuchsteufelswild, selbst wenn ich ihr nur kurz sagen wollte, daß ich zum Training mußte.

Sie braucht immer viel Zeit für ihre Romane. Das wundert mich überhaupt nicht, denn jedem einzelnen gehen rund zwei Jahre Recherchen voraus. Für »Wie du mir, so ich dir« reiste sie extra nach Montgomery, Alabama, um sich den Bahnhof anzuschauen, an dem die Hauptfiguren ihres Romans ankommen sollten.

Sie liebte ausgefallene Namen. Ihre Leser glauben, daß sie sich die Namen ihrer Romanfiguren ausdenkt, aber oft handelt es sich dabei um die Namen von Toten. Ich habe sie bei ihren Recherchen nie begleitet, schnitt aber manchmal Todesanzeigen aus, steckte sie in einen Umschlag und schickte sie ihr. Gelegentlich kombinierte sie den Vornamen einer Person mit dem Nachnamen einer anderen. Ihr Arbeitszimmer quoll über von Zetteln, auf die alle möglichen Namen gekritzelt waren, lauter verstreut herumliegende Ideen.

Manchmal blieben wir zu Hause und versuchten, uns eine Handlung für all ihre Figuren auszudenken. Ihre Stärke sind die Charakterzeichnungen und Dialoge, eine komplexe Handlung zu entwickeln liegt ihr dagegen nicht so sehr. Sie fragte mich manchmal, was eine bestimmte Person meiner Meinung nach als nächstes tun würde, und ich machte ihr ein paar Vorschläge. Wir redeten eindeutig mehr über ihren Beruf als über meinen. Ich war ja bloß Tennisspielerin, sie dagegen Schriftstellerin.

Als ich mich einmal für mein Tagestraining auf den Weg machte und Rita Mae »o nein, du verläßt mich schon wieder« ausrief, hätte ich zum erstenmal stutzig werden müssen. Im Grunde verließ ich sie ja nicht, sondern ging lediglich zur Arbeit. Es war schon lustig: Sie wurde selbst völlig von ihrer Arbeit in Anspruch genommen, aber daß ich mich verabredete, um ein bißchen Tennis zu spielen, und meine Zeit verplante, nur um zu schwitzen und mich zu bewegen, bereitete ihr Unbehagen. Es kam vor, daß ich ein richtig schlechtes Gewissen hatte, wenn ich genau zu der Zeit, in der sie mit mir etwas unternehmen wollte, ein Match hatte oder trainieren mußte.

Nach einer Weile war es mir lieber, wenn sie mich nicht zu einem Turnier begleitete. Ich konnte mich besser auf das Tennis konzentrieren, wenn ich mir keine Gedanken zu machen brauchte, ob Rita Mae auch ihre Ruhe hatte. Es war nicht leicht, unterwegs beide Berufe unter einen Hut zu bringen, und auch in einer 20-Zimmer-Villa war es nicht gerade einfach.

Darunter litt zwangsläufig einer der beiden Berufe. Ich trat 1980 nicht zu den French Open an und verlor in Wimbledon im Halbfinale gegen Chris. Hana Mandlikova, eine der Großen im Damen-Tennis und ein wirklich netter Mensch, auch wenn sie mich immer noch als Tschechin und nicht als Amerikanerin bezeichnet, schlug mich in zwei Sätzen bei den US Open. Ich unterlag Wendy Turnbull in Las Vegas und Melbourne, Pam Shriver in Sydney und Andrea Jaeger – damals auch noch neu im Damen-Tennis – in Deerfield, Florida, und Kansas City. Allmählich sah es so aus, als hätte ich meine besten Jahre schon hinter mir, dabei war ich gerade erst vierundzwanzig geworden. Irgend etwas stimmte nicht mit mir.

Was war falsch an meiner Einstellung? Ich war nicht mehr so zielstrebig wie am Anfang meiner Karriere. Ich hatte eine zwiespältige Meinung über Tennis, über mich selbst und über meine Karriere. Rita Mae sagte zu mir »es ist doch nur ein Spiel«, und eine Zeitlang war alles in Ordnung. Dann verlor ich wieder ein Match und dachte »halb so wild, schließlich geht es nicht um Leben und Tod«, was durchaus stimmte, mit der Einschränkung, daß es, solange man auf dem Platz steht, sehr wohl um Leben und Tod gehen sollte. Aber eben *nur*, solange das Spiel andauert. Heute weiß ich es, aber damals dachte ich anders.

Es war ziemlich naiv von mir, mich so von ihr beeinflussen zu lassen. Ich war ihrer abfälligen Bemerkungen allmählich überdrüssig: »Du bist die Größte«, sagte sie, »aber das hast du doch wirklich nicht nötig. Du solltest mehr aus deinem Leben machen.«

Manchmal fragte ich sie: »Würdest du etwas anderes tun wollen als schreiben?« Wir stritten uns ein paarmal ziemlich heftig.

Manche fragen sich, ob sie meiner Karriere bewußt schaden wollte, aber ich habe nie Anzeichen dafür bemerkt. Ich glaube, Rita Mae sah nur das Rohmaterial, das sie nach ihrem Geschmack formen wollte. Ich kannte mich nicht genug in Kunst oder Politik aus, und vielleicht sah sie mich als eine Art Eliza Doolittle und sich selbst als Henry Higgins. Ein Tennisstar war ich ja in ihren Augen schon. Warum sollte sie also nicht »am Rest« arbeiten?

Obwohl ich Anfang 1981 ein paar Turniere gewann, merkte ich, daß es so nicht weitergehen konnte, wenn ich das Niveau erreichen wollte, das ich mir als Ziel gesetzt hatte. Jedesmal wenn ich von einem Turnier zurückkam, war ich entschlossen, sie zu verlassen, aber die Bereinigung von Konflikten ist nicht gerade meine Stärke. Der Feigling in mir behielt die Oberhand, und ich schob das Problem immer weiter vor mir her, was weder ihr noch mir selbst gegenüber fair war.

Ungefähr zur selben Zeit wurde ich auch von schrecklichen Alpträumen geplagt.

Ich stand tagsüber unter Spannung, und das äußerte sich eben auch nachts im Schlaf. Ein paar von meinen Träumen erzählte ich Pete Axthelm von *Newsweek*.

Der Dschungel-Traum: »Meine Eltern sind bei mir. Wir haben uns im Dschungel verirrt. Plötzlich entdecken wir einen Ferrari. Um ihn herum stehen Dinosaurier und andere urzeitliche Monster, aber sie sind harmlos und tun uns nichts. Um den Autoschlüssel haben sich Giftschlangen gewickelt. Ich soll den Schlüssel holen. Schließlich habe ich ihn, und wir können davonfahren.«

Der Boeing-Traum: »Ich stehe mit meinen Eltern neben einem Hangar. Ein Flugzeug hebt ab, und aus dem Innern kommt ein greller Blitz. Ich will weglaufen, aber er verfolgt mich. Ich schlage einen Haken, aber er läßt sich nicht abschütteln. Schließlich fällt er jedoch in sich zusammen, bevor er mich erreicht.«

Nachdem ich Pete von diesen Träumen berichtet hatte, versuchte ich, sie zu deuten: Wahrscheinlich wollte ich Ordnung in mein chaotisches Leben bringen.
Ich hatte Pete erzählt, daß der Blitz aus dem Flugzeug mich nie erreicht. Anfang 1981 fehlte dazu allerdings nicht mehr viel.

Nancy

Ich sah Nancy Lieberman zum erstenmal mitten in einem Match auf Amelia Island in Florida. Sie fiel mir wegen ihres feuerroten Haarschopfs auf, der sich deutlich von der Zuschauermenge abhob. Damals konzentrierte ich mich nicht immer so auf mein Spiel, wie ich es eigentlich hätte tun sollen. Wenn ich spielte, dachte ich ans Abendessen oder an ein interessantes Gespräch, das schon ein paar Tage zurücklag.
Ich spielte gerade gegen Kathy Rinaldi, als ich Nancy in der Spielerbox sah. Ich hatte sie nie Basketball spielen sehen, wußte aber, daß sie von der Presse schon einmal zur besten Basketballspielerin Amerikas gewählt worden war, daß sie früher in der College-Mannschaft von Old Dominion, Virginia, gewesen war und 1981 in der Frauen-Basketball-Liga für die Dallas Diamonds spielte.
»Was macht sie hier?« dachte ich bei einem Vorhandschlag.
»Sind nicht gerade die Entscheidungsspiele im Basketball?« fragte ich mich bei einem Rückhand-Volley.
»Wen kennt sie hier?« fragte ich mich, als ich mit einem Schmetterball den Punkt machte.
Schließlich schlug ich Kathy 7:6 und 6:1. Anschließend ging ich ins Clubhaus, wo man mich mit Nancy bekanntmachte. Es stellte sich heraus, daß sie eine Freundin von Anne Smith war, die sie aus Dallas kannte. Am Ende der Basketball-Saison war Nancy verletzt und ausgepumpt gewesen. Smitty hatte ihr daher vorgeschlagen, ins warme Florida zu kommen und sich mal wieder gutes Tennis anzuschauen.
Als Nancy ankam, machte Smitty sie mit Bud Collins bekannt, dem Sportjournalisten und Tennisreporter bei NBC, der mit allen Tennisspielern und -spielerinnen gut Freund ist. Bud fragte sie, ob sie Tennisfan sei, was sie verneinte, und auch als er wissen wollte, ob sie gerne eine von den Spielerinnen kennenlernen würde, verneinte sie.
Schließlich fragte Anne: »Möchtest du vielleicht Martina kennenlernen?« Nancy antwortete: »Nein, nicht unbedingt.«
Aus Nancy sprach die Städterin und Basketballspielerin: sich ja nicht zu sehr von irgend jemandem oder irgend etwas beeindruckt zeigen.

Aber ich saß nun mal im Presseraum, und so wurden wir von Bud Collins und Mel DiGiacomo, einem Fotografen, einander vorgestellt. Wir kamen ins Gespräch, und ich war von ihrem Äußeren beeindruckt. Ich hatte immer geglaubt, Basketballspielerinnen seien alle kräftig gebaut und muskulös, aber sie war schlank und zierlich.
Nancy Lieberman kannte sich im Sport sehr gut aus. Zum erstenmal traf ich eine Frau, die genausoviel über Sport wußte wie ich. Sie las regelmäßig den Sportteil mit den Ergebnissen und den Tabellen und kannte sich auch in reinen Männer-Sportarten wie Football und Baseball aus.
Wir verstanden uns auf Anhieb. Ich gestand ihr, daß ich immer geglaubt hätte, Carol Blazejowski sei die beste amerikanische Basketballspielerin (obwohl ich sie nie hatte spielen sehen), und Nancy erzählte mir, daß sie immer Chris Evert angefeuert hatte (was bis zum damaligen Zeitpunkt vermutlich stimmte).
Mir machte die Flachserei bei unserer ersten Begegnung großen Spaß. Männlichen Sportlern fällt es leicht, sich gegenseitig aufzuziehen und sich damit auf den Zahn zu fühlen, Frauen sind in dieser Hinsicht eher etwas zurückhaltend. Bei meinem Einstieg ins Profi-Tennis fühlte ich mich – selbst als ich Billie Jean King nacheiferte – ständig verpflichtet, mit allen gut auszukommen, mich anzupassen, nett zu sein. Bei Nancy Lieberman merkte ich von Anfang an, daß sie sich keinem solchen Zwang unterwarf.
Je länger wir uns unterhielten, desto mehr merkte ich, woher sie ihre »besondere Einstellung« hatte: aus der U-Bahn. Nancy war in Far Rockaway im Stadtteil Queens aufgewachsen und mußte, wenn sie Basketball spielen wollte, jedesmal die lange Strecke bis nach Harlem fahren, und auf der ganzen Fahrt von Queens über Brooklyn nach Manhattan setzte sie immer ihr »Kampfgesicht« auf.
Da fuhr dieses schlanke, vierzehn- oder fünfzehnjährige rothaarige Mädchen mit der U-Bahn nach Manhattan, um gegen erwachsene Männer, meistens Schwarze, auf einem Schulhof Basketball zu spielen, und setzte eine Miene auf, als wollte sie sagen: »Legt euch nicht mit mir an. Dabei zieht ihr den kürzeren.« Sie meint, es habe bei den Verrückten in der U-Bahn genausogut funktioniert wie bei den Basketballspielern. Sie hatte sich Härte antrainiert, und mir brachte sie das später auch bei.
»Wie kommt es, daß du nie zum Moody Coliseum rübergekommen bist und uns beim Tennisspielen zugeschaut hast?« fragte ich sie.
»Tennisspielerinnen haben mich nicht interessiert«, sagte sie mit völlig ausdruckslosem Gesicht, »die sind doch alle verweichlicht. Basketballspielerinnen sind echte Kämpferinnen.«

»Du kannst dir gar nicht vorstellen, wie sehr mir einmal die Schulter weh getan hat. Es war so schlimm, daß ich den Arm nicht einmal zum Zähneputzen hochheben konnte«, sagte ich, »aber ich habe trotzdem gespielt.«

»Schön und gut, aber im Basketball haben wir Körperkontakt.«

»Im Tennis geht es auch oft ziemlich rauh zu«, sagte ich, »ich habe schon ein paar üble Stürze hinter mir.«

Als ich in derselben Woche gegen Chris im Finale stand, ging es zwar nicht rauh zu, aber weh tat es trotzdem. Nancy war immer noch da, während ich erst Sylvia Hanika und dann Mima Jausovec besiegte und damit ins Finale einzog. Doch ich fand einfach nicht zu meinem Spiel, und das schon seit Monaten. Ich hätte nicht einmal ein Scheunentor getroffen, auch wenn mein Leben davon abgehangen hätte.

Auch in der Woche auf Amelia Island wurde ich von Alpträumen heimgesucht. In der Nacht vor dem Finale gegen Chris träumte ich, daß ich gegen sie spielte. Auf meiner Seite des Netzes ging es weit hinunter. Wenn man unten stand, konnte man das Netz kaum noch sehen. Ich schlug auf und versuchte, nach oben zu laufen, aber sie spielte einen langen Ball, so daß ich wieder nach unten laufen mußte. Danach spielte sie einen Stopball, und ich mußte den ganzen Weg wieder nach oben. Ich war wütend, weil ich keinen einzigen Punkt machte.

Mein Traum sollte sich am nächsten Tag bewahrheiten. Ich hatte hinterher nicht mehr so gut geschlafen, fühlte mich morgens aber trotzdem gut. Doch dann ging alles schief, und natürlich machte Chris keine Fehler. Es war, als ob sie Katz und Maus mit mir spielte. Ich gab mein Bestes, aber es rächt sich eben irgendwann, wenn man nicht genug Zeit ins Training investiert.

Es lief so schlecht gegen Chris, daß ich mitten im Match einem Ballmädchen meinen Schläger hinhielt und sagte, daß sie sicher eine bessere Figur machen würde. Dümmer hätte man sich wirklich nicht mehr anstellen können. Chris schlug mich 6:0 und 6:0. Seit ich Profi-Spielerin bin, war dies das erste Mal, daß ich in beiden Sätzen zu Null geschlagen wurde. Ich hatte siebenmal Gegnerinnen in den Anfangsrunden zu Null geschlagen, aber mit so einem Ergebnis im Finale zu verlieren war einfach niederschmetternd.

Rita Mae hatte mich dazu gebracht, meine Karriere teilweise über Bord zu werfen, wie ein Schlittenfahrer, der Ballast abwirft, um den Wölfen zu entkommen. Ich hatte einen Teil von mir aufgegeben, und jetzt mußte ich ihn mir wieder zurückholen.

Ich gewann ein anderes Turnier in den Staaten, bevor ich Ende Mai zu den French Open fuhr. Ich war an einem Tiefpunkt angelangt.

Billie Jean hatte gerade einen Prozeß am Hals. Marilyn Barnett, die uns früher als Friseuse auf Turniere begleitet hatte, wollte sie auf Zahlung einer Abfindung verklagen. Das war das Gesprächsthema Nummer eins. Es hieß, daß Avon, einer der größten Sponsoren, vorhabe, sich aus dem Tennis zurückzuziehen, weil man den Namen der Firma nicht mit Homosexualität in Verbindung bringen wolle.
Ich war mir sicher, daß mir schon der kleinste Skandal finanziell sehr schaden würde. Es hätte aber auch noch schlimmer kommen können. Ich hatte nämlich die amerikanische Staatsbürgerschaft beantragt und sollte noch im selben Sommer zum letztenmal angehört werden. In einigen amerikanischen Bundesstaaten gilt Homosexualität immer noch als Verbrechen, und ich befürchtete, daß man mir wegen meines Liebeslebens vielleicht die amerikanische Staatsbürgerschaft verweigern könnte. Wo hätte ich dann leben sollen?
Nancy lernte allmählich ein paar meiner Kolleginnen kennen, und einige von ihnen sagten ihr: »Sprich mit Martina. Auf dich hört sie. Du kannst ihr helfen.« Wahrscheinlich dachten sie, ich sei allein nicht in der Lage, Ordnung in mein Gefühlsleben und in mein Training zu bringen.
Eines Abends fragte mich Nancy: »Warum ziehst du nicht nach Dallas? Ich weiß nicht, wie es in der Basketball-Liga weitergeht. Vielleicht habe ich jede Menge Zeit, und dann könnte ich dir dabei helfen, wieder in Form zu kommen. Ich habe ein großes Haus in der Stadt, in dem ich mit einer meiner Mannschaftskameradinnen wohne. Wir haben viel Platz.« Ich fragte sie, ob sie keine Angst um ihr Image habe, wenn ich von Charlottesville nach Dallas zöge, aber sie sagte, daß es ihr nichts ausmache. Sie betrachtete es als eine Herausforderung, mir wieder zu meiner alten Form zu verhelfen, und warnte mich gleichzeitig, daß sie mich hart rannehmen würde. Dieses Gespräch war der Beginn unserer Freundschaft: zwei verwandte Seelen, zwei Sportlerinnen – die eine diszipliniert, die andere chaotisch.
Aber ich war immer noch liiert, und mir graute davor, dieses Problem anzugehen. Ich rief Nancy ein paarmal aus Charlottesville an. Rita Mae hörte zufällig eines unserer Gespräche, und schon war der Teufel los.
Ich hatte ihr zwar schon vorher gesagt, daß ich mich von ihr trennen wollte, aber sie war trotzdem richtig geschockt, als ich ihr sagte, daß es mir diesmal ernst sei. Ich war noch nie so entschlossen gewesen.
Ich glaube, man ist nie erfahren oder reif genug, um sich in einer solchen Situation richtig zu verhalten. Ich sagte nur: »Ich gehe. Ich muß wieder zu meinem Spiel finden.« Wir schlugen uns, schrien uns an und weinten. Es war einer dieser Augenblicke, von denen man

nicht weiß, ob sie Traum oder Wirklichkeit sind, die man aber in jedem Fall schleunigst hinter sich bringen möchte.
Wahrscheinlich verstand sie nicht, wie wichtig es mir war, wieder an meinem Spiel zu arbeiten. Sie hatte dazu eben eine ganz andere Einstellung als ich. Für mich war sie dagegen immer eine großartige Frau gewesen. Selbst heute halte ich Rita Mae immer noch für etwas Besonderes. Manchmal rede ich über etwas und bekomme die Fakten nicht mehr richtig zusammen. In solchen Augenblicken denke ich mir immer, daß Rita Mae es sicher wüßte. Aber damals reichte das nicht, um mich zum Bleiben zu veranlassen.
Rita Mae sah zu, wie ich mich daranmachte, meine Sachen zu packen, und nahm es alles andere als leicht. Sie war verletzt – jeder wäre verletzt gewesen –, und wir hatten eine sehr häßliche, handgreifliche Auseinandersetzung, wie sie mir künftig hoffentlich erspart bleibt. Wir rannten durchs Haus, schrien uns wütend an, von Zimmer zu Zimmer, bis ich es nicht mehr aushielt.
Ich verließ fluchtartig das Haus, war vor ihr am Auto, legte den Gang ein und brauste in einer Wolke von Auspuffgasen und wegspringenden Kieselsteinen davon, während Rita Mae auf der Straße stand und wild hinter mir her gestikulierte.
Ich rief Nancy an, um ihr zu erzählen, wie furchtbar es gewesen war, und daß ich nicht mehr zu Rita Mae zurückkehren könne. Ich wußte, daß ich damit das Problem auf Nancy abwälzte, aber sie versprach, mir zu helfen, und sagte, ich solle Charlottesville so schnell wie möglich verlassen.
Ein paar Tage später fuhr ich dann doch wieder hin, um meine Siebensachen zu holen. Rita Mae und ich waren noch viel zu gelähmt von dem, was passiert war, als daß wir einander psychisch oder physisch hätten verletzen können. Ich packte und fuhr direkt nach Frankreich, wo ich mich mit Nancy traf.
Die letzten Monate hatten ihre Spuren hinterlassen. Ich fühlte mich bleiern, wie ausgebrannt. Mir fehlte jegliche Motivation, mich wieder dem Tennis zu widmen. Ich brauchte jemanden, der mich mit Gewalt weitertrieb, und Nancy schien dafür genau die Richtige zu sein.
Ich war wohl nicht auf ihre Schroffheit gefaßt gewesen. Unter anderem hatte ich mir angewöhnt, mir immer etwas zu kaufen, wenn ich deprimiert war – teures Spielzeug wie Autos, Schmuck und allerlei Geräte für das Haus oder den Fitneßraum. Fast unmittelbar nach meiner Niederlage gegen Sylvia Hanika im Viertelfinale der French Open verfiel ich in einen solchen Kaufrausch und gab 15000 Dollar aus, genausoviel wie mir entgangen war, um mich über meine Niederlage hinwegzutrösten. Ich kaufte zwei teure Uhren, eine für Nan-

cy und eine für mich, und mußte mir dafür auch noch eine Standpauke anhören.

»Deine Einstellung ist völlig falsch«, herrschte sie mich an, »man kauft sich nichts, um sich nach einem verlorenen Match wieder aufzumuntern. Man kauft sich etwas, weil man es will und weil man es verdient hat. Wenn man verliert, verdient man nicht auch noch eine Belohnung. Dazu muß man erst mal was leisten.«

Später merkte ich, daß die Angewohnheit, regelmäßig neue Kleidung oder Autos zu kaufen, genauso gefährlich ist wie Alkoholismus, Drogenmißbrauch oder Freß- beziehungsweise Magersucht. Das soll bei Frauen ja auch häufig vorkommen. Heute ist mir klar, daß ich damit meine Selbstachtung wiederfinden wollte. Ich glaubte, daß anderen meine Ausgaben imponieren würden und ich dadurch mehr Achtung vor mir selbst bekäme.

Ich hatte noch eine weitere schlechte Angewohnheit. Ich besorgte für mein Leben gern Geschenke für meine Freunde. Das war meine Art, ihnen für ihre Freundschaft zu danken. Eines Tages machten wir einen Einkaufsbummel, und Nancy sagte, daß sie irgendwo ein schönes Armband gesehen habe.

»Ich kauf's dir«, sagte ich.

»Martina, du mußt es mir nicht kaufen«, antwortete Nancy barsch, »ich mag dich auch so.«

Bisher war noch nie jemand so direkt zu mir gewesen, und Nancy schwor obendrein, daß sie nicht gedachte, sich zu ändern. Sie klang bereits so angewidert wie ein Feldwebel am ersten Ausbildungstag der neuen Rekruten, und dabei hatte sie noch gar nicht mitbekommen, wie ich normalerweise trainierte.

Eine harte Schule

»Hoch, verdammt noch mal, hoch.«

»Ich kann nicht. Ich komme nicht hoch.«

Nancy Lieberman stand über mir, die Hände in die Hüften gestemmt. Sie tobte. Ich weinte.

Dies war unser erstes gemeinsames Konditionstraining, und wir machten beide neue Erfahrungen. Ich spürte zum erstenmal in meinem Leben richtigen körperlichen Schmerz, und Nancy merkte, daß mir Konditionstraining zuwider war.

Ich hatte es noch nie gemocht, schon in der Schule nicht. Ich tat alles, um mich davor zu drücken. Es machte mir nichts aus, hinter einem Ball herzulaufen oder auf einem Teich Schlittschuh zu laufen, aber

sobald ich einen Punkt gemacht oder ein Tor geschossen hatte, belohnte ich meinen Körper mit einer kleinen Erholungspause. Konditionstraining war dagegen eine Dauerbelastung.
Nancy hatte sich mit einem Trainer namens Ken Johnson aus Connecticut zusammengetan und mit ihm eine Reihe von Konditionsübungen zusammengestellt. Dabei schnallten sie mir einen Gurt um, an dem sich mich zurückziehen konnten.
Die erste Übung bestand aus zehn Sprints. Nach fünf brach ich zusammen.
»Was soll das heißen, du kannst nicht mehr?« brüllte Nancy, »Martina, ich rühr mich nicht von der Stelle, bevor du nicht die Übung zu Ende gemacht hast.«
Ihre Stimme klang scharf und schrill. Sie beugte sich zu mir herunter und schaute mich an. Noch nie hatte mich jemand so angebrüllt, mich so heruntergeputzt wie sie. Sie riß mich am Arm nach oben und schubste mich wieder auf die Bahn. Dann lief sie neben mir her, schob mich und trieb mich an:
»Schneller, Martina, willst du hier Wurzeln schlagen?«
Bei soviel Sarkasmus entschied ich mich wieder einmal für den Weg des geringsten Widerstands: Ich rannte los. Das schien mir immer noch leichter, als Nancy Liebermans Verachtung ertragen zu müssen.
So begann also eine Verbindung, die drei Jahre lang dauerte und mir half, ganz nach oben zu kommen. Wir waren auf einer Wellenlänge, denn wir wollten beide in unserem Sport die Beste sein, und außerdem interessierten wir uns beide allgemein für Sport.
Nachdem wir uns besser kennengelernt hatten, erzählten wir einander unsere Kindheit, zum Beispiel wie wir uns schon immer im Sport hervorgetan hatten. Nancys Eltern sind geschieden. Ihr Vater lebt in Florida, sie sieht ihn nur selten. Sie hat einen Bruder, der Zahnarzt ist. Früher war er immer der Ordentliche, sie dagegen schludrig und nur am Sport interessiert. Ihre Sachen stopfte sie einfach unter das Bett, und in der Schule kam sie immer nur so gerade eben mit. Während ich von meinen Eltern und vom Staat gefördert worden war, hatte sich Nancy ständig gegen die weitverbreitete Meinung der Amerikaner durchsetzen müssen, Sport sei nichts für Frauen.
Sie erzählte mir, daß man ihr andauernd auf die eine oder andere Art zu verstehen gegeben habe, sie solle nicht so viel Ball spielen, sondern sich lieber mit ihren Puppen beschäftigen oder kochen lernen. Aber sie wollte den Jungen im Sport in nichts nachstehen. Ich lernte in den darauffolgenden Jahren auch Nancys Mutter Renee näher kennen, die von den meisten »Reenie« genannt wird. Sie sagte mir, ich könne immer zu ihr kommen, und war so nett zu mir, daß ich sie »Moms«

nannte. Ich spürte, daß Reenie glücklicher gewesen wäre, wenn Nancy Lehrerin oder Hausfrau anstatt Basketballspielerin geworden wäre. Nancy erzählte mir einmal, ihre Mutter habe früher immer mit einem Schraubenzieher Löcher in ihre Basketbälle gestochen, aber sie habe sich dadurch nicht von ihrem Ziel abbringen lassen.

Als Frauen-Basketball Mitte der siebziger Jahre an Bedeutung gewann, bekam Nancy Angebote von vielen berühmten Colleges, entschloß sich dann aber doch für Old Dominion in Virginia. Sie sagte: »Dort wollte ich ganz groß rauskommen. Bisher hatte ich immer das Gefühl gehabt, zu kurz gekommen zu sein.«

Nancy war schon als kleines Mädchen eine Kämpfernatur. Immer wenn wir zum Madison Square Garden gingen, erinnerte sie ihr Freund Mike Saunders, der Trainer der New York Knickerbockers, an das Ferienlager in den Catskill Mountains, in dem sie früher öfter ihre Sommerferien verbracht hatten. Mike weihte mich ein: »Wir wurden in zwei Mannschaften eingeteilt und veranstalteten alle möglichen Wettkämpfe. Nancy nahm an einem Rennen teil, bei dem man einen Löffel in den Mund nehmen und vorne drauf einen Ping-Pong-Ball balancieren mußte. Nancy klebte einen Kaugummi auf den Löffel, drückte den Ping-Pong-Ball drauf und gewann.«

Sie konkurrierte mit allen – mit ihren Altersgenossinnen, mit ihrem Bruder und sogar mit ihren Mannschaftskameradinnen. Sie sagte: »Ich habe um jeden Ball gekämpft, während die anderen aus der Mannschaft nur ihre schicken Klamotten im Kopf hatten und daran dachten, nach dem Spiel noch was trinken zu gehen.«

Ich hatte keine Gelegenheit mehr, Nancy in der Frauen-Liga spielen zu sehen, aber in der Turnhalle der Southern Methodist University, wo wir im Sommer 1982 mit unserem Konditionstraining begannen, bekam ich einen ziemlich guten Eindruck. Ich schaute zu, wie sie und Rhonda Rompola, eine ihrer besten Freundinnen, stundenlang aufeinander losgingen, daß die Fetzen flogen. Danach kochten sie zu Hause, als sei nichts gewesen. Für mich hatte es zwar beinahe ausgesehen wie eine kriegerische Auseinandersetzung, aber das konnte ihre Freundschaft offenbar nicht erschüttern.

Ich wußte nicht viel über Basketball, und Nancy konnte es gar nicht abwarten, mir ihren Sport beizubringen, damit sie eine Partnerin hatte. Kaum beherrschte ich den Sprungwurf so einigermaßen, schon probierte Nancy ihr gesamtes Repertoire an mir aus: Ellbogen, Hüften, Knie. Außerdem wurde ich ständig herumkommandiert: »Los Tini, hierher! Mehr Einsatz! Steh auf! Gib ab! Wirf!«

Ich weiß noch, wie Ira Berkow von der *New York Times* einen Artikel über uns schreiben wollte, unmittelbar nachdem ich nach Dallas

gezogen war. Ira ist ein ziemlich guter Basketballspieler und versuchte, Nancy davon abzuhalten, sich rückwärts in den Freiwurfraum hineinzudrehen. Sie gab ihm einen kurzen Stoß mit dem Hintern, genau dorthin, wo es am meisten weh tut, drehte sich um die eigene Achse und konnte den Ball ungehindert im Korb versenken. Ira sagte später, er habe noch nie einen so harten Stoß in die Weichteile bekommen. Danach ließ er ihr etwas mehr Spielraum, was sie damit ja wohl auch bezweckt hatte.
Allmählich machte mir Basketball richtig Spaß. Es war eine angenehme Alternative zum Konditionstraining. Ein Spiel zu lernen, bei dem man den Ball in einen in 3,05 Meter Höhe hängenden Korb werfen muß, kam auch meinem Tennisspiel zugute. Die Ausholbewegung für einen Overhead-Volley war weitaus leichter, als hochzusteigen und mit Nancy um einen Abpraller zu kämpfen. Auf dem Tennisplatz hatte ich nämlich keine Gegnerinnen, die *mein* Blut von *ihrem* Ellbogen abwischten und dabei sagten: »Tini, es ist wirklich nicht meine Schuld, wenn du genau in mich hineinrennst.«
Aber Nancy ließ nicht zu, daß ich mein Tennistraining vernachlässigte. Sie fragte ständig: »Wann gehst du zum Training?« Ich antwortete, daß ich nicht unbedingt jeden Tag trainierte und mein Training meist nicht länger als eine Stunde dauerte.
»Du reißt dir wohl kein Bein aus, was?« fragte sie in schneidendem Tonfall. »Weißt du was, Martina? Ich bewege meinen Hintern täglich drei Stunden, und du trainierst *eine* Stunde.«
Sie trieb mich dazu an, täglich mehrere Kilometer zu laufen, und zeigte mir ein paar ihrer Schritte – Basketball-Beinarbeit statt Tennis-Beinarbeit. Wir sprangen Seil und trainierten mit Gewichten, aber nach einer Stunde war ich so erschöpft, daß mir der Sinn überhaupt nicht mehr nach Tennisspielen stand.
»Wetten, daß du es nicht schaffst, drei Stunden täglich Tennis zu spielen?« fragte Nancy, die behauptete, ich hätte die Konzentrationsfähigkeit eines Säuglings.
Sie war immer ziemlich direkt. Selbst wenn wir Gäste hatten, fragte sie: »Martina, meinst du nicht, daß wir jetzt ein bißchen trainieren sollten?« Ich hoffte immer, daß sie es vergessen hatte, oder daß wir es vielleicht auf später verschieben konnten, aber da biß ich bei ihr auf Granit.
Ein paar meiner Bekannten haben mir gestanden, daß ihnen die Art und Weise, wie Nancy mit mir umsprang, richtig peinlich war. Man konnte sich wirklich Fragen stellen, wenn man plötzlich bei unserem Training auftauchte und hörte, wie Nancy mich anraunzte: »Martina, das ist doch einfach jämmerlich. Was machst du eigentlich noch

hier?« Aber damals brauchte ich das. Manchmal heulte ich, warf den Schläger hin, rannte vom Platz oder brüllte zurück, aber ich kam jedesmal zurück, weil ich anscheinend noch nicht genug hatte.
Ich hatte keinen Trainer, keine Angehörigen in den Staaten und nach meinem Vater und George Parma nie wieder eine Autoritätsperson gehabt. Immer mehr Tennisspieler nahmen sich einen Trainer, den sie wie einen Guru verehrten. Ich war dagegen auf mich allein gestellt. Ich trainierte mit ein paar guten Lehrern, war aber noch nicht so weit, daß ich ständig mit einem Trainer hätte arbeiten wollen.
Es war wahrscheinlich ganz gut, daß Nancy bis zu unserer ersten Begegnung nicht viel Tennis gespielt hatte. Und da man als Erwachsener eine neue Sportart nicht so gut erlernen kann, daß es für eine Karriere als Profi reicht, waren wir auf dem Tennisplatz keine Gegnerinnen. Sie wußte, daß sie mich nur physisch und psychisch in Form bringen konnte und die Feinarbeit ein richtiger Tennistrainer übernehmen mußte.
Für Nancy gab es nur eine Methode, um mich in Form zu bringen: Härte. Ich sagte ihr immer wieder: »Du brauchst nicht so mit mir zu reden.« Aber wahrscheinlich hatte sie Basketballtrainer erlebt, die ständig solchen Druck auf ihre Schützlinge ausübten, und hielt das für den einzig richtigen Weg. Vielleicht war es ihr persönlicher Stil, vielleicht aber auch genau das, was ich wollte oder brauchte.
Wir mußten uns beide erst aneinander gewöhnen. Ich hatte gerade eine sehr intensive Beziehung hinter mir und dabei entdeckt, wie schwierig es ist, zwei Persönlichkeiten und zwei Berufe unter einen Hut zu bringen. Auch der Umzug zu Nancy brachte Probleme mit sich. Meine beiden Häuser in Dallas hatte ich verkauft, als ich nach Charlottesville zog. Nancy und Rhonda wohnten zusammen in einer ruhig gelegenen Maisonette-Wohnung westlich vom Zentrum. Allerdings ging es in der Wohnung manchmal zu wie im Taubenschlag. Oft kamen Basketballspieler zu Besuch, und außerdem hatte Nancy damals einen Freund. An soviel Trubel war ich bisher nicht gewöhnt gewesen.
Es dauerte eine Weile, bis ich begriff, wie bekannt Nancy war. Auf dem Flughafen von Dallas oder Norfolk riefen sie die Leute beim Vornamen, winkten ihr zu und erzählten ihr, sie hätten sie spielen sehen. Mir wurde allmählich klar, daß sie selbst berühmt war. Hauptsächlich deshalb glaubte ich, daß es zwischen uns keine Rivalitäten geben würde. Sie würde nicht auf meine und ich nicht auf ihre Erfolge angewiesen sein.
Nancy erzählte mir einmal: »Ich habe mir am Anfang gesagt, daß wir bisher ganz gut ohne einander ausgekommen sind, ich zweiund-

zwanzig Jahre und du vierundzwanzig Jahre lang, und daß wir beide etwas geben müßten, wenn wir Freundinnen sein wollten.«
Ich sagte mir immer wieder, daß ich in meinem Leben mehr durchgemacht hatte als alle meine Bekannten – immerhin war ich mit achtzehn von zu Hause weggegangen –, aber Nancy hatte auch ein paar Veränderungen hinter sich. Lange bevor ich sie kennenlernte, war sie zum christlichen Glauben übergetreten. Natürlich war das ein schwerer Schlag für Reenie Lieberman gewesen. Ein paar jüdische Vereinigungen luden Nancy gelegentlich zu gesellschaftlichen Veranstaltungen ein und wollten ihr einen Preis verleihen, aber sie lehnte jedesmal höflich ab. Als ich in Dallas wohnte, schrieb eine Zeitung über Nancys Übertritt zum christlichen Glauben. Daraufhin bekam sie eine Menge haßerfüllter Briefe.
Nancy gehörte zu den ersten amerikanischen Sportlern, die den Boykott der Olympischen Spiele 1980 unterstützten, den Präsident Carter als Reaktion auf den Einmarsch der Russen in Afghanistan verhängt hatte. Es war ihr nicht leichtgefallen, nachdem sie sich jahrelang auf die Spiele vorbereitet hatte, aber sie war trotzdem für den Boykott.
Nancy machte kein Hehl aus ihrer Meinung über mich. Sie erinnert sich heute noch an das eine Mal, als ich nach Hause kam und fragte: »Rate mal, was ich gekauft habe?«
Nancy antwortete unwirsch: »Ich will es gar nicht wissen.«
»Einen Massagetisch«, sagte ich.
»Oh, toll, ich hab' mich schon lange gefragt, wann wir endlich einen bekommen würden.«
In Wirklichkeit hatten wir schon einen, aber der neue hatte ein paar zusätzliche technische Raffinessen, und überhaupt, was wäre, wenn wir beide gleichzeitig eine Massage bräuchten?
Nancy zog mich auch immer wieder wegen meiner Autosammlung auf. Ich hatte einen Toyota Supra, einen Pontiac J, einen 733er BMW, einen silbernen Mercedes, einen Porsche 928, einen Rolls-Royce Silver Cloud, Baujahr 1965, und ein weißes Rolls-Royce Cabriolet, Modell Corniche, Baujahr 1976, Kostenpunkt 100000 Dollar.
»Der Corniche wird unsere Zweitwohnung«, sagte Nancy in einem Interview zu Sarah Pileggi von *Sports Illustrated*.
Seit Nancy auf mich aufpaßte, ließ meine Kauflust ebenso nach wie mein Appetit. Nancy fing gerade erst an, sich mit richtiger Ernährung zu beschäftigen, war aber schon immer der Meinung gewesen, man solle weniger rotes Fleisch, Zucker und fette Saucen essen. Das war der erste Schritt in die richtige Richtung. Später aßen wir dann nach einem sorgfältig zusammengestellten Diätplan.

Mein Gewicht sank bis zum Herbst 1981 von 75 auf 65 kg. Im Dezember 1981 ließ ich meine Hautfaltendicke mit einem Kalipermeter messen, wobei sich ein Körperfettanteil von nur 8,8 Prozent ergab, während bei Tennisspielern 12 bis 14 Prozent die Regel sind. Mit meiner neuen Figur fühlte ich mich wie ein neuer Mensch.

Schönes Wetter in Südkalifornien, oder: »Ich bin eine Amerikanerin«

Sechs Jahre waren vergangen, seit ich um Asyl gebeten hatte. Ich saß allmählich wie auf heißen Kohlen, weil ich mich ständig fragte, ob mein Antrag auf Anerkennung der amerikanischen Staatsbürgerschaft wohl durchgehen würde oder nicht.

Man las ab und zu, daß einem Schriftsteller oder Musiker die amerikanische Staatsbürgerschaft mit der Begründung, er sei eine zu »umstrittene« Figur, nicht zuerkannt worden war, und ich befürchtete, man könnte mit mir genauso verfahren. Sobald ich die amerikanische Staatsbürgerschaft hatte, würde mir das Gerede über mich völlig egal sein, aber bis dahin war meine größte Sorge, daß man mich abschieben könnte.

Im selben Sommer wurde Billie Jean von Marilyn Barnett verklagt, weil diese meinte, sie hätte nach sieben Jahren gemeinsamen Lebens Anspruch auf eine Abfindung. Sie war im Besitz eines ganzen Bündels Briefe von Billie Jean, die die Beziehung jedoch nie abstritt, sondern sie vielmehr als einen »Fehler« bezeichnete. Damals war der Teufel los. Avon schien kurz davor zu sein, seine drei Millionen Dollar aus dem Damen-Tennis abzuziehen, und alle von uns wußten, daß Billie Jean ziemlich tief in die Tasche würde greifen müssen.

»Es ist mir unerklärlich«, sagte ich im Frühjahr zu einem Reporter von *Inside Sports*, »auf der einen Seite ist Billie Jean wegen dieser Enthüllungen ein Werbevertrag für Vitaminpräparate durch die Lappen gegangen, und auf der anderen Seite wurden Anita Bryant wegen ihrer Kampagne gegen Homosexuelle alle Werbeverträge aufgekündigt. Das soll einer verstehen.«

Ich war zu der Überzeugung gelangt, daß den Leuten »umstrittene Figuren« nicht so ganz geheuer sind. Ich wußte, daß meine inzwischen beendete Beziehung zu Rita Mae ziemlich vielen bekannt war. Ich hatte in der Öffentlichkeit zwar nicht darüber gesprochen, aber irgendwann einmal ein privates Interview gegeben. Die Zeitbombe tickte.

Auslandsreisen ohne amerikanischen Paß waren jedesmal eine ziemlich umständliche Prozedur. Meine Aufenthaltserlaubnis erinnerte mich ständig daran, daß ich immer noch keine amerikanische Staatsbürgerin war. Für jede Auslandsreise brauchte ich eine Wiedereinreisegenehmigung.
»Was ist denn das?« fragte meist einer der Zollbeamten, wenn ich ihm meine Papiere zeigte, so daß ich jedesmal viel langsamer abgefertigt wurde als die Amerikaner.
Aber das eigentliche Problem war das Überfliegen kommunistischer Länder. Das Risiko, daß unser Flugzeug womöglich über kommunistischem Gebiet zur Landung gezwungen und ich an die Tschechoslowakei ausgeliefert worden wäre, konnte ich einfach nicht eingehen. Ich mußte immer erst die Flugroute überprüfen. Wenn der Flug über ein kommunistisches Land ging, nahm ich eine andere Route.
Schließlich beantragte ich die amerikanische Staatsbürgerschaft. Meine Anwälte hatten mir geraten, den Antrag in Los Angeles und nicht in Dallas zu stellen, weil man an der Küste im allgemeinen weniger streng war. In Virginia, wo ich immerhin auch eine Zeitlang gelebt hatte, verstieß jede Art von homosexueller Beziehung gegen das Gesetz. Ich hatte die ganze Zeit Angst, daß es herauskommen könnte.
Ich machte mir Sorgen – auch wenn ich meinen Antrag in Kalifornien stellte –, weil ich gehört hatte, daß man manchmal auch nach seinen sexuellen Neigungen gefragt wurde. Ich sehe nicht ein, warum man auf so eine Frage antworten sollte, aber man erklärte mir, daß der Staat meinte, er hätte ein Recht dazu, weil manche später vielleicht wichtige Aufgaben beim Militär oder in der Rüstungsindustrie übernähmen und ihre homosexuelle Veranlagung eventuell von Erpressern ausgenutzt werden könnte. Genaugenommen ist jeder irgendwie erpreßbar. In einer besseren Welt, in der man seine Neigung nicht zu verheimlichen bräuchte, wäre keiner mehr erpreßbar.
Ich hatte Angst vor der Doppelmoral: Auf der einen Seite soll man alles offen sagen, und auf der anderen wird man dafür bestraft. Ich war mir sicher, daß sie mir die bewußte Frage stellen würden, weil unsere Beziehung bekannt gewesen war – vielleicht ein Foto, das mich zusammen mit Rita Mae auf einer Party oder einer Eröffnungsfeier zeigte. Wenn ich die Wahrheit sagte, würde man mir die amerikanische Staatsbürgerschaft vielleicht verweigern, aber natürlich wollte ich auch keinen Meineid leisten. Meine Anwälte rieten mir, einfach die Wahrheit zu sagen, und meinten, daß mir niemand daraus einen Strick drehen würde.
Ich hatte Ende Mai einen Termin bei der Einwanderungs- und Einbürgerungsbehörde in Los Angeles. Die Anwältin, die mich zu die-

sem Termin begleitete, sagte mir, daß sie die Frau, die mir die Fragen stellen würde, seit Jahren kannte und diese so gut wie nie lächelte, aber als ich das Zimmer betrat, lächelte sie und war sehr freundlich. Ich wertete das als gutes Zeichen.
Am Anfang unseres Gesprächs mußte ich einen Satz auf englisch schreiben. Ich schrieb: »In Südkalifornien ist das Wetter schön.« Das schien ihnen zu genügen. Dann stellte mir die Frau ein paar Fragen: Welche Farben hat die amerikanische Flagge? Wer war der erste Präsident der USA? Wie heißt der jetzige Präsident?
Dann fragte man mich auch noch: »Kann der Präsident allein den Krieg erklären?« Ich dachte eine Weile nach und antwortete: »Ja.« Das war strenggenommen falsch, weil der Präsident dafür die Zustimmung vom Kongreß braucht, aber ich dachte mir: »Wenn schon eine Rakete mit Kurs auf die USA unterwegs ist, hat man schließlich keine Zeit mehr, den Kongreß zu fragen und abstimmen zu lassen. Meine Antwort war falsch, der Gedankengang an sich aber richtig, und ich glaube nicht, daß man es mir ernsthaft angekreidet hat.
Danach fragte mich die Beamtin, ob ich vorbestraft oder drogenabhängig sei. Es kam auch eine kurze Frage nach meiner sexuellen Neigung. Ich schluckte und antwortete, ich sei bisexuell, aber sie schaute nicht einmal vom Formular auf, sondern ging einfach zum nächsten Punkt weiter. Am Ende der Prüfung war sie sehr freundlich, sagte mir aber nicht, ob ich bestanden hatte oder nicht.
Meine Anwältin meinte, es würde drei bis vier Wochen dauern, bis ich die Benachrichtigung bekäme, und so widmete ich mich also wieder dem Tennis und meinem Konditionstraining mit Nancy.
Anfang Juli rief mich dann meine Anwältin an und sagte mir: »Sie haben's geschafft.«
Ich konnte kaum glauben, daß ich für immer hierbleiben und dieses Land als meine neue Heimat betrachten durfte. Ich wollte, daß man mich als Amerikanerin anerkannte, aber inzwischen ist mir klar, daß einige das nie tun werden. Es ärgert mich immer noch, wenn mir jemand sagt: »Ich bin ein echter Amerikaner. Ich bin hier geboren.« In so einem Fall sage ich mir immer: »Na und? Was hast du schon groß dafür getan? Ist das vielleicht dein Verdienst?«
Es stört mich sogar, wenn ich wegen meines Akzents, den man heute wirklich kaum noch heraushört, gefragt werde, wo ich herkomme. Manche fragen mich, ob ich aus Südafrika oder Australien käme. Eigentlich sollte es mir nichts ausmachen, daß man mich nicht für eine echte Amerikanerin hält, aber es ärgert mich trotzdem.
Für mich hatte viel von der Anerkennung der amerikanischen Staatsbürgerschaft abgehangen. Ich war ein neuer Mensch – vor dem Ge-

setz und auch psychisch. Aber immer noch gab es Leute, die mich nicht als eine von ihnen betrachteten, weil ich anderswo geboren war. Ich weiß, daß es Unterschiede gibt. George Parma wunderte sich früher immer, warum Ivan Lendl in den Staaten eine Zeitlang so eine schlechte Presse hatte. Später erfuhr George, daß Ivan die Amerikaner an seinem recht sarkastischen tschechischen Humor hatte teilhaben lassen wollen, indem er auf eine Frage mit einer kurzen, zynischen Gegenfrage antwortete; auf englisch, aber das ging schief.

Ich glaube, mein negatives Image kam zum Teil daher, daß ich immer unverblümt meine Meinung sagte und noch dazu mit leichtem Akzent sprach. Vielen Amerikanern sind fremdländische Sprachen und Akzente nicht so ganz geheuer. Für die Europäer sind sie dagegen etwas ganz Alltägliches. Je länger ich in den Staaten lebe, desto mehr wird mir bewußt, wie wichtig es hier ist, zu lächeln und freundlich zu wirken – wie Ronald Reagan. Das Image scheint wichtiger zu sein als das, was man tut. Ich wollte immer um meiner selbst willen geliebt werden und hoffte, daß mir die amerikanische Staatsbürgerschaft dabei helfen würde.

Die Vereidigung fand am 20. Juli in Los Angeles statt. Der Richter war ein älterer Schwarzer. Unsere Gruppe bestand aus fünfzig bis sechzig Leuten – die typische Los-Angeles-Mischung aus Schwarzen, Orientalen, Kaukasiern und Hispano-Amerikanern. Der Richter verlas die Erklärung. Ich sprach die Worte leise nach. Dann sagte er: »Hiermit erkläre ich Sie zu Staatsbürgern der Vereinigten Staaten.«

Ich wollte jubeln, klatschen und vor Freude in die Luft springen, aber die anderen gingen bereits wieder hinaus, ohne auch nur einen einzigen Ton zu sagen. Am liebsten hätte ich ihnen zugerufen: »Hey, ich habe lange auf diesen Augenblick gewartet.«

Als ich nach draußen kam, warteten dort schon Larry King und Linda Dozoretz von Rogers & Cowan, meiner PR-Agentur in Los Angeles, sowie Mimi und Janet. Es gab keine Fanfare, keine Menschenmenge und nur zwei Fotografen, weil Linda sich erfolgreich darum bemüht hatte, daß die Sache nicht allzu publik wurde. Alle umarmten und küßten mich. Ich weinte. Ich wünschte, meine Eltern und Jana wären dabeigewesen. Am nächsten Tag bekam ich meinen Paß, aber so richtig begriffen habe ich es erst ein paar Tage später, als ich zu einem Schaukampf nach Australien flog. Ich wollte gerade meine Aufenthaltserlaubnis aus meiner Handtasche hervorkramen, da fragte mich der Zollbeamte: »Kann ich bitte Ihren Paß sehen?«

»Und ob!« antwortete ich und holte ihn triumphierend hervor.

Ich platzte vor Stolz. Ich war Amerikanerin, und in Südkalifornien war schönes Wetter.

Ein neues Image

Im August 1981 hatte ich zwar eine neue Kleidergröße und einen neuen Paß, aber immer noch nicht die US Open gewonnen – der einzige Grand-Slam-Turnier-Titel, der mir noch fehlte. Noch vor einem Jahr hatten alle Sportjournalisten über meine Schlappe bei den US Open berichtet, und jetzt las man schon wieder überall »Was ist los mit Martina?«

Ich war der Meinung gewesen, ich hätte bereits einigermaßen Ordnung in mein Leben gebracht, aber gute Nachrichten brauchen eben länger als schlechte.

Um diesem Image entgegenzutreten, gaben Nancy und ich einem Journalisten aus Dallas ein Interview, unmittelbar nachdem ich offiziell amerikanische Staatsbürgerin geworden war. Ich erklärte, daß ich nach Dallas gezogen sei, um wieder in Form zu kommen und um möglichst wieder die Nummer eins der Weltrangliste zu werden. Wir betonten, daß Nancy mich dabei unterstützte und daß man keine falschen Vermutungen über unsere Beziehung anstellen solle, zumal Nancy damals einen Freund in Dallas hatte.

Ich sagte, ich sei bisexuell, Nancy jedoch »normal«, und fügte hinzu: »Mir ist es egal, was über mich geredet wird, aber Nancy sollte nicht darunter leiden, mit mir befreundet zu sein.«

Vielleicht war das ein Fehler. Es wäre wohl besser gewesen, nicht auch noch darauf aufmerksam zu machen, nichts abzustreiten und die Leute nicht zu provozieren.

Als die US Open herannahten, wurde die Tenniswelt von der schon erwähnten Klage gegen Billie Jean King erschüttert. Obendrein hatte ich einige Monate zuvor auch noch in einem Interview zu Steve Goldstein von der New Yorker *Daily News* gesagt, wie sehr ich mich davor fürchtete, daß noch mehr über meine Beziehung zu Rita Mae an die Öffentlichkeit dringen könnte.

Steve wartete, bis ich die amerikanische Staatsbürgerschaft hatte. Dann rief er mich eines Tages in Monte Carlo an und sagte, es sei an der Zeit, das Interview zu verwerten. Ich antwortete, daß ich immer noch dagegen sei, es abzudrucken, weil die Billie-Jean-Geschichte einfach noch zu hohe Wellen schlug. Er entgegnete, sein Verlag wüßte, daß er im Besitz der Story sei, und setze ihn unter Druck, sie endlich zu veröffentlichen. Das tat er dann auch.

Ich bin immer noch der Meinung, daß die Veröffentlichung unseres Gesprächs ein Vertrauensbruch war, aber ich weiß natürlich auch, daß ich selbst schuld daran bin. Es war leichtgläubig und naiv von mir, meine größten Ängste einem Reporter anzuvertrauen, der andere Sorgen hatte als meine Sicherheit und mein Glück. Man lernt eben nie aus. Ich war immer offen zur Presse – das können viele Journalisten bestätigen –, aber seit dieser Geschichte spreche ich viel weniger über mein Privatleben.

In ebendiesem Artikel wurde Chris folgendermaßen zitiert: »Ihr Spiel wird erst wieder in Ordnung kommen, wenn sie Ordnung in ihr Privatleben bringt. Martina steckt zur Zeit in einem Formtief. Vor zwei Jahren hat sie richtig gut gespielt. Heute arbeitet sie wahrscheinlich nicht mehr so hart an sich und trainiert auch nicht mehr soviel wie früher. Sie ist wohl glücklich, in Amerika zu leben, amerikanische Staatsbürgerin zu sein und den Luxus zu genießen. Wenn sie die Nummer eins sein will, muß sie zuvor einiges ändern.«

Sie machte sich Sorgen um mich. Wie sollte sie auch wissen, daß ich mein Training bereits so drastisch geändert hatte, daß sie mich in zwei Jahren auf keinem Boden mehr würde schlagen können, nicht einmal auf Sand?

Zur selben Zeit, als der Artikel herauskam, gab Rita Mae ebenfalls ein Interview: »Sie hat sich in eine andere verliebt. Das passiert ihr andauernd.«

Es war wirklich zu komisch. Die Öffentlichkeit gierte nach allen möglichen pikanten Geschichten über mich – ob ich *so* war oder vielleicht doch anders. Frauen und Männer werden eben unterschiedlich behandelt, selbst wenn es um so intime Dinge wie die Sexualität geht. Die Sportreporter trauen sich ohne weiteres, eine Frau zu fragen: »Stimmt es, daß Sie mit Frauen schlafen?« Aber sie würden nie einen männlichen Sportler fragen, ob er mit Männern schläft – und es gibt wirklich genügend bekannte Sportler, die genau das tun.

Es ist nämlich so: Wenn ein Reporter einem Mann so eine Frage stellt, handelt er sich so einen Kinnhaken ein, daß er erst nach einer Woche wieder zu sich kommt. Wenn dagegen eine Frau einem Reporter eine schmiert, weil er ihr anzügliche Fragen nach ihrem Liebesleben stellt, beweist das doch nur, daß er recht hat, oder etwa nicht?

Man sollte das Ganze nicht so wichtig nehmen, aber ein gutes Image zählt nun mal überall auf der Welt. Werbeagenturen und Sponsoren zahlen viel Geld für das gewünschte Image.

Ich merkte, daß ich mit Werbung für Tennisausrüstung und -kleidung ein Vermögen verdienen könnte, wenn ich erst einmal wieder in Form sein würde, und machte mir ernsthaft Gedanken über mein Image – was für ein Bild diese Hampelmänner aus der Wirtschaft von mir hatten, diese unsichtbaren Drahtzieher, die bestimmen, was die Öffentlichkeit zu denken hat.

Wer trifft diese Entscheidungen? Mark Spitz gewann bei den Olympischen Spielen 1972 in allen seinen Disziplinen die Goldmedaille, wirkte in den Werbespots jedoch eher unsympathisch. Das kann natürlich auch passieren. Ich befürchtete aber noch viel mehr, daß die Menschen mir gegenüber voreingenommen sein könnten, bevor sie überhaupt Gelegenheit hatten, mich in einem Werbespot zu sehen.
Diese ganze Image-Geschichte ist ziemlich zwiespältig. Auf der einen Seite sind die Werbeagenturen besorgt um das Image der Profi-Tennisspieler, auf der anderen werden Sportveranstaltungen von Fast-Food-, Bier- oder Zigarettenherstellern finanziert. Ist es nicht ein Widerspruch in sich, wenn eine Sportlerin von einer Firma gesponsert wird, deren Produkte der Gesundheit mehr schaden als nützen? Jeder zweite tödliche Verkehrsunfall wird durch Alkoholgenuß verursacht, und dennoch lachen die Fernsehzuschauer über die lustigen Bier-Werbespots, trinken ein paar Gläser, setzen sich in ihr Auto und fahren es zu Schrott.
Seien wir doch einmal ehrlich: Einer der einflußreichsten Sponsoren im Damen-Tennis ist Virginia Slims, ein an sich erstklassiges Unternehmen, dessen Produkte jedoch den Nachteil haben, gesundheitsschädlich zu sein. Eigentlich sollte man die Menschen auch vor Eiern warnen, wegen des hohen Cholesteringehalts. Wenn die Leute wüßten, was so alles in Schweine-, Rind- und Schaffleisch ist, würden sie es bestimmt nicht essen. Ich bin stolz darauf, von Virginia Slims gesponsert zu werden, rauche aber nur einige wenige Zigaretten pro Jahr, meistens wenn ich im Bridge oder Backgammon verloren habe, und würde mich nie mit einer Zigarette in der Hand fotografieren lassen.
Mein Image wurde zum Teil durch meine »Flegeljahre« geprägt, als ich auf dem Tennisplatz mit Billie Jean Schiedsrichter parodierte und in meiner Freizeit fünf Armbänder und drei Halsketten auf einmal trug. Auf dem Tennisplatz hielt ich mich für perfekt, aber auch dort habe ich den Bogen überspannt.
Es ist schon komisch. Wenn ich mich heute als Aushängeschild meiner Sponsoren bei gesellschaftlichen Anlässen zeige, sagen mir die Leute oft: »Ich habe Sie mir ganz anders vorgestellt.«
Vor kurzem sah mich die Frau eines Sportjournalisten zum erstenmal auf einer großen Party, die Virginia Slims während des Turniers in Wimbledon veranstaltete. Ich trug ein Abendkleid, hatte damals relativ langes Haar und mir außerdem die Augen geschminkt. Sie sagte zu mir: »Sie sind ja richtig hübsch.«
Wir lachten beide, und die Situation war gerettet, aber ich frage mich, was die Leute eigentlich für eine Vorstellung von mir haben.

Im Sommer 1981 begann ich unter anderem, mein Haar sorgfältiger zu pflegen. Ich hatte in den vergangenen Jahren ein paar abenteuerliche Experimente damit angestellt, darunter auch meine erste Dauerwelle von Marilyn Barnett 1975 – die Struwwelfrisur aus der Zeit der großen, gewichtigen Hoffnung im geblümten Kleid. Eine Lockenmähne war genau das, was mir zu meinem runden Gesicht und meinem runden Körper noch gefehlt hatte. Sie verlieh mir viel mehr Volumen.

Danach hatte ich nie wieder eine Dauerwelle. Ich versuchte aber, meine naturbraunen Haare mit einem Spray aufzuhellen, das die Haare in der Sonne ausbleichen läßt. Auch das entpuppte sich als mittelschwere Katastrophe. Das Spray trocknete mein Haar bloß aus und machte es kaputt. Nachdem Al Frohman, Nancys Manager, 1981 in einem Gespräch nebenbei erwähnte, daß mir blond sicher ausgezeichnet stehen würde, ließ ich mir blonde Strähnchen ins Haar färben und mir bei Vidal Sassoon in New York Schminktips geben.

Meine Mutter lackiert sich ab und zu die Nägel, aber im allgemeinen schminken sich die Frauen in der Tschechoslowakei nur selten. Ich benutzte jetzt Eyeliner und Rouge, um meine hohen slawischen Wangenknochen, von denen die Leute immer so schwärmen, noch mehr zur Geltung zu bringen.

Inzwischen war es mir auch nicht mehr egal, wie ich auf Fotos aussah. Natürlich kann man nichts machen, wenn man mitten in einem Spiel fotografiert wird, aber jedesmal wenn es darum ging, Fotos für einen längeren Bericht zu machen, bat ich den Fotografen, bis nach dem Training zu warten, weil ich erst duschen wollte. Die meisten Fotografen haben Verständnis dafür und finden es selbst auch schöner, Fotos von mir zu machen, auf denen ich so aussehe, wie ich mich fühle, und wenn ich geduscht, geschminkt und nett angezogen bin, ist mir gleich viel mehr nach Lächeln zumute.

Ich bin nicht so wie Andrea Temesvari, die mit all ihrem Make-up und ihrer perfekten Frisur selbst auf dem Tennisplatz aussieht, als würde sie zu einem Ball gehen. Heute bin ich mehr für das Dezente. Ich bin keine Marilyn Monroe, die wie ein kleines Mädchen redet und dabei tiefe Einblicke gewährt, und auch keine Joan Collins – dieses aufreizende Gehabe liegt mir nicht. Meine Idole sind Greta Garbo wegen ihrer Schönheit und Zurückhaltung und Katharine Hepburn wegen ihrer Stärke und Ruhe. Wie ich erfahren habe, war sie früher eine gute Golferin und Tennisspielerin. Das merkt man schon an ihren Bewegungen. Ich hoffe, daß ich genausoviel Mut und innere Ruhe haben werde, wenn ich so alt bin wie sie – oder möglichst schon nächste Woche.

Seit ich als Kind in Prag den Film »African Queen«, einen meiner ersten amerikanischen Spielfilme, gesehen habe, war ich ein Fan von Katharine Hepburn. Seither wollte ich immer so sein wie sie, und ich hoffte, sie vielleicht eines Tages kennenzulernen. Einmal spielte ich bei einem Turnier in New Jersey und schickte ihr eine Einladung. Ihre Sekretärin teilte mir jedoch mit, daß Miss Hepburn nicht kommen könne.

Ich versuchte es immer wieder, und nach den US Open 1984 lud sie mich und Judy Nelson dann in ihre New Yorker Wohnung ein. Sie war so, wie ich sie mir vorgestellt hatte: sehr ruhig, sehr intelligent und mehr an anderen Leuten als an sich selbst interessiert. Sie sprach mit mir über Tennis und fragte mich, was es für ein Gefühl sei, auf dem Centre Court zu stehen. Sie schien alles über meine Tenniskarriere zu wissen, und ich versuchte, nicht bloß dazusitzen und sie anzustarren. Ich sah sie im Geist in all den phantastischen alten Filmen vor mir.

Ja, in der guten alten Zeit, als die »Sittenwächter« des Films noch verlangten, daß man vollständig bekleidet war und immer mit mindestens einem Fuß auf dem Boden stand, war ein Drei-Sekunden-Kuß bereits sehr sinnlich. Heute gibt es fast keinen Film mehr, in dem sich die Schauspieler nicht irgendwann ausziehen, aber trotzdem sind die modernen Filme bei weitem nicht so erotisch. Humphrey Bogart und Katharine Hepburn, Fred Astaire und Ginger Rogers, Spencer Tracy und Katharine Hepburn – was für eine prickelnde Spannung. Heute sehen die Regisseure nicht ein, daß eine Schauspielerin sich nicht ausziehen will – wenn ich Schauspielerin wäre, würde ich es auch nicht tun.

Im Sommer 1981 war ich allmählich zufrieden mit meinem Äußeren. Ich hatte nichts mehr gemein mit dem dürren kleinen Mädchen von früher, das einmal mit seiner Großmutter ins Kino ging und von der Toilettenfrau zu den Herren geschickt wurde, weil sie es für einen Jungen hielt. Ich sagte damals zu ihr: »Ich bin ein Mädchen«, worauf sie antwortete: »Bist du sicher?«

Die Leute beurteilen einen nach dem Äußeren, und da ich wußte, daß ich unter den Kleidern eine richtige Frau war, dachte ich mir, daß ich mich eigentlich auch entsprechend anziehen könne. Vermutlich war mein neues Lebensgefühl auch der Grund, warum ich auf einmal besser denn je spielte. Wenn man sich gut fühlt, sieht man besser aus und spielt auch besser. Das Selbstbewußtsein zeigt Wirkung, auch auf dem Tennisplatz. Ich komme mir beim Tennisspielen nicht maskulin vor. Ich weiß, daß ich mehr Kraft habe als die anderen Frauen und schneller laufen kann als die meisten von ihnen, aber ich bin nicht größer als viele andere auch. Ich machte Konditionstraining, aß gesünder, war selbstbewußt und fühlte mich gesund und feminin. Anders ausgedrückt: Es machte mir Spaß, vor 18000 Zuschauern zu stehen, mit meinem neuen orange-goldenen Tennisdreß und etwas Rouge auf den Wangen. Ich fühlte mich wohl in meiner Haut, wohler als je zuvor.

Mir gefiel mein neues Aussehen – Make-up, blondes Haar und verrückte Klamotten –, aber ich hatte Angst, daß die Reporter bei den US Open mich nach meiner Beziehung zu Rita Mae fragen würden. Von allen Tennisspielern und -spielerinnen komme ich den Reportern normalerweise am meisten entgegen. Ich bin geduldig, sage nicht nur irgendwas, versuche witzig zu sein und gebe ehrliche Antworten auf alle ihre Fragen. Diejenigen Reporter, die ausführlichere Informationen brauchen, können bestätigen, daß ich mich auspressen lasse wie eine Zitrone, weil ich weiß, daß das zu meinem Beruf dazugehört.

Diesmal hatte ich mir vorgenommen, den Reportern zu sagen: »Wenn Sie Fragen über Tennis haben, bitte. Alles andere können Sie vergessen.« Das brauchte ich aber gar nicht zu sagen. Statt dessen mußte ich Fragen beantworten, die sich auf etwas ganz anderes bezogen – auf die Martina, der in den entscheidenden Situationen die Nerven durchgingen und die im Jahr 1981 immer noch nicht die US Open gewonnen hatte.

Die andere Gegnerin

Als das Turnier herannahte, stimmte alles: Ich war in ausgezeichneter Form und fest entschlossen, diesmal den Titel zu holen. Meine bittersten Erfahrungen hatte ich hier gemacht: 1975 der Entschluß, für immer hier zu bleiben, die Niederlage gegen Janet Newberry 1976, gegen Wendy Turnbull im Halbfinale 1977, gegen Pam Shriver 1978, gegen Tracy Austin 1979 und in der vierten Runde gegen Hana Mandlikova 1980. Bisher war ich nicht einmal bis ins Finale gekommen, und dabei waren die US Open doch die Meisterschaften meiner neuen Heimat.

Obendrein verglich man mich auch noch mit Björn Borg, der den Titel ebenfalls nie gewonnen hatte. Es war ganz klar: zwei große ausländische Sportler, die jeden September auf der Strecke blieben. Für manche war es symptomatisch, daß das ausgerechnet in New York passierte – als ob es sich dabei um eine Art Charaktertest handelte. Unsere Pechsträhne hatte im schönen, aber überfüllten West Side

Tampa, Florida (von links nach rechts): Tets (ein Shiba), K. D. (Killer Dog, ein winziger Foxterrier) und Ruby, ebenfalls eine japanische Züchtung.

Federation Cup 1982 in Santa Clara, Kalifornien (von links nach rechts): ich, Chris Evert, Andrea Leand (Champagner trinkend) und Peter Marmureanu.

Nancy Lieberman und ich 1982 bei der »Superstars Competition« in Key Biscayne, Florida. Wir hatten uns gut auf dieses Ereignis vorbereitet und waren beide in Hochform.

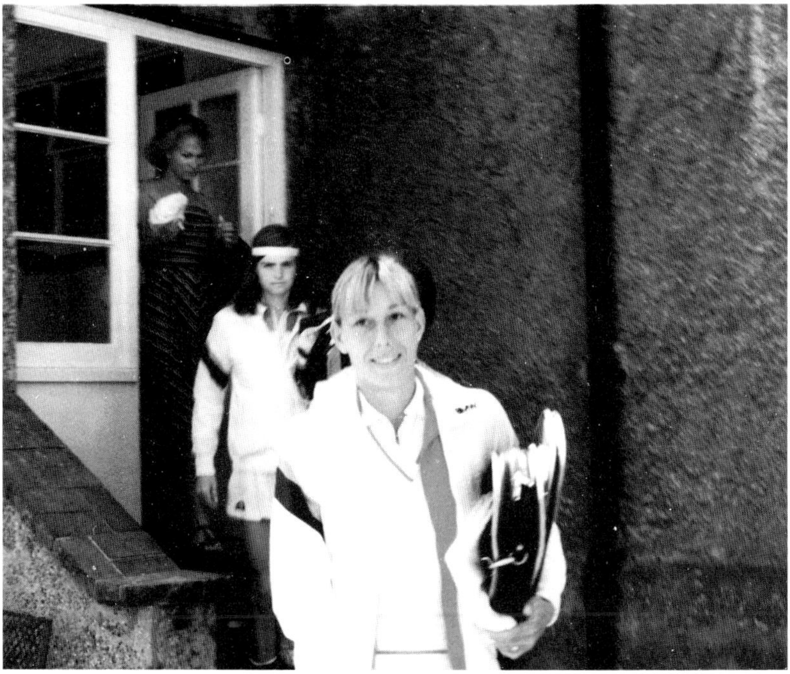

Mein Trainer Mike Estep und ich 1983 in Wimbledon. Das war das erste große Turnier, in dem er mich als mein Coach betreute. Mike nimmt sich meiner Technik und Taktik an und leistet mir außerdem im Match moralische Unterstützung. Wenn ich mich über drei nicht erwischte Bälle ärgere, schaue ich zu ihm hinüber, sehe sein Lächeln und beruhige mich wieder. Von ihm habe ich gelernt, daß ich meine Gegnerin nicht zu hassen brauche, um zu gewinnen.

Linke Seite unten (von links nach rechts): *Renee Richards, Hana Mandlikova und ich 1982 in England, eine Woche vor Wimbledon. Wir verlassen gerade das Büro des Schiedsrichters, um das Finale zu bestreiten. Renee hat für mich ein paar Orangen in eine Serviette gewickelt. Hana hat bereits ihr »Kampfgesicht« aufgesetzt. Das Match wurde an einem der windigsten Tage ausgetragen, die ich in meiner Karriere je erlebt habe. Ich gewann.*

Links: *Pam Shriver und ich bei den US Open 1984. Pam ist eine tolle Einzel-Spielerin und eine phantastische Doppelpartnerin.*

Rechte Seite oben: *Beim Virginia-Slims-Turnier im Madison Square Garden, New York, 1985. Zwei Jahre zuvor hatte ich einen Sehtest machen lassen, und alles war in Ordnung gewesen, aber im Oktober 1984 ließ meine Sehkraft nach. Ich merkte es 1985, als ich in Princeton, New Jersey, gegen Hana Mandlikova spielte. Ich hatte Schwierigkeiten, den Ball zu sehen, dachte aber zuerst, das läge an den schlechten Lichtverhältnissen.*

Unten: *Bei den New South Wales Building Society Open, Sydney, 1984.*

Oben: *Zu meinem achtundzwanzigsten Geburtstag schenkte mir Judy Nelson ein Reitpferd. Wir nannten es Grand Slam.*

Unten: *Puma und Yonex (genannt Yonnie) bei einem Turnier im Sommer 1984 in Mahwah, New Jersey.*

Aspen Highlands, Colorado, 1984.

Blick in die Zukunft: »Ich fange ja gerade erst an.«

Tennis Club in Forest Hills begonnen – erst auf Gras, später auf Kunststoffboden – und hielt auf den Hartplätzen des National Tennis Center in Flushing Meadow an.
Die Fans und Reporter nahmen Borg seine Kritik am harten Boden und der Flutlichtanlage von Flushing Meadow übel und mir meine Klagen über die Windverhältnisse, die Luftfeuchtigkeit, die sengende Sonne und die Flugzeuge, die bei bestimmten Windverhältnissen direkt über das Stadion flogen.
Ich lieferte den Fans immer wieder einmal einen Grund dafür, mich nicht anzufeuern. Seit Jahren hatte ich mit meiner Meinung über dieses Tennisstadion, in dem es zuging wie auf einem Jahrmarkt, nicht hinter dem Berg gehalten: Fans, die sich die Lunge aus dem Hals brüllen, lautstarke Liebesschwüre und Haßtiraden überall um einen herum, Unmengen von Fast Food und Getränken, dröhnende Flugzeuge und irgendwo, mitten in diesem Hexenkessel, zwei Statisten, die versuchen, einen Tennisball hin und her zu schlagen. Das ist einmalig – typisch New York.
In Wahrheit liebe ich New York – ich habe jetzt endlich eine Wohnung dort – und auch die US Open als Symbol meiner neuen Heimat. Aber bis zu meinem ersten Titelgewinn in Flushing Meadow hat man mir meine Meinung über das ganze Drumherum der US Open sehr übelgenommen: »Martina bleibt in New York der große Coup versagt.«
Aber 1981 sollte *mein* Jahr werden, hoffte ich. Nach den anfänglichen Klatschgeschichten über Nancy und mich konnte ich mich nun voll auf mein Spiel konzentrieren. Auf dem Tennisplatz hatte ich mit Renee Richards trainiert, einer langjährigen Freundin, die mir auch ein paar technische Ratschläge gab, was seit meiner Ausreise aus der Tschechoslowakei niemand mehr getan hatte. Meine frühere Doppel-Partnerin Billie Jean und mein Trainer in der Städteliga, Roy Emerson, hatten mir ein paar Tips gegeben, und ich hatte außerdem mit Freunden wie Phil Rogers in Charlottesville, David Ericson in Dallas oder anderen professionellen Tennislehrern trainiert, aber ich brauchte jemanden, der sich im Damen-Tennis auskannte und ständig mit mir arbeiten konnte.
Renee und Nancy saßen zusammen auf der Tribüne – damals fing man an, vom »Navratilova-Team« zu sprechen –, während ich mich durch die ersten Runden kämpfte und dabei nur ein Spiel an Nerida Gregory, fünf an Ann White, drei an JoAnne Russell und eins an Kathy Jordan abgab. Im Viertelfinale schlug ich Anne Smith schon weniger mühelos mit 7:5 und 6:4, was für mich bedeutete, am Freitag, einen Tag vor dem Finale, im Halbfinale gegen Chris anzutreten.

Ich hatte bei den US Open bisher nur einmal gegen Chris gespielt. Das war 1975, an dem Tag, an dem ich um Asyl gebeten hatte. Es war außerdem das erste Mal, daß ich seit meiner deprimierenden Niederlage auf Amelia Island wieder gegen sie antrat, und ich gebe offen zu, daß ich vor dem Match den Gedanken daran nicht loswurde. Es war genauso, wie Nancy einmal ein Basketballspiel auf einer Freianlage in Harlem beschrieb. Jemand springt höher als man selbst und wirft einen Korb, die Zuschauermenge stampft mit den Füßen und brüllt »Revanche, Revanche, Revanche«, und man hat nur noch einen Gedanken: auf der anderen Seite des Spielfelds ebenfalls zu punkten.
Ich wollte meine Revanche am Freitagnachmittag vor der üblichen Geräuschkulisse von Flushing Meadow. Ich gewann den ersten Satz 7:5 und Chris den zweiten 6:4. Im dritten Satz lag ich nach einem Aufschlagverlust 2:3 zurück, und dann mußten wir erst eine Weile warten, während die Ordner zwei Typen rauswarfen, die die ganze Zeit über ziemlich viel Krach veranstaltet hatten. Ich weiß nicht, inwieweit sich die Unterbrechung auf unsere Konzentration ausgewirkt hat, jedenfalls gelang es mir, Chris sowohl im achten als auch im zehnten Spiel den Aufschlag abzunehmen, so daß ich den dritten Satz schließlich 6:4 gewann. Ich hatte es geschafft. Als es vorbei war, machte ich einen Luftsprung vor Freude darüber, daß ich zum erstenmal ins Finale der US Open gekommen war.
Vielleicht hätte ich mir diese Energie besser für später aufheben sollen. Tracy Austin hatte einen leichten, schnellen Sieg über Barbara Potter errungen – 6:1 und 6:3 –, während die Begegnung zwischen Chris und mir bis spät in den Nachmittag gedauert hatte. Aber das hatte wohl wenig mit dem zu tun, was dann am Samstag passierte.
Ich war an diesem Tag ganz auf Sieg eingestellt und genauso fröhlich wie die Farben meines orange-gelben Tennishemds. Ich war mir sicher, daß mir an diesem Tag der große Coup gelingen und ich mein altes Image endlich ablegen würde.
Tracy war 1977 mit erst vierzehn Jahren die jüngste Wimbledon-Teilnehmerin. Sie hatte 1979 mit sechzehn die US Open gewonnen und mich 1980 beim Avon-Turnier besiegt. Nun war sie achtzehn, hatte aber eine ernstere Krankheit hinter sich, wegen der sie einen großen Teil des Jahres pausieren mußte. Sie hatte den Trainer gewechselt – an die Stelle von Robert Lansdorp war Marty Riessen getreten – und wollte jetzt beweisen, daß sie nicht zu früh mit dem Profi-Tennis begonnen hatte, wie es einige behaupteten.
Ich kannte Tracy nur flüchtig, weil sie nicht besonders viel Zeit mit den anderen Spielerinnen verbrachte. Daher war es nicht schwer, unpersönlich und methodisch gegen sie vorzugehen. Ich tat genau das,

was man bei ihrem Grundlinienspiel tun mußte: Wenn sie aufschlug, ging ich ans Netz. Im ersten Satz ließ ich ihr nicht die geringste Chance – 6:1. Ich war überzeugt, dies würde mein großer Tag werden. Die 18892 Zuschauer – so viel waren noch nie dagewesen – dachten wohl das gleiche, sie gingen begeistert mit und wollten noch mehr Schmetterbälle und Volleys von mir sehen, und zum erstenmal war ich die Favoritin bei den US Open.

Im zweiten Satz war Wind aufgekommen, und ich hatte Schwierigkeiten, genauso kraftvoll wie sonst aufzuschlagen. Ich hätte eigentlich keine Schwierigkeiten haben dürfen, aber ich hatte sie nun mal, und das gab Tracy gerade genug Selbstbewußtsein, um eine Zeitlang ihr Grundlinienspiel durchzuziehen. Selbst zu diesem Zeitpunkt waren wir noch punktgleich – 15 beide beim Stand von 4:4 –, aber dann spielte sie einen langen Vorhandball, der die Netzkante berührte, auf meiner Seite des Netzes herunterfiel und ihr einen wichtigen Punkt brachte. Trotzdem glaubte ich immer noch, ich hätte den Sieg in der Tasche, aber dann setzte ich ihr nicht mehr genug Widerstand entgegen, und sie gewann den Satz mit 7:4 im Tie-Break.

Im dritten Satz überraschte Tracy mich mit ein paar Longlinebällen auf meine Vorhandseite, die ich nicht erreichte, weil ich schon zu erschöpft war. Ich hatte bei ihr noch nie so viele Passierbälle und offensive Vorhandschläge erlebt, doch offensichtlich wußte sie, was sie wollte. Gegen Ende hatte ich nicht mehr soviel Kraft, wie ich gern gehabt hätte, allerdings brachte ich noch meinen Aufschlag durch, obwohl ich 5:6 zurück lag, und wehrte damit immerhin drei Matchbälle ab.

Den anschließenden Tie-Break werde ich nie vergessen – ich wollte mit ein paar Vorhand-Volleys auf den Ball eindreschen, und nach einem letzten gewaltigen Schlag sollte er vom Platz abprallen und bis in die Zuschauermenge fliegen. Ich wollte es endlich hinter mich bringen, und dabei setzte ich auf rohe Gewalt und Kraft. Aber ich war technisch so schlecht, daß ich ständig ins Aus schlug.

Genaugenommen hatte ich während des gesamten Spiels immer wieder den gleichen technischen Fehler gemacht – ich winkelte den Ellbogen zu stark ab –, der durch die geballte Kraft, die ich in der letzten Phase des Spiels noch einmal aufgebracht hatte, noch deutlicher zutage trat. Fünf Minuten nach dem Match sagte Renee mir, was ich falsch gemacht hatte. Ich bin überzeugt, daß mir dieses Fiasko erspart geblieben wäre, wenn ich Renee schon vor dem Turnier als Trainerin gehabt hätte, aber so schaufelte ich mir dann sogar noch mein eigenes Grab, indem ich bei einem Rückstand von 1:6 im Tie-Break einen Doppelfehler machte: Damit war alles aus.

Mir war zum Heulen zumute, doch ich hielt die Tränen zurück, biß mir auf die Lippen und fühlte mich genauso elend wie 1976 nach meiner Niederlage gegen Newberry. Überall waren Fotografen. Ich wollte mich nur noch in ein Loch verkriechen und spielte mit dem Gedanken, sofort vom Platz zu rennen.

Ich kämpfte immer noch mit den Tränen, als mich der Stadionsprecher zur Verleihung des Silberpokals rief. Aber dann geschah etwas Wunderbares. Die Zuschauer klatschten und jubelten mir zu. Der Applaus dauerte über eine Minute. Ich stand da und weinte, diesmal nicht weil ich traurig, sondern weil ich gerührt war. Ich wußte, daß sie mir als Martina, aber auch mir als Amerikanerin zujubelten. Ich glaube nicht, daß sie klatschten, weil ich verloren hatte. In dem Jahr hätte man mir auch den Sieg gegönnt.

Ich stand da, hörte den Beifall und versuchte meine Tränen zu unterdrücken, während sie immer weiter applaudierten, und dabei sagte ich zu mir selbst: »Jetzt hör endlich mit dem Geflenne auf.«

Schließlich trat ich ans Mikrofon und sagte: »Ich habe neun Jahre gebraucht, um den Silberpokal zu gewinnen. Ich hoffe, ich brauche nicht noch einmal neun für den Siegerpokal.«

Und wieder jubelten die Fans. Es war wirklich komisch, überhaupt nicht wie sonst im Tennis, sondern so, wie man es eher in einer Oper erwarten würde: Der Sopran geht noch einmal auf die Bühne, um eine Zugabe zu geben, und das Publikum jubelt und wirft Rosen auf die Bühne.

Genauso fühlte ich mich damals. Ich hatte den Eindruck, sie jubelten nicht Martina der Nörglerin zu, nicht Martina der Tschechin, nicht Martina der Verliererin und auch nicht Martina der bisexuellen Überläuferin. Sie jubelten *mir* zu. So etwas hatte ich noch nie erlebt: Aus dem Beifall der Zuschauer sprach Anerkennung, Achtung und vielleicht sogar Zuneigung.

Ich weiß, wie wankelmütig das Publikum in New York sein kann. Früher mochte es Chris nicht, weil sie so »kühl« war. Jetzt liebte es sie, weil sie soviel »Wärme« ausstrahlte. Als ich Chris im Halbfinale schlug, wußte ich, daß es den meisten Fans lieber gewesen wäre, wenn sie gewonnen hätte. Dennoch hatten sie mein Durchhaltevermögen und meine Entschlossenheit anerkannt und Beifall geklatscht, und jetzt applaudierten sie mir als der Verliererin. Ich nahm es als Kompliment. Es war einer der schönsten Momente in meinem Leben, und ich erkannte, daß die New Yorker emotionale Menschen sind, genau wie ich. In diesem Augenblick, als ich tränenüberströmt den Beifall der Fans entgegennahm, kam ich zu dem Schluß, daß nun auch ich selbst auf irgendeine Weise eine New Yorkerin geworden war. Mir war eine gewaltige Last von der Seele genommen worden. Die Menschen hier in New York akzeptierten mich nicht nur als Tennisspielerin, sondern auch als Mensch.

Später sagte ich zu Jane Gross von der *New York Times:* »All die Menschen, die völlig außer Rand und Band geraten. Es ist phantastisch, wenn die Leute hinter einem stehen. Ich war zu verkrampft. Ich habe so verbissen gekämpft, daß ich mit aller Gewalt ein paar Vorhand-Volleys durchbringen wollte, als ich den Sieg eigentlich schon in der Tasche hätte haben können. Es hätte mir so viel bedeutet, hier zu gewinnen, als Amerikanerin.«

Die Niederlage und die Reaktion der Fans waren zuviel für mich gewesen. Pam und ich verloren das Doppel im Halbfinale gegen Rosie und Wendy Turnbull. Danach quartierte ich mich bei Nancys Mutter ein – ich war völlig fertig. Ich kann nicht behaupten, daß ich leicht über die Niederlage wegkam. Ich hatte im letzten Jahr viele Niederlagen einstecken müssen. Man konnte fast sagen, ich gewöhnte mich allmählich an das Verlieren. Aber nachdem ich meine Einstellung geändert und mich in Form gebracht hatte, war ich nicht auf eine Niederlage gefaßt gewesen. Deshalb tat es diesmal mehr weh als bei meinen früheren Niederlagen.

Nach dem Match gegen Tracy ging mir auch noch etwas anderes durch den Kopf: Ich würde mir jetzt wieder ein Jahr lang anhören müssen, daß mir der große Coup immer noch nicht gelungen sei, und wenn man nicht *alle* großen Turniere gewonnen hat, vermuten die Leute immer gleich, man sei der Sache nervlich nicht gewachsen.

Meiner Meinung nach ist es so: Je öfter man gesiegt hat, desto mehr richten die Leute ihr Augenmerk auf die Niederlagen.

Als ich bei den French Open 1983 gegen Kathy Horvath verlor, hatte ich besser gespielt als je eine Frau zuvor, aber irgend etwas ging dann doch schief, und ich verlor. Als ich 1983 bei den US Open und beim Virginia-Slims-Turnier sowie 1984 auf Amelia Island gegen Chris spielte, behauptete sie mehrmals, sie müsse nur aufpassen, nicht zu weit zurückzufallen, denn langfristig habe sie dank ihrer stärkeren Psyche die größeren Chancen. Ich verstehe, daß Chris so etwas sagt. Sie ist eine zähe Kämpferin und muß sich natürlich immer wieder einreden, sie habe eine Chance. Aber es klingt so, als würden mir bei jeder Gelegenheit die Nerven einen Streich spielen.

Ich halte die Niederlage gegen Tracy Austin immer noch für eine meiner schlimmsten, weil ich damals so motiviert war und körperlich so gut in Form. Normalerweise erhole ich mich ziemlich schnell von einer Niederlage, doch diesmal fühlte ich mich so, als wäre ich richtig niedergeschmettert worden.

Renee

Ich lernte Renee Richards 1977 kennen, als sie sich um einen Profivertrag bemühte. Noch nie hatte es im Profi-Tennis ein so heikles Problem gegeben: Ein Mann, der sich einer Geschlechtsumwandlung unterzogen hatte, wollte an Damen-Turnieren auf höchstem Niveau teilnehmen.

Ich wußte nichts aus der Zeit, in der Renee noch Dr. Richard Raskind geheißen und als Augenarzt in New York praktiziert hatte. Ich erfuhr jedoch sehr bald, daß Richard Raskind im Osten der Staaten einmal ziemlich weit oben auf der Rangliste stand. Er war Kapitän der Herren-Mannschaft von Yale und in seiner Zeit beim Militär Navy-Meister gewesen, und ich habe mich manchmal gefragt, wie weit er es im Herren-Tennis gebracht hätte, wenn er seine Ausbildung abgebrochen hätte wie die meisten der heutigen Spitzenspieler. 1974 war Raskind auf Platz dreizehn der amerikanischen Rangliste für die Altersklasse ab 35 Jahre und arbeitete hauptberuflich als Augenarzt, aber er fühlte sich als Mann immer unbehaglicher.

Renee hat inzwischen eine meiner Meinung nach faszinierende Autobiographie mit dem Titel *Second Serve* geschrieben. Obwohl er offenbar sehr erfolgreich war, gab er schließlich doch alles auf, unterzog sich einer Geschlechtsumwandlung und lebte danach unter neuem Namen in Kalifornien. Bei der Lektüre von Renees Buch läuft es einem kalt über den Rücken, wenn man liest, wieviele Operationen Richard/Renee über sich ergehen lassen mußte und was er/sie außerdem auch noch psychisch durchmachte. Wenn ich nur an die Passage über die Verkleinerung des Adamsapfels denke – wie das Skalpell mitten in die Luftröhre schneidet und der Patient auf dem Operationstisch beinahe erstickt –, wird mir ganz anders. Richards Wunsch, sich in eine Frau umwandeln zu lassen, muß wirklich sehr groß gewesen sein, wenn er dafür so viel in Kauf nahm.

Nachdem Renee sich in Kalifornien niedergelassen hatte, fing sie wieder mit dem Tennisspielen an, und schließlich fanden die Leute ihre wahre Identität heraus. Die Presse sorgte dafür, daß Renee Richards in der ganzen Welt berühmt wurde, und in mehreren Gerichtsverhandlungen sollte entschieden werden, ob sie als Frau an Turnieren teilnehmen durfte.

Die Öffentlichkeit, die Presse, die Tennisfunktionäre und manche Spielerinnen störten sich viel mehr an Renee als ich. Ich fand es erstaunlich, wie viele Leute über Nacht zu Experten geworden waren. Wenn die echten Experten der Meinung waren, sie sei eine Frau, dachte ich mir, dann sollte man sie auch spielen lassen. Nachdem ich ihr einmal beim Aufwärmtraining zugeschaut hatte, war mir klar, daß sie den anderen Spielerinnen nicht haushoch überlegen sein würde – und mir erst recht nicht. Ich konnte mir auch nicht vorstellen, daß sich plötzlich jede Menge Männer so einer Operation unterziehen, nur um auf Platz 23 der Damen-Weltrangliste zu kommen. Renee Richards sah aus wie ein Vierzigjähriger und spielte auch so, allerdings wie ein ziemlich guter Vierzigjähriger. Ihre größten Trümpfe waren ihre Größe und ihre Intelligenz.

Ich wurde Renee von Betty Ann Stuart vorgestellt, einer Tennisspielerin und gemeinsamen Freundin, die wußte, daß ich für Renees Teilnahme an Damen-Turnieren war. Wir verstanden uns auf Anhieb gut, wahrscheinlich weil Renee und ich eines gemeinsam hatten: Wir waren Außenseiter – sie wegen ihrer Geschlechtsumwandlung und ich wegen meiner Auswanderung.

Renee kann sich noch an ihre Anfänge 1977 als Profi-Spielerin erinnern – »ständig waren mir die Paparazzi auf den Fersen« – und auch daran, wie ich sie in der ersten Runde in São Paolo 7:6 und 7:6 geschlagen habe und nach dem Spiel im kleinen Umkleideraum zu ihr sagte: »Laß dich nicht unterkriegen, Renee, du schaffst es.«

Ehrlich gesagt, an das Match kann ich mich noch erinnern, aber nicht daran, mit ihr gesprochen zu haben. Wenn doch, dann war es wohl mehr so dahingesagt, genauso wie Chris es tut, wenn sie mich nach einer Niederlage tröstet, oder wie Evonne Cawley Chris getröstet hat, als sie sie nach einem schlechten Tag weinend im Badezimmer fand. Die meisten Profi-Spielerinnen sind sehr mitfühlend. Ich war der Meinung, daß Renee Richards das Recht habe, an unseren Turnieren teilzunehmen, wenn sie vor dem Gesetz als Frau galt. Es lag mir wirklich fern, ihr das Leben noch schwerer zu machen.

Ich fand es gut, daß sie mit von der Partie war, weil sie schon älter war und intelligent. Sie hatte noch einen anderen Beruf, sprach mehrere Sprachen und wußte viel mehr als die meisten von uns. Wir gingen oft zusammen einkaufen oder essen. Dabei wurde mir bewußt, daß es außer Tennis noch etwas anderes gab. Ich ging mit ihr Geschenke für ihren Sohn kaufen, und wir sprachen darüber, wie ihm zumute sein mußte, nachdem sein Vater eine Frau geworden war.

Renee war als Tennislehrerin besser als die meisten anderen, die ich bisher gesehen hatte. Bei unseren Gesprächen über Taktik stellte ich fest, daß sie einige von den jüngeren, wendigeren Spielerinnen einfach nur mit ihrer Intelligenz schlug. Sie machte sich schon vor Spielbeginn Gedanken über das Match. Das war eine wichtige Erkenntnis für mich. Aber solange Renee selber aktiv an Turnieren teilnahm, betrachtete ich sie nicht als potentielle Trainerin.

Nach meiner Niederlage gegen Tracy merkte ich, daß die meisten Tennisspieler und -spielerinnen inzwischen einen Trainer hatten. Guillermo Vilas ließ sich von Ion Tiriac beraten. Björn Borg machte keinen Schritt mehr ohne Lennart Bergelin. Tracy wechselte ihre Trainer öfters, und auch Pam hatte ihren Don Candy. Ich hatte im Grunde niemanden, mit dem ich über Tennis hätte reden können. Ich ging einfach auf den Platz und spielte – das gehört zu meinem Nimbus, erweist sich aber nicht immer als die beste Taktik.
Bei den US Open 1981 hatte ich Schwierigkeiten, einen Trainingsplatz zu bekommen. Renee sagte, sie würde sich darum kümmern. Sie war in der ersten Runde ausgeschieden und hatte daher Zeit, mit mir zu spielen. Dabei merkte ich, daß mir der Gedanke, jemanden zur Seite zu haben, gar nicht so unangenehm war. Ich war lange Zeit auf mich allein gestellt gewesen und hatte keinen Elan mehr. Ich sah, was Nancy in ein paar Wochen fertiggebracht hatte, und fragte daher Renee, ob sie Lust hätte, ab und zu mit mir zu trainieren. Sie sagte ja und machte sich daran, mein Spiel aufzupolieren.
Renee zeigte mir zum erstenmal, was es heißt, sich auf ein Spiel vorzubereiten. »Was tun die anderen normalerweise?« fragte ich mich. Was waren meine Stärken und was ihre Schwächen? Wie sollte ich mir meine Kraft einteilen? Renee kannte die anderen Spielerinnen und wies mich auf Angewohnheiten hin, die mir an ihnen nie aufgefallen waren.
Außerdem erweiterte sie mein Schlagrepertoire um einen Rückhand-Topspin und arbeitete an meinem Vorhand-Volley, indem sie mir abgewöhnte, dabei wie bei einem tiefen Ball auszuholen. Dann machte sie mir vor, wie weit ich den Ellbogen am Ende des Spiels gegen Tracy abgewinkelt hatte und wie es richtig sein sollte. Abgesehen davon brachte sie mich dazu, beim Aufschlag in den Ball hineinzugehen, weil ich so mehr Kraft in den Schlag legen konnte, und etwas näher an der Seitenlinie zu stehen – wie John McEnroe.
Nach ein paar Wochen gemeinsamen Trainings hatte sie mein Spiel sichtbar verbessert. Beim nächsten Turnier in Bloomington, Minnesota, war ich nicht mehr zu bremsen. Ich gewann zehn Sätze in Folge und schließlich auch das Finale, in dem ich Tracy 6:0 und 6:2 schlug. Danach gewann ich in Tampa und Melbourne, verlor in Stuttgart jedoch im Finale gegen Tracy und unterlag Chris im Finale in Sydney. Dafür schlug ich Chris bei den Australian Open und gewann damit dieses Turnier zum erstenmal.
Dann kam das letzte Turnier der Saison 1981, die Toyota-Meisterschaften in New Jersey, bei denen ich im Finale auf Tracy traf. Gleichzeitig ging es darum, wer 1981 die Nummer eins sein würde.

Nach dem 6:2 im ersten Satz dachte ich, ich hätte den Sieg schon in der Tasche, aber sie holte auf, schlug mich in den nächsten beiden Sätzen 6:4, 6:2 und gewann damit den Titel. Wieder einmal jubelten die Zuschauer mir zu, aber ich dachte nur: »Diesmal bringt ihr mich nicht zum Heulen.« Ich war nicht traurig, sondern wütend.

Ein paar Monate später kamen die alten Klischees von der nervenschwachen Martina wieder hoch. Nachdem ich fünf Turniere nacheinander gewonnen hatte, traf ich im Finale des Avon-Turniers im Madison Square Garden auf Sylvia Hanika. Ich gewann den ersten Satz 6:1 und führte im zweiten mit 3:1, als plötzlich wieder einmal alles schiefging und sie mich schließlich 6:3 und 6:4 schlug. Ich war enttäuscht, aber ich wußte, daß die einzige, die mir langfristig das Leben schwermachen könnte, ich selbst war, doch das sollte bald anders werden.

Die Zusammenarbeit zwischen Renee und mir ließ sich gut an. Wir hatten uns finanziell geeinigt, und wir verstanden uns prächtig. Aber da war auch noch Nancy, die sich um meine Motivation kümmerte, und das hat Renee wahrscheinlich von Anfang an mißfallen. Wenn Renee und Nancy nebeneinander saßen, drehten sich alle um und starrten die transsexuelle Tennisspielerin und die erfolgreiche Basketballspielerin an, die gemeinsam die tschechische Überläuferin anfeuerten. Jede von uns trug ihr Etikett, und gemeinsam firmierten wir als »Navratilova-Team«.

Das Komische daran war, daß es so klang, als seien wir eine harmonische Familie, aber Renee störte es zum Beispiel, daß Nancy mich von der Tribüne aus lautstark anfeuerte, während sie ihrerseits versuchte, sich auf die technische und psychische Komponente des Spiels zu konzentrieren. Als Basketballspielerin war Nancy dagegen der Meinung, daß sie mich am besten unterstützen könne, wenn sie sich auf das rein Emotionale beschränkte. Manchmal schaute ich zu ihnen hin, weil ich Ermutigung brauchte, und sah statt dessen, wie sie krampfhaft aneinander vorbeiblickten. Schönes Team.

Seine größte Wirkung hatte das sogenannte Navratilova-Team vermutlich auf ein paar schlichte Gemüter wie Roland Jaeger. Wenn ich einen Punkt gemacht hatte, drehte ich mich zu Nancy um, die die Faust ballte, um mir damit zu verstehen zu geben, ich solle nur nicht nachlassen, während Renee sich meist an die Schläfe tippte, um mir zu sagen, ich solle meinen Verstand gebrauchen. Sehr subtiles Coachen! Aber Roland war früher Boxer gewesen und ging ans Tennis mit dem gleichen Feingefühl wie an einen linken Haken heran. Er war überzeugt, wir würden uns mit diesem Brimborium einen immensen Vorteil gegenüber seiner Tochter Andrea erschleichen. Gewöhnlich verdüsterte sich seine Miene, sobald er zu Nancy und Renee hinübersah.

Ich gewann noch zwei Turniere, bevor sich unser Gespann nach Paris aufmachte, wo ich seit fünf Jahren, seit ich im Finale 1975 in drei Sätzen gegen Chris verlor, nicht mehr gespielt hatte. Aber Renee redete mir ein, ich könne *jeden* auf *jedem* Boden schlagen, sogar auf dem feinen Sand des Stade Roland Garros. Alles lief gut. Ich besiegte Cancy Reynolds, Lisa Bonder, Kathy Rinaldi, Zina Garrison, Hana Mandlikova und traf im Finale auf Andrea Jaeger, die Chris im Halbfinale aus dem Rennen geworfen hatte.

Am Spieltag hatte es in Paris 35 Grad. Andrea führte bei eigenem Aufschlag 5:4 und war dicht davor, den ersten Satz zu gewinnen, aber mir gelang ein Break, und den anschließenden Tie-Break gewann ich dann mit 8:6. Der zweite Satz war leichter: Ich gewann 6:1. Wir gaben uns die Hand, und ich gratulierte ihr zu der guten Leistung, die sie in ihrem ersten Grand-Slam-Finale gezeigt hatte.

Ein paar Minuten später, als ich mich gerade auf die Pressekonferenz vorbereitete, warnte mich ein Fernsehreporter, Roland Jaeger habe seiner Tochter gesagt, sie solle sich über das unerlaubte Coachen von Nancy und Renee beschweren. Ich war daher nicht überrascht, als Andrea tatsächlich sagte: »Ich konnte mich nicht mehr konzentrieren. Es ist schwer, gegen drei Leute gleichzeitig zu spielen. Ich habe den ganzen ersten Satz über versucht, damit fertig zu werden, und zunächst ist es mir ja auch ganz gut gelungen, aber gestört hat es trotzdem. Bei anderen Spielen haben die das auch gemacht. Das ist nicht gut fürs Tennis. Sie hat gut gespielt, und ich habe verloren. Aber so etwas sollte es nicht geben. Ob ich nun beide Sätze zu Null gewinne oder zu Null verliere, ich möchte auf jeden Fall allein gewinnen oder verlieren.«

Nach den Tennisregeln ist Coachen nicht erlaubt, wenn der Gegner dadurch gestört wird. In dem Fall muß man es aber gleich reklamieren. Man wird daraufhin vom Schiedsrichter verwarnt und kann seinem Trainer sagen, er solle mit den störenden Gesten oder Bemerkungen aufhören. Aber Andrea hatte während des ganzes Spiels kein Sterbenswörtchen gesagt. Sie hatte nicht einmal hinübergeschaut. Dahinter steckte einzig und allein ihr Vater. Er hatte ihr zur Beschwerde geraten – *nach* dem Match.

Als die Reporter mich dazu befragten, antwortete ich: »Ich bin fassungslos. Ich kann nur sagen, daß ich Renee nie angeschaut habe, nur wenn ich Ermutigung brauchte. Ich habe eines der größten Turniere der Welt gewonnen. Danke, Andrea. Ich brauchte nicht zu den beiden hinüberzuschauen. Ich bin das ganze Match vor Spielbeginn un-

gefähr zwanzigmal mit Renee durchgegangen. Ich hätte im Schlaf herunterbeten können, was ich gegen Andrea zu tun hatte.«
Renee tat das ihrige, indem sie eine Pressekonferenz gab und den Reportern auf französisch erzählte, wie grotesk das Ganze sei. Sie meinte: »Ich saß völlig ruhig da, wie immer. Ich habe keine Zeichen gemacht. Von Coachen kann keine Rede sein. Nancy hat sich natürlich die Lunge aus dem Hals gebrüllt mit ihrem ›los Martina, zeig's ihr!‹«
Damit wollte Renee nur andeuten, daß sie Nancys Gebrüll in keiner Weise als Coachen betrachtete.
Nachdem ich auf dem Rasen von Eastbourne, dem Vorbereitungsturnier für Wimbledon, gewonnen hatte, kam Renee aus New York nach England und berichtete, daß ein Augenarzt gestorben und seine Praxis für 50 000 Dollar zu verkaufen sei. Sie hatte im Winter einen Auffrischungskurs in Harvard gemacht und wollte möglichst bald wieder in ihren alten Beruf zurück, wogegen grundsätzlich nichts zu sagen war. Die 50 000 Dollar wollte sie sich von mir leihen, aber mein Finanzberater sagte mir, man solle Freunden kein Geld leihen.
Renee meinte, daß sie ja auch noch ihre anteilige Prämie aus dem Playtex-Preisgeld-Turnier bekäme, woraufhin ich antwortete: »Meine Liebe, das ist eine Prämie und kein Preisgeld, und ich entscheide, wieviel ich dir davon abgebe.« Von da an war unser Verhältnis etwas getrübt.
In Wimbledon wurde alles noch schlimmer, weil Renee nicht zu der Geburtstagsparty eingeladen worden war, mit der ein paar Freunde Nancy überraschen wollten. Renee dachte, Nancy sei schuld daran, aber das war natürlich Unsinn. Ich wußte von der Party, hatte aber anderes im Kopf – zum Beispiel das Turnier – und war ohnehin nie gut im Organisieren gewesen. Ich vergaß, Renee zu schreiben. Da Nancy gar nichts von der Party wußte, kann sie natürlich auch nicht dafür verantwortlich sein, daß Renee nicht eingeladen wurde. Sie mag außerdem keine Überraschungen. Sie ist gern Herr der Lage und hätte beinahe die Party verlassen.
Jedenfalls war Renee wütend. Sie trainierte zwar weiterhin vor jedem Match mit mir, schien aber sichtbar unglücklich zu sein. Ich schlug Chris im Finale 6:1, 3:6 und 6:2. Nach dem Spiel kamen ein paar von meinen Freundinnen in das Haus, das ich in der Nähe der Tennisplätze gemietet hatte, und übergossen mich in der Badewanne mit kaltem Champagner. Ich sah aus wie eine gebadete Katze.
Als ich wieder in New York war, lieh ich Renee dann doch das Geld für die Praxis. Wir lösten unser Arbeitsverhältnis in beiderseitigem Einverständnis und trennten uns in aller Freundschaft. Ich wäre die

letzte, die ihr davon abraten würde, wieder in ihren alten Beruf zurückzukehren.
Daß Renee mich nicht mehr trainierte, erregte sehr viel Aufsehen bei den US Open 1982. Mein neuer Trainer war Peter Marmureanu, der früher in der rumänischen Davis-Cup-Mannschaft gespielt hatte, aber Peter kannte sich im Damen-Tennis nicht so richtig aus. Er gab mir Ratschläge wie »wirf den Ball höher«, was ja ganz schön und gut war, aber nicht im entferntesten an Renees taktische Tips herankam.
Renee schaute mir bei den US Open 1982 von der Tribüne aus zu, aus reiner Freundschaft, und gab mir ein paar Tips. Aber weder sie noch Peter konnten den Verlauf des Turniers ändern. Die US Open 1982 waren schon Wochen im voraus entschieden worden, durch etwas, das 4500 km weiter weg geschah.

Meine teuerste Krankheit

Das ganze Jahr 1982 über war ich auf die US Open fixiert. Seit ich im Vorjahr gegen Tracy verloren hatte, wartete ich auf meinen großen Tag. Ich hatte die French Open und Wimbledon gewonnen und zusammen mit dem amerikanischen Federation-Cup-Team den Titel in San Francisco geholt, aber mit den Gedanken war ich ständig in Flushing Meadow.
Der Federation Cup war für mich ein ganz besonderes Erlebnis, weil ich eine der wenigen Spielerinnen war, die die Chance hatten, den Titel zum zweitenmal zu holen, diesmal allerdings für ein anderes Land. Ich war 1975 mit der tschechischen Mannschaft erfolgreich gewesen, und jetzt trat ich für meine neue Heimat an. Abgesehen davon war es natürlich ein herrliches Gefühl, zur Abwechslung einmal *mit* und nicht gegen Chris zu spielen – ich war ziemlich gut in Form.
Die Reise nach San Francisco war außerdem eine gute Gelegenheit, Rita Mae Brown zu treffen und ein paar Fragen wegen unseres Hauses in Charlottesville zu regeln. Wir waren beide als Eigentümer eingetragen, und unsere Anwälte machten alles noch komplizierter. Deshalb rief ich sie an und sagte: »Wo ich schon mal hier bin, könnten wir uns doch zusammensetzen, die Sache besprechen und unseren Anwälten sagen, wer was bekommt.« Sie war einverstanden. Ich ging also zu ihr. Unser Gespräch dauerte ein paar Stunden, und wir regelten alles. Wie immer liefen Rita Maes Katzen überall herum. Rita Mae liebt Katzen. Eine ihrer Katzen, Baby Jesus, kommt sogar in ihrem Roman »Die Tennisspielerin« vor. Die Hauptfigur soll eine hitzköpfige argentinische Linkshänderin sein...

Rita Mae hatte etwas zum Knabbern auf den Tisch gestellt, Erdnüsse und ähnliches, und ab und zu lief eine Katze mitten durch die Schälchen mit den Nüssen.
Ich dachte eine Zeitlang nicht mehr an die Katzen, weil die bei Rita Mae nun mal dazugehören. Ich machte mir vielmehr Gedanken, ob mir vielleicht eine Krankheit in den Gliedern steckte. Ich sollte an mehreren Turnieren in Australien teilnehmen, war aber immer noch in Los Angeles, wo ich lustlos trainierte. Ich fühlte mich hundeelend und konnte mich kaum bewegen. Ich hatte ein paar schwere Federation-Cup-Spiele hinter mir und dachte, daß ich vielleicht ein paar Muskeln zu sehr beansprucht hätte, weil ich im Frühjahr kurz hintereinander auf Sand, Rasen und Beton gespielt hatte. Aber das machte mir sonst nie etwas aus, meine Muskeln waren ja gut durchtrainiert.
Ich rief Nancy an und sagte ihr, daß mir überhaupt nicht nach Konditionstraining zumute war. Anfangs versuchte sie noch, mich dazu anzutreiben. Sie fragte mich: »Verdammt noch mal, was ist denn los? Die US Open stehen vor der Tür, und dich scheint das überhaupt nicht zu jucken.«
Aber ein paar Tage später merkte sie, daß mit mir irgend etwas nicht stimmen konnte. Ich rief sie nämlich weinend an und sagte, daß ich nicht nach Australien fahren könne. So etwas kenne ich normalerweise gar nicht. Ich spiele für mein Leben gern Tennis und hatte noch nie so wenig Lust gehabt, zu einem Turnier zu fahren.
In Los Angeles suchte ich meinen Finanzberater Marty Weiss in seinem Büro auf und sagte ihm, daß ich am nächsten Tag nicht nach Australien fliegen würde. Ich wollte meine Anmeldung zurückziehen, aber er meinte, daß die Sponsoren bereits viel Geld in das Turnier gesteckt hätten und es für alle eine Katastrophe sei, wenn ich nicht dabei wäre.
Sieben andere Spielerinnen waren schon hingefahren, und ich wollte ihnen nicht alles vermasseln. So nahm ich schließlich doch das Flugzeug nach Hawaii, blieb einen halben Tag im Hotelzimmer und flog dann weiter nach Australien.
Bei meiner Ankunft ging es mir immer noch mies. Ich trainierte zusammen mit Andrea Leand und warf nach einer Viertelstunde das Handtuch. Wir sollten drei Tage in Sydney und zwei in Perth spielen, aber ich hielt nur die zwei Tage in Sydney durch. Am ersten Tag schlug ich Sue Barker und gab bei einem Hallenspiel die letzten beiden Sätze an Andrea Jaeger ab, nachdem ich den ersten 6:1 gewonnen hatte. Nach einem Satz funktionierten meine Beine noch ganz gut, aber das ständige Hin-und Herlaufen fiel mir ziemlich schwer. Zum nächsten Match trat ich daher gar nicht erst an.

Wegen der Versicherung brauchte ich eine ärztliche Feststellung, daß ich keine Krankheit vortäuschte. Die Ärzte machten nicht einmal eine Blutuntersuchung. Sie fragten mich lediglich nach meinen Reflexen. Meine Drüsen waren mittlerweile auf das Dreifache ihrer normalen Größe angeschwollen (die Schwellung reichte vom Hals über die Brust bis zur Achselhöhle), aber das schien den Ärzten gar nicht aufzufallen. Ich konnte sie jedoch davon überzeugen, daß ich nicht simulierte, und die Versicherungsgesellschaft erstattete den Sponsoren das Geld. Ich hatte nur noch das Bedürfnis, mich irgendwo hinzulegen und zu schlafen, aber die US Open rückten immer näher.

Eine Woche vor Beginn der US Open fuhr ich nach New York. Ich wohnte bei Nancys Mutter und verschlief den halben Tag. Ich stand auf, trainierte und spürte, wie ich immer kraftloser wurde. Auf Nancys Vorschläge, Basketball oder irgend etwas anderes zu spielen, reagierte ich bloß mit einem widerwilligen Grunzen. Wenn ich nicht gerade schlief, wollte ich mich einfach nur hinlegen und lesen. Allmählich hielt ich es für angebracht, zum Arzt zu gehen.

Glücklicherweise stehen den Spielern bei den US Open zwei ausgezeichnete Ärzte zur Verfügung. Einer ist Orthopäde und heißt Irving Glick. Er behandelt die Basketball-Mannschaft der St. John's University und die meisten Tennisspieler. Der andere, Gary Wadler, ist eigentlich Internist, interessiert sich aber für viele Gebiete der Medizin. Beide Ärzte sind in Ordnung – sie verstehen einen auch ohne viele Worte.

Es ist nicht besonders schwer, Gary im Gewimmel der US Open zu finden. Er trägt immer eine knallrote Jacke, wahrscheinlich damit man ihn in einem überfüllten Umkleideraum oder am Spielfeldrand sofort findet. Ich ging also zu ihm und beschrieb ihm meine Symptome. Im Gegensatz zu den australischen Ärzten nahm er sie ernst.

Meine Lymphknoten unter den Achseln waren stark geschwollen und traten schon neben der Brust hervor, besonders auf der linken Seite, und hinten waren sie ganz hart. Dr. Wadler sagte mir, daß er eine Biopsie machen müsse, wenn die Lymphknoten nicht bald abschwellen würden. Unter einer Biopsie konnte ich mir nichts vorstellen. Daher erklärte mir Dr. Wadler, daß man dabei eine Gewebeprobe auf Krebs untersuchen würde. Er nahm mir Blut ab und ließ es in einem Labor in der Stadt untersuchen. Seiner Meinung nach konnten meine Symptome alles mögliche bedeuten – von einer Virusinfektion bis hin zu einer ernsten Blutkrankheit, vielleicht sogar eine Form von Leukämie.

Aber es kam noch schlimmer: Einen Tag vor Beginn der US Open erwischte ich noch ein anderes Virus. Dr. Wadler betastete meine

geschwollenen Lymphknoten und machte ein besorgtes Gesicht. Da er wußte, daß es mir schon seit zwei Monaten schlechtging, sagte er mir, daß meine Krankheit nicht nur eine vorübergehende leichte Virusinfektion sei.
Er tippte auf Toxoplasmose, eine durch Parasiten übertragene Krankheit, die sich in einem allgemeinen Erschöpfungszustand äußert und viel weiter verbreitet ist, als man denkt. Die meisten Betroffenen wissen nicht einmal, daß sie krank sind. Zu den Symptomen gehören geschwollene Lymphknoten am Hals und unter den Achseln – weshalb die meisten glauben, sie hätten Pfeiffer'sches Drüsenfieber –, Müdigkeit, Muskelschmerzen, leichtes Fieber, Ausschlag, Kopfschmerzen und Halsschmerzen. Das traf genau auf mich zu, aber Dr. Wadler meinte, es kämen auch noch andere Krankheiten in Betracht.
Ich wußte, daß selbst Leute, die jünger waren als ich, an Krebs erkrankten, aber ich versuchte, den Gedanken daran zu verdrängen. Ich habe nie etwas passiv hingenommen, wenn ich meinte, den Lauf der Dinge beeinflussen zu können: auf dem Tennisplatz, in einer Beziehung oder bei bestimmten Formen von Ungerechtigkeit. In ein unabwendbares Schicksal füge ich mich dagegen meist ohne weiteres.
Dr. Wadler schickte meine Blutprobe außerdem zum »Center for Disease Control« in Atlanta. Im Laborbericht hieß es, ich sei einer der schwersten Toxoplasmosefälle, den man dort je diagnostiziert habe. Dr. Wadler erklärte mir, daß jährlich ein Promille der amerikanischen Bevölkerung an Toxoplasmose erkrankte.
Für Toxoplasmose gibt es zwei Hauptursachen: der Verzehr von rohem oder halbgarem Fleisch oder die Übertragung durch Katzenkot. Es handelt sich eigentlich um eine Katzenkrankheit, die aber auch den Menschen befallen kann. Toxoplasmose ist keine Virusinfektion, sondern wird durch Parasiteneier übertragen.
»Waren Sie in letzter Zeit in der Nähe von Tieren?« fragte Dr. Wadler.
Ich dachte zunächst an meine Hunde, dann fiel mir aber Rita Maes Katze und ihre Pirouetten in der Schale mit den Nüssen ein. Ich erzählte es ihm, und er sagte: »Vielleicht haben Sie die Krankheit daher.«
Da aber auch noch der Verzehr von rohem Fleisch in Frage kam, sagte ich ihm, daß ich ein paar Tage, bevor ich Rita Mae besuchte, einen Hamburger gegessen hätte. Dr. Wadler meinte, es könne noch lange dauern, bis wir sicher wüßten, woher ich die Krankheit hatte. Eines stand jedenfalls fest: Ich hatte sie.
»Ungefähr ein Drittel aller Menschen erkranken irgendwann einmal an Toxoplasmose, die meisten merken es nur nicht«, sagte Dr. Wad-

ler, »sie glauben, sie hätten eine Virusinfektion, und schleppen sich weiter zur Arbeit, bis die Krankheit von selbst vergeht. Aber eine Hochleistungssportlerin wie Sie, noch dazu ein so schwerer Fall, wird kaum weiterspielen können wie gewohnt.«

Ich fing an zu weinen, weil ich wußte, daß dadurch meine Chancen bei den US Open stark beeinträchtigt sein würden.

Dr. Wadler las den Laborbericht und sagte, er könne gar nicht glauben, daß ich bei meiner schweren Infektion noch nicht ins Krankenhaus eingeliefert worden war. Seiner Meinung nach konnte ich mich nur auf den Beinen halten, weil ich körperlich sonst in ausgezeichneter Verfassung war.

»Ich rate Ihnen von einer Teilnahme ab. Sie sollten ein paar Wochen wegfahren und sich ausruhen«, sagte er. »Tennis ist im Moment nichts für Sie.«

Ich hatte in dem Jahr die ersten beiden Playtex-Turniere gewonnen und dabei 500000 Dollar verdient. Ein Sieg bei den US Open würde mir noch einmal die gleiche Summe einbringen. Aber auch sonst wollte ich die Meisterschaft meiner neuen Heimat gewinnen, es endlich hinter mich bringen.

»Ich will aber spielen«, sagte ich daraufhin zu ihm. »Was passiert, wenn ich dennoch antrete?«

»Sie könnten sich zu sehr verausgaben und andere Teile Ihres Körpers in Mitleidenschaft ziehen. Bei einem Sturz könnten Sie sich ziemlich leicht eine Knie-, Schulter- oder Knöchelverletzung zuziehen. Es kann aber auch sein, daß Sie nur fünfzehn Minuten oder eine halbe Stunde durchhalten und bei einem anstrengenden Match, das bis in den dritten Satz geht, nicht einmal mehr vom Stuhl aufstehen können.«

Ich glaubte ihm, dankte ihm für seinen Rat und versprach, ihn jeden Tag aufzusuchen. Bei den US Open hätte ich es ja nicht weit zu seiner Praxis. Ich wollte spielen und versuchen, jedes Match in zwei Sätzen zu gewinnen. Ich hatte mich zu sehr auf das Turnier eingestellt, als daß ich meine Krankheit jetzt einfach hätte auskurieren können.

Weiche Knie

Trotz meiner Toxoplasmose hatte ich das Gefühl, daß dieses Jahr endlich Chris und ich das Finale bestreiten würden. Ich ging mit völlig neuer Motivation in das Turnier, und auch Chris war in Top-Form. Daher lag es nahe, daß wir beide Anspruch auf den Titel »beste Tennisspielerin der Welt« erheben würden, und natürlich würde das auch in den Zeitungen abgedruckt werden. In keinem Land gibt es so viele und so großangelegte Pressekonferenzen wie in Amerika. In den meisten anderen Ländern sind Pressekonferenzen eine Formalität. In den Staaten fragen einem die Sportreporter dagegen Löcher in den Bauch und bohren außerdem auch noch andauernd nach. Manche wollen Sensationen, andere lieber Hintergründe, und einige wollen Blut. Auf einer meiner ersten Pressekonferenzen sagte ich, daß ich die größte Tennisspielerin aller Zeiten werden wolle, und das ging durch die ganze Presse. Ich hatte zwar auch hinzugefügt, daß es bis dahin noch ein weiter Weg sei, aber das brachten die Zeitungen wiederum nicht.

Natürlich entgegnete Chris darauf: »Martina hat *ein* gutes Jahr gehabt, ich dagegen sieben.« In Wahrheit war ich viermal beste Tennisspielerin des Jahres gewesen, und 1982 war ich der Meinung, im vergangenen Jahr mehr Erfolge erzielt zu haben als Chris je zuvor.

Während wir auf Pressekonferenzen beide in aller Deutlichkeit unsere Meinung sagten, blieb der Ton bei persönlichen Begegnungen der gleiche: »Hallo, wie geht's?«

Nancy war weniger gelassen. Sie versuchte es mit psychologischer Kriegführung, wie sie es beim Basketball gelernt hatte, und ignorierte Chris einfach. Chris grüßte sie, aber Nancy fragte nur: »Sprichst du mit mir?«

Dabei hatte Nancy größten Respekt vor Chris und ihrem Kampfgeist, doch sie war der Überzeugung, daß man seine Gegnerin hassen müsse, was ich überhaupt nicht verstand.

Ich überstand irgendwie die ersten vier Runden und versuchte, mir meine Krankheit nicht anmerken zu lassen. Unterdessen lenkte Chris die gesamte Aufmerksamkeit auf sich, weil sie ihrerseits sichtbar krank war. Man stellte sich sogar bange Fragen, ob sie überhaupt in der Lage sei, ihr Hotelzimmer zu verlassen und gegen Kathy Latham anzutreten. Mir war von vornherein klar, daß Chris es versuchen würde.

Sie sah bleich und geschwächt aus, als sie durch den Umkleideraum kam, aber sie ging hinaus und gewann. Sie gab sogar noch eine Pressekonferenz nach dem Match, auf der sie erklärte, sie habe in einem italienischen Restaurant zu Abend gegessen und davon eine Lebensmittelvergiftung bekommen.

Die Journalisten schrieben voller Mitgefühl ihre Artikel über Chris, die trotz Magenkrämpfen Kathy Latham und Zina Garrison besiegte. Dann ging es ihr wieder besser. Alle – Spielerinnen, Presse und Öffentlichkeit – hatten Mitleid mit ihr, noch bevor sie auf den Platz ging.

Chris ist ihrem Ruf als Amerikas Liebling immer gerecht geworden. Sie wußte ganz genau, was sie wann zu sagen hatte. Sie schaffte es sogar, den männlichen Reportern zuzulächeln und dabei die Reporterinnen nicht zu verärgern. Wenn einer auf einer Pressekonferenz fragt: »Chris, wie haben Sie sich gestern abend auf das Match vorbereitet?«, zieht sie die Augenbrauen hoch, zwinkert, meint »das sage ich nicht«, und jeder lacht. Wenn *ich* so etwas sagte – aber ich würde es ja gar nicht erst versuchen.
Jedenfalls machte die dramatische Geschichte von Chris und ihrem verdorbenen Essen tagelang Schlagzeilen, und ich fragte mich, was ich erst sagen sollte, mit meiner Toxoplasmose. Ich rede nicht gern über Verletzungen. Meine Schulterverletzungen habe ich mir nie anmerken lassen. Wir alle spielen manchmal unter Schmerzen – jede von uns –, und mit der Zeit werden Geschichten über Verletzungen langweilig. Ich wollte vor dem Turnier nicht darüber sprechen, weil es dann wieder geheißen hätte, ich hätte mir schon von vornherein eine Ausrede zurechtgelegt. Ich war der Meinung, daß ich gewinnen konnte, daß ich mich durch das Turnier kämpfen würde, ohne mir auch nur irgend etwas anmerken zu lassen.
Die einzigen, die die Wahrheit kannten, waren Nancy und Dr. Wadler. Dieser hatte mir geraten, auf das Doppel zu verzichten, wenn ich schon darauf bestand, im Einzel anzutreten, aber ich glaubte nicht, daß mich das Doppel zu sehr anstrengen würde. Ich wollte einfach nicht von meinen alten Gewohnheiten abweichen und außerdem Pam nicht im Stich lassen – ich habe ihr nie von meiner Krankheit erzählt.
Doppelpartner verbindet eine besondere Beziehung: Man ist zugleich Freundin, Mannschaftskameradin und Gegnerin. Pam wurde nach Billie Jean meine Doppelpartnerin. Seit sie mit sechzehn bei den US Open 1978 ins Finale kam, gehört sie zu den fünf besten Tennisspielerinnen der Welt.
Für mich gibt es keine bessere Doppelpartnerin als Pam. Nicht nur weil sie hochgewachsen ist und spielstrategisch einen großen Teil des Platzes abdeckt, sondern auch weil sie so eine zähe Kämpfernatur ist – sie denkt mit und denkt voraus, ist herzlich und zugleich witzig – sehr witzig sogar. Wir unterhalten uns ständig, vom Betreten des Platzes bis zum Spielende. Einmal beobachteten wir unsere Gegnerinnen, als sie auf den Platz kamen. Die eine war für ihre aufwendigen Frisuren bekannt, die andere für ihren stattlichen Umfang: »Da kommen die Schöne und das Biest«, flüsterte Pam mir zu.
Wir haben für viele unserer Gegnerinnen Spitznamen, die nur wir beide kennen. Wenn uns irgend etwas einfällt, sagen wir es einfach – ob nun vor, nach oder bei einem Schlag.

»Was zieh ich bloß zu der Party am Sonntag an?« Zack!
»Was du da neulich angehabt hast, hat mir gut gefallen.« Wumm!
Das soll nicht heißen, daß wir uns nie über Tennis unterhalten. Wenn einer Gegnerin einmal ein guter Ball gelingt, geben wir ab und zu einen fachmännischen Kommentar von uns wie »Schwein gehabt« oder »das nächste Mal hau ich ihr den Ball um die Ohren, daß es nur so kracht«.
Man spricht aber auch die Schläge miteinander ab: »Das nächste Mal schlage ich einen Lob«, oder: »Als nächstes kommt ein Crossball.«
Wir entschuldigen uns immer, wenn etwas schiefgegangen ist.
»Tut mir leid, ich hab's versaut.«
»Aber nein, das war mein Fehler.«
Viele Spitzenspieler haben irgendwann aufgehört, Doppel zu spielen, doch Pam und ich teilen John McEnroes Meinung: Doppel hält einen fit und macht mehr Spaß als Einzel, weil im Einzel der Teamgeist fehlt. Es ist ein schönes Gefühl zu wissen, daß es an Tagen, an denen ich schlecht spiele, einen Menschen gibt, der mit der Hand an die Saiten schlägt und sagt: »Jetzt komm schon. Reiß dich zusammen. Denen zeigen wir's.«
Ab und zu ist eine von uns deprimiert, nachdem sie im Einzel verloren hat, und manchmal kann man sich auch nach dem Gewinn eines wichtigen Einzels nur schwer auf das Doppel einstellen. Pam schafft es immer wieder, mich zu motivieren, wenn ich verloren habe. Im Lauf der Jahre hat jede von uns einen guten Einblick in die Psyche der anderen bekommen; wir wissen auch ohne viele Worte, wie die andere sich fühlt.
Dieses Mal konnte ich Pam jedoch nichts sagen, sondern mußte mich stark und selbstsicher geben. Dafür gab es einen guten Grund, der nichts mit dem Doppel zu tun hatte. Pam und ich waren beide in derselben Viertelfinal-Gruppe, was bedeutete, daß wir höchstwahrscheinlich gegeneinander spielen würden.
Dieses Match fand an einem warmen sonnigen Tag statt. Ich hatte noch am Morgen des Spieltags mit Virginia Wade trainiert und ein bißchen Konditionstraining gemacht. Ich weiß noch, wie ich gefragt wurde: »Trainieren Sie immer so hart?« Ich dachte mir im stillen: »Wenn du wüßtest.«
Auf dem Weg ins Stadion ging es mir ziemlich gut, aber ich erinnerte mich an Dr. Wadlers Warnung vor langen Spielen und der dabei möglicherweise auftretenden Erschöpfung. Mir war ziemlich klar, daß ich in zwei Sätzen gewinnen mußte.
Im ersten Satz ging es mir noch gut – ich gewann 6:1 –, aber im zweiten merkte ich, daß mir allmählich die Knie weich wurden.

Spieltechnisch hatte sich nichts geändert, aber ich erwischte die Bälle nicht mehr und konnte auch nicht mehr so kraftvoll und präzise schlagen wie im ersten Satz. Pam spielte immer noch Vorhandbälle auf meine Rückhand. Ich machte einen Schritt auf den Ball zu, blieb in Schlagstellung stehen und schlug den Ball ins Netz.
Nach einer Weile fiel mir sogar schon das Aufstehen vom Stuhl schwer. Ich merkte, wie meine Kräfte schwanden. Mit Ach und Krach gelang es mir, 5:4 in Führung zu gehen. Ich schlug im zweiten Satz beim Stand von 30:15 auf, doch dann mißlang mir ein Vorhand-Volley, und schließlich verlor ich auch noch im Tie-Break. Der dritte Satz war eine einzige Farce. Ich dachte nur immer wieder: »Wenn sie wüßten.«
Ich konnte überhaupt nichts machen und war stinksauer.
Je länger ich spielte, desto schlimmer wurde es. Bei jedem Ball fragte ich mich, warum ich nicht härter schlug. Hinter meinen Angriffsbällen steckte so wenig Kraft, daß Pam sogar noch in den Ball hineingehen und einen Volley schlagen konnte. Schon das Laufen zehrte so an meinen Kräften, daß ich kaum noch etwas ausrichtete, wenn ich den Ball tatsächlich erwischte. Schließlich wurde es genauso schlimm wie in Australien: Schon das Bücken strengte mich an. Es war einfach frustrierend.
Pam sah, daß ich Schwierigkeiten hatte, ans Netz zu gehen, und spielte deshalb lauter kurze Bälle.
Ich tat mir selbst leid, weil ich einfach nicht wahrhaben wollte, daß mir nach all der Vorbereitung ausgerechnet eine Krankheit einen Strich durch die Rechnung machte. Ich war machtlos, und die Ärzte konnten mir auch kein Mittel geben, so daß der Tennisplatz Schauplatz eines gewaltigen Fiaskos wurde.
Ich spielte keine einzige Sekunde lang mit dem Gedanken, nach dem zweiten Satz oder mitten im dritten aufzugeben. Das wäre noch schlimmer gewesen, eine Beleidigung für Pam und eine Schande für mich. Ich würde nur dann aufgeben, wenn ich mir den Knöchel verstauchen oder mich anderweitig verletzen würde. Man meint immer, daß es irgendwann schon wieder bergauf geht und sich das Blatt wendet, aber meine Beine sagten mir, daß sich an dem Tag überhaupt nichts mehr wenden würde.
Gegen Ende des Spiels dachte ich an das, was hinterher käme. Ich wußte, daß es viel Wirbel geben würde – »Martina zeigt wieder einmal Nerven« –, und ich war nicht gerade erpicht darauf, mich den Reportern zu stellen. Ich verdrängte gerade den Gedanken daran, als Pam den dritten Satz 6:2 gewann: Das Match war zu Ende. Pam kam ans Netz und legte mir den Arm um die Schultern. Mir liefen die

Tränen über das Gesicht, aber es tat gut, ihr Mitgefühl zu spüren. Sie wußte immer noch nicht, daß ich krank war, und ich hielt es nicht für den geeigneten Augenblick, sie aufzuklären.
Ich setzte mich, schluchzte vor mich hin und zog mir ein Handtuch über den Kopf, um mich vor der Meute der Fotografen zu schützen. Auch die Fernsehteams richteten ihre Kameras auf mich. Als ich mich schließlich erhob, konnte ich mich kaum noch auf den Beinen halten, so schwach war ich.
Ich zog mir wieder das Handtuch über den Kopf und ging schnell an den Fernsehkameras vorbei. Die Zuschauer applaudierten. Ich winkte. Aber es war nicht so wie 1981, als ich nach meiner Niederlage wenigstens noch etwas Trost fand. Diesmal fühlte ich mich so richtig hundeelend. Ich war krank und außerdem wütend, schon wieder ein ganzes Jahr warten zu müssen.
Unter den Tribünen drängten sich die Fotografen um mich, während ich versuchte, mich in ein stilles Eckchen zurückzuziehen. Später behauptete einer von ihnen, ich hätte ihm den Film ruiniert. Das war wirklich absurd, aber er verklagte mich deswegen sogar. Die ganze Sache zog sich ungeheuer in die Länge. Nach meiner Niederlage wollte ich jedenfalls so schnell wie möglich weg. Bisher hatte ich mich nur vor einer einzigen Pressekonferenz gedrückt und eigentlich nicht vor, das noch einmal zu tun. Unter den Männern gibt es ein paar Spitzenspieler, die nach einer Niederlage grundsätzlich kein Interview geben. Vitas Gerulaitis oder Jimmy Connors verschwinden gern einfach so in der Dunkelheit, zahlen dafür lächerliche 500 Dollar Strafe an den Tennisverband und lachen sich eins ins Fäustchen, weil sie dadurch um ihr Interview herumgekommen sind. Normalerweise tue ich so etwas nicht, aber nach der Niederlage war die Versuchung ziemlich groß.
Bei den US Open werden die Interviews in einem Raum unter den Tribünen gegeben. Die Veranstalter sagten mir, ich müsse ein paar Minuten warten, bis das Interview mit Rodney Harmon zu Ende sei. Rodney ist sehr redselig und war überglücklich, ins Viertelfinale gekommen zu sein. Er redete also noch ein paar Minuten weiter, während ich schluchzend und völlig geknickt in die Schiedsrichter-Kabine schlich.
»Ich habe Niederlagen schon immer schwer verkraftet«, sagte ich mir ständig.
Nancy hielt meine Schlägerhüllen und meinte: »Schon gut, Martina, schon gut.«
Ich hatte das Gefühl, keine Luft mehr zu bekommen. Mary Collins, eine ehemalige Tennisspielerin, die inzwischen für das Fernsehen ar-

beitete, war inzwischen zusammen mit ein paar Reportern in die überfüllte Kabine gekommen. Ich linste unter meinem Handtuch hervor und sah, wie sich ein paar Schiedsrichter abtrockneten und mich anschauten. Alle paar Minuten ging die Tür auf, und ich hörte Rodneys Stimme. Ich freute mich für ihn, hatte aber nur einen Gedanken: »Wenn nur schon alles vorbei und ich hier raus wäre.«

Ich mußte ständig an das Spiel denken, in dem ich aufgeschlagen und den Vorhand-Volley vermasselt hatte.

»Es ist nicht besser geworden«, sagte ich, »danach wollte mir einfach nichts mehr gelingen.«

Nancy und Mary legten mir die Hand auf die Schulter, als ob sie einen Teil ihrer Kraft auf mich übertragen wollten.

»Sag ihnen, daß du krank bist«, sagte Nancy.

»Das kann ich nicht«, antwortete ich.

»Wenn du es nicht tust, mache ich es«, sagte sie.

»Nancy, Entschuldigungen liegen mir nicht.«

»Du hast keineswegs versagt. Du bist krank. Die Leute müssen das wissen.«

Damit traf sie meinen wunden Punkt. Mir lag sehr viel daran, daß die Leute nicht wieder behaupteten, meine Nerven hätten versagt. Immerhin war ich psychisch gut auf das Turnier vorbereitet gewesen. Als man mir schließlich das Zeichen gab, daß es Zeit für mein Interview sei, war ich entschlossen, die Wahrheit zu erzählen. Über einhundert Journalisten waren in dem kleinen Raum zusammengepfercht. Vorn stand ein Tisch, an dem Dutzende von Mikrofonen befestigt waren.

»Macht es Ihnen etwas aus, daß Ihnen die fünfhunderttausend Dollar von Playtex durch die Lappen gegangen sind?« lautete eine Frage.

»Sie können mir glauben, daß es mir am wenigsten um das Geld geht. Ich kann mir auch ohne das Geld von Playtex genug BHs kaufen.«

Damit erntete ich einige Lacher, und allmählich ging es mir etwas besser.

Jemand fragte mich, ob ich enttäuscht sei. Ich antwortete: »Dies ist für mich die größte Enttäuschung meines Lebens. Pam hat gesagt, meine Niederlage tue ihr leid. Wir waren beide den Tränen nahe. Sie war die Bessere und hat dank ihres offensiven Spiels verdient gewonnen.«

Jemand anders fragte mich, was es für ein Gefühl sei, bei den US Open schon wieder verloren zu haben, woraufhin ich sagte: »Irgendwann muß ich dieses Turnier gewinnen. Dieser Sieg steht als einziger noch aus. Die Leute werden mich weiterhin fragen: ›Wie kommt es, daß Sie die US Open noch nicht gewonnen haben?‹«

Dann fragte man mich, wie ich mich körperlich fühlte. Ich dachte an Nancys Worte, holte tief Luft und sagte: »Das mag jetzt vielleicht wie eine billige Ausrede klingen, ist es aber nicht. Dummerweise hatte ich nicht mehr genügend Kraft, als das Match härter wurde.«
Und dann erzählte ich ihnen von meiner Krankheit und woher ich sie vermutlich hätte. Ihnen schien die Katze mehr zuzusagen als der halbrohe Hamburger. Ich konnte sicher sein, daß die Geschichte vom »Katzenvirus« am nächsten Tag in allen Zeitungen zu lesen sein würde, obwohl es sich genaugenommen gar nicht um ein Virus handelte. Einigen der Reporter sah man an, daß sie meine Geschichte für eine billige Ausrede hielten, aber manche glaubten mir auch. Ich erklärte ihnen, daß ich in zwei Sätzen hätte gewinnen müssen, meine Beine im zweiten Satz jedoch butterweich geworden seien. Ich betonte, daß ich Pams Verdienst nicht schmälern wolle, sondern einfach nur glaubte, den Leuten die Wahrheit schuldig zu sein.
Nach der Pressekonferenz machten sich ein paar Reporter die Mühe, meine Erklärungen von Dr. Wadler bestätigen zu lassen, der ihnen meine Krankheit vom medizinischen Gesichtspunkt aus erläuterte: »Sie wird noch einen Monat lang geschwächt sein. Hier steht es schwarz auf weiß«, sagte er und schwenkte dabei den Laborbericht.
Die Zeitungen brachten am nächsten Tag unterschiedliche Meldungen. Aus manchen sprach Mitleid, aus anderen dagegen eher Spott:
»Was ist Toxoplasmose?«
»Man bekommt's von Katzen und spielt hundsmiserabel.«
In den Zeitungen stand auch, daß Pam nicht gerade erfreut gewesen sei, als sie in einem Interview nach dem Match von meiner Krankheit erfuhr. Ich kann verstehen, daß sie verärgert war, weil sie es auf diese Weise erfuhr, in der Öffentlichkeit, aber ihr Triumph wurde durch meine Krankheit ja nicht geschmälert. Immerhin hat sie all die guten Bälle geschlagen und die Nerven behalten. Die Hauptsache ist, daß Pam nach dem Match, als ich Trost brauchte, so nett zu mir war. Sie machte sich ehrlich Sorgen, ob ich überhaupt in der Lage sei, zum Doppel anzutreten. Jedenfalls wurde unsere Freundschaft durch diese Geschichte in keiner Weise getrübt.
Abends ging ich zu Nancy. Ich war ziemlich niedergeschlagen. Mir war überhaupt nicht danach zumute, am nächsten Tag zu spielen. Auch Dr. Wadler riet mir vom Doppel ab, weil ich nach all den Anstrengungen womöglich zusammenbrechen könnte. Wenn ich nicht absage, dachte ich mir, würden sich die Leute fragen: »Wie krank ist sie nun wirklich?« Ich sagte mir aber auch, daß ein Doppel bei weitem nicht so anstrengend sei wie ein Einzel und daß ich es Pam schuldig sei, nur im äußersten Notfall abzusagen.

Ich hatte einen Tag Bedenkzeit. Viele Leute riefen bei Nancy an, hinterließen Nachrichten, bezeugten mir ihre Sympathie oder sagten, daß sie auf meiner Seite seien. Ich wollte niemanden sprechen. Nancy strotzte dagegen nur so vor Energie. Wir gingen also auf ein kleines Basketball-Feld nicht weit von ihrem Haus und spielten eine Weile gegeneinander. Gegen Nancy zu spielen war genau das, was mir in meinem geschwächten Zustand noch gefehlt hatte. Nancy gewann, während ich nur noch kraftloser wurde und mir obendrein beim Dribbeln auch noch den kleinen Finger der linken Hand verstauchte.
Ich fand, daß es Pam gegenüber unfair sei, nicht zum Doppel anzutreten, und beschloß trotz meines verstauchten Fingers und meiner »Katzenkrankheit«, am nächsten Tag auf dem Tennisplatz zu erscheinen. Ich spielte ziemlich schlecht, so daß wir das Match verloren. Vor lauter Benommenheit konnte ich den Ball kaum sehen.
Danach hielt ich es für besser, meine Krankheit etwas ernster zu nehmen. Ich fragte Dr. Wadler, wie es mit dem für ein paar Wochen später angesetzten Turnier in Philadelphia sei, dem ersten der Playtex-Serie.
»Sie würden in jedem Fall den kürzeren ziehen«, antwortete Dr. Wadler. »Wenn Sie das Turnier gewinnen, werden alle denken, Sie hätten bei den US Open lediglich eine Ausrede gebraucht, auch wenn wir beide wissen, daß das nicht stimmt. Das Verletzungsrisiko bleibt natürlich bestehen, ob Sie nun gewinnen oder verlieren. Abgesehen vom Geld sehe ich keinen Grund, warum Sie zu dem Turnier fahren sollten.«
Ich befolgte seinen Rat und sagte das Turnier in Philadelphia ab. Dafür gewann ich die nächsten drei Playtex-Turniere, was mir 500 000 Dollar einbrachte. Für einen Sieg bei allen vier Turnieren hätte ich dagegen eine Million bekommen. Summa summarum kostete mich die Toxoplasmose 1982 fünfhunderttausend Dollar und die gleiche Summe noch einmal 1983 – macht insgesamt eine schlappe Million –, aber Dr. Wadler meinte, daß ich gut daran getan hätte, auf das Geld zu verzichten und mich statt dessen auszuruhen.
Nachdem mein Entschluß feststand, fuhr ich nach Virginia Beach, schaltete meinen Anrufbeantworter ein und machte tagelang nichts anderes als schlafen und essen. Ich verließ mein Heim nur einmal, um ein Haus zu kaufen. Während der US Open hatte ein Immobilienmakler Nancy besucht und gesagt: »Ich habe gehört, Martina sucht ein Haus. Ich habe da eines, das genau das richtige für sie ist. Hier sind die Fotos.«
Das Haus war phantastisch – modern und direkt am Meer. Außerdem gefiel mir der Name: »Shibui«, was im Japanischen soviel wie

»Ruhe« bedeutet. Ich kaufte es, und zwei Jahre lang fühlte ich mich dort pudelwohl.
Wegen der Toxoplasmose suchte ich Dr. Wadler das ganze Jahr über einmal monatlich auf und fuhr ein paarmal zur Untersuchung ins *North Shore University Hospital* auf Long Island, weil meine Drüsen nicht wieder auf ihre normale Größe schrumpften. Dr. Wadler machte sich allmählich Sorgen. Auch von einer Biopsie war wieder die Rede, aber dann verschwanden die Symptome und damit auch die Angst.
Rita Maes Katze wurde übrigens untersucht, aber es ließ sich nichts feststellen. Es war also der Hamburger. Und da wundern sich die Leute, warum ich kein rotes Fleisch mehr esse.

Das lange Warten

Ich mußte also die nächsten US Open abwarten, doch ich schwor mir, die Zeit bis dahin sinnvoll zu nutzen. Die Martina, die die Zuschauer bei den US Open 1982 gesehen hatten, war bereits in guter Form gewesen, aber 1983 sollten sie eine noch bessere sehen. Es gibt viele Möglichkeiten, seine Leistung zu steigern, vor allem im Tennis: die Arbeit mit einem Trainer, Konditionstraining und bewußte Ernährung, was manche aber immer noch als Spinnerei betrachten.
Darum ärgere ich mich auch immer wieder, wenn man mich scherzhaft als »Übermenschen« bezeichnet, als sei ich größer oder stärker als die anderen Tennisspielerinnen. Das stimmt einfach nicht. Wenn ich in einer Menschenmenge stehe, sieht man, daß ich nicht größer bin als die meisten anderen um mich herum. Sicher, meine Unterarme sind muskulöser als die der anderen Spielerinnen, aber daran habe ich schließlich hart gearbeitet, und zwar ohne Pillen. Die Muskeln sind zum Teil vererbt und zum Teil antrainiert. Wer ebenfalls gern solche Unterarme hätte, braucht bloß an die nächste Kraftmaschine zu gehen. Ich bin auf die »altmodische Art und Weise« zu meinen Muskeln gekommen: Ich habe sie mir hart erarbeitet.
Außerdem merkte ich, daß es auch an meiner Technik noch einiges zu verbessern gab. Renee Richards und ich hatten zwar einige Meinungsverschiedenheiten, aber es ließ sich nicht leugnen, daß sie viel für meine Technik getan hatte, und als sie mich bei den US Open anrief, beschlossen wir, unsere Zusammenarbeit wieder aufzunehmen. Sie praktizierte weiter als Augenärztin in der Park Avenue in New York, kam aber auch öfter zu meinem Konditionstraining und zu einigen meiner Turniere.

Nachdem ich so lange mehr oder weniger auf mich allein gestellt gewesen war, wurde mir allmählich klar, wie wertvoll ein guter Trainer ist. Bei einem Match braucht man den Trainer hauptsächlich zur moralischen Unterstützung – einfach um das Gefühl zu haben, daß da noch jemand ist, der mitfiebert. Auf dem Platz ist man ganz allein, und niemand fühlt sich gern von aller Welt verlassen, ich am allerwenigsten. Ich glaube, Wendy Turnbull hat als einzige Profi-Spielerin noch keinen Trainer.

Als Pam Shriver 1984 in New York Hana Mandlikova im Viertelfinale des Virginia-Slims-Turniers schlug, winkte sie zuerst ihrem Trainer Don Candy zu, der auf der Tribüne saß.

»Don hat einiges mit mir durchgemacht. Er ist immer da, und wenn ich gewinne, soll er auch Anteil daran haben«, erklärte Pam in einem Fernseh-Interview nach dem Match der Reporterin Mary Carillo.

Ein Trainer kann viel für seinen Schützling tun, zum Beispiel einen Platz mieten in einer Stadt, in der man sich nicht auskennt, mit einem spielen, einen zum Essen einladen oder moralisch aufbauen. Wenn etwas schiefgeht, braucht man sich keine Gedanken zu machen. Der Trainer kümmert sich schon darum.

Hätte ich 1981 mit Mike Estep oder Renee Richards trainiert, hätte ich die US Open sicherlich nicht verloren. Jeder Trainer hätte sofort gemerkt, daß ich die Ellbogen zu stark abwinkelte, lange bevor ich im Finale auf Tracy traf.

Ein guter Trainer erkennt solche Dinge sofort. Aber in einem Match kann er kaum etwas anderes tun, als einen moralisch und durch Blickkontakt zu unterstützen. Renee machte sich meist Notizen, während ich spielte, so daß wir eigentlich kaum Blickkontakt hatten. Sie gab mir höchstens ab und zu mit einem Zeichen zu verstehen, ich müsse ruhiger werden.

Die Taktik sollte man vor dem Spiel besprechen und nicht hinterher. Als ich im Herbst 1982 wieder mit Renee zusammenarbeitete, merkte ich wieder einmal, wie gründlich sie war. Sie brauchte eine halbe Stunde, um mich auf ein Match vorzubereiten, und eine weitere halbe Stunde für die Besprechung des letzten Spiels. Ich fand es manchmal etwas übertrieben. Renee erklärte mir sogar beim Fernsehen, wie ich gegen eine Spielerin vorzugehen hätte, die ich schon aus einem Dutzend Spiele kannte. Früher dachte ich erst an das Match, wenn ich bereits auf dem Platz stand. Ich war immer siegessicher und spielte daher meist instinktiv. Renee brauchte ich hauptsächlich, um mit ihr Ballwechsel zu üben und taktische Fragen zu besprechen, und bis zum Herbst 1982 hatte ich mein Spiel dank ihrer Hilfe tatsächlich noch verbessert.

Ich trainierte sozusagen zweigleisig: Renee war für das Spieltechnische zuständig, Nancy für die Motivation. Renee plädierte dafür, daß ich im Training gegen Männer spielte, und auch ich fand die Idee gut, weil ich dabei viel mehr lernen konnte als mit irgendeiner weiblichen Trainingspartnerin. Ich übte also im Training, die Aufschläge von Ricky Meyer, einem der weniger bekannten Profi-Spieler, zu returnieren. Er schlug um einiges härter auf als Chris oder Hana. Renee stand dabei an der Seitenlinie und nickte. Sie erklärte mir, wie ich in seinen ersten Aufschlag hineingehen solle. Auch Nancy stand dabei und brüllte: »Mensch, Martina, du Flasche. Wenn das alles sein soll, warum läßt du es dann nicht einfach bleiben?«
Ab und zu brummelte ich daraufhin: »Warum hältst du nicht einfach die Klappe?« Es kam aber auch vor, daß ich in Tränen ausbrach oder den Schläger hinwarf und vom Platz ging. Manchmal spielte ich nach so einer Bemerkung allerdings auch doppelt so hart, während Renee auf ihre Notizen schaute und bloß den Kopf schüttelte.
Es kam so weit, daß Nancy mir im Training eigentlich mehr schadete als nutzte, weil sie mich zu sehr unter Druck setzte und Renee bei ihrer Arbeit störte. Ich merkte es, und ich nahm es ihr übel. Aber trotzdem war Nancy damals meine beste Freundin. Wir hatten so vieles gemeinsam und außerhalb des Tennisplatzes immer viel Spaß zusammen. Ich wußte, daß sie Renee ein Dorn im Auge war, aber ich wäre nie auf den Gedanken gekommen, Nancy zu bitten, vom Training fernzubleiben. Ich hoffte nur, daß Renee mich nicht darum bitten würde. Renee mißfiel es außerdem, daß ich meine Zeit oder Aufmerksamkeit nicht ausschließlich ihr widmete, sondern mich auf anderen Gebieten auch noch von anderen beraten ließ. Damals ging ich bereits gelegentlich zu Robert Haas, einem Diätetiker, den ich nach meiner Toxoplasmose-Geschichte kennengelernt hatte.
Schon Nancy und Sandra Haynie hatten mir geraten, mich bewußter zu ernähren, lange bevor ich Robert kennenlernte. Ich war durch Sabina Simmonds, eine Tennisspielerin, die dank seiner fettarmen und kohlehydratreichen Diät abgenommen und ihre Form verbessert hatte, auf ihn aufmerksam geworden. Nancy und ich suchten ihn nach den US Open 1982 auf und ließen uns eine Diät zusammenstellen: kein Fett, kein Öl, keine Butter, kein rotes Fleisch, kein Zucker, dafür aber viel Gemüse und viele Kohlehydrate. Anstelle der schweren tschechischen Gerichte, die ich für mein Leben gern aß, verordnete Robert mir Nudeln, Vollkornprodukte, Brot, fettarme Milch, bestimmte Käsesorten und Vitamine. Viele achten von sich aus auf ihre Ernährung, aber ich brauchte erst einen Diätetiker, um zu wissen, was gut für mich war und was nicht.

Es war gar nicht so leicht, auf Butter zu verzichten. Ich weiß, daß Butter meine Reflexe verlangsamt und den Stoffwechsel ungünstig beeinflußt. Dabei esse ich sie so gern zu Nudeln. Früher habe ich immer einen Löffel Butter – nur einen einzigen Löffel – zu den Nudeln gegeben, und wenn Nancy mich dabei erwischte, stritten wir uns noch beim Essen darüber. Sie schmeckte schon ein Gramm Butter auf ein Pfund Nudeln heraus und hielt mir jedesmal eine Moralpredigt, so daß ich eine Woche lang ein schlechtes Gewissen hatte.
Ich spürte den Unterschied, nachdem ich meine Ernährung umgestellt hatte. Ich fühlte mich viel leichter, viel kräftiger ohne all das Öl und Fett im Körper. Ich war nicht mehr so launisch, vor allem nicht mehr in der Zeit, bevor ich meine Tage bekam. Früher hatte ich mich dann immer besonders schlapp und niedergeschlagen gefühlt. Aber seit ich mehr Konditionstraining mache und strenge Diät halte, habe ich meine Tage bei weitem nicht mehr so schlimm wie früher.
Robert soll einmal gesagt haben, daß seine Diät für mich zu einer »Religion«, einer »Lebensanschauung« geworden sei, was sofort so aufgefaßt wurde, als sei ich von seinen Ratschlägen abhängig. Ich weiß nicht, ob das nicht vielleicht etwas übertrieben ist. Jedenfalls wirkte sich seine Diät positiv auf mein Blutbild aus. Er nahm mir eine Zeitlang regelmäßig Blut ab und hatte bei Turnieren immer einige Vitaminpräparate dabei.
Man hat mich schon oft gefragt, aus was die Energieriegel bestehen, die ich manchmal in den Spielpausen esse. Robert hat mir nie Genaues verraten, sondern mir lediglich versichert, sie enthielten kaum Fett, keine Schokolade, keinen Zucker und kein Cholesterin. So ein Riegel gibt mir auf dem Platz oder auch im Umkleideraum, wo man normalerweise nur Fast Food bekommt, neue Kraft. Die genaue Zusammensetzung der Riegel und Vitaminpräparate kenne ich nicht – ich vertraue Robert, auch wenn er schon im Kreuzfeuer der Kritik stand, weil er sich »Dr. Haas« nennt. Wenn ich mich nicht täusche, hat er an einer staatlich nicht anerkannten Universität promoviert. Die Fachleute nahmen Anstoß daran, daß er in seinem Buch auch über Ginseng schreibt, obwohl Ginseng in großen Mengen giftig sein kann. Aber gegen kohlehydratreiche Kost und viel Wasser kann kein Experte etwas sagen.
Ich glaube nicht, daß ich meinem Körper mit meiner Ernährung schade. Abgesehen davon halte ich mich ohnehin nicht immer streng an die Diät. Man will ja auch nicht übertreiben.
Robert zog sich den Zorn einiger Tennisspieler zu, als er sagte: »Martina wird die erste ›bionische‹ Tennisspielerin der Welt sein.« Das klang so, als sei ich anders als der Rest der Menschheit. Robert saß

immer mit einem Computer am Spielfeldrand und hielt jede Bewegung von mir oder meiner Gegnerin fest.

Chris hat einmal gesagt, daß Computer einem den Spaß am Tennis verderben würden. Das mag vielleicht stimmen, aber mit dessen Hilfe stießen wir tatsächlich auf ein paar ihrer typischen Eigenheiten. Renee sagte mir: »Du mußt dafür sorgen, daß Chris sich nie sicher ist, ob dein Ball kurz oder lang fliegen wird. Wenn sie es weiß, bleibt sie an der Grundlinie und spielt einen ihrer unerreichbaren Passierbälle.« Renee brachte mich dazu, abwechselnd angeschnittene Bälle und Stoppbälle zu spielen und sogar ab und zu einen Lob, um Chris auf Trab zu halten. Früher hatte ich mich gegen sie immer auf das Grundlinienspiel versteift. Ich wollte Chris mit ihrer eigenen Taktik schlagen, aber Renee überzeugte mich, daß es besser sei, in ihre Crossbälle hineinzulaufen und zu versuchen, sie mit guter Beinarbeit zu schlagen.

Ich glaube, daß ich dank des Computers einiges gelernt habe, aber alles in allem auch nicht mehr, als das, was Renee und später Mike Estep aufgrund ihrer langen Tenniserfahrung instinktiv auch so wußten. Schließlich hörten wir wieder auf, mit dem Computer zu arbeiten, aber manche glauben immer noch, ich sei programmiert wie ein Roboter.

Ich ging sogar noch öfter in den Kraftraum, stemmte Gewichte, lief längere Strecken und machte noch mehr Konditionsübungen. Ich trainierte mit Lynn Cockwright, einem ehemaligen Body-Building-Meister aus Virginia, der mir mein tägliches Trainingsprogramm zusammenstellte: Ich trainierte abwechselnd einen Tag Trizeps, Bizeps und Beine und einen die Brust-, Schulter- und Rückenmuskulatur. Lynn zeigte mir, wie ich meine Übungen am Zugapparat oder mit den Hanteln gezielt auf meine verschiedenen Schläge ausrichten konnte. Ich ließ ein Zimmer in meinem Haus in Virginia Beach in einen Kraftraum umbauen. Wenn ich zu Hause war, trainierte ich dort vier- bis fünfmal wöchentlich.

Ich arbeitete auch mit Rick Elstein vom »Syosset Health Club« auf Long Island zusammen. Er machte mit Sportlern Reflexübungen, um die Koordination zwischen Auge und Hand sowie die Beinarbeit zu verbessern. Er hatte mit Dr. John Marshall, einem bekannten Sportarzt, eine neue Methode zur Verbesserung der Bewegungsdynamik durch optimale Beinarbeit und Stellung entwickelt. Er machte mit mir Gleichgewichts- und Reflexübungen.

Außerdem trainierten wir auch all diejenigen Körperpartien, die, wie er sagte, hauptsächlich von Tennisspielern und Hockey-Torhütern beansprucht würden.

Manchmal hatte ich das Gefühl, daß Renee diese neuen Methoden für überflüssig hielt, aber ich habe viel von Rick gelernt. Robert Haas sagte einmal, ich könne mit all meinem Training auch noch mit vierzig Wimbledon-Siegerin werden. Das war zwar Anlaß zu so mancher spöttischen Bemerkung, ist aber nicht völlig aus der Luft gegriffen. Billie Jean King ist das beste Beispiel. Sie kam 1982 und 1983 mit neununddreißig und vierzig ins Halbfinale von Wimbledon. Verletzungen oder mangelnde Motivation einmal ausgenommen, traue ich mir das durchaus auch zu.
Nachdem ich im Herbst 1982 so hart an meiner physischen und psychischen Konstitution gearbeitet hatte, verlor ich bei den Australian Open gegen Chris. Das versetzte mir einen richtiggehenden Schock, aber bis zum Toyota-Turnier Ende Dezember bereitete Renee mich gut auf Chris vor.
Ich lernte jetzt die angenehme Seite meiner neuen Diät kennen: Ich durfte jede Menge Leckereien essen – es mußten nur die richtigen sein. Am Tag des Finales gegen Chris bestand mein Frühstück aus einem Croissant, Haferbrei und einer Waffel. Zu Mittag aß ich Nudeln, Brot, eine Honigmelone und trank dazu Apfel- und Orangensaft.
Als ich auf dem Platz stand, hatte ich das Gefühl, als könne ich ewig weiterspielen. Ich war enttäuscht, daß die Tennisjournalisten sich immer noch nicht einig waren, wer von uns beiden die Nummer eins sei, und daß ich noch einen weiteren Beweis liefern sollte. Trotz meiner Niederlage bei den US Open fand ich, daß mir 1982 eindeutig Platz eins der Weltrangliste zustand, und jetzt hatte ich die Chance, das zu beweisen.
Im ersten Satz hielt ich mich nicht immer an Renees Taktik, sondern experimentierte ab und zu. Im zweiten Satz hielt ich mich dagegen wieder streng an ihre Anweisungen und schlug Chris schließlich 4:6, 6:1 und 6:2. Chris war wie immer eine gute Verliererin und sagte nach dem Spiel: »Ich gebe zu, jetzt ist sie die Nummer eins.«
Renees technische Beratung und Nancys Motivations-Training gaben mir das Gefühl, unschlagbar zu sein. Aber Renee und ich hatten nicht viel Zeit für unser gemeinsames Training. Ihre Praxis ging so gut, daß sie die Woche über entweder im Operations- oder Sprechzimmer sein mußte und für mich nur zwischen zwei Terminen Zeit hatte.
Unsere Zusammenarbeit endete dann endgültig bei den French Open 1983. Ich hatte in den ersten drei Runden nur sieben Spiele abgegeben. Renee kam an dem Tag nach Paris, an dem ich in der vierten Runde gegen Kathy Horvath spielen sollte, stieg um zehn Uhr morgens aus dem Flugzeug und fuhr hinaus zu den Tennisplätzen.

Ohne mich spielen gesehen zu haben, riet sie mir, hinten zu bleiben, darauf zu warten, daß Kathy Fehler machte, und dann erst im späteren Spielverlauf offensiver zu werden. Sie sagte, ich solle einfach nur den Ball im Spiel halten. Aber wozu? Ich war auf dem Höhepunkt meiner Karriere, das Turnier lief glänzend, das Match gegen Andrea Leand war ein gutes Training gewesen, meine Rückhand war besser als meine Vorhand, meine Form hätte damals überhaupt nicht besser sein können.

Das Schlimmste, was eventuell hätte passieren können, war, daß ich ein paar Volleys verschlug. Und da ich meinen Rhythmus nun schon mal gefunden hatte, sah ich nicht ein, warum ich auf die Bremse treten sollte.

Ich verlor den ersten Satz 4:6, gewann dafür aber den zweiten 6:0. Im dritten Satz sah ich, daß Nancy nicht mehr neben Renee saß, sondern nahe am Eingang zu den Kabinen. Sie brüllte: »Los, Martina! Schlaf nicht ein!« Ab und zu deutete sie mit einem Achselzucken an, daß ich bei meinen Rückhandbällen die Schulter mehr drehen sollte – es war wie immer. Ich fragte mich die ganze Zeit, warum sich Nancy woanders hingesetzt hatte, und kam einfach nicht so ins Spiel, wie es in den ersten drei Runden der Fall gewesen war. Ich verlor den dritten Satz 3:6. Damit war ich ausgeschieden und mußte meine Hoffnung auf den Gewinn des Grand Slam wieder einmal um ein Jahr verschieben.

Nach dem Match sagte ich mir, daß das eigentlich nicht hätte passieren dürfen, und ich wollte ganz genau wissen, was mit Nancy und Renee denn eigentlich los war.

Renee sagte rundheraus, daß Nancy mit ihren Zeichen ihre Arbeit als Trainerin unterminierte. Sie sagte, sie habe mich in den ersten beiden Sätzen gut beraten, und gab Nancy die Schuld an meiner Niederlage, weil sie sich im dritten Satz weiter nach vorn gesetzt hatte, um mir Zeichen zu machen. Nancy behauptete dagegen, sie sei lediglich auf die Toilette gegangen, und da sie auf dem Rückweg die Zuschauer nicht habe stören wollen, habe sie sich einfach auf den nächstbesten Platz gesetzt.

Ich wußte nicht, wem ich glauben sollte, aber ich wußte, daß alles bestens gelaufen war, bis Renee kam und mir sagte, ich solle defensiv spielen. Zum erstenmal zweifelte ich an der Richtigkeit ihrer Ratschläge – doch das wäre ja alles nur halb so schlimm gewesen, wenn Renee nicht sofort wieder nach New York zurückgeflogen wäre und mir nicht nur diese kurze Nachricht hinterlassen hätte: Sie schrieb, daß sie nicht weiter in unserem Team arbeiten würde. Sie wollte mich entweder allein trainieren oder gar nicht. Damit wollte sie alles zunichte machen, was ich von anderen lernte. Sie hielt Rick Elsteins

Reflextraining oder Robert Haas' Computerstudien im Grunde für völlig sinnlos und hatte das Gefühl, daß ihre Arbeit dadurch nur immer weiter unterminiert wurde.
Sie schrieb außerdem: »Ich weiß, was für ein Druck auf Dir lastet und daß dies eigentlich nicht der richtige Moment ist, aber für mich geht es nur so, wenn ich Dich weiter trainieren soll.«
Bis Wimbledon waren es nur noch wenige Wochen, und Renee stellte mir ein Ultimatum. Ich mußte sozusagen zwischen Pest und Cholera wählen, konnte also nur verlieren, aber meiner Meinung nach hatte ich keine andere Wahl, als mich von Renee zu trennen. Aber ich habe es damals schon gesagt und sage es auch heute noch: Renee ist immer eine gute Freundin gewesen, als sie selbst noch an Turnieren teilnahm. Ich verdanke ihr sehr viel.
Ich verlor das Spiel am Samstag, stieg am Sonntagmorgen in die Concorde, war nachmittags bereits wieder in den Staaten und hatte noch genug Zeit, um an den Strand zu gehen. Ich wußte, daß ich am Dienstag zur alljährlichen Party des Internationalen Tennisverbands wieder in Paris sein mußte, aber nach meiner Niederlage wollte ich einfach nicht in derselben Stadt, im selben Land und noch nicht einmal auf demselben Kontinent bleiben. Ich blieb also am Strand von New Jersey, flog am Montagabend zurück nach Paris, ging auf die Party und war schließlich an dem darauffolgenden Mittwochnachmittag wieder zu Hause. Zu diesem Zeitpunkt hatte ich bereits einen neuen Trainer, mit dem ich auch noch die allerletzte Hürde auf meinem Weg an die Spitze nehmen wollte.

Mein neuer Trainer

Das Beste an den French Open war, daß ich Mike Estep bei der Party des Internationalen Tennisverbands traf. Wir hatten früher beide bei den Boston Lobsters gespielt. Auf Mike konnte man sich verlassen, eine Eigenschaft, die man erst mit der Zeit zu schätzen weiß. Er war zwar kein Spitzenspieler, aber immerhin ein ziemlich guter. Er ist mit Barbara Hunter verheiratet, einer der ersten Sport-Reporterinnen, die für das Fernsehen arbeiteten.
Sie berichtete zum Beispiel von den Tennis-Mannschaftsmeisterschaften in der Sowjetunion. Sowohl Mike als auch Barbara gehören zu den intelligentesten Menschen, die ich je im Tennis kennengelernt habe. Beide haben vielseitige Interessen und sind nicht ausschließlich auf Tennis fixiert.

Mike war fast vierunddreißig, als ich ihm 1983 in Paris begegnete. Er hatte wegen seines »Tennisarms« zwei Saisons aussetzen und obendrein auch noch sechzehn Operationen über sich ergehen lassen müssen, bei denen mehrere kleine Geschwülste, sogenannte Papillome, von den Stimmbändern entfernt wurden. 1982 war er dann wieder mit von der Partie und landete auf Platz 95 der Computer-Rangliste, aber er wußte, daß er nicht ewig weiterspielen konnte. Er hatte gute Referenzen: Früher, auf der Rice University, wurde er von der Presse zum Tennisspieler des Jahres gewählt. Außerdem war er Funktionär der internationalen Tennisspielergewerkschaft ATP. Während seiner Verletzungspause hatte er Tennisstunden gegeben.
Wir liefen uns zufällig auf der Party über den Weg, kamen ins Gespräch und hatten beide das Gefühl, am Scheideweg zu stehen. Mike meinte, daß ich das Zeug dazu hätte, die beste Tennisspielerin aller Zeiten zu werden, aber nicht alles aus mir herausholte. Jetzt, da ich sowohl physisch als auch psychisch in besserer Verfassung sei, meinte Mike, bräuchte bloß noch meine Taktik besser zu werden.
Ich fragte Mike spontan, ob er Lust habe, mich auf Wimbledon vorzubereiten. Danach würden wir weitersehen. Er war einverstanden. Er und Barbara sagten, es sei schon ein seltsamer Zufall: Sie hätten beide gemeint, mir helfen zu können, sich aber nicht getraut, mich anzusprechen, solange ich noch mit Renee zusammenarbeitete. Bei unserem ersten gemeinsamen Training sagte Mike, er würde dreißig Minuten mit mir arbeiten. Mike ist nicht sehr groß – nur 1,70 Meter bei einem Gewicht von 68 Kilo –, aber dafür ungeheuer schnell. Außerdem war er noch nie so gut in Form gewesen wie 1982. Er war ein sehr guter Spieler und erwischte jeden meiner Bälle. Der Unterschied zu früher war enorm. Renee war zwar eine hervorragende Trainerin gewesen, hatte auf dem Platz jedoch nie so richtig mit mir mithalten können.
Bei unserem ersten Training hielt ich gerade drei Minuten durch, dann war ich fix und fertig. Ich wankte ans Netz und keuchte: »Auszeit. Wie lange soll das denn noch dauern?«
Mike grinste nur unter seiner Baseball-Mütze hervor und schlug einen Ball nach dem anderen nach mir, um mir zu verstehen zu geben, daß er mich langsam oder auch schnell fertigmachen könne.
Ich merkte von Mal zu Mal, wie ich besser wurde. Ich gewann das Vorbereitungsturnier von Eastbourne souverän. In sechs Matches gab ich nur siebzehn Spiele ab. Ich war in ausgezeichneter Form. Wimbledon konnte kommen.
Diesmal gab es mehr Klatsch denn je. Ein paar Reporter stellten fest, daß Nancy zu Beginn des Turniers noch in New York war, und

schrieben, daß wir uns getrennt hätten. Damit lagen sie richtiger als sie ahnten. Sie war eigentlich in den Staaten geblieben, um irgend etwas Geschäftliches zu regeln, und als sie dann nach England kam, stritten wir uns heftiger als je zuvor.
Ich warf ihr unter anderem vor, daß sie sich zu sehr in meine finanziellen Angelegenheiten einmischte. Nancy war für meine Kondition und ein paar andere rein sportliche Fragen zuständig. Dafür zahlte ich ihr ein Gehalt, aber jetzt versuchte sie, ihren Einflußbereich auszuweiten. Sie lag oft mit der International Management Group, die mich seit langem managte, im Streit. In Einzelfragen mag sie vielleicht recht gehabt haben, aber sie versuchte ständig, einen Keil zwischen mich und meine Manager zu treiben, und darauf wollte ich mich nicht einlassen. Nach einer Weile war unser Streit in Wimbledon ein offenes Geheimnis. Jeder redete darüber. Mehr als einmal bin ich in Gegenwart von Freunden in Tränen ausgebrochen und habe schluchzend gestammelt: »Es muß etwas geschehen.«
Aber ich habe ja schon immer vor Veränderungen zurückgescheut und wußte auch diesmal nicht, wie ich es anfangen sollte.
Ich versuchte, wenigstens auf dem Platz den Gedanken an unsere Auseinandersetzungen zu verdrängen. Nach ein paar Wochen Training mit Mike hatte ich einen knallharten Aufschlag und eine nicht weniger harte Rückhand. Ich hatte meinen Gegnerinnen noch nie so oft den Aufschlag abgenommen wie 1983 in Wimbledon, und alle Welt fragte sich: »Sollte sie tatsächlich besser werden?« Mit Mike Estep wurde ich es.
Chris freute sich schon darauf, wieder einmal gegen mich zu spielen, aber sie ging mit Grippe in das Match gegen Kathy Jordan und verlor. Tracy war wegen einer Schulterverletzung ausgeschieden. Es war also noch alles offen. Billie Jean kam mühelos ins Halbfinale, bis ihr Andrea Jaeger ins Gedächtnis rief, daß sie bereits vierzig war. Ich schlug im Halbfinale die Südafrikanerin Yvonne Vermaak.
Am Abend vor dem Finale gegen Andrea hatten Nancy und ich eine unserer schlimmsten Auseinandersetzungen. Sie wußte, daß ich mir Gedanken über unsere Beziehung machte, und meinte, daß ich ohne sie überhaupt keine Chance hätte. Sie sagte mir auf den Kopf zu, daß ich nicht nur egoistisch, sondern überhaupt unmöglich sei. Dann kam sie auf mich zu, aber ich schob sie zurück. Alles Weitere läßt sich denken. Bis zwei Uhr morgens stritten wir uns, daß die Fetzen flogen, und als ich am nächsten Tag auf den Platz ging, fühlte ich mich physisch und psychisch ausgelaugt.
Die Zuschauer merkten nichts. Das Match gegen Andrea war ein Kinderspiel, verglichen mit der Auseinandersetzung, die ich ein paar

Stunden zuvor mit Nancy gehabt hatte. Ich hatte tatsächlich mehr Ruhe auf dem Centre Court vor ausverkauftem Stadion, in einem Match, das Millionen von Fernsehzuschauern in der ganzen Welt verfolgten, als in meinen eigenen vier Wänden. Jetzt weiß ich, warum Schauspieler sich auf der Bühne wohler fühlen als in der Garderobe. Auf dem Platz tat ich das, was ich am besten konnte. Es bereitete mir keinerlei Schwierigkeiten, auf den Centre Court zu gehen, vor den Angehörigen der Königlichen Familie zu knicksen und in einem Wimbledon-Finale anzutreten. Schwierig waren nur die Streitereien zu Hause.

Der schlimmste Augenblick in dem Match gegen Andrea war, als ich spürte, wie mein Rock langsam aufging, während ich gerade ans Netz lief, um einen Vorhand-Volley zu schlagen. Ich wußte, daß dieser Schlag der letzte in diesem Ballwechsel sein mußte, weil ich keine Lust hatte weiterzuspielen, bis der Rock ganz heruntergerutscht sein würde. Mein Vorhandball ging ins Aus. Krampfhaft hielt ich das Gurtband fest. Als ich mir den Rock wieder zuband, erinnerte ich mich daran, wie Trey Waltke zu Beginn des Turniers wie der Große Gatsby in langen weißen Hosen und weißem Tennishemd auf den Platz gegangen war, und ich versprochen – gedroht? – hatte, im Bikini zu erscheinen.

»Viel hat ja nicht mehr gefehlt«, dachte ich mir.

Mitten im Match nahm ich mir die Zeit, ein kleines Flugzeug zu beobachten, das mit einem Spruchband »Vergessen Sie die Postleitzahl nicht« über dem Stadion kreiste. Ich fragte mich, warum man Steuergelder dafür ausgab, ein Flugzeug zu mieten und es mit dieser Botschaft über Wimbledon kreisen zu lassen. Das brachte mich auf all die Freunde und Bekannten, denen ich noch schreiben mußte. Ich versuchte krampfhaft, mich an die Postleitzahl jedes einzelnen zu erinnern.

Während ich meinen Gedanken im zweiten Satz freien Lauf ließ, gewann Andrea ein paar Spiele, aber schließlich entschied ich das Match dann doch nach 55 Minuten mit 6:0, 6:3 für mich – mein vierter Wimbledon-Titel. Es entging mir nicht, daß Roland Jaeger sich diesmal nicht über unerlaubtes Coachen beschwerte.

»Glauben Sie, daß Sie für die anderen Spielerinnen einfach zu gut sind?« wurde ich gefragt.

»Ich hoffe es. Ich werde jedenfalls alles daransetzen, daß meine Spiele so eintönig wie möglich verlaufen.«

Ich kann gar nicht oft genug in Wimbledon gewinnen. Wimbledon wird für mich immer das wichtigste Turnier bleiben. Ich genieße jede Minute, die violett-grün gekleideten Balljungen und -mädchen, den

dichten Rasen, die korrekt gekleideten Zuschauer. Für mich ist Wimbledon Tennis schlechthin, der Mittelpunkt der Tenniswelt.
Aber für 1983 hatte ich mir noch ein größeres Ziel gesetzt. Es galt, noch eine letzte Hürde zu nehmen. Bevor ich nicht die US Open gewonnen und die Gerüchte, mir würden in Flushing Meadow immer die Nerven durchgehen, Lügen gestraft hatte, konnte ich nicht von mir behaupten, eine der größten Spielerinnen in der Geschichte des Tennis zu sein. Ein Champion muß alles gewinnen.
Als wir wieder zu Hause waren, vertrug ich mich mit Nancy nach ein paar Wochen wieder besser. Ich nahm in Virginia Beach mein Training mit Mike wieder auf. Er schlief auf der Couch im Arbeitszimmer, während meine Mutter und Jana zu Besuch da waren. Sie liebten Virginia Beach, weil sie sich dort in ihren winzigen europäischen Bikinis sonnen konnten. Meine Mutter und Jana gingen auch oft einkaufen. Wenn sie zurückkamen, verschwanden sie in der Küche und machten sich daran, Suppe und Huhn für eine ganze Armee zu kochen. Viel weniger waren wir ja auch nicht.
Nancy kümmerte sich um ihre Basketballkarriere. Es gingen also ständig irgendwelche hochgewachsenen Leute bei uns ein und aus. Außerdem ließen wir gerade ein paar Renovierungsarbeiten ausführen, so daß zusätzlich auch noch die Bauarbeiter und die Leute von der Putzkolonne im Haus waren. In diesem Tohuwabohu hatte ich kaum Zeit, mit meiner Mutter und meiner Schwester allein zu sein. Nach ihrer Abreise merkte ich erst, daß ich mir nicht einmal die Zeit genommen hatte, Jana zu fragen, wie es ihr in der Schule ging, oder mit ihr Tennis zu spielen. Es war einfach zu hektisch gewesen.
Mitten in all dem Trubel trainierte ich mit Mike auf dem Tennisplatz hinter dem Haus. Es hätte keinen besseren Ort dafür geben können – mein eigener Platz, das Meer, keine Fremden, niemand konnte Mikes und Nancys Anweisungen hören, und niemand konnte sehen, wie mich dieser unbarmherzige kleine Texaner über den Platz scheuchte.
Es war wirklich ein Witz: Manche stellten mich als eine Art Tennis-Monster hin, das alle Spielerinnen in Angst und Schrecken versetzt, aber Mike, die Nummer 86 der Computer-Rangliste, returnierte jeden meiner Bälle. Ich schmetterte den Ball in irgendeine Ecke des Spielfelds. Mike erwischte ihn trotzdem. Anfangs konnte ich mich damit nur schwer abfinden. Wenn ich zuviel Kraft in einen Schlag gelegt hatte, ärgerte ich mich über mich selbst und warf wütend den Schläger hin, woraufhin Nancy bissig bemerkte: »Nur weiter so, Martina.«
Meine Mutter wies mich jedesmal zurecht und sagte auf tschechisch: »Reg dich nicht auf.«

Mike grinste nur unter seiner Baseballmütze hervor und sagte: »Überleg doch mal: Wenn ich dich nur 6:4 schlagen kann, wie chancenlos wären dann erst die anderen Spielerinnen?«
Das war nicht abwertend gemeint. Für ihn war ich die beste Spielerin und durfte eigentlich so gut wie nie verlieren.
»Ich spreche nicht gern von ›Herren-Tennis‹ oder ›Damen-Tennis‹«, sagte Mike. »Warum nicht einfach ›Tennis‹? Wenn man den Verlauf der Spiele graphisch festhält, zeichnet man ja auch keine Männer und Frauen, sondern nimmt statt dessen ›X‹ und ›O‹. Schau dir doch John McEnroe an: Ihr seid beide Serve-und-Volley-Spieler und beide Linkshänder. Wo ist der Unterschied zwischen seinem Stil und deinem?«
Ich erinnerte mich unwillkürlich daran, daß John mir ein paarmal gesagt hatte, er sehe mir gern beim Tennisspielen zu, weil wir beide ähnlich spielten. Mike fügte außerdem hinzu: »Es ist ein großer Vorteil, Linkshänderin zu sein. Das solltest du nicht unterschätzen.« Er erklärte es mir damit, daß meine Vorhand-Crossbälle auf die Rückhand meiner rechtshändigen Gegnerinnen kamen. Er riet mir, beim Aufschlag etwas mehr zu variieren: Slice-Aufschlag in die linke Aufschlaghälfte (60 Prozent), gerader Aufschlag (25 Prozent) und Twist-Aufschlag, bei dem sich der Ball nach dem Aufsprung vom Rückschläger aus gesehen nach rechts wegdreht.
Mike meinte außerdem, ich hätte mir im Laufe der Jahre angewöhnt, an der Grundlinie zu kleben, weil ich immer nur gegen Frauen gespielt hatte. Er sagte:
»Wer an der Grundlinie spielt, muß abwarten, was der Gegner macht, und genau das bringt man den Frauen ja immer bei. Sie sollen einfach nur reagieren.«
Damit meinte er wohl nicht nur die Tennisspielerinnen allein, sondern die Frauen im allgemeinen.
Wir trainierten stundenlang in der sengenden Sonne, zogen uns danach ins kühle Haus zurück und sprachen über Tennis. Mike kritisierte eine ganze Menge Angewohnheiten, die ich im Laufe eines Jahrzehnts von anderen Spielerinnen übernommen hatte. Jahrelang hatten andere versucht, mir mein instinktives »Ans-Netz-Gehen« abzugewöhnen und beriefen sich dabei auf erfolgreiche, eher konservative Spielerinnen wie Chris.
»Den größten Erfolg erzielt man nicht unbedingt mit kunstvollen Spezialschlägen, sondern mit dem richtigen Ball zur richtigen Zeit«, erklärte Mike, »ans Netz gehen ist häufig genau das richtige. Meinetwegen kannst du jeden Punkt vom Netz aus machen. Du mußt dich immer fragen: ›Kann ich bei diesem Ball ans Netz gehen?‹«

Mike sagte mir, daß ich im Wimbledon-Finale gegen Andrea Jaeger viele Punkte von der Grundlinie aus gemacht hätte, die ich viel leichter vom Netz aus hätte machen können.
»Aber was ist, wenn ich ans Netz gehe und Chris oder Andrea mich passieren?« fragte ich.
»Du mußt dir ziemlich sicher sein, daß sie das nicht können«, erklärte Mike, »es wird allerdings immer eine kleine Chance für einen Passierschlag geben. Wenn sie dich jedoch regelmäßig passieren, mußt du mehr Druck machen. Dann verlegst du dich eben eine Weile auf eine andere Taktik.«
Das schönste am Training mit Mike war, daß er bereit war, mich so zu nehmen, wie ich war:
»Ich werde nichts an deinen Griffen verändern und nichts an deiner Technik«, sagte er. »Das Wichtige ist die Taktik. In dieser Hinsicht könntest du meiner Meinung nach noch besser werden.«
Es gibt zwei Theorien, wie man im Tennis besser wird: Man arbeitet entweder an seinen Schwächen oder an seinen Stärken. Mike war für die Stärken. Er meinte, daß ich von allen Tennisspielerinnen den besten Volley hätte, aber trotzdem noch einiges zu verbessern wäre. Er sagte, ich solle bei Rückhandschlägen nicht so weit ausholen: je kürzer die Ausholphase und je besser das Timing, desto geringer die Fehlerquote.
Mike erzählte überall, daß er noch nie jemanden gekannt habe, der so schnell dazulernte wie ich. Einmal riet er mir, ich solle keine Overhead-Rückhandbälle schlagen, sondern lieber etwas weiter nach rechts gehen und den Ball mit der Vorhand nehmen, und schon beim ersten Ball, den er mir danach zuspielte, hielt ich mich genau an seine Anweisung. Ich erwähne das nicht, um mit meiner Lernfähigkeit anzugeben, sondern um zu zeigen, daß mir jede von Mikes Anweisungen im Gedächtnis haften blieb. Mit diesem kleinen Ratschlag gewöhnte mir Mike einen der Standardschläge im Damen-Tennis ab: den Rückhand-Overhead-Volley. Ich kam sehr gut ohne ihn aus.
Ein andermal spielte er abwechselnd kurze Bälle und Lobs, um zu sehen, wie lange ich durchhalten würde, ohne einen Fehler zu machen. Beim sechsten Schlag spielte ich einen Volley-Stoppball, was Mikes Meinung nach ein deutliches Zeichen dafür war, daß ich entweder ungeduldig wurde oder keine Kraft mehr hatte. Also keine Volley-Stoppbälle mehr. Das nächste Mal machte ich erst beim achtzehnten Ball einen Fehler, danach erst beim dreißigsten. Es war im Grunde reine Willenssache.
Manchmal spielten wir gegeneinander, und ich sagte: »Den hätten die anderen Spielerinnen aber nicht gekriegt.«

Mike grinste nur und sagte: »So?«
Mike erzählte einigen: »Ich versuche, ihr beizubringen, wie ich gegen ihre Gegnerinnen spielen würde. Tennis hat sehr viel mit Schach gemeinsam, aber vielen Frauen fehlen einfach ein paar Figuren. Manche können keinen Overhead oder keinen Vorhand-Topspin schlagen. Sie hat dagegen alle Figuren auf dem Brett.«
Immer wenn ich frustriert war, sagte Mike: »Du willst wohl noch mehr werden als nur die Nummer eins.«
Eine seiner Stärken als Trainer war seine Einstellung zu mir. Wir hatten früher für dieselbe Mannschaft gespielt und viel Zeit gemeinsam im Flugzeug, in Hotelbars oder auf Partys verbracht. Er hatte keine Ehrfurcht vor mir und ich keine Angst vor ihm. Wir konnten völlig offen miteinander reden. Einmal ließ ich beim Training Musik von Elton John laufen. Ich sang mit und war ziemlich bald außer Atem. Mike sagte: »Du solltest dich vielleicht lieber mehr auf das Spiel konzentrieren.« Ich ärgerte mich nicht darüber, wie ich es vielleicht getan hätte, wenn Renee oder Nancy mir so etwas gesagt hätten. Ich sah ein, daß mich der Text zu sehr abgelenkt hatte und machte mehr Tempo, um nicht nochmals in Versuchung zu kommen.
Mike arbeitete an meiner Taktik. Er setzte auf Aktion, während der Schwerpunkt bei Renee in der *Re*aktion gelegen hatte. Für mein nächstes Match gegen Chris riet er mir: »Geh offensiv in ihren Aufschlag rein.«
Renee hatte mir dagegen immer geraten: »Halt den Ball im Spiel. Spiel den Return weit in ihr Feld und geh dann nach vorn.«
Mike gewöhnte mir eine ganze Menge typisch weiblicher Schläge ab. Im Damen-Tennis ging es immer ganz ruhig zu – so ruhig, daß man richtiggehend Angst hatte, einen Punkt abzugeben. Man ging nur ans Netz, wenn man sich hundertprozentig sicher war. Mike zog andere Saiten auf: »Greif an, riskier was.«
Das kam mir sehr entgegen, denn so hatte ich Gelegenheit zu zeigen, wie sportlich ich war. Einfach auf den Platz gehen und Spaß am Spiel haben. Genau darum geht es doch eigentlich.
Mike war offensiver als Renee, weil er immer gegen Männer spielte, und im Herren-Tennis wird ja bekanntlich viel mehr Druck gemacht. Läßt man zwei in der Technik gleich gute Spieler gegeneinander antreten, wird der offensivere neun von zehn Matches gewinnen. Wenn er Volleys einigermaßen gut beherrscht, wird der Gegner früher oder später Fehler machen. Es ist leichter, einen Punkt von der Aufschlaglinie aus zu machen als von der Grundlinie. Männer sind zwar größer als Frauen, aber ich sehe nicht ein, warum ich – im Rahmen meiner Möglichkeiten – nicht genauso wie sie spielen können sollte.

Mike versteht mich und auch meine Ungeduld. Ich bin nicht der Typ, der wartet, bis der andere einen Fehler macht. Bei mir muß immer alles möglichst schnell gehen. Es ist so, wie ich es einmal Jane Leavy erklärte: »Wenn ich eine Blüte fotografieren möchte, dann habe ich keine Lust zu warten, bis sie sich von selbst öffnet. Wahrscheinlich würde ich in so einem Fall die Sonne dazu bringen, direkt über ihr zu scheinen.«
Mike unterstützte meine Impulsivität, die seiner Meinung nach nichts mit Pokern zu tun hatte. Er meinte, ich sei eben eine geborene Offensivspielerin, und fügte hinzu: »Pokern bedeutet, etwas trotz geringer Erfolgschancen zu versuchen.«
Mike erkannte, daß ich dazu neigte, meine Punkte mit einem kunstvollen, vollkommenen Spezialschlag zu machen, und wies mich darauf hin, daß ich den Punkt genausogut vom Netz aus machen könne. Mir wurde klar, daß es eigentlich nur darauf ankam, den Punkt zu machen, egal wie. Und auch so hatte ich jede Menge Gelegenheiten, mein Können unter Beweis zu stellen.
Was mir außerdem an Mike gefiel, war seine Zurückhaltung. Er legte keinen Wert darauf, im Licht der Öffentlichkeit zu stehen. Nach all den spöttischen Witzen über das Navratilova-Team war ich richtiggehend gebrandmarkt. Mike wollte glücklicherweise keine Publicity. Ihm kam es darauf an, daß ich das Gefühl hatte, allein auf dem Platz zu stehen, voller Energie und Selbstvertrauen, und nach einem Sommer Training mit ihm war genau das erreicht.

Endlich!

Bei den US Open war ich die ganze Zeit über so in Hochstimmung, daß ich mir fast Gedanken machen mußte, ob mit mir vielleicht irgend etwas nicht stimmte. Mir war, als hätte ich durch reine Willenskraft alle Probleme der Vergangenheit aus dem Weg geräumt. Es war heiß, aber dafür ging diesmal nicht so heftiger Wind wie früher. Während des gesamten Turniers wurde die Flugschneise über Flushing Meadow nicht benutzt. Das war zwar einzig und allein auf die Windverhältnisse zurückzuführen, ich wertete es jedoch als gutes Omen. Keine Krankheit, die mir weiche Knie verursachte, und lauter freundliche Gesichter in der Zuschauermenge. Jeder einzelne schien mich freundlich anzulächeln und zu fragen, ob er irgend etwas für mich tun könne.
Vielleicht merkten die Zuschauer, daß ich anders war als sonst. Ich lächelte und genoß den Trubel. Auch als die Reporter auf der Presse-

konferenz die Vergangenheit ansprachen, lächelte ich nur. Alles schien in Zeitlupe zu geschehen. Diesmal hatte ich sogar Zeit und Muße, meine Umgebung bewußt wahrzunehmen.
Nachdem ich in einer der Anfangsrunden Emilse Rapponi geschlagen hatte, fragte mich ein Reporter, ob ich der Meinung sei, daß mir die US Open Unglück brächten. Ich antwortete: »Mir kommt es eigentlich nicht so vor, als sei ich vom Pech verfolgt. Dazu mag ich die Stadt auch viel zu gern.«
Jemand anders fragte mich, ob ich unter Druck stünde, und ich sagte: »Da ich dieses Turnier noch nie gewonnen habe, bin ich alles andere als die Favoritin.«
Auf die Frage, ob es stimulierend sei, leichte Gegnerinnen zu haben, antwortete ich: »Bei den US Open ist alles stimulierend, auch das Training. Im Gegensatz zu anderen Turnieren machen hier auch die ersten beiden Runden Spaß. Ich bin vor dem allerersten Spiel eines großen Turniers immer nervöser als später, weil ich den Anfang unbedingt hinter mich bringen möchte. Das ist jedoch eine leistungsfördernde Nervosität, keine Panik, sondern vielmehr eine gesunde Anspannung.«
Wir taten alles, um die Spannungen der Vergangenheit nicht wieder aufkommen zu lassen. Ich hatte ein Haus in Little Neck, ein paar Kilometer östlich von Flushing Meadow, gemietet, damit ich meine Ruhe hatte. Die zwei Wochen vergingen wie im Flug. Kurze Spiele, freundliche Gesichter und zu Hause Ruhe und Frieden. Wir hatten sogar dafür gesorgt, daß nicht plötzlich Bekannte hereingeschneit kamen, so daß ich mich zwischen den Spielen ungestört erholen konnte.
Außer mir waren nur noch Nancy und Pam Derderian im Haus. Die ganzen zwei Wochen über machten wir Witze über die »magische Zahl« des Tages: Das kommt eigentlich aus dem Baseball, wo man nur eine bestimmte Anzahl von Spielen zu gewinnen braucht, um Saisonsieger zu werden. Jeden Tag verkündeten mir die beiden die aktuelle magische Zahl.
Nancy wollte, daß ich während der US Open gut gelaunt war, und riet mir daher davon ab, mir abends die Höhepunkte des Turniers im Fernsehen anzuschauen. Vermutlich hatte sie Angst, ich könnte dabei etwas hören, was meine innere Ruhe störte. Sie sagte jeden Abend: »Okay, Tini, jetzt kommen die Höhepunkte, also raus.« Ich verließ den Raum, und sie merkte sich, wer was sagte.
Das einzige, was nicht in das harmonische Bild dieser zwei Wochen paßte, war, daß der 40 000 Dollar teure Porsche 944 des Sponsors direkt vor dessen Haus von Jugendlichen gestohlen wurde. Am nächsten Tag wurden sie mit dem Wagen ein paar Häuserblocks weiter

gesichtet. Sie waren tatsächlich so dumm, mit einem so auffälligen Auto unmittelbar in der Nähe der Stelle, wo sie es gestohlen hatten, umherzufahren.
Auf meinem Weg ins Finale besiegte ich sechs Gegnerinnen und gab dabei keinen einzigen Satz ab. Im Viertelfinale gegen Sylvia Hanika lief ich zu ungeahnter Form auf. Die ersten elf Punkte machte ich ausschließlich mit Schmetterbällen oder Assen. Im Halbfinale spielte ich wie im Vorjahr gegen Pam und revanchierte mich für das Toxoplasmose-Match. Zu Beginn des Spiels zog Pam mit mir gleich – es stand zwei beide –, und ich hörte schon, wie die Zuschauer sagten: »Das war's wohl wieder.« Aber ich lächelte nur vor mich hin und sagte laut: »Wetten, daß nicht?«
Nach kurzer Zeit lag ich so weit vorn, daß ein Krakeeler aus einer der vorderen Reihen anfing, Pam anzupöbeln und sich zu beschweren, daß sie sich von mir so abhängen ließ. Ich hätte am liebsten eine nicht ganz salonfähige Geste gemacht, konzentrierte mich dann aber doch lieber auf das Match und schlug Pam 6:2, 6:1. Nach dem Match gab Pam eine Pressekonferenz, zog wie immer die Augenbrauen hoch und erklärte den Reportern: »Wenn sie jetzt reinkommt und auch noch behauptet, sie wäre krank, dann bring' ich sie um.«
Als Pam gefragt wurde, ob sie meinte, ich könne noch besser werden, antwortete sie: »Hoffentlich nicht.«
Pam sagte, das Match gegen Chris würde für mich »ein großer Test« werden, und fügte hinzu: »Wenn man sechsundzwanzig ist und so viele Turniere gewonnen hat wie Martina, aber kein einziges Mal die US Open, hat man zwangsläufig einen schweren Stand. Das würde jedem so gehen.«
Die Frage, ob ich überhaupt zu schlagen sei, bejahte sie, sagte aber im gleichen Atemzug: »Wenn ich jedoch mein Haus auf jemanden wetten müßte, würde ich auf niemand anderen als Martina setzen.«
Als man Chris etwas später die gleiche Frage stellte, antwortete sie: »Darauf würde ich meine drei Häuser wetten.« Doch sie fügte sofort hinzu: »Aber nicht mein Leben.«
Chris meinte außerdem: »Ich glaube, ich kann sie schlagen. Ich weiß nicht, wer sonst noch dazu imstande wäre. Das kommt ganz auf meine Form oder auf die der anderen Spielerinnen an. Sie wird sicher nicht so schnell schwächer werden, und bei ihrem Leistungsvermögen wird es selbst dann, wenn sie eines Tages nicht mehr so viel Kraft haben sollte, nur drei oder vier Spielerinnen geben, die in der Lage sind, sie zu schlagen.«
Es war das neununddreißigste Finale zwischen Chris und mir. Von den bisherigen 38 Begegnungen hatte jede von uns 19 gewonnen, aber

bei der Gesamtzahl der Siege seit 1973, als wir zum erstenmal aufeinandertrafen, lag sie mit 30 zu 24 immer noch vorn. Ich hatte allerdings 19 der letzten 29 Begegnungen zwischen ihr und mir gewonnen, darunter drei Wimbledon-Finale.
Nach all dem, was im vorhergehenden Jahr zwischen Chris und mir gewesen war, wollte ich diesmal jeglichen direkten Vergleich vermeiden. Arthur Ashe sagte jedoch über mich: »Sie ist immer noch nicht so gut wie Billie Jean oder Margaret Court. Außerdem hat sie noch nicht so viele Siege auf ihrem Konto wie Chrissie.« Dabei hatte ich von meinen letzten 66 Matches alle bis auf eines und von den letzten 159 immerhin 155 gewonnen. Ich war der Meinung, ich hätte die längste Glückssträhne, die je eine Tennisspielerin gehabt hat. Aber ich weiß, daß selbstbewußte Frauen manchen ein Dorn im Auge sind, und hielt mich daher zurück.
Samstag, der 10. September 1983 war ein Tag, den ich nie vergessen werde: gutes Wetter, gute Stimmung. Ich ging schon früh auf den Tennisplatz und trainierte gerade mit Mike, als ich am Spielfeldrand meine Freundin Jane Leavy von der *Washington Post* erblickte. Jane hatte schon die ganze Zeit über geschrieben, das einzig angemessene Szenario für die Open sei ein Finale zwischen mir und Chris, der sechsmaligen Gewinnerin des Turniers. Ich hatte immer wieder betont, daß es mir egal sei, aber als ich Jane am Samstagmorgen sah, rief ich ihr zu: »Jetzt hast du ja, was du wolltest.« Und nach einer kurzen Pause fügte ich hinzu: »Und ich auch.«
Ich wußte, daß es zu spät war, um aus diesen Worten noch eine Schlagzeile zu machen, die Chris hätte lesen können.
Nach dem Training zog ich mich um und saß eine Weile mit Mike in der Lounge vor dem Umkleideraum. An den letzten beiden Turniertagen ist es ziemlich still, da die meisten Spieler und Spielerinnen bereits ausgeschieden und abgereist sind. Der Umkleideraum ist ziemlich einfach eingerichtet. Man kommt sich überhaupt nicht vor wie bei einem Grand-Slam-Turnier. Das einzig Persönliche ist der Name auf dem Spind. Aber selbst in dieser sterilen Umgebung mußte ich unwillkürlich an die früheren Gewinnerinnen der US Open denken: Maureen Connolly, Margaret Court, Billie Jean, Chris, Tracy. Es war eigentlich schon grotesk, daß ich mit meinen sechsundzwanzig Jahren immer noch nicht zu diesem Kreis gehörte, aber daran etwas zu ändern lag ja einzig und allein in meiner Hand.
»Ich habe zwei Jahre gewartet. Jetzt oder nie«, sagte ich laut.
Ich gebe zu, daß mir dabei etwas mulmig war. Ich hatte so hart trainiert, um hierher zu kommen, und ich wußte, daß die Zeit gegen mich arbeitete.

»Ich möchte so gern gewinnen. Ich sterbe, wenn es mir diesmal nicht gelingt«, sagte ich mir.
Mike, der es nie bis zu den US Open oder irgendeinem anderen großen Turnier gebracht hatte, war die Ruhe in Person. Er sagte mit seiner Reibeisenstimme und seinem texanischen Akzent: »Entspann' dich. Im Geist hast du es doch schon gewonnen. Jetzt mußt du es nur noch den anderen beweisen.«
An diese Worte dachte ich, als ich an einem heißen, sonnigen Tag den Hexenkessel von Flushing Meadow betrat: 20819 Fans waren neugierig, ob ich es endlich schaffen würde, dieses große Turnier zu gewinnen.
Von Anfang an lief alles so, wie Mike mir gesagt hatte. Ich spielte offensiv und zwang Chris damit, ihrerseits zum Angriff überzugehen. Ab und zu kam von ihr ein unerreichbarer Passierschlag in eine der Ecken. Die Fans tobten, weil sie glaubten, Chris würde sich langsam in Form spielen. Aber ich wußte, daß an beiden Seiten des Spielfelds nur ein sehr schmaler Streifen ungedeckt war. Und wenn ihr die Passierschläge immer noch gelangen, mußte ich eben mehr Druck machen.
Als ich den ersten Satz nach 25 Minuten mit einem Vorhand-Volley-Crossball 6:1 gewann, schlug ich mit meinem Schläger zweimal hart auf den Boden: Ich hatte einen Satz geschafft und einen noch vor mir.
Ich nahm Chris im ersten Spiel des zweiten Satzes ihren Aufschlag mit einem harten Vorhand-Longlineball ab. Danach brachten wir beide unseren Aufschlag durch. Es stand 2:1. Als ich nach oben blickte, sah ich einen Himmelsschreiber und dachte an das Flugzeug über Wimbledon. Ich fragte mich gerade, wie die Werbebotschaft diesmal lauten würde, da konnte ich auch schon die Buchstaben entziffern: »Viel Glück Chrissie – Lipton Tea«.
Chrissie brauchte die guten Wünsche von oben aber gar nicht. Sie hatte ja ihren Lob und ein paar ausgezeichnete Returns. Hinzu kam mein eigener Doppelfehler, und schon stand es 2:2. Dann machte sie bei eigenem Aufschlag vier Punkte nacheinander und ging mit 3:2 in Führung. Ich konnte dann jedoch meinen Aufschlag durchbringen und gewann meinerseits das nächste Spiel zu Null, so daß es 4:3 stand.
Ich wußte, warum die Zuschauer Chris anfeuerten. Ich war die Favoritin, und die Fans sind nie auf der Seite der Favoritin, egal wer es ist. Daß die Zuschauer Chris anfeuerten, spornte mich nur noch mehr an. Ich wußte, daß ich noch besser als bisher spielen mußte.
Dramatisch wurde es, als ich beim Stand von 4:3 im zweiten Satz aufschlug. Sie machte einen Punkt am Netz und glich damit zum

Einstand aus. Mir war klar, daß es ziemlich kritisch werden konnte, wenn es ihr gelänge, auf 4 beide aufzuholen. Aber dann hieß es Vorteil für mich. Ich hatte einen Spielball, schlug auf, erwischte ihren harten Return mit der Vorhand und machte schließlich mit einem für sie unerreichbaren Longlineball den entscheidenden Punkt. Sie spielte verdammt gut. Sie hatte schon fast wieder ins Spiel gefunden, aber mich trennte jetzt nur noch ein Spiel vom Ziel meiner Wünsche.
Wenn Sportler behaupten, sie merkten nicht, was auf den Tribünen vor sich geht, ist das gelogen. Ich weiß immer, was los ist, und die meisten anderen auch. Ich hörte den Applaus einiger Fans, als die digitale Zeitanzeige im Stadion von 59 Minuten auf eine Stunde umsprang. Das war das erste Mal in diesem Turnier, daß mir jemand so lange standhielt.
Der Applaus der Fans, die sich darüber freuten, daß sie sich schon eine Stunde tapfer geschlagen hatte, war ein moralischer Sieg für Chris, aber auch ein Kompliment für mich. Die Zuschauer feuerten sie bei jedem Aufschlagspiel an, doch nach einer Weile schlugen sich ein paar der Zuschauer auf meine Seite, weil ich die US Open immerhin noch nie gewonnen hatte. Ich genoß ihre anfeuernden Rufe und meinte, sie verdient zu haben. Wie könnte man auch Fans überhören, die »weiter so, Martina« brüllen?
Ich stand am Netz und ließ den Ball nur leicht ins gegnerische Feld abtropfen. Dann erwischte ich einen von Chris' Lobs, passierte sie und ging mit 30:0 in Führung – zwei der besten Ballwechsel meines Lebens. Ich war in Hochstimmung und strotzte nur so vor Selbstvertrauen. Doch dann schlug Chris auf und zog gleich. Nach einem langen Rückhand-Lob hieß es wieder einmal: Vorteil Navratilova.
Beim vierten Matchball passierte Chris mich mit einem ganz gewöhnlichen Rückhandball, wie sie es bei unseren Begegnungen schon x-mal getan hatte. Ich stand am Netz, schaute dem Ball hinterher und wartete darauf, daß er auftraf, was er schließlich auch tat – hinter der Linie. Ich hatte die US Open gewonnen. Endlich!
Vor Freude machte ich einen Luftsprung, dachte aber sofort an die Weltklassespielerin auf der anderen Seite des Netzes und daran, wie nett sie immer zu mir gewesen war, wenn ich verloren hatte. Jetzt war es an mir, sie zu trösten. Ich rannte ans Netz, wo Chris Evert Lloyd, die Lieblingsspielerin meiner Großmutter, auf mich wartete. Sie legte den Arm um mich und klopfte mir leicht mit dem Schläger auf den Kopf. Dann gingen wir Arm in Arm vom Platz.
Der 6:1- und 6:3-Sieg war mein längstes Match in diesem Turnier gewesen: 63 Minuten. Ich hatte bei einer durchschnittlichen Spielzeit von 52 Minuten nur 19 Spiele abgegeben und 84 gewonnen.

Nachdem ich dem Schiedsrichter gedankt hatte, rannte ich zu den Tribünen, wo das berühmt-berüchtigte Navratilova-Team wartete: Mike und Barbara Estep, Nancy, Pam, Lynn Conkwright und ein paar andere.

Manche hatten sich gefragt, wie Nancy und ich uns wohl verhalten würden, falls ich gewinnen sollte. Würden wir uns umarmen wie zwei Freundinnen nach einem großen Sieg? Nancy hatte ein paar Wochen zuvor geträumt, daß wir mit erhobenen Armen die Handflächen aufeinanderklatschen ließen wie Basketball-Spieler, und genau das taten wir auch.

Ich ballte die Hand zur Faust, schüttelte sie, sprang mehrmals in die Luft und rief: »Geschafft! Geschafft!« Endlich war ich mein Trauma los. Keiner könnte mir mehr nachsagen, mir würden bei den US Open immer die Nerven durchgehen. Nachdem ich auch noch all meinen Freunden auf die Hand geklatscht hatte, lief ich zu meiner Bank zurück.

Als ich mich abtrocknete und mein Haar zusammenband, fragte ich mich, ob mein Rock auch richtig saß. Es war schon genug, daß er mir in Wimbledon beinahe von den Hüften gerutscht wäre. Das brauchte ich nicht noch einmal und schon gar nicht vor all den Fotografen.

Ich wußte, mein Interview mit CBS würde live über die Stadionlautsprecher kommen. In so einem Moment schießen einem viele Gedanken durch den Kopf. Anläßlich einiger weniger bedeutenderer Turniere habe ich nach meinem Sieg gelegentlich ein paar Zeilen aus *»Turn Out the Lights, the Party's Over«* gesungen. Hier in Flushing Meadow hatte ich zuerst die verrückte Idee, den Anfang von Frank Sinatras Hit *»New York, New York«* ins Mikrofon zu singen, aber das wollte ich den Zuschauern im Stadion und an den Fernsehern dann doch nicht antun.

Als die Reporter schließlich tatsächlich mit der Kamera kamen, hatte ich Tränen in den Augen und dachte: »Wenn sie jetzt auch noch die Nationalhymne spielen, ist es ganz aus mit dir.«

Ich achtete darauf, daß ich nicht vergaß, Chris für ihr hervorragendes Spiel zu loben und Mike Estep sowie Nancy Lieberman für alles, was sie für mich getan hatten, zu danken. Glücklicherweise vergaß ich auch Renee Richards nicht. Es ist gar nicht so leicht, in so einem Augenblick das Richtige zu sagen. Man stelle sich nur einmal vor, ich hätte sie vergessen, nur wegen unserer Meinungsverschiedenheit! Ich war nicht sehr glücklich über die Umstände, unter denen unsere Verbindung in die Brüche gegangen war, aber Renee hatte mir viel geholfen und war immer noch meine Freundin. Später schickte sie mir ein Telegramm: »Gut gemacht.« Das galt auch für sie.

Nach dem Fernsehinterview wurde ich in den Raum, in dem die Pressekonferenz stattfinden sollte, geführt. Einer der ersten Reporter, die ich sah, war Frank Deford von *Sports Illustrated*. Er hat immer wieder meine Sticheleien ertragen müssen, weil mich sein Verlag nie auf die Titelseite setzte. Er wußte, daß sie damit meinen wunden Punkt trafen. Immerhin war ich viermalige Wimbledon-Siegerin und fühlte mich durch das Verhalten des Verlags brüskiert. Dieser Augenblick schien mir der richtige zu sein, ihn für alle hörbar zu fragen: »Und, komm' ich jetzt auf die Titelseite?«
Frank, der wirklich ein guter Journalist und ein sehr netter Mensch ist, brummelte nur etwas wie, ich müsse mir die Titelseite vielleicht mit Ivan Lendl teilen, falls er am nächsten Tag den Titel im Herren-Einzel gewinnen sollte. Aber Ivan verlor gegen Connors, so daß ich die Titelseite für mich allein hatte: »Martina Navratilova gewinnt endlich die US Open.«
Gleich zu Beginn der Pressekonferenz sagte einer der Reporter, daß die Siegerprämie in Höhe von 120000 Dollar zusammen mit den 500000 Dollar Preisgeld vom Playtex-Turnier meinen bisherigen Jahresgewinn auf 6089756 Dollar erhöhten – mehr als je ein Tennisspieler oder eine Tennisspielerin verdient hatte, worauf ich erwiderte: »New York ist ein teures Pflaster. Vielleicht reicht das Geld ja für die Anzahlung einer Wohnung.«
Dann erzählte ich den Reportern, womit ich mich für den Sieg bei den US Open belohnen würde. Nach dem Wimbledon-Sieg hatte ich mir drei Tage Dolce Vita gegönnt, und diesmal hatte ich eine ganze Woche verdient.
Auf die Frage, wie lange ich meiner Meinung nach noch die Nummer eins bleiben würde, antwortete ich: »Vielleicht halte ich mich genauso lange wie die Fernsehserie ›Dallas‹.«
Jemand stellte die Frage, ob es nicht ungerecht sei, so viele Turniere so souverän zu gewinnen. Das brachte mich in Rage, und ich sagte: »Die anderen brauchen doch bloß all das zu tun, was ich auch tue: Longlinebälle üben, 400 m auf der Aschenbahn laufen, auf großem Spielfeld Basketball spielen... Das können sie auch, wenn sie wollen. Ich habe zwar Talent und die entsprechenden Erbanlagen, aber das haben viele andere auch. Bei mir kommt eben noch das harte Training hinzu. Ich trage Schuhe Größe 40, aber außer den Füßen ist an mir nichts überdurchschnittlich groß. Was soll also daran ungerecht sein?«
Nachdem ich geglaubt hatte, mein Trauma endlich losgeworden zu sein, kristallisierte sich während des Interviews heraus, daß ich es der Öffentlichkeit wohl nie würde rechtmachen können. Wenn ich ver-

lor, hieß es, ich sei nervenschwach, wenn ich dagegen souverän gewann, war das unfair gegenüber den anderen Spielerinnen. Aber wie sollte ich es anstellen, knapper zu gewinnen? Wir feierten meinen »unfairen« Sieg in einem italienischen Restaurant in Little Neck. Ich saß mit rund dreißig Freunden und Freundinnen an einem langen Tisch. Wir stießen mit Champagner an, und ich hielt mich ausnahmsweise nicht an meine Diät, denn es gab Knoblauchbutter und ein paar andere gute Sachen, die ich eigentlich nicht essen durfte. (Hoffentlich hat Nancy nichts gesehen.)

Als wir nach Hause kamen, schien die ganze Anspannung des Turniers weit zurück zu liegen. Ich war rundherum zufrieden. Wir tranken noch ein wenig Champagner, aber wirklich nur wenig, weil ich am nächsten Tag ja noch ein Doppel zu spielen hatte. Danach machten wir es uns gemütlich und sahen fern. Diesmal durfte ich auch die Höhepunkte des Turniers anschauen...

Veränderungen

Das Leben ging weiter, auch wenn ich die US Open gewonnen hatte. Ein paar Monate später merkte ich, daß sich meine Beziehung zu Nancy änderte; ich hatte öfter das Bedürfnis, allein zu sein, und sei es nur, um selbst entscheiden zu können, was ich mir im Fernsehen anschaue, was ich lese und wann ich trainiere.

Mein Beruf hatte uns zusammengebracht. Als ich Nancy zum erstenmal begegnete, steckte ich gerade in einer Formkrise. Sie hatte einen positiven Einfluß auf mich, denn ihre Einstellung färbte auf mich ab, und außerdem waren wir ungefähr gleich sportlich. Ich war im Basketball natürlich bei weitem nicht so gut wie sie, aber für ein gemeinsames Konditionstraining reichte es allemal, und auch wenn sie als Tennispartnerin für mich ausfiel, so konnten wir doch immerhin gemeinsam in den Kraftraum gehen.

Anfangs war jede von uns in ihrem Sport erfolgreich, was uns unserer Meinung nach und auch in den Augen anderer zu ebenbürtigen Partnern machte. Doch nachdem es mit der Frauenliga im Basketball bergab gegangen war, brauchte Nancy ein neues Betätigungsfeld. Sie versuchte meine Karriere und mein Leben in die Hand zu nehmen, was ich mir eine Zeitlang auch gefallen ließ.

Was auch immer seitdem zwischen uns vorgefallen sein mag, Nancy Lieberman hat eine sehr große Rolle in meinem Leben gespielt.

Doch wie gesagt, ich bin von Natur aus feige und gehe Konflikten viel zu lange aus dem Weg, weil ich vor einem Match keine Störung

gebrauchen kann. Nancy war wirklich jeden einzelnen Penny ihres Gehalts wert, aber sie stritt ständig mit Peter Johnson, meinem Manager, und vergraulte einige meiner alten Bekannten. Die Presse gab ihr bereits Spitznamen wie »Agent Orange«. Mir wurde allmählich klar, daß sie einen Keil zwischen mich und meine alten Freunde trieb. Nancy meinte, ich müsse Chris *hassen*, um ganz nach oben zu kommen, dabei wußte ich, daß Chris mir nichts wegnahm. Nancy sagte mir außerdem, ich solle nicht mit den anderen Spielerinnen sprechen, ihnen nicht zeigen, was ich aß oder was für Konditionsübungen ich machte. Auch das habe ich nie eingesehen. Ich fand, daß ich sie ohne weiteres auf dem Platz schlagen und hinterher mit ihnen essen gehen könne.
Nachdem wir uns voneinander getrennt hatten, setzte sich Nancy mit Chris in Verbindung, um sie zu fragen, ob sie nicht an einer Zusammenarbeit interessiert sei, was jedoch nicht der Fall war. Das war wirklich ein starkes Stück: Sie wandte sich an jemanden, den sie angeblich nicht ausstehen konnte. Anscheinend konnte sie ihre Abneigung an- und ausschalten.
Außerdem versuchte Nancy, mich ganz auf ihre Person zu fixieren, mir sozusagen Scheuklappen anzulegen. Sie wollte nicht, daß ich mich noch für andere Dinge interessierte. Das ist ja auch schön und gut, jedenfalls bis zu einem gewissen Grad, aber Nancy versuchte, mich in jeder Hinsicht unter Kontrolle zu haben.
Einmal las sie auf meine Anregung hin ein Buch von Sidney Sheldon, »Master of the Game« (deutscher Titel: »Diamanten-Dynastie«). Ich fand nämlich, daß sie Ähnlichkeit mit einer der weiblichen Hauptfiguren hatte, mit Kate Blackwell. Wenn ich mich recht erinnere, war das der einzige Roman, den Nancy in unserer gemeinsamen Zeit gelesen hat. Sie las sonst nur Sportbücher. Das war eben ihre Welt. Es wäre ja auch nicht weiter schlimm gewesen, aber sie wurde richtig ungenießbar, wenn ich einen Roman oder ein Geschichtsbuch las. Sie wollte immer, daß ich das gleiche las wie sie.
Anfangs brauchte ich die Art, wie sie mit mir umsprang, um in Form zu kommen, aber nach einer Weile hatte ich selbst gelernt, welche Ernährung und welche Übungen gut für mich waren. Außerdem zeigte ihre Trainingsmethode nicht immer die gewünschte Wirkung, sondern brachte mich ab und zu regelrecht auf die Palme. Manchmal raunzte ich sie an: »Halt bloß den Mund.«
Als ich besser wurde, kam ich durchaus ohne den schroffen Ton aus, mit dem sie mich anstacheln wollte. Lange Zeit sagte ich mir, daß sie das alles nur aus Freundschaft zu mir tue und nur mein Bestes wolle, aber in unserem letzten gemeinsamen Jahr war ich es leid, von ihr in

jeder Hinsicht gegängelt zu werden, und ließ mir nicht mehr alles gefallen.
Anfangs hatte ich ein schlechtes Gewissen, weil Nancy immerhin ihren Ruf für mich aufs Spiel gesetzt hatte. In gewisser Weise hatte ja auch sie Nachteile, nachdem meine Geschichte mit Rita Mae Brown zu Ende war, aber sie wußte vermutlich, was auf sie zukommen würde, als sie mich nach Texas einlud. Ihr muß klar gewesen sein, daß die Werbebranche und viele andere einflußreiche Gruppen ein bestimmtes Image überhaupt nicht gern sahen. Wahrscheinlich schadete ihr das weitaus mehr als mir.
Ich konnte jederzeit auf den Platz gehen, ein Turnier gewinnen, mich auf dem Platz beweisen und allen zeigen, was in mir steckte. Nancy kämpfte dagegen *außerhalb* des Basketball-Spielfelds, wo es noch rauher zugeht. Sie hatte sich mehrmals beim Fernsehen beworben, aber keine interessanten Angebote bekommen. Sie wird sich damals sicherlich gefragt haben, ob ihre Verbindung mit mir der Grund dafür sei.
Irgendwann bekam Nancy wieder Lust, Basketball zu spielen. Sie war es leid, daß man mit dem Namen Nancy Lieberman eher Martinas Assistentin, Trainerin und Freundin verband als eine der besten Basketball-Spielerinnen Amerikas. Sie wollte nicht in Vergessenheit geraten, ihren Namen in Zeitungen lesen, selbst auf das Spielfeld gehen und kämpfen. Als es hieß, es solle eine neue Basketball-Liga gegründet werden, hoffte ich, daß sie mit dabei sein und sich weniger auf mich konzentrieren würde.
Ich hatte gelernt, meine Zeit besser einzuteilen, und brauchte sie weder bei den Turnieren noch in der Vorbereitungsphase. Wir hatten uns immer schon gestritten, aber jetzt flogen wegen jeder Kleinigkeit die Fetzen.
Auf Turnieren brauchte ich nach jedem Match eine Erholungspause und hatte keine Lust, in den nächsten Kraftraum zu hetzen, nur damit Nancy sich auf die »Superstars Competition« vorbereiten konnte. Ich wollte essen und schlafen, wann *mir* danach war. Nancys Anwesenheit war mir zwar eine Zeitlang sehr entgegengekommen, aber jetzt wurde es entschieden zu hektisch. Sie war ständig damit beschäftigt, irgendwelche Geschäfte abzuwickeln, und manchmal ging mir das so auf die Nerven, daß ich ihr sagte, sie solle mich mit ihrem Kram in Ruhe lassen.
Es kam vor, daß ich allein zum Laufen oder Basketballspielen ging. Früher hätte ich mich nie allein dazu aufgerafft, sondern mir irgendeine Entschuldigung ausgedacht, um nicht trainieren zu müssen. Aber inzwischen weiß ich, wie wichtig regelmäßiges Konditionstrai-

ning ist, und brauche niemanden mehr, der mich dazu antreibt. Nancy wußte es, und auch unsere Bekannten wußten es. Seit Wimbledon 1983 war es kein Geheimnis mehr, daß wir manchmal ziemlich unschöne Auseinandersetzungen hatten. Zeitweilig kam es mir so vor, als verging kein Tag ohne Tränen.
Anfang 1984 war das Maß voll. Nancy wollte, daß ich ein paar Turniere absagte, um mich mit ihr auf die alljährliche »Superstars Competition« in Florida vorzubereiten. Ich hatte dort immer ganz gut abgeschnitten, aber jetzt war ich so damit beschäftigt, meinen Ruf als beste Tennisspielerin der Welt zu verteidigen, daß mir dieser Wettkampf völlig egal war. Seit es die Basketball-Liga nicht mehr gab, war die »Superstars Competition« für Nancy dagegen eine der wenigen Gelegenheiten, sich mit anderen zu messen. Sie wollte sich auf alle sieben Sportarten vorbereiten, in denen sie in Florida antreten müßte, und wünschte, daß ich ein paar Wochen mit ihr in Palm Springs trainierte.
Ich sagte ein Turnier in Washington ab, konnte meine Anmeldung für Oakland jedoch nicht mehr rückgängig machen. Ich hatte mir zum Ziel gesetzt, Chris' Rekord von 56 aufeinanderfolgenden Siegen zu brechen, und Ende 1983 war ich bereits bei 50. Ich wollte für die nächsten Turniere zwar in Höchstform sein, war dann aber doch nicht optimal vorbereitet, als ich nach Oakland fuhr. Ich gewann die ersten vier Matches, wurde dann jedoch von Hana 7:6, 3:6 und 6:4 geschlagen, so daß meine Siegesserie bei 54 abriß.
Danach sagte Nancy: »Ich habe dir ja gleich gesagt, du sollst nicht antreten.« Sie dachte nur an die »Superstars Competition« und meinte, jetzt sei es an mir, mich erkenntlich zu zeigen und ihr zu helfen. Ich sagte immer wieder: »Wen kümmern schon die Superstars? Dadurch bekommst du auch keinen Vertrag beim Fernsehen.«
Aber sie tat so, als gäbe es nichts Wichtigeres. Das machte mich wütend. Ich wollte mein eigener Herr sein und meine Entscheidungen allein treffen. Nancy hatte mir sehr viel geholfen, aber jetzt war es an der Zeit, selbst das Steuer zu übernehmen.
Die Veränderung, die in mir vor sich ging, war ziemlich offensichtlich. In einem unbedeutenden Turnier in New Jersey machte ich eine ziemlich schlechte Figur gegen Pam Casale. Aber obwohl ich furchtbar spielte, wußte ich, daß ich gewinnen würde, was ich schließlich auch tat. Einige meiner Freunde merkten, daß ich während des gesamten Matches nicht ein einziges Mal zu Nancy oder Mike hinübergeschaut hatte – ich brachte es einfach hinter mich. Abends spielte ich mit Pam Shriver im Doppel. Wir alberten auf dem Platz herum und hatten unseren Spaß. Nancys finstere Miene war mir völlig egal.

Ich hatte es gern, wenn Mike mir bedeutete, ich solle nicht so verkrampft sein, aber ich brauchte es nicht mehr. Mir gefiel es auch immer noch, wenn Nancy mir zuschaute und ich ihr zeigen konnte, was ich unserer gemeinsamen Arbeit der letzten Jahre zu verdanken hatte.
Im Frühjahr 1984 sollte ich in Dallas spielen. Die Woche vor dem Turnier wohnte ich in Nancys Haus. Nancy war zu der Zeit gerade in Virginia. Mir fiel auf, wie ausgeglichen ich war und daß ich mich richtig danach sehnte, allein zu sein. Es war einfach eine Wohltat, einmal nichts tun zu müssen. Wenn Nancy da war, hetzten wir ständig nur umher, entweder in den Kraftraum oder zum Laufen auf die nächste Aschenbahn.
Nancy übertrieb es manchmal. Wenn einem der Arzt etwas verbietet, dann hat das sicherlich seinen Grund. Sie hatte sich einmal eine Knieverletzung zugezogen, die nie richtig verheilt ist, weil sie sich nicht lange genug geschont hat, und auch nach einer Fissur, einem Hauteinriß am Knöchel, begann sie zu früh wieder mit dem Training. Wenn ihr jemand sagt »mach zehn 100-Meter-Sprints«, bildet sie sich ein, zwanzig machen zu müssen. Sie meint, mehr sei besser, während ich früher eher zu weniger neigte. Heute halte ich die goldene Mitte für das beste.
Während ich in Nancys Haus wohnte, lud ich einen Bekannten von mir zum Abendessen ein, und als ich Leberpastete, Baguette und Bier auf den Tisch stellte, schaute er mich groß an und fragte: »Was ist denn hier los? Das sieht mir aber gar nicht so aus wie das, was du sonst immer ißt.« Damit lag er vollkommen richtig.
Ich erzählte Nancy am Telefon, wie ich mich fühlte. Ich sagte, wir seien einander keine Hilfe mehr und daß ich es nicht für gut hielt, wenn sie ihren Ehrgeiz auf mich übertrug.
Unsere Beziehung war wie eine Droge – im wahrsten Sinne des Wortes –, aber allmählich ließ die Wirkung nach. Wahrscheinlich weiß Nancy heute, daß sie mich damals zu sehr gängeln wollte – auch wenn ich es mir anfangs gefallen ließ – und daß genau das unsere Beziehung kaputtgemacht hat. Sie rettete mich vor dem Abstieg und half mir, die Nummer eins zu werden. Sie war meine beste Freundin gewesen, doch das war jetzt vorbei. Anfangs war sie gekränkt, bis sie einsah, daß es besser wäre, wenn sie eigene Wege ginge. Wir hatten uns ursprünglich in aller Freundschaft getrennt, aber dann wurde die ganze Geschichte doch noch ziemlich unschön, weil sie nachträglich Geld haben wollte für ein paar Geschäfte, die sie für mich abgeschlossen hatte – als meine Freundin, die dafür immerhin ein Gehalt bekam; etwas anderes war nie vereinbart worden. Wir lösten schließlich das Büro in Dallas auf und fühlten uns eine Zeitlang ziemlich

unbehaglich, wenn wir einander begegneten. Ende 1984 ging ich dann zu einem ihrer Spiele, und seit einiger Zeit kommen wir wieder besser miteinander aus.

Grand Slam

Es fiel mir sehr schwer, mein Haus in Virginia Beach aufzugeben, aber ich glaubte nicht, daß ich noch besonders häufig dort sein würde, solange ich Tennis spielte. Mike Estep war es allmählich leid, von Dallas Fort Worth nach Virginia zu fliegen. Außerdem war Texas jahrelang meine Heimat gewesen. Ich beschloß also, mein Haus am Meer zu verkaufen.

Solange ich mich in der Gegend von Fort Worth nach einem Haus umsah, wohnte ich in einem Motel. Meine Sachen waren zum Teil in Virginia Beach und zum Teil in Nancys Haus in Dallas. Ich kam mir vor wie eine wohlhabende Nomadin, aber ich wußte, daß ich irgendwann wieder ein festes Zuhause haben würde.

Für mich gab es 1984 noch eine ganze Menge zu beweisen. Ich wollte allen zeigen, daß ich auch an der Spitze bleiben konnte, ohne daß mir ständig jemand sagte, was ich tun sollte. Außerdem wollte ich das erreichen, was die Sponsoren unter Grand Slam verstehen, das heißt die vier größten Turniere – French Open, Wimbledon, US Open und Australian Open – nacheinander gewinnen, und mir danach den Grand Slam im ursprünglichen Sinn vornehmen, sprich alle vier Turniere im selben Jahr gewinnen. Abgesehen davon war da natürlich auch noch Chris' Rekordserie von 56 aufeinanderfolgenden Siegen.

Nachdem ich mich im April von Nancy getrennt hatte, war der Grand Slam mein Hauptziel. Während ich mich Ende Mai auf die French Open vorbereitete, gab es das übliche Gerede. Statt mit einer amerikanischen Basketballspielerin sah man mich jetzt öfter mit einer Mutter von zwei Kindern: Ich war Judy Nelson ein paar Jahre zuvor bei einem Turnier in Fort Worth begegnet. Sie spielt gern Tennis und teilte damals die Balljungen und -mädchen ein. Wir sahen uns 1984 wieder, als ich mich gerade von Nancy getrennt hatte und Judys Ehe in die Brüche ging.

Für die Zeitungen war es ein gefundenes Fressen: Martina und die »Schönheitskönigin«. Judy ist zwar früher einmal »Baumwollkönigin« gewesen, sie sieht aber nicht so aus, wie man sich im allgemeinen eine Schönheitskönigin vorstellt. Als sie aufs College ging, wollte sie Nachrichtensprecherin im Fernsehen werden. Später arbeitete sie als Geschäftsführerin mehrerer Steak-Häuser in Texas, um ihrem Mann

das Medizinstudium zu finanzieren. Sie hört gern Musik, liest gern, spielt gern Tennis und hat sehr vielseitige Interessen. Als wir uns 1984 wieder über den Weg liefen, war eine verheiratete Frau mit Kindern das letzte, womit ich in Verbindung gebracht werden wollte, aber Judy beruhigte mich, daß es in ihrer Ehe ohnehin schon kriselte und ich mir keine Gedanken machen solle.
Ich war so naiv, sie zu den French Open einzuladen, weil ich meinte, alt genug zu sein, um meine Freunde dabeizuhaben, wenn mir danach war. Sie verstand sich ausgezeichnet mit meinen Eltern. Mein Vater war sogar so in sie vernarrt, daß er sie in die Tschechoslowakei einlud.
Die Franzosen machten nicht viel Wirbel darum, daß Judy im Stadion bei meinen Eltern und Freunden saß, aber nachdem ich Chris im Finale 6:3, 6:1 besiegt und damit mein viertes Grand-Slam-Turnier in Folge gewonnen hatte, zog Curry Kirkpatrick von *Sports Illustrated* meine Familie und meine Freunde durch den Dreck, wobei er wirklich alle Fakten verdrehte. Er brachte alles durcheinander, schrieb über Aja Zanova, die nicht einmal dabei gewesen war, Svatka Hoschl aus Chicago, die ab und zu Knödel für mich macht, und Mumsey Nemiroff, eine Kunstexpertin von der Universität Los Angeles. Kirkpatrick gelang es, mein Verhältnis zu meinen Freundinnen als anrüchig hinzustellen, und das, obwohl alle drei Frauen und ihre Männer über ein Jahrzehnt für mich wie eine zweite Familie gewesen waren.
Es ärgert mich immer wieder, daß männliche Sportler, seien sie nun homosexuell oder »normal«, solchen Verleumdungen nicht ausgesetzt sind.
Der Artikel von Curry Kirkpatrick hätte mich eigentlich warnen sollen, was mich in Wimbledon erwarten würde. Bis 1984 hatte ich nie ernsthafte Probleme mit der britischen Presse gehabt. Ich las die Klatschgeschichten und die Anzüglichkeiten, die über Adlige, Rockstars oder Sportler geschrieben wurden, und fragte mich immer wieder: »Wie kommt es, daß sie dafür nicht belangt werden?«
Bis auf ein paar alberne Artikel in dem Jahr, in dem ich mit Rita Mae zusammen war, hatte mich die britische Presse bisher verschont. 1984 war damit Schluß.
Judy kam ins Stadion von Wimbledon, als ich gerade in der zweiten Runde gegen Amy Holton spielte. Die Fotografen der Boulevard-Presse hatten schon die ganze Zeit Ausschau nach ihr gehalten und machten Fotos über Fotos, als sie schließlich auftauchte. Um während des Spiels nicht noch mehr Aufsehen zu erregen, setzte sie sich nicht auf die Plätze für die Spieler, sondern weiter nach hinten. Ich

wußte zunächst gar nicht, wo sie saß, aber Peggy Gossett, die PR-Chefin der W.T.A., war so nett, mir im zweiten Satz, als ich 2:3 zurücklag, eine Nachricht zukommen zu lassen.
Ich gewann das Spiel 6:2 und 7:5 und ging in den Interview-Raum unter den Tribünen. Die britischen Reporter wollten nichts über die junge Amerikanerin wissen, die sich so tapfer gegen mich geschlagen hatte. Sie interessierte einzig und allein, von wem der Zettel war.
Es war wie in einem Ratespiel. Von wem stammt der Zettel? Das geht Sie nichts an. Von Mike Estep? Nein, das wäre unerlaubtes Coachen. Ging es um das Match? Das geht Sie nichts an. Können Sie uns nicht irgendeinen Hinweis geben? Denken Sie was Sie wollen, das tun Sie ja sowieso. Ich konnte nicht glauben, daß es in dem Stil weitergehen würde. Aber jeder nahm an, Judy habe mir die Nachricht geschickt.
Ein paar Tage später wurde alles noch schlimmer. Frank Deford schrieb in *Sports Illustrated*, daß der Zettel tatsächlich von Judy gewesen sei und sie mir mitten im Match Handküsse zugeworfen habe. Ich respektiere Frank, und als ich ihn danach fragte, behauptete er steif und fest, er habe es mit eigenen Augen gesehen – aber das stimmte nicht. Niemand aus meinem Freundes- oder Familienkreis würde so etwas tun.
Aber es kam noch schlimmer. Die Reporter der britischen Revolverblätter klingelten am frühen Morgen und spät in der Nacht an meiner Tür. Ich sagte ihnen, sie würden von mir nichts über mein Privatleben erfahren, aber sie versuchten weiterhin, Judy und mich zusammen zu fotografieren. Jedesmal wenn wir das Haus verließen, wurden wir mit Fragen bombardiert, die wir einfach ignorierten. Dann bezogen die Reporter auch noch in Fort Worth Stellung und sprachen mit Judys Nachbarn, ihren Kindern und ihren Freunden.
Ich versuchte, zwischen Tennisjournalisten und der Meute von Klatschkolumnisten zu unterscheiden, die einem in Scharen die Türen einrennen. Chris, die ab und zu in den Staaten und auch in England Schwierigkeiten mit hartnäckigen Reportern gehabt hatte, bezeichnete sensationslüsterne Reporter als eine wahre Pest. Die Verantwortlichen des All England Club hatten uns zugesagt, wir bräuchten auf Pressekonferenzen keine Fragen zu beantworten, die nichts mit Tennis zu tun hatten.
Ich weiß nicht, wie man sich am besten gegenüber britischen Journalisten verhält. Wenn man nichts sagt, denken sie sich selbst etwas aus. 1984 haben sie allen übel mitgespielt. Es gab einen Tennisspieler und eine Tennisspielerin, die man nie zusammen sah, die nie zusammen trainierten und nie übereinander redeten, wodurch die Neugier der Reporter bereits geweckt war, und so ging es zwei Wochen lang.

Es wurde so schlimm, daß ich mich fragte, warum ich mir das eigentlich antat. Ich drohte, nicht mehr nach England zu kommen, nur noch nach Wimbledon und Eastbourne. Nichts in der Welt konnte mich davon abhalten, in Wimbledon zu spielen.
Wie es der Zufall wollte, spielte ich in dem Jahr tatsächlich nicht mehr in England. Meinetwegen können die Klatschzeitungen daraus folgern, was sie wollen. Ich sage nur eines: In 99 Prozent der Briefe, die ich aus England bekam, hieß es: »Bitte kommen Sie zurück. Kümmern Sie sich doch einfach nicht um diese Idioten.«
Einmal bekam ich in Wimbledon an einem einzigen Tag 150 Briefe. Das ist auch einer der Gründe, warum ich dieses Turnier nie auslasse. Ich habe Wimbledon und die britischen Fans schon immer geliebt, da kann mich doch die englische Presse nicht schrecken.
Es ist schwer, Wimbledon nicht zu mögen, nach all dem Erfolg, den ich dort hatte. Der Titelgewinn 1984, mein fünfter, war einer der schönsten, weil ich im Finale gegen Chris spielte. Nach dem schweren Drei-Satz-Sieg, den ich im Virginia-Slims-Turnier gegen sie errungen hatte, hätte ich nicht gedacht, daß sie noch besser spielen könnte. Aber in den ersten drei Spielen im Finale machte sie keinen einzigen Fehler, plazierte jeden Ball, ging ab und zu ans Netz und zwang mich sogar in den Tie-Break, bis ich schließlich doch 7:6 und 6:2 gewann.
Nach dem Turnier kehrte ich nach Fort Worth zurück, wo ich ein Haus mit vier Zimmern ausfindig gemacht hatte, das noch im Bau war, so daß ich bei der Ausstattung und der Wahl der Farben mitreden konnte. Mir gefiel die großzügige Raumaufteilung: Das Wohnzimmer ging über zwei Stockwerke, hoch genug für einen riesigen Christbaum. Vom Schlafzimmer aus gelangte man direkt in ein großes Bad mit Whirlpool und zum Swimmingpool. Eines der Zimmer ließ ich sofort in einen Kraftraum umbauen. Dann kaufte ich Designer-Möbel. In eine Ecke des Wohnzimmers hatte ich einen herrlichen Marmorfußboden legen lassen. Dort hätte eigentlich ein Klavier hin sollen, aber später fiel mir ein, daß ich ja auch ein Eßzimmer brauchte. Der Innenarchitekt ließ daraufhin einen dreieckigen Marmortisch nach Maß anfertigen. Was für ein Weihnachtsfest! Traditionelles Karpfenessen in einem modern eingerichteten Haus in Fort Worth.
Ich wohne ganz in der Nähe von Judy Nelson. Seit die britische Presse 1984 so einen Wirbel gemacht hatte, wird eigentlich kaum noch über uns geredet.
Judy hat zwei Jungen, die mal bei ihr und mal bei ihrem Mann sind. Ich habe die beiden im Laufe der Zeit ziemlich gut kennengelernt.

Eddie ist vierzehn, Bales elf. Sie kommen gern zum Schwimmen oder Billardspielen zu mir herüber, oder auch, um mit mir ein wenig mit dem Football zu spielen. Kurz vor Weihnachten fuhren wir alle zusammen mit Judys Eltern nach Aspen zum Skilaufen. Die Veranstalter des Virginia-Slims-Turniers waren in größter Sorge. Sie befürchteten, ich könnte mir womöglich die Knochen brechen, weil ich doch nach Jahren zum erstenmal wieder auf Skiern stand, aber ich stürzte kein einziges Mal. Als ich wieder zurück war, zerrte ich mir dafür einen Muskel auf dem Tennisplatz. Ganz schön gefährlich, so ein Tennisplatz.

Seit ich Judy und ihre beiden Jungen kenne, weiß ich, was es heißt, Mutter zu sein; welche Verantwortung man als solche hat. Bales hatte noch einen Freund zum Skilaufen mitgenommen, und manchmal waren Judy und ich damit beschäftigt, dem einen die Ski anzuschnallen, dem anderen die Stiefel anzuziehen und dem dritten die Handschuhe überzustreifen – ich war schon vor der Abfahrt völlig fertig.

Wenn ich mir Judy so anschaue, denke ich manchmal: »Sie trägt die Kinder in ihrem Innern, als winzige Babys, die langsam größer werden und lange bei ihr bleiben.« Judy ist eine gute Mutter. Wie liebevoll sie sich um ihre Kinder kümmert! Sie leidet zeitweilig an einer Versteifung des Knies und muß es eigentlich schonen, um überhaupt noch Tennis spielen und Ski laufen zu können, aber da sie ständig damit beschäftigt ist, die Kinder irgendwo hinzufahren oder ihnen die Sachen hinterherzuräumen, hat sie keine Zeit, ihr Knie zu kühlen, so daß es natürlich immer schlimmer wird. Es geht wohl nicht anders, wenn man Kinder hat. Man opfert sich so sehr für sie auf, daß man gar keine Zeit mehr für sich selbst hat.

Aber ich habe auch festgestellt, wieviel Freude es macht, Kinder großzuziehen. Ich habe Judys Jungen gern um mich. Wenn Eddie und Bales sich prügeln, schimpfe ich mit ihnen, und dann benehmen sie sich wieder anständig. Für meine Schwester muß es schwer gewesen sein. Als sie so alt war, hatte ich die Tschechoslowakei schon verlassen, gerade als sie mich gebraucht hätte. Heute denke ich sehr oft an Jana.

Manchmal fahre ich die Kinder irgendwo hin oder hole sie ab. Gelegentlich besuche ich auch Judys Familie. Seit ich in Fort Worth wohne, bin ich wieder richtig seßhaft geworden. Dort habe ich Freunde, auf die ich mich verlassen kann, Freunde aus den verschiedensten Gesellschaftsschichten. Sogar ausreiten kann ich dort.

Einen Teil der Siegerprämien aus den Grand-Slam-Turnieren verwendete ich für die Einrichtung meiner neuen New Yorker Wohnung in einem von Donald Trumps Wolkenkratzern. Ich habe New

York schon immer geliebt, weil man dort praktisch zu jeder Tages- und Nachtzeit fast alles tun kann, wonach einem der Sinn gerade steht. New York ist eine kosmopolitische Stadt, nicht weit von Europa und nicht weit vom übrigen Amerika. Ich war immer wieder gern in meiner Wohnung im vierzehnten Stock und genoß es, den Fernseher oder die Stereoanlage einzuschalten, die Füße hochzulegen und eine Weile allein zu sein. Seit ich nach Amerika gekommen war, hatte ich immer nur an meiner Tenniskarriere gearbeitet. Jetzt wollte ich auch mal ausspannen.

Die Zukunft

Ich weiß nicht, ob es an meiner Nationalität, meiner Herkunft liegt oder vielleicht auch nur an mir selbst, jedenfalls hatte ich bis vor kurzem nie das Bedürfnis, meinem Verhalten auf den Grund zu gehen. Ich war impulsiv und machte alles gefühlsmäßig. Ich habe immer mit anderen zusammengewohnt, war von guten Freunden umgeben und habe mir nur selten die Zeit genommen, darüber nachzudenken, wie es eigentlich in meinem Innern aussah.

Manche sagen, man solle mit jemandem über alles reden, um sich selbst besser kennenzulernen, aber ich hatte immer geglaubt, ohne fremde Hilfe auskommen zu können. Mein richtiger Vater mag Selbstmord begangen haben, doch ich bin zäh. Der Tod meiner Großmutter war wahrscheinlich das Schlimmste, was mir je passiert ist, aber verglichen mit dem, was viele andere durchmachen, war das eigentlich noch harmlos. Immerhin hatte sie ein hohes Alter erreicht und starb, soweit ich weiß, als glücklicher Mensch.

Es gab Zeiten, in denen meine Zukunft auf dem Spiel stand oder meine Gefühle verletzt wurden, aber es war nie so schlimm, daß ich es nicht hätte ertragen können. Schlimmer wäre es, wenn ein guter Freund einen schweren Autounfall hätte, an Krebs erkrankte oder andere tragische Ereignisse über einen hereinbrechen würden. Mir ist so etwas bisher größtenteils erspart geblieben. Ich habe noch nie einen Toten gesehen. Ein paar meiner Bekannten sind bei einem Autounfall ums Leben gekommen, aber abgesehen davon habe ich noch nicht allzu viele Erfahrungen mit dem Tod gemacht.

Doch je älter ich werde, desto mehr denke ich daran. Als ich mir neulich im Fernsehen »Willkommen Mr. Chance« mit Peter Sellers ansah, dachte ich plötzlich: »Dieser Mann lebt ja gar nicht mehr. Er wird nie wieder im ›Rosaroten Panther‹ mitspielen. Bei den Dreharbeiten war er noch am Leben, und jetzt ist er tot.«

Ich schätze, daß einem solche Gedanken um so häufiger durch den Kopf gehen, je älter man wird. Ich frage mich, was ich tun würde, wenn es mit mir einmal so weit käme. Ich kann mir eigentlich nicht vorstellen, jemals so verzweifelt zu sein, daß ich keinen Ausweg mehr sehe.
Früher hatte ich solche Angst vor dem Alleinsein, daß ich in meinem Haus in Dallas mit einer Pistole unter dem Kopfkissen schlief. Heute bin ich oft allein in Hotelzimmern, in meiner Eigentumswohnung in Fort Lauderdale, in meinem Haus in Texas oder in meiner New Yorker Wohnung, und ich genieße es sogar. Natürlich bin ich dort äußerst gut geschützt.
Ich werde immer wieder gefragt, was ich zu tun gedenke, wenn ich nicht mehr Tennis spielen kann. Darüber habe ich mir Gedanken gemacht, als es nicht so gut lief, doch heute verursacht mir das kein Kopfzerbrechen mehr. Ich kann selbstverständlich nicht ewig spielen, aber so schnell werde ich noch nicht aufhören.
Ich finde es erstaunlich, daß ich mit Schaukämpfen noch viel mehr Geld verdienen könnte. John McEnroe hat jedes Jahr fünfzig bis sechzig davon. Er tritt gegen Guillermo Vilas an und verdient einen Haufen Geld, ohne sich groß anzustrengen. Letztes Jahr bin ich nur zu einigen wenigen Schaukämpfen angetreten, hauptsächlich weil das eine ganz angenehme Abwechslung ist.
Als ich zum erstenmal nach Amerika kam, lernte ich ziemlich bald einen Tschechen kennen, der 1948 emigriert war und hier als Zahnarzt arbeitete. Er verdiente gut, und ich fragte ihn, warum er sich nur eine Woche Urlaub jährlich gönnte. Es stellte sich heraus, daß er nur darauf aus war, möglichst viel Geld zu scheffeln. Diejenigen, die ohnehin schon reich sind, wollen meist noch reicher werden. Ich frage mich wozu? Solche Geldgier ist mir fremd. Man kann sein Vermögen ja doch nicht mit ins Grab nehmen. Mit zunehmendem Wohlstand ändern sich nur die Spielzeuge, mehr nicht. Die Reichen kaufen eine Football-Mannschaft, die Armen einen Football – alles ist relativ.
Vor ein paar Jahren gründete ich eine Jugendstiftung für sozial benachteiligte Kinder aus Kinderheimen, zerrütteten Familien oder armen Verhältnissen. Die Stiftung veranstaltete 1984 bei einem Turnier in Mahwah, New Jersey, eine Auktion. Ersteigert werden konnte alles mögliche, was mit Tennis zu tun hatte: eine Reise nach Wimbledon, der Schläger, mit dem ich in Paris den Grand Slam gewann, und eine Stunde mit Mike Estep, die bekanntlich unbezahlbar ist.
Die Attraktion war ein 528er BMW, Baujahr 1984, den Pam Shriver für 22000 Dollar ersteigerte. Der Erlös kam der Stiftung, das heißt den Kindern, zugute: Bezahlt wurden davon Gruppenunterricht im

Tennis, Eintrittskarten für Turniere, Tennisschläger, Weihnachtsgeschenke und Lebensmittel.

Wenn ich eines Tages nicht mehr Profi-Spielerin bin, werde ich mehr Zeit haben, mich meiner Stiftung und anderen wichtigen Aufgaben zu widmen: der Bekämpfung des Hungers, dem Schutz und der Erhaltung von Natur und Tierwelt sowie der Beseitigung der vom Menschen angerichteten Umweltschäden.

Wenn ich sterbe, will ich kein dickes Bankkonto haben. Ich werde mein Geld genußvoll ausgeben, aber nicht für Panzer oder B-52-Bomber. Es ist ein Skandal, daß so viel Geld in die Rüstung gesteckt wird, obwohl Millionen von Menschen verhungern. Genau hier muß man ansetzen, und ich wüßte nicht, was ich nach meiner Tenniskarriere Sinnvolleres tun könnte. Außerdem möchte ich mich weiterbilden. Ich habe mir vorgenommen, Kurse in englischer Literatur, amerikanischer Geschichte und vielleicht auch in Architektur zu belegen. Aber keine Prüfungen mehr. Die Anspannung, die ich auf dem Tennisplatz hatte, reicht für ein ganzes Leben.

Ich weiß heute noch nicht, wo ich wohnen werde. Fort Worth ist im Moment genau richtig für mich, aber ich bin auch gern in den Bergen. Vielleicht ziehe ich eines Tages nach Nordkalifornien oder Colorado, wo ich Land kaufen und Pferde halten könnte, unter anderen auch die elfjährige Stute Grand Slam, ein Reitpferd, das ich 1984 von Judy Nelson zum Geburtstag bekommen habe. Auf jeden Fall muß mein zukünftiger Wohnort in der Nähe der Berge liegen.

Aber noch ziehe ich mich nicht zurück. Viele behaupten, ich könne ohne weiteres bis vierzig spielen, und ich sehe keinen Grund, warum dem nicht so sein sollte. Außerdem gibt es immer etwas, was man der Öffentlichkeit beweisen muß. Obwohl ich mittlerweile jedes Turnier gewonnen habe, höre ich immer noch das alte Klischee von den »schwachen Nerven«, als ob ich das nächste große Turnier psychisch nicht durchstehen würde. Bevor Chris und ich uns in New York beim Virginia-Slims-Turnier, bei dem drei Gewinnsätze gespielt werden, gegenüberstanden, sagte Chris den Reportern, ihre Chancen würden um so größer, je länger das Match dauerte. Ich verstehe sie nur allzu gut, und sie spielte dann ja auch tatsächlich das beste Tennis, das je eine Frau gegen mich gespielt hatte, aber ich gewann trotzdem in drei Sätzen 6:3, 7:5 und 6:1. Ich war sogar am Ende des Matches stärker als zu Beginn.

Solange noch Zweifel bestehen, macht es Spaß, hinauszugehen und sein Können unter Beweis zu stellen. Übrigens gab es 1984 noch ein weiteres Ziel für mich: den Grand Slam im eigentlichen Sinn, zumal der internationale Tennisverband 1982 beschlossen hatte, daß jeder,

der vier Grand-Slam-Turniere nacheinander gewinnt, eine Prämie in Höhe von einer Million Dollar erhält.
Einige Puristen bleiben dabei, daß der echte Grand Slam eigentlich bedeutet, die vier großen Turniere im selben Jahr zu gewinnen. Das war bisher nur zwei Frauen geglückt: Maureen Connolly 1953 und Margaret Smith Court 1970, und beiden von ihnen gelang es, als die Australian Open im Januar, also zu Beginn des Kalenderjahres, abgehalten wurden.
1977 wurden die Australian Open auf Dezember verlegt – das heißt sie fanden in dem Jahr zweimal statt –, wodurch diesem Turnier eine ganz neue Bedeutung zukam. Künftig waren die Australian Open für jeden, der die ersten drei Grand-Slam-Turniere des Jahres gewonnen hatte, der Abschluß der Saison, die Möglichkeit, nach der langen Reise zum fünften Kontinent den echten Grand Slam zu gewinnen.
Nachdem ich vier Grand-Slam-Turniere nacheinander gewonnen hatte – von Wimbledon 1983 bis zu den French Open 1984 –, bekam ich die Prämie in Höhe von einer Million Dollar, aber viele blieben dabei, daß ich keine Grand-Slam-Gewinnerin im eigentlichen Sinn sei. Das spornte mich 1984 in Wimbledon und bei den US Open erst recht an. Als ich Chris im Wimbledon-Finale schlug und damit mein fünftes Grand-Slam-Turnier gewann und gleichzeitig unsere persönliche Bilanz auf dreißig Siege beide ausglich, sagte ich den Reportern, daß sie und ich nach diesem Turnier eigentlich aufhören sollten, als gleich gute Spielerinnen.
Aber das Leben geht weiter. Zwei Monate später mußte ich meinen Titel bei den US Open verteidigen. Ich war doch immerhin so eine Art New Yorkerin und mußte mich trotzdem damit abfinden, daß die Fans Chris anfeuerten und nicht mich. Ich versuchte, das nicht persönlich zu nehmen. Ich weiß, daß die New Yorker Fans immer zum Schwächeren halten, aber wenn man auf den Platz geht und hört, wie die meisten »zeig's ihr, Chris« brüllen, wundert man sich trotzdem.
Während des gesamten Turniers sagte Chris immer wieder, daß ich psychisch nicht durchhalten würde und früher oder später der Einbruch kommen müßte. Sie behielt recht. Ich zeigte bereits in den ersten Runden keine konstante Leistung, während Chris ausgezeichnet auf unsere Begegnung im Finale vorbereitet war.
Bevor wir überhaupt auf den Platz durften, mußten wir das Ende der Halbfinalbegegnung zwischen Ivan Lendl und Pat Cash abwarten. Es war wirklich unglaublich: Zwei Finalistinnen eines Grand-Slam-Turniers müssen stundenlang warten, während das Halbfinale der Herren ausgetragen wird. Lendl gewann erst nach fünf Sätzen im Tie-

Break. Chris und ich saßen solange im Umkleideraum und schauten uns das Match im Fernsehen an.
Glücklicherweise sind wir gute Freundinnen. Zwei Gegnerinnen, die sich nicht ausstehen können, wären vermutlich schon längst aufeinander losgegangen. Ich fragte mich unwillkürlich, was wohl passiert wäre, wenn Nancy die ganzen drei Stunden und 39 Minuten dabeigewesen wäre. Doch da Chris und ich allein waren, konnten wir uns das Match in Ruhe anschauen. Ich gab ihr sogar ein paar von meinen »bagels« ab.
Vielleicht hätte ich das nicht tun sollen. Als wir endlich auf den Platz durften, legte sie einen der besten Sätze ihrer Tenniskarriere hin. Ihre Returns waren knallharte Passierbälle. Den ersten Satz gewann sie 6:4. Nach einiger Zeit fand ich heraus, was ich beim Aufschlag falsch machte: Ich ließ den Ball zu weit fallen, bevor ich ihn mit dem Schläger traf. Nachdem dieser Fehler behoben war, schaffte ich es dann doch noch so gerade eben, meinen Kopf in einem der schwersten Spiele meines Lebens mit 4:6, 6:4 und 6:4 aus der Schlinge zu ziehen.
Nach dem Match jubelten die New Yorker Fans uns beiden zu, aber ehrlich gesagt habe ich Chris noch nie so niedergeschmettert gesehen. Obwohl sie so gut gespielt hatte, war es mir letzten Endes doch gelungen, das Blatt zu wenden. In diesem Augenblick war uns beiden die Statistik zwar völlig egal, aber jetzt lag ich in unserem persönlichen Vergleich mit 31 zu 30 Siegen vorn. Ein paar Wochen später brach ich bei einem Turnier in der Ferienanlage Bonaventure in Fort Lauderdale, wo ich ab und zu Tennisstunden gebe, Chris' Rekordserie von 55 aufeinanderfolgenden Siegen.
Es blieb also nur noch ein großes Ziel für 1984: die Australian Open, die vierte Einzel-Meisterschaft des Grand Slam. Das hätte mein siebter Grand-Slam-Sieg in Folge sein können, was bisher noch niemandem gelungen war. Chris würde auch dabei sein, und das war mir sehr recht.
Aber während ich mich schon auf das nächste Finale gegen Chris freute, holte mich die Geschichte ein. Wie stolz war meine Familie immer darauf gewesen, daß meine Großmutter mütterlicherseits seinerzeit Vera Sukovas Mutter besiegt hatte! Veras Tochter Helena, das stille kleine Ballmädchen aus meiner Zeit in Prag, als Vera mit mir trainierte, war inzwischen 1,85 m groß und stellte mit ihren neunzehn Jahren gerade erst fest, was es für Vorteile hatte, hochgewachsen zu sein. Während Veras Stärke langsame Sandplätze gewesen waren, ist Helena mit ihrem kraftvollen Aufschlag, ihrer krachenden Vorhand und ihrer unglaublichen Reichweite auf Rasen am gefährlichsten – und die Australian Open werden auf Rasen ausgetragen.

Ich traf in Kooyong auf Helena, die Pam Shriver im Viertelfinale besiegt hatte, und gewann den ersten Satz 6:1, hatte dabei aber ziemlich viel Glück gehabt. Im zweiten Satz war ich genauso gut wie im ersten, aber jetzt entschied Helena immer mehr Spiele für sich und gewann schließlich den Satz mit 6:3.

Im dritten Satz wurde ich nervös und lag nach zwei Aufschlagverlusten bald 0:3 zurück. Irgendwie schaffte ich es, bis auf 4:4 aufzuholen und ging dann sogar 5:4 in Führung, aber Helena brachte ihren Aufschlag souverän durch und nahm mir meinen im nächsten Spiel ab.

Bald darauf hatte sie drei Matchbälle, die ich alle drei mit perfekten Vorhandbällen abwehrte, was mir kurze Zeit später mit zwei weiteren Matchbällen gelang, aber es war zu spät. Schließlich schlug ich einen zu langen Rückhand-Return, und das Match war aus. Das gleiche galt für meine Glückssträhne: sechs aufeinanderfolgende Siege bei Grand-Slam-Turnieren, insgesamt 74 Siege in Folge. Aber obwohl ich deprimiert war, vergaß ich nicht, den Arm um Helena zu legen, als wir vom Platz gingen. An dem Tag war sie einfach die bessere Spielerin gewesen. Vera, die 1982 gestorben war, wäre stolz auf sie gewesen.

Im Hotel bekam ich mehr Telegramme, Anrufe, Karten und Blumen als sonst, wenn ich gesiegt hatte. Alle hatten Mitleid mit mir. Sie riefen an und fragten mit leiser Stimme, als seien sie auf einer Beerdigung: »Und, wie fühlst du dich?«

Wie fühlte ich mich? Ich konnte es nicht erwarten, nach Hause zu fliegen, mein Pferd zu satteln, Ski laufen zu gehen und meine restlichen Weihnachtseinkäufe zu erledigen – per Katalog natürlich (typisch amerikanisch, aber um einiges bequemer).

Ich wollte unbedingt wieder Ski laufen. Vielleicht kann ich ja eines Tages auch wieder im Riesengebirge Ski laufen. Meine Familie sähe es gern, wenn ich 1986 zum Federation Cup nach Prag käme. Was für eine Rückkehr! Ich würde für meine neue Heimat gegen meine alte antreten.*

Vielleicht bekomme ich ja auch schon früher ein Visum. Ich würde gern das neue Haus meiner Eltern sehen und auch meinen Hund Babeta, der erst zwei Jahre alt war, als ich nach Amerika ging. Ob Babeta sich nach zehn Jahren wohl noch an mich erinnern würde? Immerhin hat Argos sich sogar nach zwanzig Jahren noch an Odysseus erinnert. Ich würde auch gern meine alte Schule und meine Freunde vom Tennisclub wiedersehen, und außerdem möchte ich zum Grab meiner Großmutter.

* Lesen Sie dazu bitte das Nachwort von Doris Henkel.

Ich weiß nicht genau, was das für ein Gefühl wäre und wie ich es aufnehmen würde. Vielleicht wäre es deprimierend, weil ich mich inzwischen so an das Leben in den Staaten gewöhnt habe. Ich bin nicht blind. Ich weiß, was es hier für Probleme und Ungerechtigkeiten gibt, aber ich bin trotzdem stolz auf Amerika. Das ist jetzt meine Heimat.

Solange ich darauf warte, wieder im Riesengebirge Ski laufen zu dürfen, halte ich mich an Colorado. Als Teenager hatte ich beschlossen, meine Tenniskarriere nicht auf der Piste aufs Spiel zu setzen, doch seit ein paar Jahren habe ich wieder das Bedürfnis, mir den Wind ins Gesicht wehen zu lassen. Jeden Winter bemühten sich meine Freunde mit vereinten Kräften, mir das Skilaufen auszureden. Aber nach meiner Niederlage in Australien sagte ich mir: »Jetzt reicht's. Diesen Winter gehe ich Ski laufen.«

Ich wollte nicht solange warten, bis ich mich aus dem Tennis zurückgezogen hätte. Man weiß ja auch gar nicht, ob man in ein paar Jahren noch am Leben ist, bei all den Kriegen und der geradezu wahnwitzigen nuklearen Aufrüstung. Man muß sein Leben jetzt leben.

Auf der Piste war außer dem Knirschen des Schnees unter meinen Skiern und dem Brausen des Winds, der mir ins Gesicht wehte, nichts zu hören. Ich fühlte mich allein und frei. Ich wußte, daß die Niederlage bei den Australian Open kaum das Ende meiner Karriere sein würde und daß ich keine Versagerin war, nur weil ich den von mir angestrebten historischen Rekord verpaßt hatte.

Daß ich mir die Freiheit nahm, Ski laufen zu gehen, und selbst dafür verantwortlich war, daß mir nichts passierte, war ein weiterer Schritt auf meinem Weg zur Selbstfindung. Ich ließ mich einfach gehen, kostete das prickelnde Gefühl voll aus und genoß die Schönheit der Natur.

Ich wußte noch nicht, wie ich die Welt verbessern könnte, aber ich wollte es wenigstens versuchen, und während ich den Hang hinunterfuhr, sagte ich mir: »Du fängst ja gerade erst an.«

Nachwort

War es vielleicht der siebte Sinn, Zufall oder einfach nur das Gefühl, es sei gerade jetzt nötig, etwas Wahres über das eigene Leben zu erzählen?
Martina Navratilova schloß ihre Biographie Ende 1984 ab – nach den beiden erfolgreichsten Jahren ihrer Karriere, einer Zeit großer Überlegenheit, auf der Höhe ihrer Angriffslust und Spielkunst. Kraft und Selbstbewußtsein waren in jeder ihrer Gesten zu lesen, und die jungen Mädchen sahen sie damals an mit einer Mischung aus Bewunderung und Trotz.
Eine wenigstens gab es, die ihr weiter Paroli bot: Chris Evert. Die freundschaftliche Rivalität der beiden wurde bei allen großen Turnieren immer wieder neu beschrieben, denn Herausforderinnen mit der Zähigkeit dieser zwei fanden sich nicht. Sie waren dabei, Rekorde für die Ewigkeit aufzustellen; Chris legte vor, Martina zog nach.
Dem Superjahr folgten zwei mit einer kaum schlechteren Bilanz: 1985 gab es kein Grand-Slam-Endspiel ohne Martina Navratilova, wieder gewann sie in Wimbledon, zum drittenmal auch in Melbourne, und in Paris waren die Franzosen gerührt, als sie nach der Niederlage in einem hochklassigen Spiel erst einmal innig von der Siegerin – Chris Evert, wer sonst – umarmt wurde. Dieses Ritual wiederholte sich 1986, nur wenige Wochen nach einem Spiel, das Geschichte machte. In Berlin blühten die Bäume, als Martina Navratilova im Mai das Finale der Internationalen Meisterschaften von Deutschland gegen die damals sechzehn Jahre alte Steffi Graf verlor. Es war Martinas erste Niederlage gegen dieses scheue Mädchen mit der fürchterlichen Vorhand, von dem alle sagten, es werde ihre Nachfolgerin sein. Am Tag des Endspiels begriff jeder, daß eine neue Ära anbrach, und die Herrscherin der alten wußte es auch. Als die Menschen Beifall klatschten, um Steffi Graf zu ehren, stand Martina Navratilova inmitten der Leute und weinte.
Zwei Monate später wußte sie jedoch mit ihrem siebten Einzelsieg bei den All England Championships erneut das Blatt zu ihren Gunsten zu wenden – auf jenem Platz, von dem sie schon als Kind geträumt hatte, bei den Fahrten mit der roten Prager Straßenbahn auf dem Weg von der Schule zum Training, und der ihr inzwischen ganz allein zu gehören schien: der Centre Court von Wimbledon. Er war »ihr grünes Reich auf der Insel der erfüllten Hoffnung«. Aber vielleicht mehr noch als dieser Erfolg prägte ein anderes Ereignis das Leben der Navratilova in diesem Jahr. Ihr Wunsch wurde wahr: Mit der US-Mannschaft trat sie zum Federation Cup in Prag an; stolz

und gerührt kehrte die Amerikanerin in ihre tschechoslowakische Heimat zurück. Bei jedem Aufruf ihres Namens im Stadion Stvanice an der Moldau klatschten sich ihre früheren Landsleute die Finger wund; niemand wurde so mit Sympathie überschüttet wie Martina. Foto-Reporter aus aller Herren Länder reisten nach Revnice, um den Besuch der berühmten Dame für die Nachwelt zu verewigen. Doch Martina beabsichtigte nicht, die kostbaren Stunden öffentlich zu vergeuden. Man saß und plauderte, und die gebürtige Tschechoslowakin genoß jedes in ihrer Heimatsprache gesprochene Wort. Als schließlich die Amerikanerinnen gewannen und Pam Shriver sagte, dieser Sieg sei ihnen deshalb besonders wichtig, weil sie wüßten, was er Martina bedeute, wurde wieder ein wenig geweint – es war ja auch zu schön.

Das Jahr ging zu Ende mit dem Sieg der Weltranglisten-Ersten beim Masters-Finale in New York, der geglückten Revanche gegen die ungestüme Steffi Graf, doch damit endete die Dominanz der lange Zeit kaum zu besiegenden Navratilova. An der jungen Deutschen führte zwar noch ein schmaler Weg vorbei, der aber nur an guten Tagen zu begehen war.

Es gab nicht so viele davon, in der ersten Hälfte des Jahres 1987. Bis die French Open in Paris begannen, hatte Martina kein einziges Turnier gewonnen, Steffi Graf kein einziges verloren. Die eine reagierte verunsichert, die andere sauste mit dem Tempo eines Expreß-Zuges durch ihre Spiele und das Leben. In Paris tauchte plötzlich wieder Renee Richards in Martinas Clan auf, die fand, ihr einstiger Schützling habe sich in letzter Zeit viel um die Physis und zu wenig um die Psyche gekümmert. Vielleicht hatte sie recht. Als es darauf angekommen wäre, kühles Blut zu bewahren, im dritten Satz des Finales gegen Steffi Graf, flatterten Martinas Nerven wie die einer Debütantin. Mit einem Doppelfehler bescherte sie Steffi Graf den Sieg, den ersten bei einem Grand-Slam-Turnier. Zwei Monate später bestätigte der Computer, was jeder Tennis-Fachmann längst zu wissen glaubte: Martina Navratilova hatte die Spitze der Weltrangliste an die inzwischen siebzehn Jahre alte Deutsche verloren. Und daran änderte sich auch nichts, als Martina im September zum viertenmal die US Open (und zuvor zum achtenmal in Wimbledon) gewann; mit neuer Frisur und alter Schlagfertigkeit: Zu Hause in Revnice, sagte sie, würde man die Creation wohl »Modell Hühnerdieb« nennen.

Die Hühnchen rupften fortan andere. Jener Einzelsieg bei den US Open 1987 war der letzte bei einem Grand-Slam-Turnier für mehr als zwei Jahre (zusammen mit Pam Shriver gewann sie 1988 und 1989 noch einige wichtige Finals im Damen-Doppel). »Doch, natürlich

kann ich sie noch besiegen«, sagte sie, wenn die Sprache auf Steffi Graf kam, deren Siegesserien auf einmal vieles vergessen machten, was Martina Navratilova geleistet hatte. Als die junge Weltranglistenerste 1988 den Grand Slam gewann – den echten, also den Gewinn der offenen Meisterschaften von England, Frankreich, Australien und den USA in *einem* Jahr – und obendrein noch die Goldmedaille bei den Olympischen Spielen in Seoul, redete jeder davon, die Konkurrenz könne einem leidtun, ohne sich daran zu erinnern, daß Martina Navratilova vier, fünf Jahre zuvor ähnlich überlegen war und der Sport trotzdem davon profitierte. Achtmal in Wimbledon gewonnen – jaja, ganz nett, aber das war's jetzt wohl für die Navratilova, oder?
Aber manchmal müssen allzu hastig gefällte Urteile mit der Zeit wieder revidiert werden. Jeder wartete darauf, daß Steffi Graf nun Schritt für Schritt die Marken der Navratilova erreichen würde, doch 1990 wendete sich das Blatt. Die Deutsche verteidigte lediglich ihren Titel in Melbourne, und da war längst eine noch jüngere aufgetaucht, der sie in Paris unterlag und die sie im Herbst von der Spitze der Weltrangliste stieß: Monica Seles. Und manch einer begann zu überlegen: Grafs Höhenflug war zunächst gestoppt nach drei überaus erfolgreichen Jahren. Wie hob sich vor diesem Hintergrund plötzlich wieder Martinas Wimbledon-Serie ab: acht Siege im Einzel, davon sechs in Folge zwischen 1982 und '87? Niemand spricht über Björn Borg, ohne dessen sensationelle Erfolgsserie zu erwähnen: fünf Titelgewinne in Folge zwischen den Jahren 1976 und '80 in Wimbledon. Mit ihren bis dahin acht Einzelsiegen hatte Martina Navratilova den Rekord der legendären Amerikanerin Helen Wills-Moody aus den zwanziger und dreißiger Jahren eingestellt. Und was immer in ihrer Karriere noch passieren mag, wann immer sie enden wird, der 7. Juli 1990 wird einer der wichtigsten Tage bleiben. Es war der Tag, an dem sie Zina Garrison im Finale der All England Championships besiegte, und es gab eine Menge Leute, die zugeben mußten, daß sie der inzwischen über dreißig Jahre alten Ausnahmespielerin eine solche Leistung nicht mehr zugetraut hätten; die Kraft sich durchzubeißen, an nichts und niemanden sonst zu denken.
Dieser neunte Wimbledon-Titel schließlich bedeutete einen Rekord, mit dem der Name Martina Navratilova unverrückbar in den Annalen der Tennisgeschichte verewigt bleiben wird. Keine Spielerin vor ihr war auf dem Centre Court an der Church Road so erfolgreich wie sie, und es erscheint kaum vorstellbar, daß nach ihr einer anderen Spielerin in diesem Jahrtausend ein vergleichbares Kunststück gelingt.

Wie sie es gelernt hatte, knickste sie bei der Siegerehrung vor der Herzogin von Kent, doch die war fast ebenso gerührt und küßte Martina auf die Wange wie eine gute alte Freundin. Die Herzogin kennt sich aus. Längst weiß sie, wer Graf, Seles, Sabatini oder andere Spielerinnen sind, und sie weiß, daß Martina Navratilova auch dann in der Erinnerung der Tennisfans gegenwärtig sein wird, wenn sie sich nicht mehr am alljährlichen Spektakel auf dem grünen Rasen von Wimbledon beteiligt.

Lange Jahre war Martina die beste Tennisspielerin der Welt, und es war eine aufregende Zeit. Noch im Spätsommer 1991 sah man sie bei den US Open in Flushing Meadow wahre Freudentänze aufführen, nachdem sie in einem aufsehenerregend schönen und dramatischen Match Steffi Graf besiegt hatte, die immerhin im selben Jahr erneut in Wimbledon erfolgreich gewesen war. Damit zog Martina zum achten Mal ins Finale dieses Grand Slam-Turniers ein, und wenngleich sie darin der erst siebzehnjährigen Monica Seles unterlag, so hatte sie doch diesmal die Sympathien des New Yorker Publikums eindeutig auf ihrer Seite.

»Nutz deine Chance«, hat Mirek Navratil seinem schmächtigen Mädchen damals in Prag gesagt, »greif an.« Er muß mehr damit gemeint haben als nur das Spiel.

Doris Henkel

Wichtige Daten zur Person Martina Navratilova

Geboren am: 18. Oktober 1956
Geburtsort: Prag, Tschechoslowakei
Professional: seit 1975
– Linkshänderin
Spielerin des Jahres: 1978, 1979, 1982, 1983, 1984, 1985, 1986
Gewonnen Einzeltitel insgesamt: 156
Einzeltitel in Grand-Slam-Turnieren: 18
– darüber hinaus stand sie weitere dreizehnmal im Finale und gewann (meistens zusammen mit Pam Shriver) einunddreißigmal das Finale im Damen-Doppel eines Grand-Slam-Turniers.

	Australian Open	French Open	Wimbledon	US Open
1975	F	F, D		
1976			D	
1977				D
1978			**T**	D
1979			**T**, D	
1980	D			D
1981	**T**		D	F
1982	F, D	**T**	**T**, D	
1983	**T**, D	D	**T**, D	**T**, D
1984	D	**T**, D	**T**, D	**T**, D
1985	**T**, D	F, D	**T**	F
1986		F, D	**T**, D	**T**, D
1987	F, D	F, D	**T**	**T**, D
1988	D	D	F	
1989	D		F	F, D
1990			**T**	D
1991				F

F = Finalteilnahme, D = Titel im Damen-Doppel, T = Einzeltitel

Quelle: International Management Group; Cleveland, Ohio
Stand: September 1991